歴史のなかの渋谷

―渋谷から江戸・東京へ―

渋谷学叢書2

國學院大學渋谷学研究会

上山和雄　編著

雄山閣

はじめに『歴史のなかの渋谷―渋谷から江戸・東京へ―』

上山 和雄

本書は、渋谷学叢書2として、現代渋谷の興味深い民俗事象を採りあげた『渋谷学叢書1 渋谷をくらす―都市民俗誌のこころみ―』(倉石忠彦編著)に続く、渋谷の今に至る歴史的展開を対象としている。

渋谷学は、平成一四年に創立一二〇年を迎える國學院大學の、一二〇周年記念事業の一つとして開始された。大学は、「象牙の塔」として、学問の自由・研究の自由を標榜し、地域とは比較的無縁であった。しかし二一世紀を迎えるころから大学を取り巻く環境が大きく変わり、地域貢献・地域連携を求められるようになってきた。大学が地域と無縁だったとは言っても、それは制度的、組織的にそうであったというだけで、学生や教職員は地域の中に生き、育まれてきたのであり、個別的に地域と密接な関係を持ってきたことは言うまでもない。

渋谷学を主唱したのは、現代日本の都市文化の創造と発信の源ともいうべき〝シブヤ〟に魅せられた者や、メガロポリスの副都心としての渋谷がどのように形成されてきたのかに関心を持つ者、さらに先端的な企業・流行を生み出す地域経済の解明に興味を持つ者らであった。多様な面から渋谷に関心を持つ國學院大學の関係者が集まり、渋谷学研究会を発足させ、活動を開始したのである。

現在、地名に「学」を冠したものは数え切れないほど存在する。しかし渋谷学を始めたころはまだそうでもなく、「江戸学」「江戸・東京学」「横浜学」「京都学」「東北学」など、数えられるくらいのものであった。これらに伍して、渋谷学が「学」として成り立ちうるのかどうかが問題であった。このような問題を立てれば、地名に「学」を冠するとはどういうことなのかが問題になってこよう。

地名に「学」を付ける地域研究は、おそらくシナ学（中国学、シノロジー）や日本学（ジャポノロジー）が最も初期のものであり、これらは、西欧社会、キリスト教世界とは異質な対象を研究し、貿易や布教を円滑に進めることを目的としていた。そうして、普通ではないもの、特殊なものに着目する地域研究として普遍化してゆく。このような地域研究以外のもう一つの流れは、個や集団、あるいはそれらの集合としての地域の自己確認、すなわちアイデンティティの確立、一体感の養成の手段としての「研究」である。これも洋の東西を問わず、古くから存在する。江戸時代には広く風土記・名所図会・由緒書が作成され、地域意識、歴史意識の形成として注目されている。これも近代にいたっていっそう盛んになる。地誌や町村是、大正期の史誌編さんの流行、さらには戦後歴史学の潮流の一つとなった「村の歴史」の発掘なども、この流れに位置付けられよう。

課題や問題の立て方は異なったとしても、結果、成果として出てくるものにそう大きな差はない。一つの社会は様々な機能や役割を持った地域・集団が構成し、それらが絡み合って社会の時代相を形作るのである。さらに特定の地域・集団は、独自性と同時に普遍性を備えている。こうした視点に立てば、どの地域であっても「地域学」「地元学」は成り立つといえよう。ただ、それが魅力的か、多くの人々の関心を引くかどうかは、研究の中身というよりも対象によって左右されるのである。

日本の地域研究の中で最も古く、最も多くの研究を生んでいる江戸・東京学は、「比類なき、世界に類例のない都市」という形容や、「地名に『お』をつけて呼ぶのは江戸しかない、これは世界中探しても見つからない」といったような言葉から始まっている。まさに江戸も横浜も特殊なのであり、また東北も異なる意味で特殊なのである。このような地域研究は、人々を惹きつける何かを提示し得るのである。

地域学はその地域の特色によって、主として扱う分野はさまざまとなろう。自然や地理が興味深いところはそこに関心が集中し、歴史が面白いところでは歴史、現在がユニークなところは現状分析、といった点に関心や研究が集中するのは当然である。渋谷の興味深いところはどこかと問えば、躊躇なく「現在」という返事が返ってこよう。渋谷に隣接する品川について問われれば、おそらく「歴史」と答える人が多かろう。渋谷学を主催する側は、都市民俗や考現学などの民俗学、社会学、経済学などが渋谷学を担うのが、発展性があろうと考えていた。しかし、地域研究に最も長けているのは歴史学であり、渋谷に関してもかなりの蓄積を有していた。渋谷区は昭和二七年と昭和四一年の二度、区史を編さんし、その成果は白根記念渋谷区郷土博物館の展示や活動に生かされている。おそらく多くの地域学・地元学においても、歴史が大きな位置を占めているであろう。渋谷学においても、結果として歴史研究が大きな割合を占めることとなった。

多様な分野の研究者が「渋谷」を素材とする際に問題になったのは、その「渋谷」の範囲をどのように措定するかであった。渋谷駅を中心とする半径約五〇〇メートルで十分とする分野や、行政区画、あるいは街道や鉄道などの後背地までを考慮に入れるべきとする考えなどである。結論的に、研究対象によって扱う範囲は様々となり、本書においても、「渋谷」の範囲は各章において異なっている。

渋谷学を開始してから、広く開放した公開講座や学内外を対象とする総合講座を開催し、それらの半分近くを歴史関係が担当してきた。國學院大學史学科の専任・兼任の教員によって、地理や考古から高度成長にいたる時期の渋谷の特色を明らかにする努力を重ねてきた。当初から承知していたことではあるが、渋谷は江戸の外周に位置し、次第に包摂されてゆく。東京となった後もやはり同様である。明治初年に農村であった地域が急速に変貌して、東京西郊への結節点となり、副都心となってゆく。本書のサブタイトル「渋谷から江戸・東京へ」は、渋谷学を解消するというのではなく、渋谷だけにはとどまれない、ということを含意している。

本書は、渋谷の歴史と現在を規定する自然・地理環境から始まり、考古、古代・中世、近世、近現代と、渋谷の歴史全体を取り扱っている。ただ、東京の多くの地域と同様、歴史を明らかにしようとする際、大きな困難が生じる。渋谷は関東大震災ではそう打撃を受けなかったが、昭和二〇年五月の山の手空襲によって壊滅的な打撃をこうむったこと、さらに明治末期以降の急激な、継続的な都市化によって、地域に残るべき公私の歴史的資料の多くが逸失していることである。そのような困難にも拘わらず、執筆者の方々は最大限の努力をしていただいた。

第一章「台地と川がつくった魅力あふれる街・渋谷」は、山・谷・丘・台などを冠した地名が多い点に特色があるとし、その渋谷を含む東京・江戸の成り立ちを、武蔵野台地・山の手台地、それらを分割するいくつかの河谷から説き、淀橋台を古渋谷川が分割したことによって細分された小さな台地と河谷からなる現在の渋谷が形成されたとする。渋谷を構成する六つの台地の自然的特色と位置、渋谷川の現在に至る歴史的変遷、さらに渋谷を代表する二つの坂の変遷を叙述する。そしてよく知られている地名・町名・通り名の現況と特色を示し、渋谷は台地と河谷から成るという地形の特色を上手に生かして、ワクワクしながら歩き回れる楽しい街となっていると結論付ける。

第二章「埋もれた渋谷」は、台地ごとの埋蔵遺跡の分布状態を概括した後、旧石器、縄文時代、弥生時代、古墳時代の主要な遺跡を紹介しつつ、当時の人々の生活ぶりを描いている。北青山遺跡から発掘されたナウマン象、豊富な遺物から再現される縄文人の生活や祈り、豊沢貝塚から発見された人骨、猿楽遺跡の住居跡など、注目された遺跡を通じて、当時の渋谷地域の様子をわかりやすく提示している。

第三章「渋谷に住んだ人・渋谷を領した人」は、古代・中世の渋谷を扱う。古代・中世は渋谷の歴史の中で、頼るべき資料が最も少ない時代である。『新修渋谷区史』以後、都内各区で編さんされた区史などを広範に検討し、古代の渋谷地域は豊島郡ではなく荏原郡と考えられること、さらに中世に渋谷地域の領主だったのは、重国系渋谷氏ではなく江戸氏系渋谷氏だったとする。また、戦国時代小田原北条氏家臣団の分析により、渋谷の領有関係や渋谷の住人を明らかにしている点も興味深い。

第四章「谷間の村と町の風景」は、渋谷の地勢、江戸時代に描かれた名所図会、言い伝え、わずかに残された史料などにより、中世から近世初頭に進む渋谷の開発、江戸中期以降の台地の開発によって、原風景ともいうべき谷と台地からなる渋谷が生まれる過程を示す。さらに一八世紀初頭以降、武家地の進出と同時に、宮益町・道玄坂には多様な生業を営む住民が住み、町場化していく様子を描く。その道玄坂にはのちに幕府から弾圧される富士講の有力な拠点が置かれ、今に至る妖しさを生みだす地域ともなり始めていたとする。

第五章「藩邸からみた渋谷」は、近世渋谷の特色の一つである藩邸などの武家屋敷が江戸時代を通じて、どのような変化を遂げているかを明らかにする。明暦の大火（一六五七年）までは渋谷地域に藩邸をもつものは少なかったが、それ以後、江戸の町づくりに伴い、下屋敷を拝領する大名が増え、同時に抱屋敷を入手するものも増加する。このようにして大名の下屋敷を中心に、抱屋敷や旗本屋敷によって構成されるという渋谷の武家屋敷の基本的構造ができあがる。享保頃まで大名・旗本屋敷には入手や譲渡について一定の決まりがあったが、以後次第に原則は崩れてゆき、幕府による管理は形骸化していったとする。

第六章「松崎慊堂をめぐる空間と人物」は、昌平黌で儒学を学び掛川藩に仕えた松崎慊堂が記した「慊堂日歴」により、下渋谷村羽沢に開いた別荘「羽沢山房」からみえる江戸の周辺、そこに集まる人々の動向を通して、江戸の町でも田舎でもない渋谷独特の空間の雰囲気を描いている。

第七章「渋谷の魅力、その歴史的成り立ち」は、現在の渋谷の特色を、交通の要衝、盛り場、後背地の経済力の高さ、流行の発信地、の四点にまとめ、江戸時代から明治後半まで続く渋谷の原風景が、明治初年、明治二〇年前後、明治後半、大正末期から昭和初年の四つの時期にどのように変貌し、四つの特色をそれぞれいかにして形成していったかを叙述している。

第八章「開拓使と御料地の時代」は、渋谷が他の盛り場と異なるところ、すなわち文教地区指定面積の広さ、高級住宅地、大規模緑地の多さといった特質の起源を、明治初年の武家地処分のあり方から明らかにする。土地の先行条件に由来する必然性の高い転用事例を扱った前半に対し、後半では開拓使官園に注目し、撤退後の払下げ・移管・御料地化という転用の決定要素を、必然性と偶然性の双方から検討している。前者のうち、華族等の邸宅地は高級住宅地、軍用地は大規模緑地となり、後者の御料地のうち、偶然性の高い部分の存在が「渋谷文教地区」の広さを決定付けたとする。

第九章「渋谷周辺の軍事的空間の形成」は、渋谷を中心にした東京西郊の軍事施設の推移を明らかにする。東京には近代を通じて極めて多くの軍事施設が立地しており、その中でも赤坂・青山から駒沢にいたる大山街道沿いに集中していた。明治初年の駒場野練兵場、青山射的場から始まり、明治中期以降、都心部の練兵場と兵営群が移転を迫られ、日清・日露戦争を機とする軍備拡張と相まって渋谷周辺と大山街道沿いに多くの軍事施設が移転してくる。また地域の中での軍隊や兵士の様子が描かれ、最後に明治末期の東京市周辺の陸軍施設と現況が一覧表として付されている。

第十章「渋谷区の誕生」は、昭和七年一〇月に渋谷区として東京市に合併される旧三町の状況と、渋谷町で明治末期に結成された政友会系公友会が中心となって運営した渋谷町町政の特色、さらに合併が公友会の指導者、府会議員兼町会議員朝倉虎治郎の指導のもとに進んだことを明らかにしている。「渋谷区」という名称には千駄ヶ谷町・代々幡町に強い反対があり、両町が「神宮区」など明治神宮由来の名称を要求したが奏功しなかったこと、千駄ヶ谷町は赤坂区・四谷区への分離合併を議決し、渋谷区成立後も分離を求めるが、公友会が主導する渋谷区会においては賛同者をえることができなかったことから、行政区画としての「渋谷区」が定まっていく過程を明らかにした。

第十一章「戦後復興とオリンピック」は、戦災後闇市・露店の一中心となり、無法地帯と化していた渋谷も、露天整理と戦災復興計画により再生が図られるが、代々木練兵場などが占領軍に接収され、復興計画も中途で断念され、区画整理や道路の拡幅・新設は最低限にとどまったことを明らかにする。高度成長の中でオリンピック開催が確定し、渋谷区は主競技場・サブ競技場に近く、ワシントンハイツの返還を実現して選手村となったため、オリンピックの成功を錦の御旗に都市改造が進み、現在につながる渋谷の姿が形成されてゆく経過を示している。

本書は、「渋谷」を成り立たせ、大きな影響を及ぼしている自然や地理環境を踏まえ、古い時代の渋谷から、ごく近い時代の渋谷までを叙述する通史的な構成をとると共に、従来の渋谷の歴史叙述にはない、新しい論点も加えるという欲張った計画に基づいている。執筆者の方々にはその両者を一つの章の中に含むか、どちらかに重点を置くようにとお願いした。また渋谷学を名乗ってはいるが、歴史研究としての渋谷学は渋谷に限定できるはずはなく、江戸、東京の範囲は十分に見据え、自由に渋谷を超えていただいて結構、という方針をとり、それを本書のサブタイトルに反映している。こうした方針に基づいてお書きいただいた結果が、以上の各章のような形となった。各章と全体の評価は、もちろん読者にお任せするしかない。しかし編者としては、単純な通史ではないが、渋谷の歴史全体を通観できるものとなっており、また論点を絞って書いていただいた章は、新鮮味ある内容であると自負できるものになったと考えている。

カバー写真『図説渋谷区史』（渋谷区・平成十五年）より

第一章　台地と川がつくった魅力あふれる街・渋谷

林　和生

はじめに　「坂道」を生きる街・渋谷

最先端の若者のファッションや文化の発信地である渋谷で毎日生活していると、なぜか常に「坂道」を意識しないわけにはいかない。学校に行くにも、勤めに行くにも、買い物に出かけるにも、あるいは病院や映画館、居酒屋やレストラン、ライブハウスなどに行くにも、渋谷では坂道を上るか、下るか、はたまた上ったり下ったりしないとどこにも行くことができない。

例えば、渋谷駅から日赤医療センターへ行くためにバスに乗ったとしよう。渋谷駅を発車したバスは明治通りを歩道橋の下で左折して青山通り（国道二四六号）の坂道を上っていく。渋谷三丁目停留所を過ぎた交差点（渋谷二丁目）あたりから、バスは青山通りの坂道を下りはじめ、青山学院下のトンネルを出たところで、渋谷四丁目の交差点を右折して日本コカコーラ本社横の細く急な坂道を右折しながら上っていく。実践女子学園にぶつかるところで今度は左折し、國學院大學前交差点を過ぎるとさらに坂道を上り、上ったところで左折する。ゆるやかな坂道を上って広尾三丁目交差点を渡ると、バスは急な坂道を下りはじめる。今は暗渠となってしまったいもり川の谷まで下ったあと、再び坂を上って、左折して、ようやく日赤医療センターに到着する。移動距離は短いものの、坂道を何度も上ったり下ったりの大旅行である。

また、渋谷駅からＮＨＫ放送センターや区役所に行くにはゆるやかにカーブしながら上っていく公園通りを、また東急本店やＨ＆Ｍなどへは文化村通りを、青山学院大学やこどもの城へは傾斜が大きな宮益坂からゆるやかな青山通りを、とにかく坂道を上らないとどこにも行けないのである。

東京区部内にも坂道が多いが、とりわけ渋谷には坂道が多いというか、むしろ坂道だらけといった方が表現としては正しいだろう。区内には、道玄坂や宮益坂のように名前がついた有名な坂道だけでも三〇以上ある。では、どうして渋谷にはこんなに坂道が多いのだろうか。それは渋谷の地形がきわめて起伏に富んでいるからである。河谷をはさんで向かいあう台地と台地を結ぶために道路を通すと坂道ができるし、また台地上を刻む小河川がつくった谷に沿っ

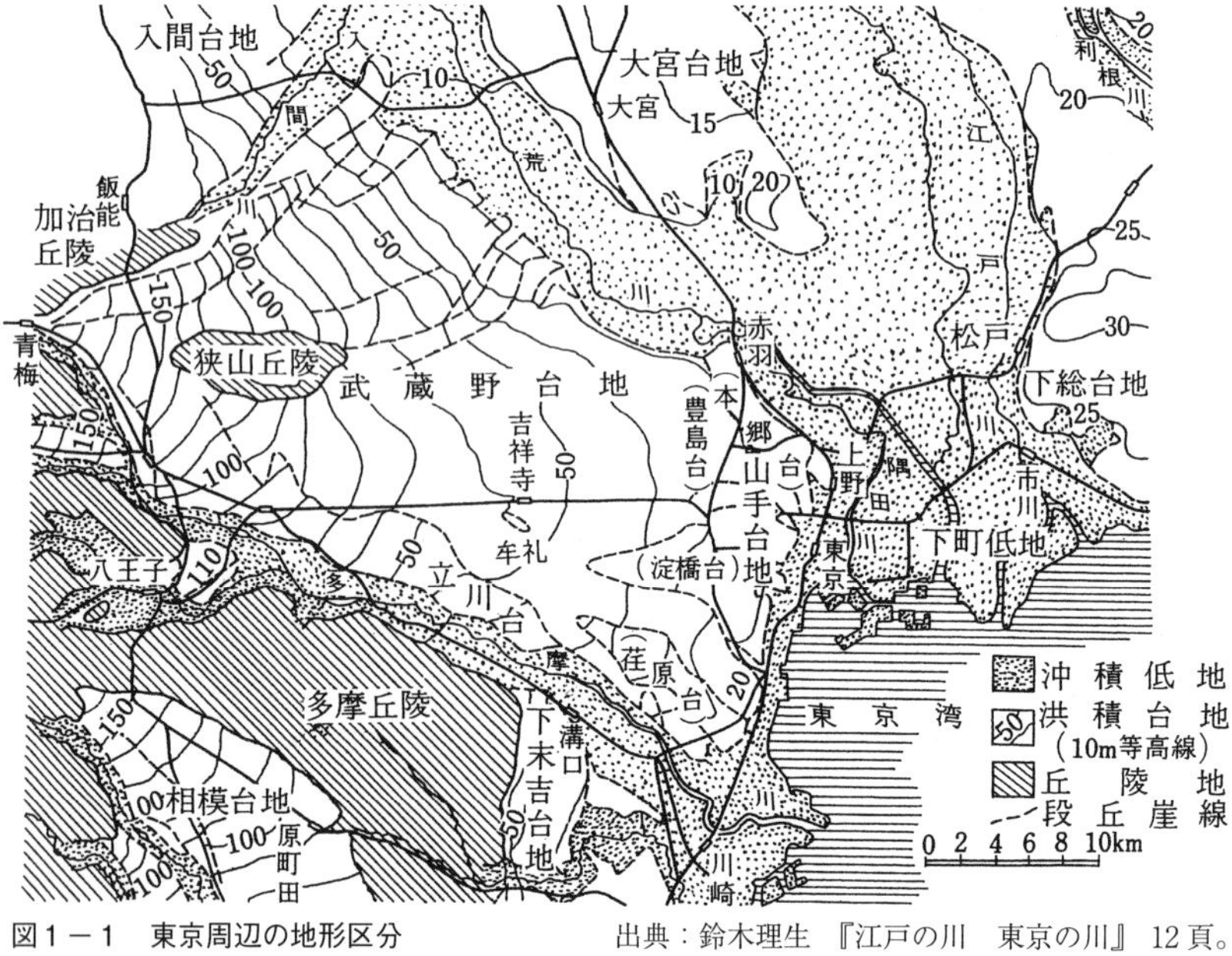

図１－１　東京周辺の地形区分　　出典：鈴木理生『江戸の川　東京の川』12頁。

て道路を通すとゆるやかにカーブした坂道になるという具合に、地表に凹凸がある土地に道路をつくると自然に坂道ができるのである。

渋谷区内には、山、谷、丘、台など地形に関連する地名が豊富で、そうした地名がついた街を意識して歩いてみると、その地名の通りの起伏をもつ地形であることが多い。例として、区内三二町の町名を取りあげてみよう。まず山がつく地名は神山町・円山町・代官山町・鉢山町・大山町の五つ、台がつく地名は初台・南平台町の二つ、丘がつくのは桜丘町だけだが、上原という台地をイメージさせる地名もある。また、河谷に関連した地名として、まず谷がつく地名には渋谷・幡ヶ谷・千駄ヶ谷・富ヶ谷・鶯谷町の五つがあるが、川がつくのは宇田川町だけで、さらに泉に関連した地名に神泉町がある。山や台・丘が地名につくところは、ほとんどが周りよりも高い台地の上にできた街で、また谷がつくところは両側を小高い台地にはさまれた谷間に沿ってできた街が多いことがわかる。

道玄坂から百軒店の台地に上り、ラブホテル街を通っていったん坂道を下りてランブリング通り（円山本通り）を越えたところが、かつての花街がラブホテル街になった円山町の台地で、もとは荒木山と呼ばれていた。この円山町の台地を下り、松濤公園にのびる河谷跡にできた坂道を跨いでまた台地を上っていくと、都内屈指の邸宅街である松濤にでる。さらに前進すると、小さな河谷をはさんで神山町の高級住宅街へと続いていく。このように台地上にできた性格をまったく異にする街が、河谷をはさんでいくつも向かい合っているのが渋谷の特徴である。

本稿では、渋谷を含んだ東京都区部の地形の成り立ちとその特徴を述べることから筆を起こし、次に渋谷の街を生み出した淀橋台地と渋谷川について述べ、さらに渋谷の街の特色とその魅力を地形との関わりから読み解いていきたい。図1－1にみるように、東京都区部の地形は大小の台地、それを刻んで流れる河川、川がつくった谷間や低地などから構成されている。

第一節　台地と低地の江戸・東京

1　「山の手」と「下町」

大阪が「水の都」と称されるのに対して、東京は「坂の町」と呼ばれることが多いが、東京の東部には大阪と同じくらい水路が縦横に走っている。江戸時代には、江戸の町に住む庶民は数多くの坂道や橋を目印にして日常生活を送っていたようだ。江戸の駕籠かきや現代のタクシー運転手の話によると「東京（江戸）の地理に通じるこつは、下町では『橋』の名を、山の手では『坂』の名を覚えることだ」そうだ。この話の趣旨は、山の手と下町の地形の違いを「橋」と「坂」という語句で表したことにある。

さて「山の手」と「下町」という表現は、全国のあちこちでも用いられているが、とくに東京都区部の地域の違いを表現する言葉として、一般に使われることが多いようだ。

ちなみに『広辞苑』第五版で、「山の手」をひくと「①山に近い方、②高台の土地。東京では文京・新宿区あたり一帯の高台地域の称」とあり、また「下町」は「低い所にある市街。商人・職人などの多く住んでいる町。東京では、台東区・千代田区・中央区から隅田川以東にわたる地域をいう」と記されている。また、『スーパー大辞林』第三版で「山の手」をひくと「②市街地のうち、高台の地区。東京では東京湾岸の低地が隆起し始める武蔵野台地の東縁以西、すなわち、四谷・青山・市ヶ谷・小石川・本郷あたりをいう。」と記され、また「下町」の項には「（前略）東京では東京湾側に近い下谷・浅草・神田・日本橋・深川などの地域をいう。」と記され、わが国を代表する国語辞典である『広辞苑』も『スーパー大辞林』も「東京では」と、東京を例に山の手と下町の具体的な範囲を述べている。

国語辞典は土地の高低のちがいから「山の手」と「下町」を区別している。本節でも土地の起伏のちがいから、東京都区部の自然環境の特徴、さらには渋谷の複雑な地形の特徴について述べる。しかし、東京における「山の手」と「下町」のちがいとは、実はそこにつくられた街の性格のちがいでもあるのだ。徳川家康は天正一八（一五九〇）年に江戸に入るが、以後、陣頭に立って大規模な土木工事を次々に指揮して江戸の都市づくりに励んだ。太田道灌が「山の手」の台地の東端に築いた江戸城跡を家康は本丸にして広大な江戸城を築き、さらにその背後にあって当時は住む人も少なく草地がひろがっていた台地上を武家地として、諸大名や旗本・御家人たちに屋敷地を割り当てた。

当時、台地の東端は急崖で、その下には図1−2のように日比谷入江が深く入り込み、入江の東には半島のように江戸前島が突き出し、背後に沼沢地がひろがっていた。慶長八（一六〇三）年、家康は諸大名に命じて神田山（駿河台）を切り崩させ、その土で日比谷入江や沼沢地を埋め立てた。そして現在の神田、日本橋、銀座、新橋あたりに新しい町場を開き、主に商人や職人が住む下町がつくられた。町人が住む低地は「下町」と呼ばれるようになるが、高台にある江戸城の下にひろがる城下町という意味で「下町」と呼ばれるようになったという説もある。当初の下町の範囲は、神田川より南、隅田川より西、江戸城から東、江戸湾から北の細長く狭い一帯であったが、後に隅田川の東側にあり「川向こう」と呼ばれる本所、深川あたりも下町に含まれるようになった。

「山の手」の大部分は江戸城をとりまいて大名・武家屋敷と寺社がしめ、狭い「下町」に商家や長屋などが軒を連ねてひしめくという図1−3にみる江戸の都市構造は、明治以降にも引き継がれていった。明治維新後、空き家となった山の手の大名・武家屋敷は高級官僚や軍人の邸宅、あるいは皇族や華族の屋敷地となり、さらに数多くの学校が下町から移転してきた。また、資本家や企業経営者、会社役員、大商人など富裕な人々も山の手に邸宅を求め、中産階級である銀行員や会社員など俸給生活者の住宅地も増加していった。一方、下町では自営業者や職人、工場労働者、日雇い労働者などいわゆる庶民が長屋やアパートで日々の生計をたてていた。

このことから、「山の手マダム」とか「山の手のお嬢様」など、「山の手」には高級なイメージが生まれ、「下町」に

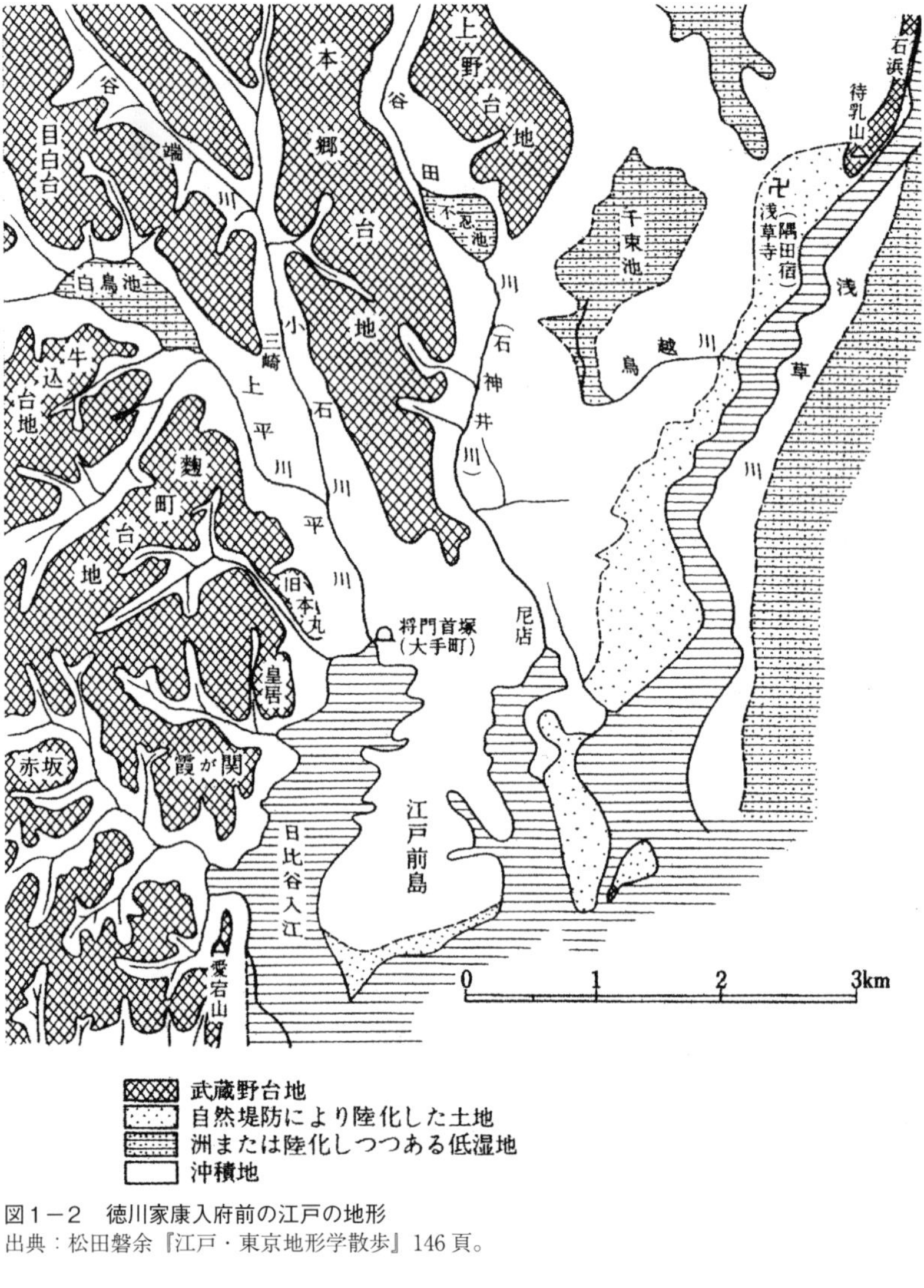

図１－２　徳川家康入府前の江戸の地形
出典：松田磐余『江戸・東京地形学散歩』146 頁。

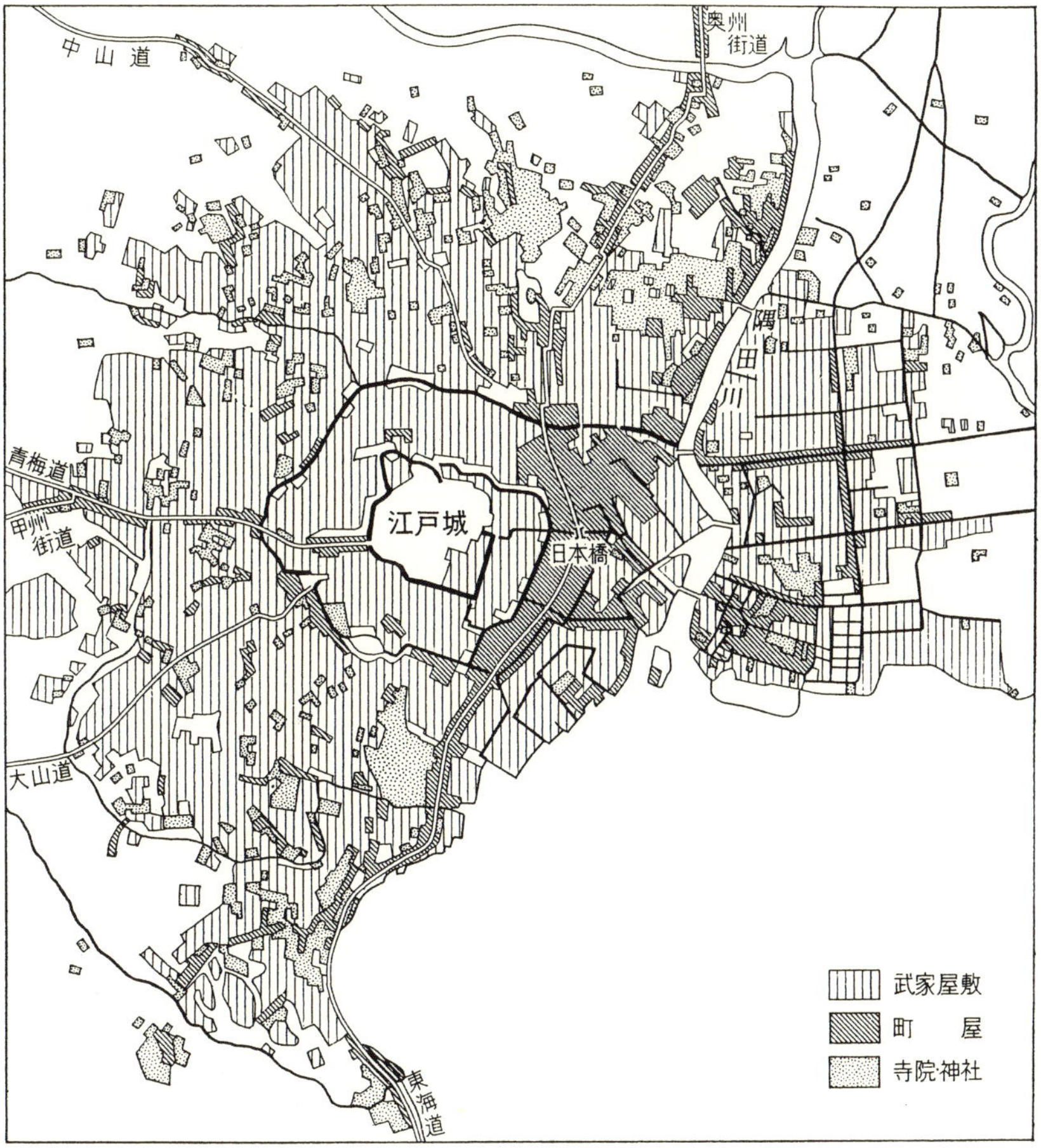

図１－３　万延元（1860）年の江戸
出典：日本地誌研究会編『日本地誌』第７巻、95 頁。

は素朴で人情あふれる庶民の町というイメージが生まれてきた。また、「取り澄ました顔で肩肘張っている山の手」と「普段着すっぴん突っかけで気取らない下町」という対比がなされることもある。

2 「山の手台地」と「下町低地」

ところで「山の手」と「下町」を区別するもっとも顕著な違いとは、いうまでもなく地形の違いである。下町にくらべると、山の手は図1-4のように二〇メートルから四〇メートルも高い位置にある。下町から見上げると、文字通り山のようにみえるところもあり、愛宕山（港区）、飛鳥山（北区）、道灌山（荒川区）、御殿山（品川区）など山がついた地名もある。しかし、山の手の表面は微細な起伏が多いものの全体としては広くほぼ平らで、台地もしくは段丘と呼ぶにふさわしい土地である。

そのためJR環状線に囲まれた山の手には、「台」のつく町名が多い。旧町名では、文京区の台町、小日向台町、関口台町など、千代田区の駿河台、港区の三河台町、三田台町、高輪台町、白金台町などがある。

地名が示すように、地形上、東京都区部は「山の手台地」と「下町低地」から成り立っている。池袋—新宿—渋谷をむすぶ山手線より西も「山の手台地」の続きであるが、「台」がつく地名は多くない。その理由は山手線以東にくらべて台地をきざむ谷の数が渋谷区をのぞいて少なく、また谷の切りこみも浅いため、分割されてできた小さく独立した台地が少ないためだと考えられる。

「山の手台地」の範囲ははっきりしていないが、貝塚爽平氏は東京都区部の西縁以東、およそ吉祥寺を通る南北線より東の武蔵野台地を「山の手台地」とされている。

山の手は、図1-5のように広い台地を河谷が分割した多くの小さな台地群から構成されているため、起伏が多く変化に富んだ街になっているが、そのことが東京都区部に坂道が多い理由でもある。「山の手台地」の東の縁が、「下町低地」に面して崖を連ねるあたりには、車坂、昌平坂、九段坂、三宅坂、霊南坂などが、少し奥には、目白坂、神楽坂、紀ノ国坂、行人坂など有名な坂道が多い。「坂」あるいは「坂下」のつく地名は、「谷」のつく地名とともに数えきれないほどある。

「下町低地」の範囲は、図1―1にみるように武蔵野台地と下総台地にはさまれた沖積低地の範囲とほぼ重なる。地形面はきわめて平坦で、五万分の一や二万五千分の一の地形図には等高線はほとんど描かれていない。低地のほとんどは海抜四メートル以下で、荒川放水路の両側には海抜一メートル未満の地域が広く分布する。また、いわゆる「〇メートル地帯」の範囲も広いが、地下水の過剰揚水による地盤沈下によって生み出された人工的な災害危険地帯である。

「下町低地」は、縄文前期にはるか内陸にまで湾入していた海が徐々に退いていく過程のなかで、たまたま海岸線の変化が一時的に停滞したときに沿岸州や砂州が発達して形成されたものと考えられている。多くは粘土や砂礫など未固結の土から構成され、非常に軟弱で水分を多く含んでいる。また「下町低地」の地下には数メートルから数十メートルの厚さで軟弱な沖積層が推積している。土地が低いうえに、地盤が軟弱なため、地盤沈下を生じたり、地震時には液状化したり、河川の氾濫や高潮による水害を受けたりと、人間が生活し活動するうえでしばしばやっかいな問題を生じさせている。関東大震災では、「山の手台地」での全壊率が五％以下だったのに対し、「下町低地」では沖積層が厚いほど全壊率が高く、隅田川や荒川の両岸では五〇％以上にも達したという。

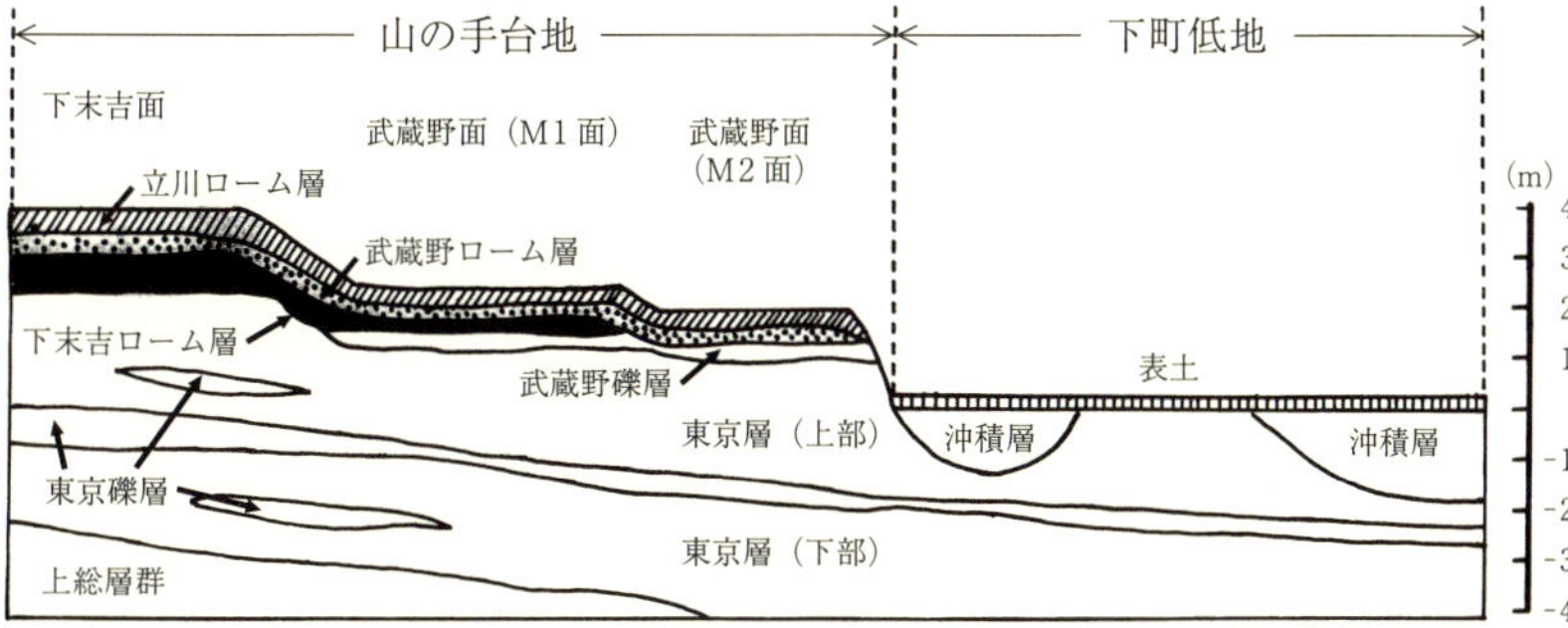

図1－4　山の手台地と下町低地の地形模式図

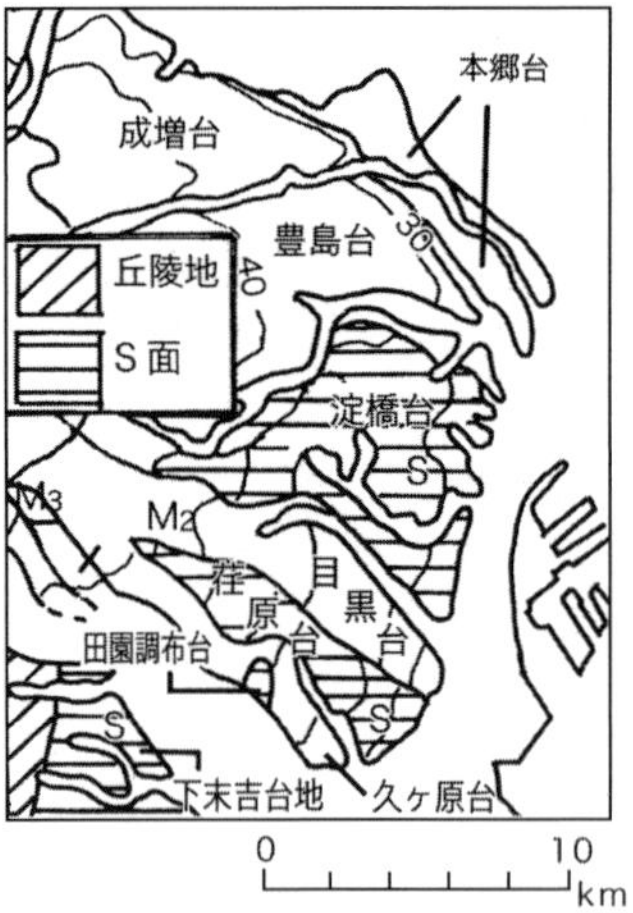

図1－5　「山の手台地」を構成する小台地
出典：松田磐余『江戸・東京地形学散歩』38頁の図を一部改変。

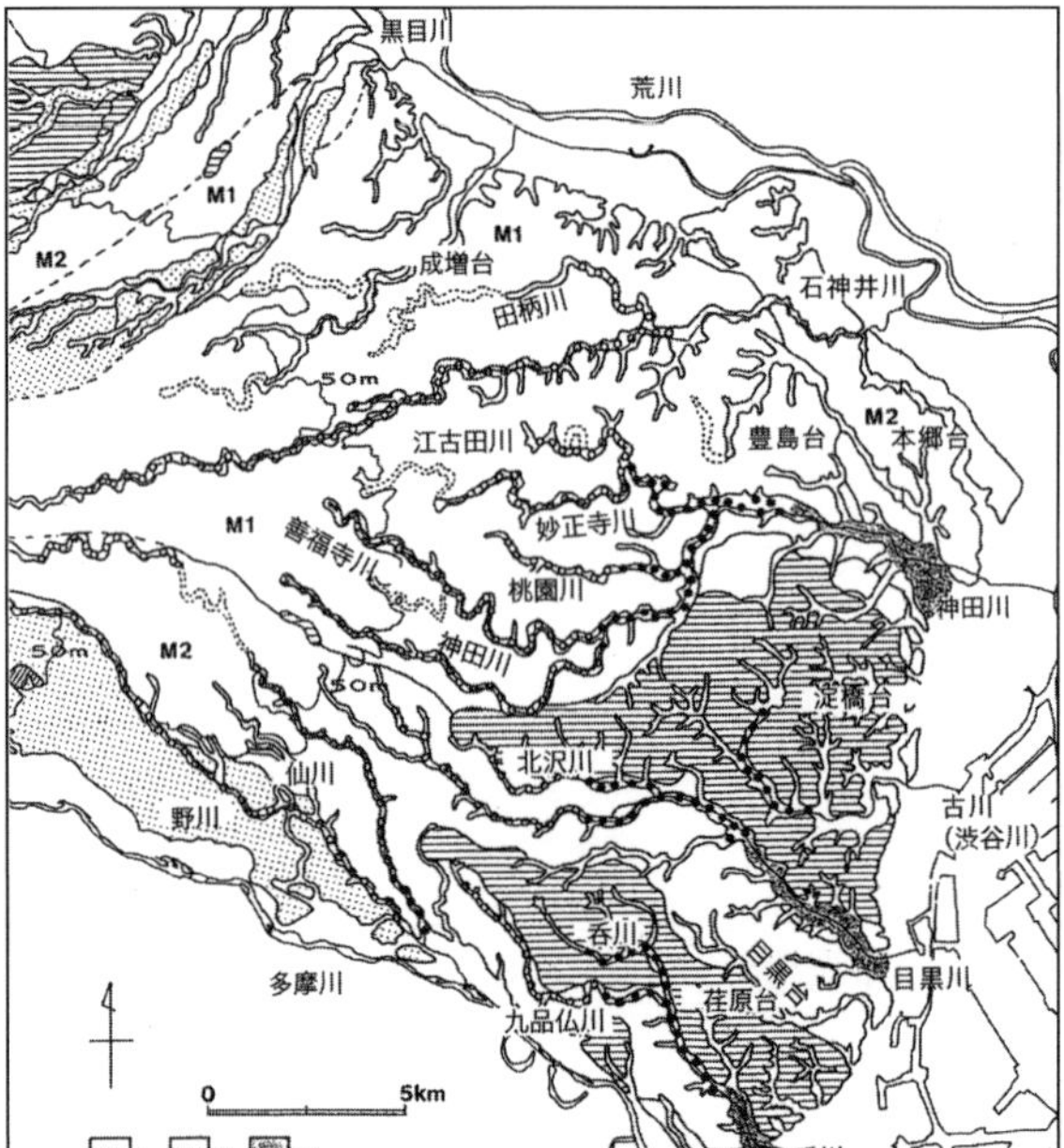

図1－6　武蔵野台地東部の河谷地形
Ⅰ：緩傾斜区間　Ⅱ：急傾斜区間　Ⅲ：緩傾斜区間
出典：松田磐余『江戸・東京地形学散歩』67頁。

太田道灌が江戸城を築いたころ、「下町低地」では、図1－2のように現在の新橋あたりから日比谷・丸の内にかけて「日比谷入江」が湾入し、その東の東京駅付近から有楽町付近にかけて江戸前島と呼ばれた半島状の州があり、そこに社寺や村落が立地していた。大道寺友山の『岩淵夜話別集』には、「東の方平地の分は、ここかしこも汐入の葦原にて、町家侍屋敷を十町と割付くべきやうもなし。西南の方はびゃうびゃうと葦原武蔵野へ続き、何処をしまりと云うべきやうもなし、御城と申さば昔より一国を持つ大将の住たるにあらず」とあり、また石川正西の『聞見集』に城下には「茅ぶきの家百ばかりも有かなし」とある。徳川家康は入府の直後から、前述したようにこの潮入の茅原を埋め立てて街をつくり、また運河を開く大土木工事を指揮した。

3　河谷が分割した「山の手台地」

江戸時代、「山の手台地」では、五つの小さな台地上に社寺や大名・武家屋敷がひろがっていた。五つの台地とは、北から赤羽・田端から上野につづく台地、本郷・小石川の台地、麹町台地、赤坂・麻布の台地、高輪・品川の台地である。これら五つの台地は、不忍池を下流部にもつ藍染川（谷田川）の谷、平川（神田川）の谷、溜池の谷および金杉川（下流は古川、上流は渋谷川）の谷によって分割されている。これらの谷底は下町低地の続きとして台地の間に深く入り込んでいる。今日では、これらの谷底低地を流れる川は下水を集めているが、もともとは、台地のすそから湧き出る地下水によって養われており、その水は谷底低地の下流部でしばしば、湿地や池を形成していた。藍染川の谷における湿地の名残りは、現在は不忍池になっているが、家康入国以前には、今の水道橋・飯田橋付近に「小石川大池」があり、国会議事堂の南の谷には「溜池」の池があり、古川下流部の一ノ橋付近にも沼があったという。

これらの池があったとされるところには、現在も盛土の下に泥炭の層があり、そこは、関東大震災の時に、「山の手台地」のなかで震度がもっとも大きかったところと一致する。

なお、現在の地形区分では、図1－5のように、山の手台地は大きく淀橋台・荏原台・豊島台・本郷台・目黒台などに区分されている。

第二節 「武蔵野台地」から「山の手台地」へ

1 「山の手台地」は「武蔵野台地」の東端部である

第一節で述べた「山の手台地」は、じつは東京の西部にひろがる広大な武蔵野台地の東端部に対してつけられた名称である。武蔵野台地は、図1－1のように北は入間川、南は多摩川、北東は荒川、東は東京の「下町低地」の沖積低地によって囲まれた東西約五〇キロメートル、南北約二〇キロメートルの規模をもつ洪積台地である。洪積台地とは、今から約一八〇万～一六〇万年前から約一万年前までの期間である更新世（洪積世）においてつくられた平坦面が、その後隆起することによって形成された扇状地や三角州、台地などを総称する地形用語である（洪積台地というのは日本だけで使われている特殊な用語で、開析扇状地と呼ぶ方が現在では一般的である）。

奥多摩の山々を削りながら流れ下ってきた古多摩川が、青梅を扇頂とする扇状地を形成した。この扇状地が武蔵野台地の基盤であり、その上に関東ローム層が数メートル～十数メートルの厚みで堆積している。関東ローム層とは、主に富士山から噴出した火山灰が偏西風に運ばれて堆積し、その後に風化が加わって形成された土層である。安山岩ないし玄武岩質であるが、長い時間をかけて含まれている鉄分が酸化して、土壌は赤黒い色を呈している。

台地の高さは、図1－7にみるように西端の青梅で海抜約一九〇メートル、これより東の方へは、立川約九〇メートル、吉祥寺約五〇メートル、新宿約四〇メートルと順次低下して、山の手台地の東縁部では二〇～四〇メートルとなっている。また、青梅から北東の方へは、所沢約八〇メートル、川越約二〇メートルと下り、低い崖で荒川沿いの沖積低地にのぞんでいる。

武蔵野台地の地形については、次のような指摘がある。それは台地上の等高線は同心円状をなしてはいるが、等高線が北東方向より南東方向へゆるやかに張り出し、典型的な扇状地の形状をなしていないこと、また台地の表面が急崖によっていくつかの新旧の段丘面に区分されていることである。一般に高い位置にある面が古く形成され、低い位置にある面は形成が新しい。武蔵野台地が一続きの平らな扇状地面で構成されていないことは、古くから知られていて、現在は次のように下末吉面（S面）・武蔵野面（M面）・立川面（Tc面）・沖積面（A面）の四つの面と狭山丘陵に分類されている。

下末吉面（S面）

この面は多摩川の右岸や鶴見台地・横浜台地で模式的に観察することができる。海抜四〇～六〇メートルの高度を有する地形面で、図1―1にみるように下末吉台地とも呼ばれる。武蔵野台地上では、東端の淀橋台・荏原台・田園調布台がこの面に相当する。下末吉面は東京層と呼ばれる砂礫・泥の層と、それを覆う関東ローム層から構成されている。東京層は、浅い海底や三角州に堆積した砂・泥と、海浜や河床に堆積した礫からなり、一二～一三万

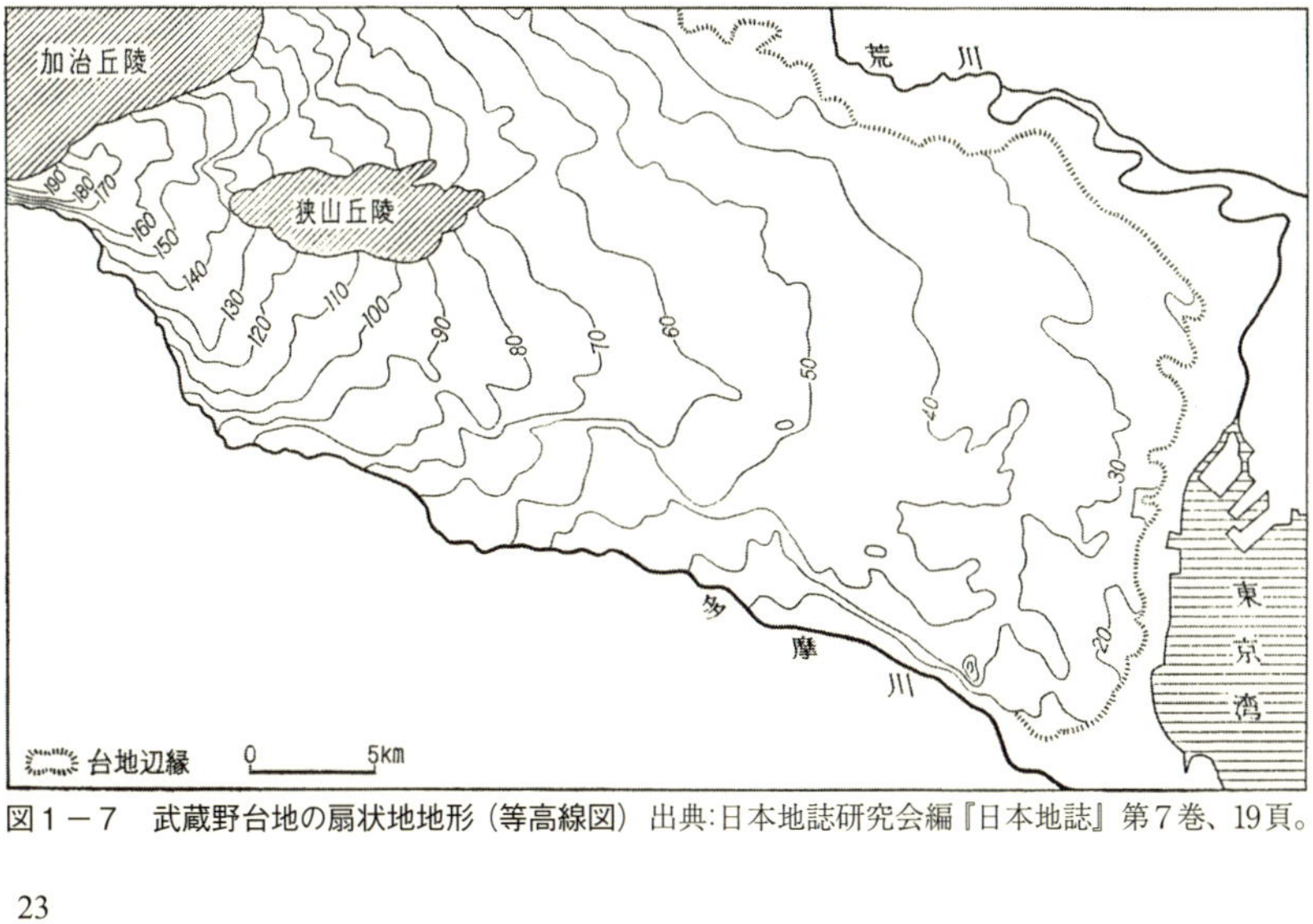

図1－7　武蔵野台地の扇状地地形（等高線図）出典:日本地誌研究会編『日本地誌』第7巻、19頁。

年前の最終間氷期最盛期に形成された地形が後に段丘化したものである。

武蔵野面（M面）

武蔵野台地上で面積がもっとも広い段丘面で、古多摩川が形成した扇状地面である。下末吉面を形成した最終間氷期がすぎると気候は寒冷化し、海水面は低下していった。そのため古東京湾は陸地となり、現在の多摩川、荒川、利根川などの前身である諸河川が、陸地化した古東京湾を流れ河谷を刻んでいった。これらの谷は、亜氷期（氷期もしくは間氷期が続く間にみられる短期間の温暖期を亜間氷期と呼び、また寒冷期を亜氷期と呼ぶ）には深く侵食され、亜間氷期には砂礫で埋積された。亜氷期と亜間氷期が交代するたびに侵食と埋積をくり返したため、離水時期が異なる河岸段丘が何度も形成された。こうして武蔵野面はM１、M２、M３の三つの面に細分される。豊島台や成増台などのM１面は約十万年前に、目黒台などのM２面は約八万年前に離水したと考えられている。M３面は多摩川低地の左岸側に断続的に分布している。武蔵野面は砂礫層とそれを覆う関東ローム層から構成され、砂礫層は広く平坦に分布しているので、武蔵野面はおおむね平坦である。また砂礫層の種類や大きさから、これらが多摩川が形成した扇状地の堆積物であることがわかる。多摩川は、ほぼ同心円状にひろがる大きな扇状地を形成した後に、武蔵野面の南側を下方侵食して現在の流路のあたりを流れるようになったと考えられる。

立川面（Tc面）

武蔵野面の形成後、気候の寒冷化が進み、海水面も大きく低下して最終氷期になった。この時期に形成されたのが立川面である。この面は立川・府中・調布などの都市をのせる台地面で、一～三面に分けられている。これらの段丘面が離水した時期は約四万年～一・五万年前とされている。この時期には海水面はさらに低下して、海岸線は東京湾のはるか沖合、浦賀水道あたりにまで後退していたと考えられる。立川面の上部には約二メートルの厚さの関東ローム層が、その下に三～五メートルの厚さの砂礫層が堆積している。

狭山丘陵

武蔵野台地のほぼ中央に位置する独立した丘陵で、東西約一一キロメートル、南北約四キロメートルの紡錘形に広がっている。台地面との比高は二〇～五五メートルで、その地質は狭山層とよばれる古い洪積層で、上部には厚さ三〇メートルにおよぶ多摩ローム層がのっている。丘陵の東部には、柳瀬川によって刻まれた南北二つの侵食谷があったが、現在はこれらをせき止め東京都の上水道の貯水池である多摩湖（村山貯水池）・狭山湖（山口貯水池）がつくられている。湖の周囲一帯が水源保護林に指定されたおかげで、東京近郊としては稀有なアカマツ林や雑木林に囲まれた広域の里山の景観が保持されている。丘陵上には野山北・六道山公園や狭山公園など大規模な緑地があり、また西武鉄道は多摩湖線と狭山線を敷設して、ゆり園や西武園などの観光施設をつくった。

このように武蔵野台地は、更新世に形成された扇状地が、その後の隆起運動によって海水面から離れてできた水持ちが悪い台地である。低湿で地盤が軟弱な沖積地と比べて、台地は平坦で居住地としてすぐれた地形環境であるように一見見える。しかし、武蔵野台地上にはそれこそ縦横無尽という表現がピッタリなくらい数多くの小さな河谷が台地を切り刻んで流れているため、市街地を形成するには不向きな起伏に富んだ土地であった。また台地面と斜面地のもともとの植生は草原と雑木林であったと考えられている。さらに台地を構成する砂礫層は水を通しやすく、生活用水などを確保しにくい。そのため、台地上の開墾は、玉川上水が開削される江戸時代まではあまり進まず、入会地（秣場《まぐさば》）として利用される程度であった。

『武蔵名所図会』によれば「武蔵野の廣原は猪鹿狐狢のみ多かりしが、天正一八（一五九〇）年以来は御上の御徳沢に浴して新墾の地寛永の頃（一六二四～四四年）より始まり、年々開墾して いまや原野蒼茫たるところなく、凡そ寛永より明暦頃（一六五五～五八年）までに開けたるは古新田と号して何村と呼び、享保（一七一六～三六年）・元文（一七三六～

四一年）より村居となれる地を武蔵野新田と唱う。凡そ八〇ヵ村ほどあり。これは、多磨、入間、高麗、新座の内にあり。御入国以来開墾新古相交り、大抵二百ヵ村あまりあるべきなり。……享保の頃より上水を分かちて八方へ引き入れる分水口三五、六ヵ所ありと云う。これみな武蔵野新田へ分かてる水道口なり」とある。この史料が語るように、寛永の頃より武蔵野台地の新田開発が始まり、享保の頃より玉川上水からの分水路により新田開発がさらに進行していった。

2　「山の手台地」を構成する二つの台地面

都市化が著しく進んだ東京では、地形を観察しようにも、すき間なくびっしり建てこんだ建物が観察の邪魔になるうえに、地形図上の等高線も家屋などのために途中で分断されていて、正しく地形を読みとることは容易ではない。

さて武蔵野台地の東端に位置する「山の手台地」は、前述したように下末吉面（S面）に属する淀橋台・荏原台・田園調布台と、武蔵野面（M面）に属する武蔵野段丘とその続きである豊島台・本郷台・目黒台・久が原台などに分けることができる（図1-5参照）。

下末吉面（S面）に属する淀橋台は、井の頭池に発する神田川の河谷と目黒川の河谷という武蔵野台地東端部ではもっとも大きな二つの河谷にはさまれた台地である。高井戸付近より東にひろがり、渋谷区・港区の大部分と、新宿区・千代田区・世田谷区の一部などを含んでいる。荏原台は、小田急の祖師谷大蔵駅付近より南東にのび、自由が丘、大岡山を含んで、池上本門寺付近で終わる。田園調布台は、東急東横線田園調布駅の西にある小さな台地である。

また、武蔵野面に属する台地のなかで、豊島台は、ほほ神田川以北の池袋を中心とする台地である。本郷台は、豊島台の東方の、ほぼ谷端川（小石川）の谷以東にひろがる台地で、上野から赤羽にいたる台地や本郷の台地が含まれる。目黒台は、淀橋台と荏原台にはさまれた北西から南東にのびる目黒川右岸の台地である。久が原台とは、荏原台の南側、多摩川低地の北側にある台地をさし、世田谷区と大田区の一部をしめる。田園調布台はこの久が原台のなかに位置している。

淀橋台・荏原台など下末吉面に属する台地は、海抜が三〇〜六〇メートルで、西が高く東は低い。武蔵野面に属する台地も西高東低で、標高は下末吉面より数メートル低いが、勾配は下末吉面よりも大きい。下末吉面上の侵食谷と武蔵野面上の侵食谷を比較すると、図1－6にみるように、武蔵野面上の河谷はほぼ西から東へと傾斜の方向に長くのびているのに対して、下末吉面上の河谷は、渋谷川の本流・支流のように鹿の角のように数多くの支谷に分かれているものが多く、河谷の密度も高い。逆に、河谷と河谷の間の台地面は武蔵野面の方が広く、そのため下末吉面は武蔵野面よりも起伏に富み、坂道が多いという特徴がある。

淀橋台・荏原台など標高が高い台地面は、もとはひと続きの海底面で、ゆるやかな勾配があるものの、ほぼ平坦な面であった。対して、豊島台・目黒台などの台地面は、この海底面が陸化したときに、面上を流れる河川が浸食した河成面で、その勾配は大きかった。こうした形成期における勾配の大小によって前者の河谷が複雑な鹿の角状になり、後者の谷が長くのびるかたちになったと考えられる。

また標高が高い台地面は、低い台地面よりも形成の時期が古く、そのため長い期間にわたって侵食作用を受けてきたため台地面上の谷は密になっている。また火山灰の降灰期間も長かったため、堆積する関東ローム層の厚さも大きくなった。

3　「山の手台地」と「下町低地」を結ぶ坂道

はじめに述べたように、東京都区部には図1－8のように坂道が多く存在し、名前のついた坂道だけでも少なくとも六〇〇はあるといわれている。無名の坂道となると、それこそ無数に存在するといってよいだろう。区部に坂道が多い理由は、当然ながら土地の起伏が大きく複雑であるからであるが、なかでも坂道が多い地域は図の南側で、そこの台地は下末吉（S）面に属している。前述したように、山の手台地では、下末吉面の形成が他の台地面よりも古く、それ

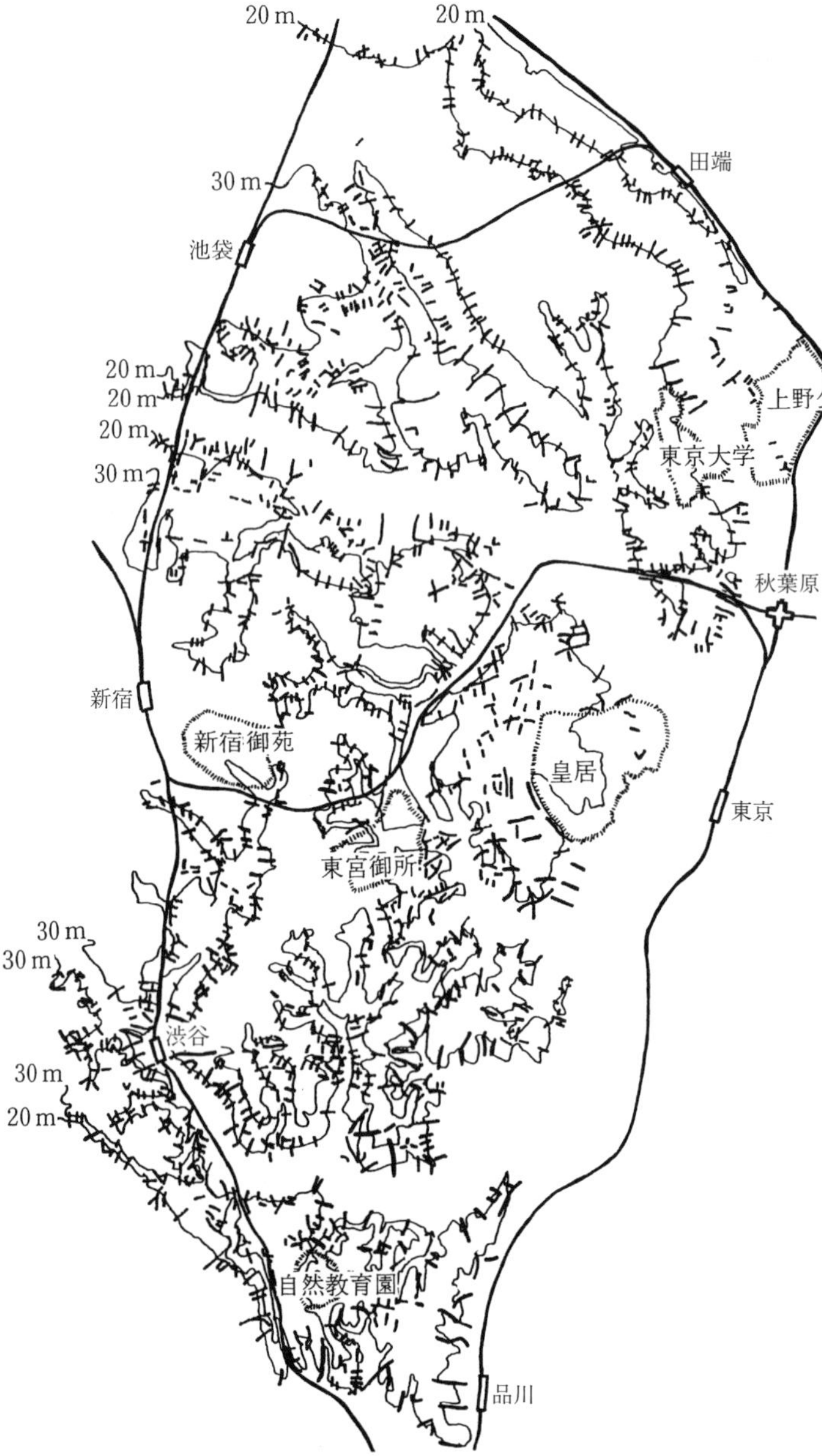

図1－8　東京 JR 山手線内の坂道の分布
出典：貝塚爽平監修『新版　東京都　地学のガイド』29 頁。

だけに河谷にきざまれる程度が大きくなっているから坂が多いのである。標高は下末吉面がもっとも高く海抜三〇～四〇メートルで、武蔵野（M）面はこれより一〇メートル程度低い。台地面の標高が高いだけ下末吉面では坂道の長さが長くなる。

東京都区部の坂道の分布は、図1－8にみるように、その多くが海抜二〇～三〇メートルの等高線に沿って位置していることがわかる。この海抜二〇～三〇メートルの等高線は「山の手台地」と「下町低地」との境界にもなっていて、その高度差は二〇～四〇メートルに達する。これらの坂道の傾斜はかなり急であるが、それは下町がまだ海であった時代に侵食によって形成された海食崖のなごりだからである。なお、渋谷区や新宿区・豊島区では、二〇メートルと三〇メートルの等高線のそれぞれに沿って坂道が分布しているが、それは台地が階段のように二段になっているからである。また、台東区や千代田区では、海抜二〇メートルの等高線と坂道の分布がずれている。それは徳川家康が駿河台にあった神田山を切り崩して日比谷入江などを埋め立てて下町をつくったため、自然がつくった崖と人工物である坂道の位置がずれてしまったからと考えられる。

第三節　「淀橋台」と渋谷川

1　「淀橋台」と渋谷

前述したように渋谷区の大部分は下末吉面（S面）に属する淀橋台の上にのっている。淀橋台は杉並区高井戸付近、港区高輪、新宿区河田町付近を頂点として東側に向かって南北幅が広がっていく海抜三〇～四五メートルの三角形の台地である。台地の名称は、明治二二（一八八九）年の町村制施行により誕生した淀橋町にちなむ。淀橋町は昭和七

（一九三二）年に東京市に編入され淀橋区の一部となり、淀橋区は昭和二二（一九四七）年に四谷区・牛込区と合併して新宿区となり廃止された。なお淀橋という地名は、現在もヨドバシカメラなどの店舗の名前などとして残っている。

約二万年前のヴィルム氷期に、海水面が現在よりも一〇〇メートル以上低下して東京湾は陸地化した。そこを古東京川という荒川の前身である大きな川が流れていた。当時の古東京川の河口は東京湾湾口付近の浦賀沖あたりにあったと考えられている。この時期に、淀橋台では湧水を源とする小河川が台地を削って数多くの河谷を形成した。それらの小河川は台地上をゆるやかに流れ下りながら次々に合流を繰り返して大きな河川となって古東京川に流入した。その一本が古渋谷川（現在の渋谷川と区別するため古渋谷川と便宜的に呼ぶ）である。

その後、氷期が終わり温暖化して氷河が融解したため、海水面は急速に上昇し、海水は深く刻まれた河谷の中に侵入してきた。この海進は、海が退くときよりも速い速度で進んだ。このため、深く刻まれていた河谷はいずれもおぼれ谷（陸上の谷が、地盤の沈降や海水面の上昇により海面下に沈んだ細長い湾）となって海底に沈んでいった。さらに約六千年前の縄文海進（有楽町海進とも呼ぶ）によって、海水面は海抜五メートルの高さにまで上昇してきた。古渋谷川の河谷にも海水は深く進入してきた。現在の海抜二〇メートルあたりの地域まで水没した時期もあったため、古渋谷川の河谷は谷奥まで複雑に海が入り込んだ古渋谷湾になった。その後、河口部での土砂の堆積と、三千年ほどの前からの寒冷化による海水面の低下によって、徳川家康の江戸入府のころには古渋谷川の河口の位置は淀橋台の東縁あたりにまで後退していたと考えられる。海水面の低下にあわせて、古渋谷川の河谷や台地上では侵食が進み、現在の細長く複雑な渋谷川水系と侵食により細分された小さな台地からなる渋谷ができあがったのである。

2　六つの台地と二〇の河谷

淀橋台の周囲は斜面地で、渋谷川水系が侵食した小さな河谷が発達していた。しかし、その後の人工的な盛り土や造

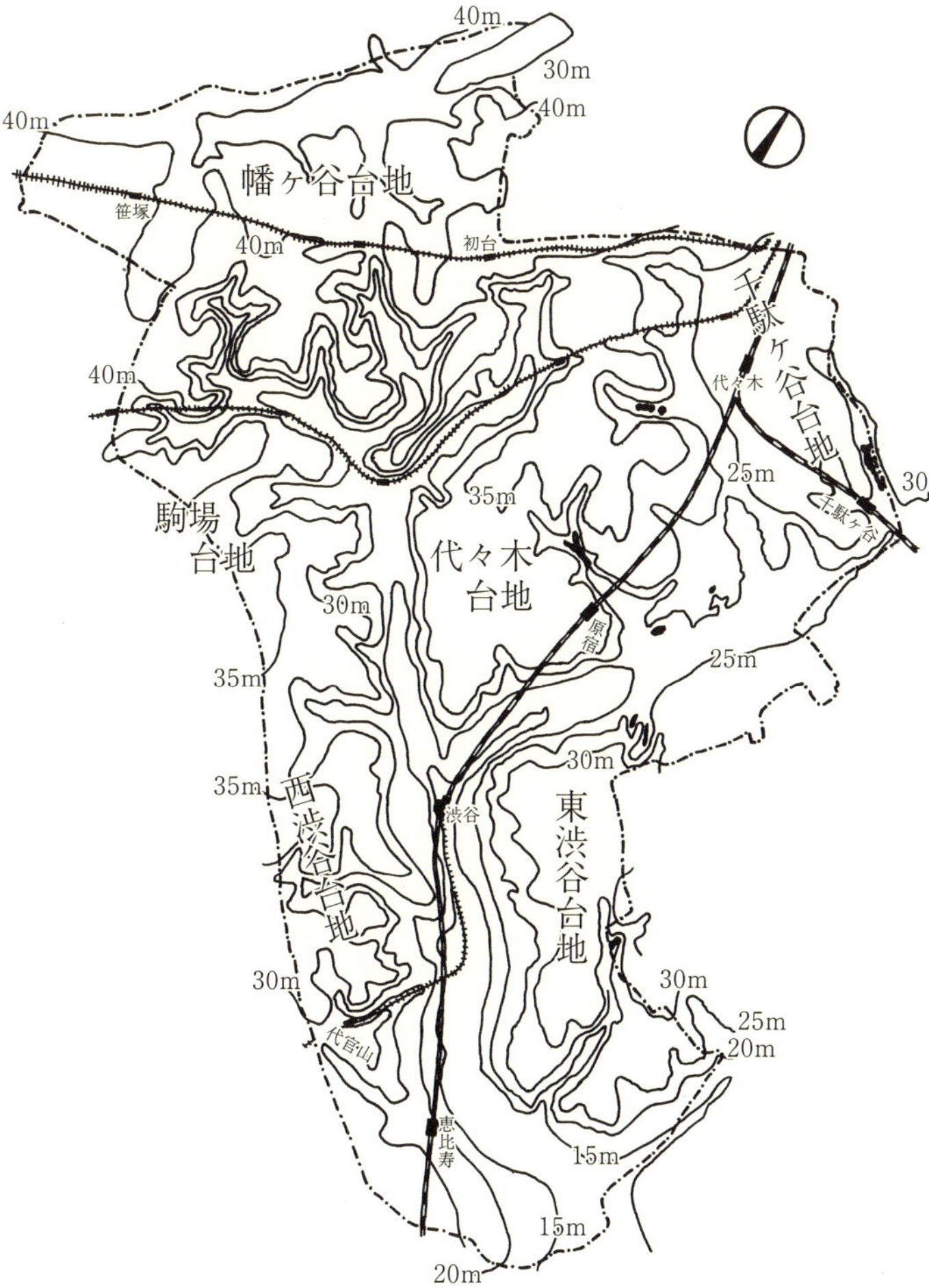

図１－９　渋谷の地形（６つの台地と約200の河谷）

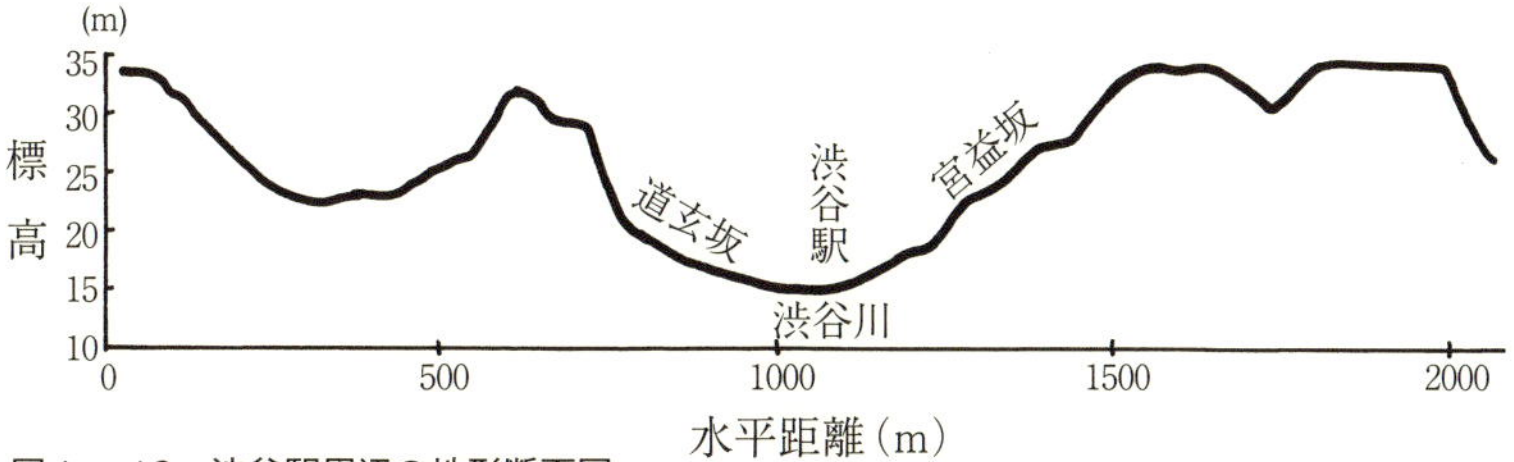

図１－10　渋谷駅周辺の地形断面図
出典：菅野・佐野・谷内編『日本の地誌５　首都圏Ｉ』192頁。

成によって大きく変化し、今となっては元々の地形を観察することはきわめて困難になってしまった。また渋谷区内の淀橋台は、渋谷川水系の約二〇の河谷によって、東渋谷・千駄ヶ谷・代々木・幡ヶ谷・駒場・西渋谷の六つの台地に分割され、図1－9のように、小規模な台地に細長い河谷が複雑に入り組んだ特色ある地形をつくっている。

渋谷区内の淀橋台の海抜高度は、北西部で四〇メートル、南東部で二五メートルと南東方向にゆるやかに傾いている。台地の地質構成は、厚さが三メートルから一二メートルに達する関東ローム層の表面を黒色有機土が覆った構成になっている。渋谷川本流沿いなどの低地部は沖積層からなり、その基盤として厚い第三紀層が地下深くにまで達している。台地面上を侵食して数多くの河谷が走っているため、図1－10に示した道玄坂―渋谷川［宮益橋］―宮益坂の断面図にみるように、A坂―〇〇橋―B坂と河谷を横断する坂道が多いのが渋谷区の特徴である。國學院大學も海抜約三〇メートルの淀橋台の東渋谷台地上にある。

東渋谷台地

東渋谷台地の北西部～南西部は渋谷川本流によって区切られ、東部～南部は支流である天現寺川が流れる笄《こうがい》町の河谷に臨んでいる。台地の中央では、青山学院大学裏の緑岡町に源を発して南東から南に流れて渋谷川本流に注ぐいもり川が流れる羽根沢の渓谷が、台地を二分している。いもり川は、全長は短いが落差が大きいため、両岸は切りたったV字型の河谷を形成していた。そのためいもり川が暗渠になった現在でも、河谷の東側に建ち並ぶ住宅の多くは段丘崖上に表の玄関をつくり、谷底である暗渠面に面しては地下室になっている。

台地上はほぼ平坦で、北部の海抜は三四メートル、南部は二五メートルで、また渋谷川本流の谷底からの比高は、北部で一九メートル、南部で一六メートル程度である。いもり川と天現寺川沿いには、大正のはじめまでは細長く水田が営まれていたが、今はその痕跡すら残っていない。また明治四二年測量の一万分の一地形図（地形図2参照）を見ると、穏田沼、銀明水、金王丸馬洗池、常磐松の沼などいくつもの湧水池が台地上にあったことがわかるが、現在では学校や住宅地などにかわりその姿を見ることはできない。羽根沢の渓谷より東には東京女学館、日赤医療センター、聖心女子大学などが、西には青山学院大学、実践女子学園、國學院大學、広尾高校、広尾中学校などがあり、台地上は閑静な文教地区である。広尾台地とも呼ばれることがある。

西渋谷台地

渋谷川と目黒川にはさまれて南東にのびる台地で、図1－11の断面図にみるように渋谷川に面してはなだらかな斜面だが、目黒川に向かっては高低差約二〇メートルという急峻な崖線を形成している。かつてこの稜線に沿って三田用水が通され、そこから分かれた支水路の水は多くの水車を回したり、庭園の池などに使われた。図のように台地面は平坦であるが、海抜は北部で四〇メートル、南部は三〇メートルある。目黒台地より五メートルほど高く、荏原台地よりも五メートルほど低い。渋谷区の中心地域を含み、道玄坂一帯を中心に繁華街が広がっている。富ヶ谷・鶯谷・長谷戸など谷に関する地名や、南平台・代官山・向山・鉢山・神山など丘や台地に関する地名が多い。

代々木台地

南西部で西渋谷台地と、南東部で東渋谷台地と向き合い、北の幡ヶ谷台地から半島状に南に突きだした台地である。小田急本線と山手線に囲まれたほぼ三角形の形状で、明治神宮と代々木公園が台地の大部分を占めている。台地の北東部を渋谷川の支流代々木川が、南東部を渋谷川本流が、南西部を宇田川が、北西部を山谷川が流れる。また、明治神宮内苑の南池奥にありパワースポットとして急に有名になった「清正の井」を水源とする流れ

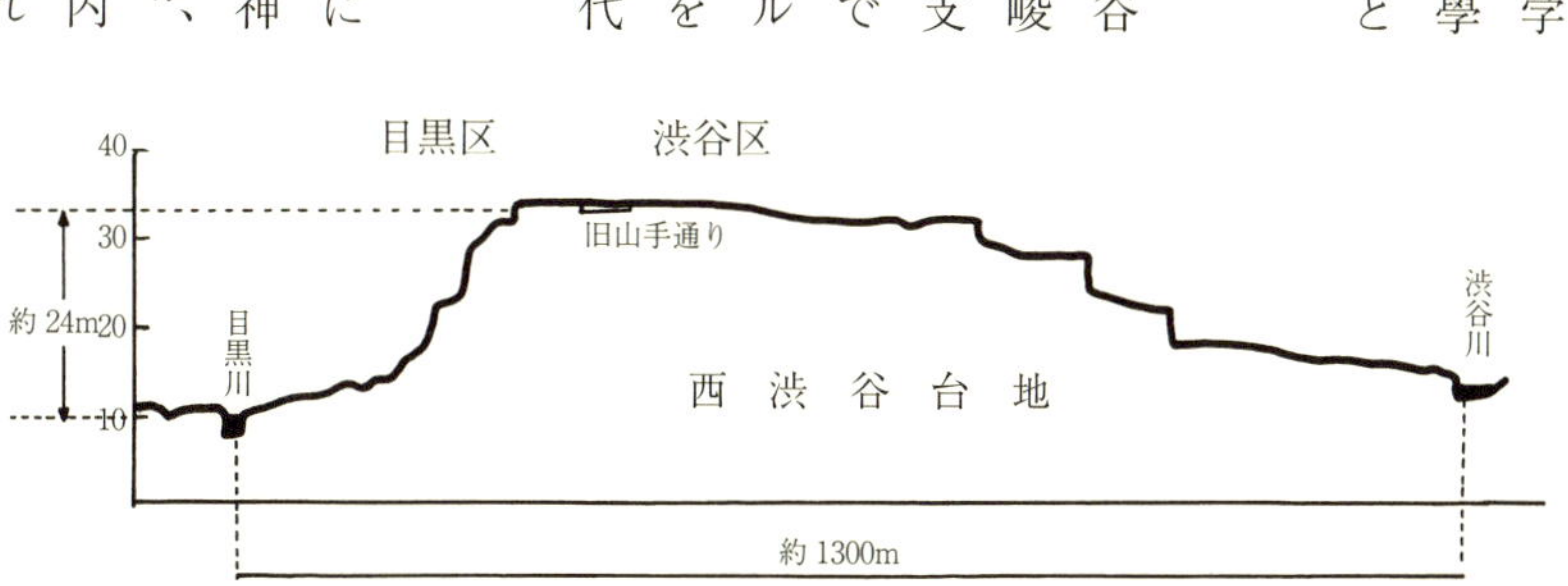

図1－11　西渋谷台地の断面図

と東池を水源とする流れは、神宮内で合流して東に流れ、比較的大きな河谷を刻みながら渋谷川本流に流入していた。台地面は平坦で、海抜は三五メートル、比高は一五メートルである。

千駄ヶ谷台地

千駄ヶ谷から新宿御苑にかけてひろがる台地で、南よりの新宿御苑内にはかつて信州高遠藩主の内藤家下屋敷地内に造られた玉川園の玉藻池という湧水池がある。また、屋敷地と千駄ヶ谷村の境界付近の北西から南東に細長くのびる湧水を集めた流れ（現在は新宿御苑の上の池、中の池、下の池が造られている）があり、これらが渋谷川本流の水源とされる。新宿御苑一帯はかつて千駄ヶ谷大谷戸町と呼ばれていたが、文字通りの谷戸地形を呈している。台地の海抜は北部で三五メートル、南部で三〇メートルで、比高は五～一〇メートルである。ちなみに「谷戸」とは、三方が台地に囲まれ一方が開けている細長い谷の地形で、関東地方の台地・丘陵で多く見られる。谷戸の谷の奥は枝分かれして、多くは湧水が豊富な湿地帯であり、中世頃より水田としての開発が進んだ。

幡ヶ谷台地

区の北に位置する東西にのびる大きな台地で、北は神田川の谷に面し、甲州街道が通っている。南斜面は代々木川・山谷川・宇田川に侵食され、千駄ヶ谷・代々木・駒場・西渋谷の台地と連続している。また西部の西原地区では台地の縁辺に数多くの小さな侵食谷が複雑に入り込み、「代々木九十九谷」と呼ばれている。台地の海抜は東部が三五メートル、西部の笹塚付近が四〇メートルで、北西に向かって高くなっている。

駒場台地

幡ヶ谷台地に続き、代々木上原から目黒区駒場にかけてひろがる小規模な台地である。

前述したように、渋谷区内の台地面の特徴は、海抜が比較的高く、微細な起伏に富んだ平坦面であることにある。自然堆積した関東ローム層（赤土）は安定し、住宅の基盤として良好である。対して、谷底低地には侵食された台地の再堆積土や腐植土が分布して、非常に軟弱な地盤である。山手線など都内の鉄道は生活環境が良好な台地上に敷設することを、各地で強く反対されたため、谷底低地に沿って敷設された。その後、渋谷駅周辺など谷底低地の沿線が繁華街に発展していった。西渋谷台地と東渋谷台地、幡ヶ谷台地がぶつかるあたりがちょうど渋谷駅のくぼ地にあたる。

3　渋谷をつくり育んだ渋谷川

以上述べたように、起伏に富んだ渋谷の地形をつくりあげたのは、淀橋台を長い年月をかけて侵食してきた渋谷川とその支流である。

渋谷川は淀橋台のほぼ中央を流れる河川で、天現寺橋より下流は古川と呼ばれ、さらに下流部は新堀川、金杉川、赤羽川とも呼ばれる。また渋谷川と古川をあわせて金杉川と呼ばれることもある。上流部は渋谷駅までを穏田川とも呼ばれたようである。武蔵野台地を流れる河川のうち、武蔵野面を流れる石神井川や目黒川などの谷は直線的であるが、渋谷川は形成年代が武蔵野面よりも古く勾配が小さい淀橋台の斜面を長時間かけて侵食してきたため、渋谷では鹿の角状の複雑に入り組んだ河谷が発達したのである。そうした変化に富んだ地形が渋谷区の景観の基盤であり、街の魅力をつくり支えている。そして区内の小さな河谷で分けられた小規模な台地上には、後述するように個性豊かな繁華街がそれぞれ発達していったのである。

渋谷川は台地の窪地や傾斜地からわき出る地下水を水源としている。北東の谷は、明治神宮の南奥池の「清正の井」・東池・北池、新宿御苑の上池、玉藻池が水源で、かつては四谷大木戸から玉川上水の余水が流入していた。玉川上水の余水の量が多かったため、渋谷川は余水川とも呼ばれたこともある。明治神宮の「清正の井」の湧水は、現在は神宮の菖蒲園などを潤すものの、神宮を出てすぐに下水道に落とされ、渋谷川には達していない。北西の谷は、区立鍋島松濤公園の池、明治神宮の北池附近や渋谷区西原町までに点在する池を水源としている。これらの池はだいたい海抜高度

図1－12　渋谷川の流れ（概略図）
出典：梶山公子『あるく渋谷川入門』６～７頁をもとに作製。

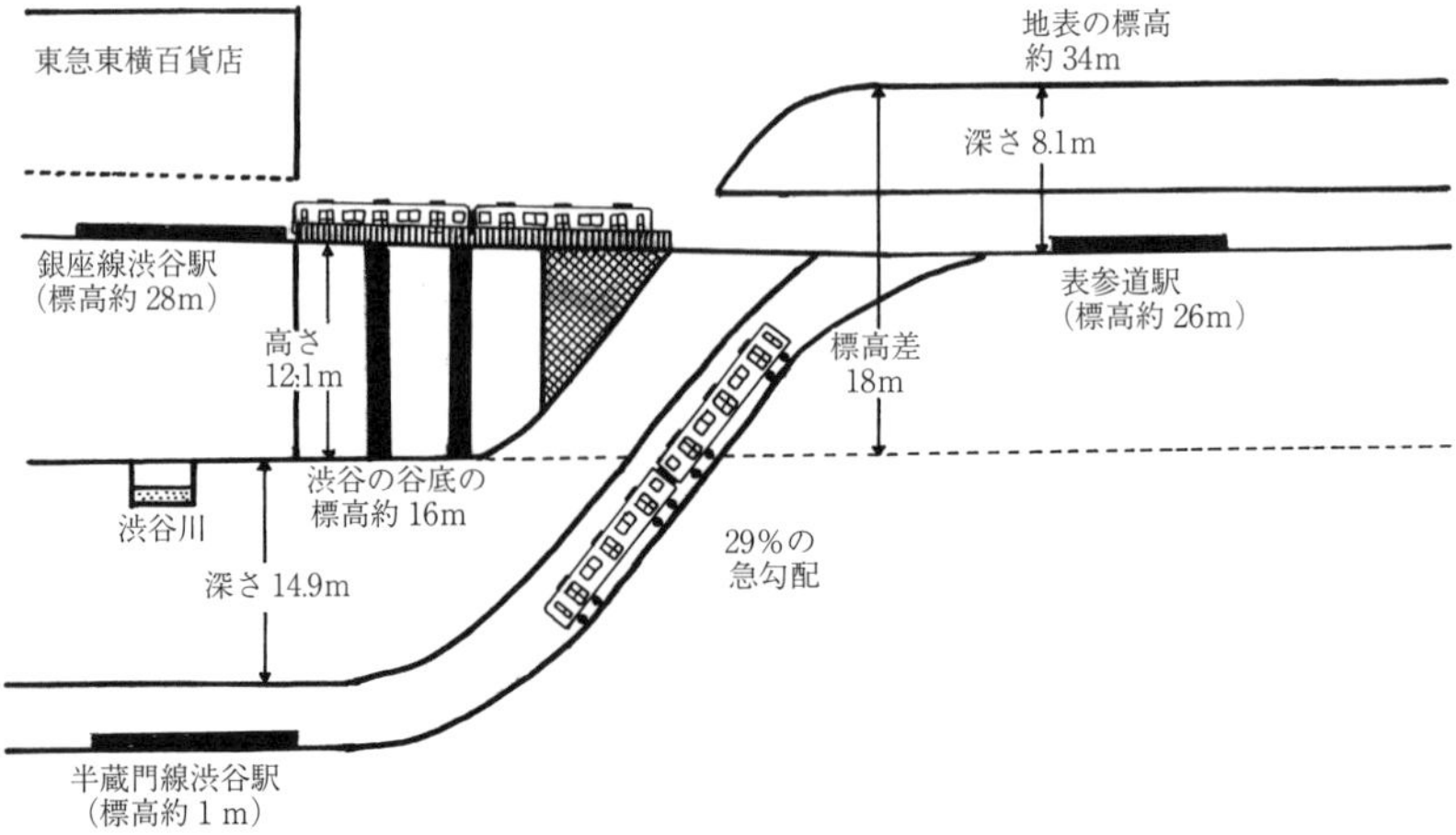

図1－13　地下鉄銀座線と半蔵門線の渋谷駅の位置
出典：青木栄一監修『東京の地下鉄がわかる事典』249 頁をもとに作製。

三〇メートル付近に分布しているが、この三〇メートルの等高線に沿って帯水層である「渋谷粘土層」（下末吉ローム層）がひろがっている。渋谷粘土層はかつての渋谷の入り江に、波で削られた崖の土や上流からの砂が堆積して形成されたもので、上部の関東（立川・武蔵野）ローム層より水を通しにくい性質をもつ。地下にしみこんだ雨水などはこの粘土層の上を流れ下り、出口があると湧水となって地表に出現する。かつて渋谷界隈では台地斜面のいたるところから泉がわき出し、渋谷川に流れ込んでいた（図1－12を参照）。

ところで、渋谷駅の周りの景観には渋谷川がつくった河谷の地形の特徴が見事に表現されている。東京地下鉄東京メトロ銀座線は日本最初の地下鉄であるが、終点の渋谷駅は地下ではなく地上よりも一二メートルも高い東急東横店内の地上三階にホームがある。駅を発車した電車は、まっすぐバスターミナルのある東口広場の上を通って宮益坂の中腹あたりから地下にもぐっていく。この奇妙な風景の理由は図1－13のように侵食谷の底に位置する渋谷と東渋谷台地との標高差が大きいからである。隣の表参道駅から水平にまっすぐ線路を伸ばすと、渋谷では地下から宙に飛び出してしまう。線路面の高低差をできるだけ小さくするために駅を高い位置につくったのである。宮益坂をそのまま下って谷底の地下に駅をつくると、当時の電車の馬力では傾斜が急な坂を上ることができなかったからである。また地下には渋谷川が流れて当時は駅をつくることができず、地上にも駅をつくる用地がなかったことも理由にあげられる。

また昭和八（一九三三）年に建てられた東横百貨店（現在は東急東横店東館）にはなぜか地下階がない。なぜならこの建物は渋谷川を跨いで建てられているからである。東横電鉄（現在は東急東横線）は、山手線と渋谷川にはさまれた渋谷駅に隣接して百貨店を建てる際に、必要な敷地を確保できなかったため、川を跨いで建物を建てたためである。法律上、公共用地である河川の上部には橋以外の建築物は建てられないが、ここでは例外的に認められたのだろうか。詳細は不明だが、運輸通信大臣も務めた東急グループの五島慶太氏の政治力が働いたのだろうか。昭和六〇年ころに東館の一階にエスカレータが増設されたが、通常は売場の床面と同じ高さになるエスカレータの乗り口が数段の階段を上った位置にある。地下を流れる渋谷川のために地面を掘り下げることができず、エスカレータを動かす機器を床下に埋設できなかったためだろうか。

さらに東京東横店東館の北側、旧大山街道の地下には東急新玉川線・営団半蔵門線・東京メトロ副都心線の渋谷駅がある。東急新玉川線・営団半蔵門線のホームは地下三層目にあり、地下一層目と二層目がコンコースであるが、渋谷川と交差する部分には地下一層目がない。

そして西武百貨店渋谷店のA館とB館の間には、三階と五階と屋上に連絡橋が架けられているが、なぜか地階には連絡通路がない。地下の連絡通路を建設する計画はあったのだが、A館とB館の間の井の頭通りの地下に宇田川の流路の一つが流れていたため、建設計画は中止になったという。

このように、基層にある淀橋台とそれを侵食して小さな台地に分割した渋谷川とその支流は、渋谷の街づくりをしばしば束縛しているが、同時にまた可能性も提供し、それが渋谷の街づくりの個性につながっているといえるだろう。渋谷川の谷底に位置するスクランブル交差点の東西の谷（道玄坂と宮益坂）の勾配は図1-10のように意外に大きく、例えば渋谷マークシティは谷底に一階の出入り口があるが、谷上部の道玄坂では四階からも出入りができるし、高速バスのターミナルはマークシティWESTの五階に位置していることも、渋谷の地形の特徴からみると当然といえるだろう。

渋谷駅以北の渋谷川本流と宇田川などの支流はいずれも暗渠となって排水溝化しているため、現在では水流を直接見ることはできないが、かつては清流が流れ生物が豊かな河川であった。『ふるさと渋谷の昔がたり』の第二集には、古老の話として「渋谷川には、コイ・ナマズ・フナなどがたくさんいましたし、ウナギもとれました。」と記し、また第三集でも「渋谷川では、ウナギやコイやフナがよく捕れました。大雨が降った後などには、魚は宮益橋の下でいくらでも捕れたものです。」とある。江戸時代には蛍が飛びかい、人々は蛍狩りを楽しんでいたという。

しかし明治後半以降になると、急激に人口が増加して市街地が拡大したために水源の湧水池が減少したことと、増加した住宅などからの生活排水の流入により、川の水は汚れ魚の種類も数も減っていった。ちなみに大正期の渋谷川周辺は「渋谷川工業地帯」と呼ばれ、中渋谷から下渋谷にかけて、電球・電気製品・ゴム製造業などの工場が建ち並ぶようになった。

藤田佳世は『巷談・渋谷道玄坂』で「宮益橋の下は、水かさの多い渋谷川であった……。今の東横デパートの仕入部の建物の辺りには、大きな水車が回っていて、川岸も低く」と記しているように、渋谷川水系は降った雨がすぐに河川に流れこむため、豪雨時には流量が急激に増えてたびたび氾濫した。

明治四四（一九一一）年八月、大正九（一九二〇）年九月、一四（一九二五）年八月には、それぞれ大水害となって多数の家屋が浸水の被害を受けたため、昭和四年四月～六年一一月に渋谷川の河川改修工事が実施され、コンクリート製の護岸・河床になった。支流の宇田川も豪雨の度に氾濫し、商店街一帯が浸水したので松濤橋から下流四八〇メートルを改修して、一部は暗渠化された。

また宇田川筋の旧代々木村字代々木深町、旧上渋谷村字深町には、地名からも推測できるように大人が腰まで沈むような排水が悪い深田が分布していた。那須皓は「代々木村の今昔」に深田について「田は所謂ふけ田であって皆一毛作、ワタリという物を使わねば植えることの出来ぬ田も稀にはある。タゲタを履いて田に入るのは普通のことである」（柳田国男編『郷土会記録』（大正三年一二月））と述べている。

さて新宿御苑の御泉水などを水源とする渋谷川の水量はもともとは多くなかった。承応三（一六五四）年に玉川上水が四谷大木戸まで引かれた際に、余水を渋谷川（正しくは隠田川？）に流すために四谷大木戸から水路を開削した。この水路を通じて、水番所より玉川上水の余水が渋谷川に流入して水量が飛躍的に増加した。そのおかげで、精米や製粉のための水車があちこちに設置された。明治一三年測量の二万分の一地形図にも河川に沿っていくつもの水車記号があることがわかる（地形図1参照）。大山街道沿いの農家から集まる米を精米して江戸に運ぶ精米業者が、渋谷の水車の持ち主であったようだ。水車業は、電力による精米の普及によって、大正時代には廃れてしまった。穏田生まれの作曲家・米山正夫は「村越水車」を思い浮かべながら名曲「森の水車」を作曲したといわれる。

渋谷をつくり育んできた渋谷川は、第二次世界大戦後の経済の高度成長期には排水路化がさらに進行して汚水が流れ悪臭がただよい、生き物が住めない川になってしまった。排水路状態となった渋谷川には東京オリンピックを契機とする昭和三六（一九六一）年〜三九（一九六四）年ごろに次々に蓋がかぶせられて暗渠化していった。現在では渋谷駅側の稲荷橋から上流は全て暗渠となり、その上は渋谷川遊歩道（宮下公園沿い）やキャットストリート（表参道〜明治通）をはじめ公園や遊歩道になっている。支流の宇田川も戦後の経済の高度成長期に家庭排水が流れ込む排水路状態となり、東京オリンピック前後にかけて、細流部分はマンホールに、川幅の広い部分は暗渠となり、その上は道路や遊歩道になった。マンホールや暗渠となった宇田川の流路は、そのまま東京都の下水道の一部として使用されている。

4　渋谷を代表する二つの坂道

台地面を侵食して形成された河谷が多い渋谷区の特徴として、道玄坂—渋谷川［宮益橋］—宮益坂のように、河谷を横断する坂道が多いことを前に述べた。この道玄坂と宮益坂が渋谷を代表する二つの坂道である。渋谷川の侵食谷の底に位置する渋谷駅をはさんで東西に相い対する二つの坂の両側には、都内でも指折りの繁華街が発達している。

道玄坂

江戸時代の道玄坂は道幅が狭く傾斜が急な坂道で、追い剥ぎが出るくらい草深い場所だった。近在の農家は大八車などに野菜を積んで宮益坂の青物市場に運び、帰りに江戸市中より貴重な肥料となる下肥を積んで戻ったが、急な道玄坂を登るのは大変な苦労だった。そのため坂道の途中で車押しのおもらいさんが駄賃稼ぎをしていた。時には、下肥を積

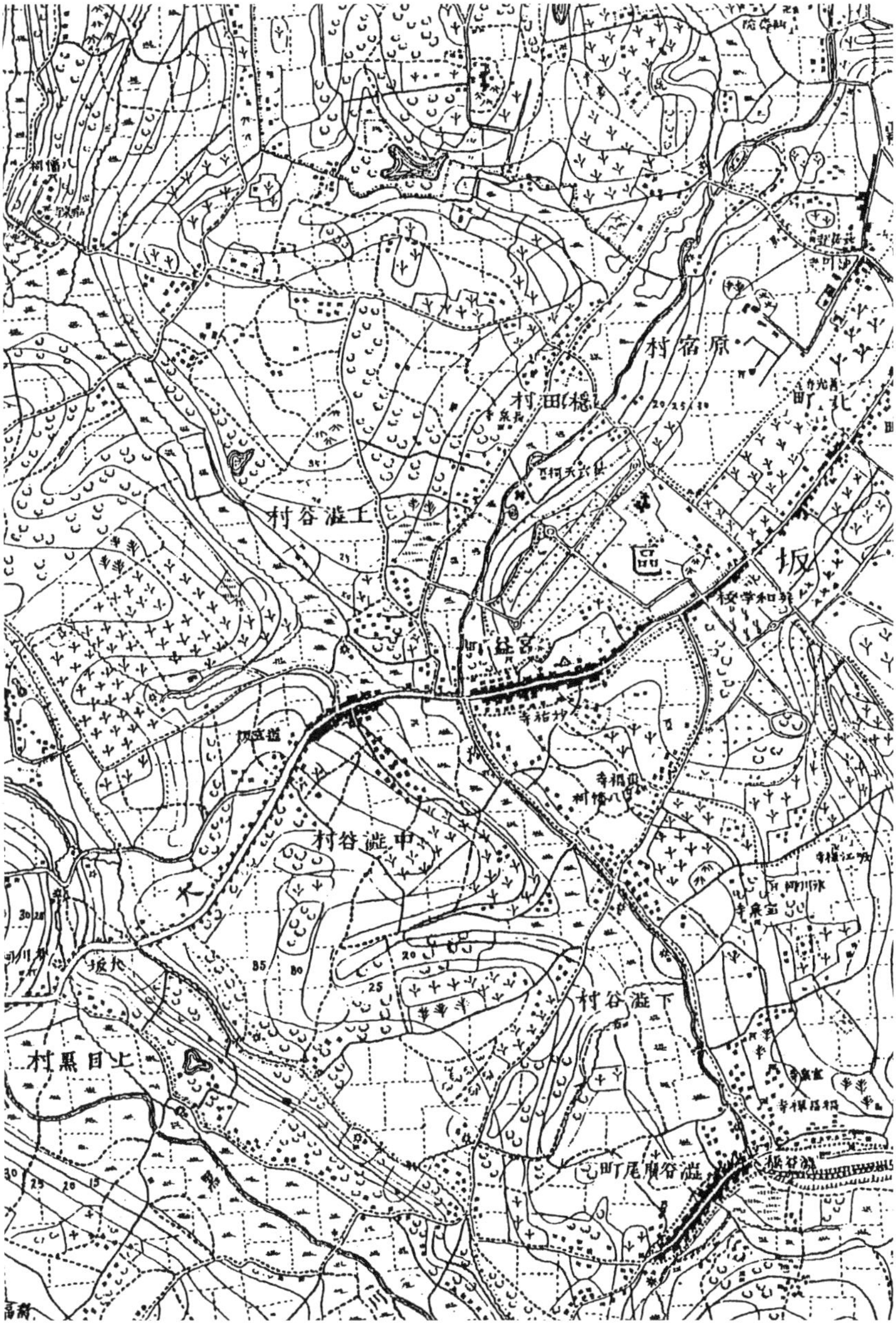

地形図１　２万分の１迅速図「内藤新宿」（部分）明治 13 年測量

んだ大八車が逆走して民家に飛び込んだという。坂道の周囲は江戸の郊外地であり、大名の下屋敷が散在するも、のどかな田園風景が展開していた。

明治に入り、坂道の下に小学校や渋谷駅などができたが、なお近在の農家が青物市場に出荷した帰りに買い物に寄る程度の町だった(地形図1を参照)。壹岐萬里は手記で明治二七(一八九四)年頃の道玄坂界隈を「青山の通りは二間位の狭き通にして、道玄坂附近までは家ありしも其の以西は、百姓屋が点々ありしのみ、」と述べている。

大山街道の両側には、明治二四年から陸軍の騎兵実施学校、近衛輜重兵営、騎兵第一連隊営、近衛砲兵営などの兵舎が次々に設置され、明治三〇年には駒沢練兵場ができた。が、ある時に砲兵隊が道玄坂を移動中に誤って砲車を横転させ、複数の兵士が死亡する大事故が発生した。そのため陸軍は直ちに工兵隊を出動させて、坂道を五メートルも削り取って、傾斜を緩やかにしたという。

明治四〇(一九〇七)年に玉川電気鉄道が開通し、休日に神泉谷や道玄坂上の料理茶屋を訪れる軍人などで道玄坂上駅は賑わい、道玄坂界隈も人の行き来が盛んになった。また夜の客を集めるために始まった夜店も人々で賑わった。藤田佳世は『渋谷道玄坂』で「大正七、八年頃には。……日が暮れれば、この坂の両側五丁ばかりはまったく露天商の世界になって、……」と述べている。当時の道玄坂はまだ狭く、傾斜も急な悪路だった。藤田佳世は「道幅もずっとせまく、勾配は今の倍以上もきつかった。」と述べ、一時期夜店を営んでいた林芙美子も『放浪記』で「泥濘(ぬかるみ)にて道悪し、道玄坂はアンコを流したような鋪道だ。……ポカポカ天気なのに道が悪い。」と述べる。

大正九(一九二〇)年に移転した渋谷駅の出入り口が道玄坂側に設けられたことで、道玄坂界隈はさらに賑わうようになった。大正一二年の関東大震災後、区画整理で道幅を拡げ、急な勾配もゆるくし、夜も明るくしたことで、岡本綺堂が『綺堂むかし語り』で、「渋谷の道玄坂辺は大変な繁昌で」と記したように、都内有数の盛り場として繁栄していった。

宮益坂

宮益坂について『江戸名所図会』は、「富士見坂　渋谷宮益町より西に向ひて下る坂をいふ。斜めに芙蓉の峯に対ふ故に名とす。相模街道の立場にして、茶店酒亭あり。麓の小川に架せる橋をも富士見橋と名づけたり。相州街道の中、坂の数四八ありとなり。この富士見坂はその首なりといへり」と記す。江戸時代、宮益坂の坂上には休憩所があり、富士山の眺望がすぐれていたので古くは富士見坂と呼ばれていた。当時の坂道は道幅が狭い上に傾斜が急であったため、宮益坂は物資運搬路としては上り下りに苦労するため敬遠され、三軒茶屋から広尾方面に抜ける目黒街道（厚木街道）が利用されたという。そのため広尾は世田谷・渋谷・目黒など江戸郊外からの野菜の中継地として繁盛していた。

宮益坂には道の左右に一列の草葺きの人家が並ぶのみで、坂道には石を敷き丸太を横たえて滑り止めにしていた。しかし、時々下肥を積んだ荷車がすべって民家に飛び込んだという。馬場孤蝶は『明治の東京』中の「秋日散策」で明治三四（一九〇一）年の冬か翌年春に「上田敏君と一緒に、宮益坂を下りて、与謝野君を訪うたことを記憶するが、坂は両側が生垣になってゐて、僅かに五六間ぐらゐな路であったやうな気がする。坂の下の踏み切りを越えると、両側は水田であったやうに思ふ。全く広重などの絵にありさうな地景であった。」と記し、また「環状線を廻る」で「日露戦争の直前ぐらゐまでは、宮益が五六間にしきや見えないくらゐの路巾の、両側には生籬のある邸に沿うての狭いやや急な坂路であり……」と述べている。田山花袋は『東京の三十年』中の「丘の上の家」で、渋谷駅の東側について「宮益の坂を下りると、あたりが何処となく田舎々々して来て、わらぶきの家があったり、小川があったり、橋があったり、水車がそこにめぐってゐたりした。」と述べる。明治四一（一九〇八）年には、宮益坂で道幅を拡げる大規模な改修工事が実施された。

第四節　台地と坂道が創り出した個性ある街々

1　時代とともに都市の中心核が移動した渋谷

渋谷では、時代ごとにそれぞれ別の場所に台地や河谷、坂道といった地形の特徴をいかした都市の中心核が次々に誕生し、発展していった。そして、それらの中心核は、時代に応えてその性格と役割を変化させながらも、現代にいたるまでいずれも繁華街として別の繁華街とともに共存共栄し続けているのである。この渋谷の街の特徴を、岡本哲志と北川靖夫は「東京に成立した旧来のまちが、前時代の『相』によって形成された幾重にも積み重なった『層』の上に新しい『相』を描き出すという、本来『通時的』な重層構造を基本に展開して今日に至るのに対して、渋谷の場合、各時代の『相』を示す核が前時代の核とは異なった場所に移動しながら成立することで各々の時代の核が共存して展開してきたまちといえる。」と述べている。

江戸時代には宮益坂と道玄坂、および渋谷廣尾町が町並地として、明治中頃には神泉谷が二業地として発達し繁栄した。大正に入ると荒木山が円山花街として賑わい、大正の終わりには百軒店がユニークな商業地として繁盛した。第二次大戦後には渋谷駅前一帯がヤミ市として人々でごった返し、昭和三五（一九六〇）年頃からは渋谷センター街に若者が集まるようになった。昭和五〇年頃には公園通りがファッショナブルな街としてオシャレな若者が集うようになった。さらに少し遅れて原宿の竹下通りが十代の若者でごった返すようになった。それ以後、渋谷の街路には次々にユニークな名前がつけられていった。そして名前がつくことで、それぞれの街路は個性をもつようになった。こうした街路が、ちょうど機能の異なる臓器を結ぶ血管のように既成の街々を結びつけて、渋谷という人体を組み立て支えている（図1－14を参照）。

宮益坂と道玄坂

宮益坂と道玄坂の坂道には、大山街道に沿う江戸の出入り口の一つとして旅人を接待する町場が発達し、正徳三（一七一三）年には町並地扱いになった。同じく町並地扱いになった渋谷廣尾町は渋谷川の支流の河谷沿いに形成された街である。近在の農産物の中継ぎ市場が設けられ、毎日多くの買出人で大変な賑わいだったという。明治のはじめまでは渋谷といえばこのあたりを指すほど、渋谷の中心であり最も古くから拓けたところだった。宮益坂も道玄坂も、渋谷副都心の中心に位置する繁華街として現在も繁盛している。

神泉谷

宇田川の支流である神泉谷では、谷の最も奥まったところで霊泉をわかした「弘法湯」が冨士講と結びついて信心深い人々でにぎわっていた。さらに明治二〇（一八八七）年頃から周りに相次いで芸妓屋が開業して花街としてもにぎわった。三方を台地に囲まれた谷奥の閉鎖的な地形が、花街には格好の立地条件となったのである（地形図2を参照）。

円山花街

神泉谷の東隣りの小高い台地である荒木山は、大正二（一九一三）

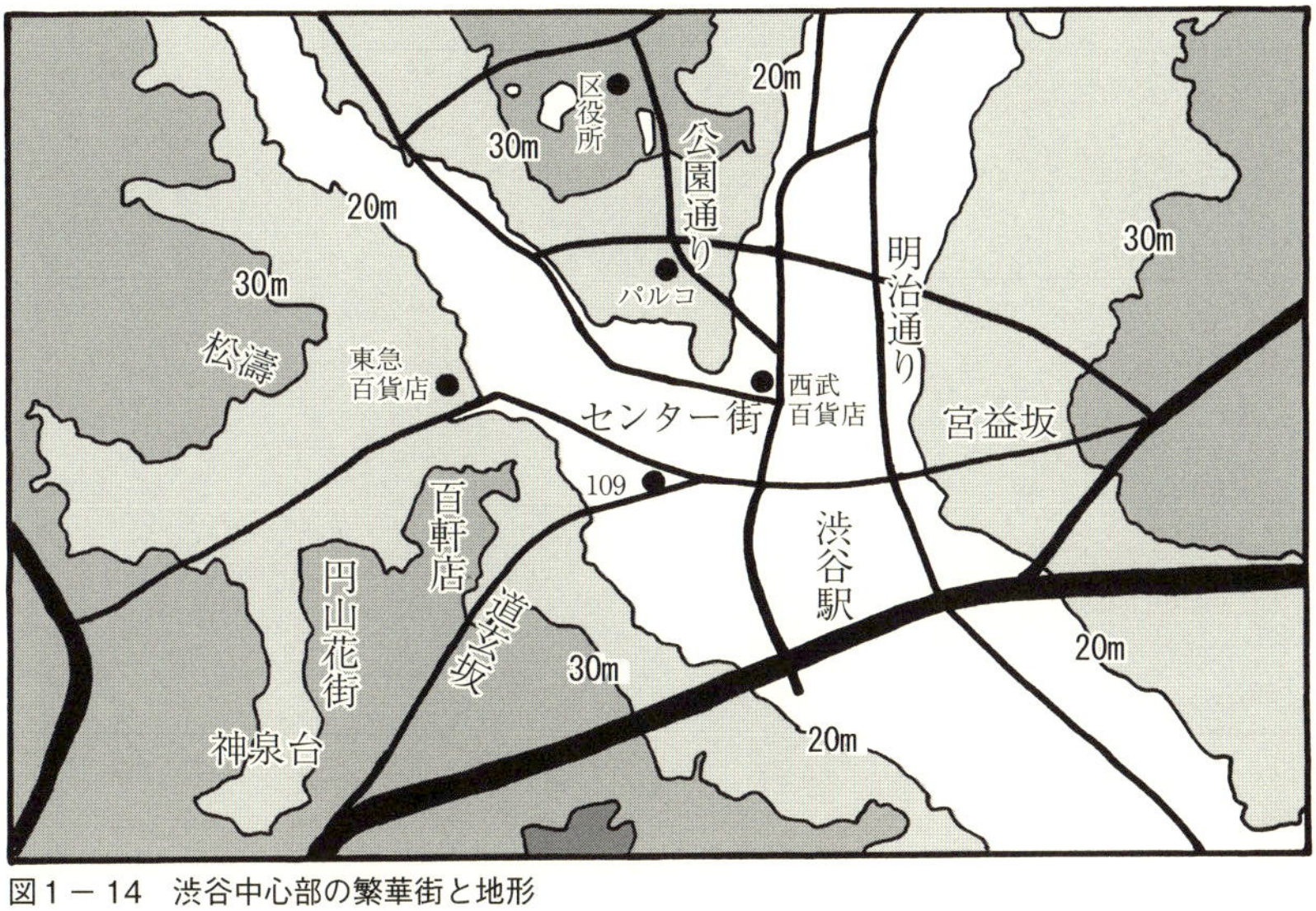

図1－14　渋谷中心部の繁華街と地形

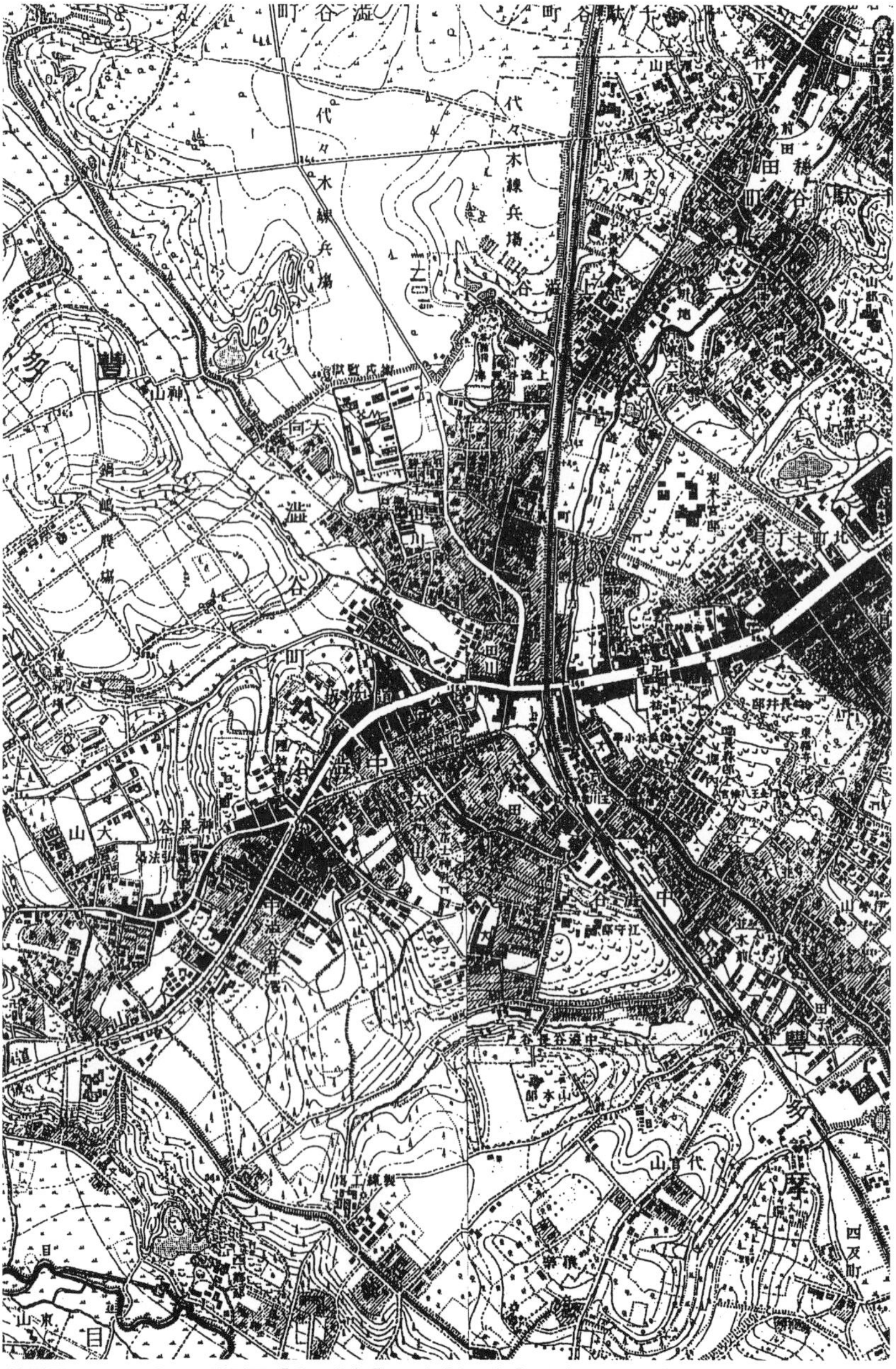

地形図２　１万分の１地形図「世田谷」「三田」「中野」「四谷」を縮小（部分）明治 42 年測量

年に三業地に指定され東京を代表する花街に発展した。台地を計画的に区画してつくられた円山花街は、周囲との高低差が簡単には近づきがたい閉鎖的な雰囲気を醸しだし、花街にふさわしいゆったりした空間になっていた。花街が廃れた後も、台地の閉鎖性をいかして都内屈指のラブホテル街として、現代でも気軽には立ち入ることができない淫靡な雰囲気を外部にふりまいている。

百軒店

小さな谷をはさんで荒木山に隣接する百軒店も台地の上にあり、どこからも坂道を上らないと行くことができない周囲から隔てられた空間である。大正一一年までは中川伯爵の大邸宅だったが、西武資本が買収し区画整理したうえで、図1－15のように劇場を中心に一種の百貨店のような商業地を造ろうという構想で分譲された。そこへ関東大震災で被災した下町の有名店が数多く出店して、これまで山の手にはなかった買物や娯楽を楽しむ人々でごったがえす華やかな商業空間を生み出した。坂道を上っていくという行為が、

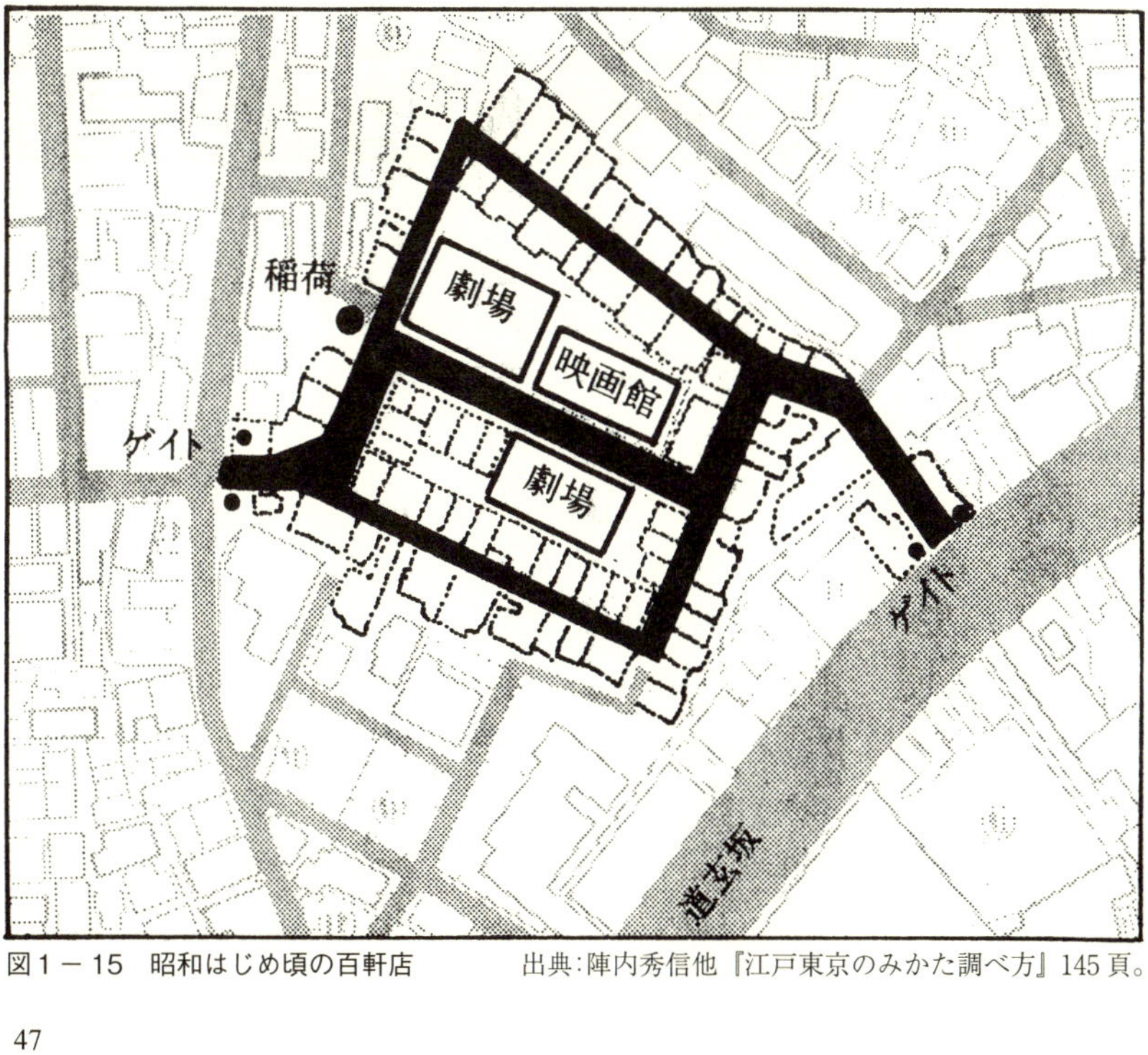

図1－15　昭和はじめ頃の百軒店　　出典：陣内秀信他『江戸東京のみかた調べ方』145頁。

人々に日常とは異質な空間に足を踏み入れるわくわく感を高める効果をもたらしたといえよう。

下町の復興とともに有名店は次々に立ち去り、百軒店は一時さびれたが、満州事変以降、映画館を中心に有名店の跡地に飲食店やカフェなどが次々と入り、渋谷における娯楽の中心地として新たな賑わいを見せた。昭和二〇（一九四五）年の山手大空襲では大きな被害を受けたが、戦後まもなく渋谷一の歓楽街として復興した。昭和三五（一九六〇）年頃からは多くのジャズ喫茶が軒を並べるようになり「映画とジャズを楽しむ町」といった趣が濃かった。しかし、その後は映画館もジャズ喫茶も次々に姿を消し、周囲や内部にラブホテルが林立するようになり、商業空間から雰囲気がすっかり異なった「異次元空間」の街になってしまった。

渋谷センター街

渋谷川に流入する宇田川の本支流が合流する宇田川町の低地に位置し、豪雨のたびに氾濫をくりかえす土地であった。渋谷駅に隣接することから、昭和四（一九二九）年頃よりカフェなどが立地して繁華街に発達し始めた。戦後、宇田川町にはヤミ市がたち、何万人もの人を集めて活気を呈していた。昭和二六（一九五一）年末に常設露店が撤去され、昭和三〇年頃から区画整理事業が実施された。宇田川の河谷に沿って造られたゆるやかにカーブする坂道の両側に、バーやキャバレーが入店した雑居ビルが建ち並び「宇田川遊楽街」と称された。昭和三六（一九六一）年頃からは若者の姿が目立つようになり、また風俗店にかわって飲食店が増加した。平成にはいると十代前後の若者が集まり始め、「チーマー」、「コギャル」、「ガングロ」、「着ぐるみもん」など独特のファッションが次々に登場しマスコミにもてはやされた。現在は、通りの両側には数多くの飲食店・ファストフード店やゲームセンター、レコード・CD店など、中学生や高校生中心の若者に人気のある店が軒を並べ、深夜に至るまでたむろする若者たちの姿が途絶えることがない。

渋谷公園通り

渋谷川の谷底に位置する神南一丁目交差点から渋谷パルコを経て代々木台地上の渋谷区役所前交差点にいたる約

四五〇メートルのなだらかにカーブする坂道で、約二〇メートルの高低差がある。

もとは「渋谷区役所通り」とか「職安通り」と呼ばれ、周りは閑静な住宅街で、映画館や教会、喫茶店・飲食店が坂道の途中にぽつぽつあるだけの寂しい通りだった。

昭和四八（一九七三）年のパルコの開店を機に「渋谷公園通り」に改称された。開店時のキャッチコピーが「すれちがう人が美しい～渋谷公園通り」であり、数多くのミュージシャンの歌詞にも取り上げられて、この名前は新しい街のイメージとともに人々の間に定着していった。

パルコを核に、パルコ新館、東急ハンズなどファッショナブルな店舗が次々に開店し、昭和五五年前後には渋谷の人の流れは道玄坂界隈から公園通り界隈に移っていった。昭和三五年頃の渋谷は、繁華街としては停滞気味で賑わいも駅周辺に限定されていたが、公園通りの登場によって渋谷は「明るく開放的でファッショナブルな街」のイメージを新たに得たのである。公園通り界隈は坂道沿いからその周辺へと線から面へ拡大して、回遊性をもつようになり、「通過する街」から「ブラつく街」へ、また「楽しく歩ける街」から「楽しく過ごせる街」へと変貌していった。

自然の地形に沿って右にカーブする渋谷公園通りの坂道の両側には、パルコを筆頭に、それぞれのジャンルの最先端の流行を提示する大規模なファッションビル、ブランドショップ、セレクトショップ、レストラン、カフェなどが展開する。それらの店舗が明るく清潔なカーブする広い坂道に沿ってバランスよく整然と配置されているため、雑然とした渋谷の他の街とはひと味異なる上品な印象を受け、落ち着いた大人も楽しめる街になっている。

ユニークな名前がつけられた街路

多くの渋谷の街路には、区役所のホームページを見ても、公園通り、ハンズ通り、Bunkamura通り、ファイアー通り、フォンテーヌ通り、バスティーユ通り、ランブリングストリート、ブラームスの小径、サンドウィッチロード、フィンガーアベニュー、スペイン坂、オルガン坂など、他の都市ではお目にかかれないようなユニークな名前がつけられている。これらの名前は昭和五〇年代以降につけられたもので多いが、これら名前のついた街路のほとんどが坂道であるのも渋谷の特色である。とかく上り下りがめんどうな市街地の坂道にはあまりよいイメージがなかったが、坂道に少々違和感があっても目立つ名前をつけることで通行する人々（とくに若者）に親しみを抱かせようという渋谷の巧妙な仕掛けをみることができる。名前のついた街路に親しみがわくと、次にそこに様々な店舗が立地するようになって街路の両側に新しい街ができ、人の流れも増えていく。ここに街づくりには決してプラスにはならない起伏に富んだ渋谷の地形もどん欲に新しい街づくりに生かそうという知恵をみることができる。さらに街と街との間にある坂道にオシャレな名前をつけて新たな人の流れを生み出すことで、古い街を新しい街に結びつけて新たな価値を作りだして再生させようという工夫をみることもできるのではないだろうか。

原宿竹下通り

毎日、十代の若者を中心にごったがえしている竹下通りも原宿駅から明治通りに抜ける坂道である。通りの名前は海軍大将竹下勇の屋敷があったことに由来する。昭和四五年頃までは地元住民が穏かに暮らす閑静な住宅街であったが、昭和四六（一九七一）年にパレフランス、昭和五三（一九七八）年にラフォーレ原宿が開店してから原宿は大きく変貌した。竹下通りも、昭和五五年頃から民家がブティック、雑貨店、飲食店などに姿を変えて、新しい繁華街となった。原宿駅に向かって上っていく竹下通りは、直線ではなく地形に沿ってゆるやかにカーブしている。通りの両側には、小規模（テナント料が高いため）な流行を先取りしたショップが所狭しとばかりに軒を連ねている。カーブする坂道の見通しの悪さと、激しい競争によるショップの頻繁な入れ替わりから、来るたびに新たな発見があるのではというわくわく感を来訪者に与えてくれている。

竹下通りと表参道にはさまれて、石畳の「ブラームスの小径」と煉瓦色のタイルで舗装された「フォンテーヌ通り」が続いている。これらの路地は、かつて明治神宮の池から流れ出た小河川の流路跡で、旧流路に沿ってカーブしながらラフォーレ原宿の北を通って明治通りに抜ける狭い通りである。竹下通りの雑踏とは無縁の閑静で落ち着いた通りで、洒落たヨーロッパ風の建物が並び、レストランやカフェ、ショップが軒を連ねている。小河川のカーブする旧流路を生かして、シックで洗練された雰囲気を醸し出した裏通りである。

谷底の渋谷駅前の大規模再開発

渋谷駅周辺では、地下鉄副都心線の建設を契機として、超高層ビルを軸とした百年に一度といわれる大規模な再開発工事が進行中で、完成するとまったく新しい副都心渋谷が誕生することになる。ただ、渋谷川の谷底に位置する渋谷駅の周りに新しい渋谷の顔となる大規模な繁華街が新たに誕生したら、人の流れも駅周辺のエリアにぎゅっと凝縮してしまって、もともとある他の中心核には流れていかなくなるのではという懸念がある。新たな発展の中心核が渋谷には必要なことはいうまでもないが、渋谷にある他の中心核とも共存できるような、回遊性に富んだ再開発プランが期待される。また渋谷特有の猥雑さ（いい意味でも、また悪い意味でも）を全く失って、清潔ではあるが無機質な高層ビル群を建ち並ぶ繁華街になることだけは避けてもらいたいものである。

2　地形を巧みに取り込んだ街路網

東京を代表する繁華街である銀座・新宿・渋谷・池袋の中心部を実際に歩いて街路を比較してみると、それぞれに街路網に特色があることがわかる。もっとも古い繁華街である銀座の街路網は、下町のほぼ平らな地形の上に、江戸時代と明治初めにそれぞれ計画的に造られた直交する街路の組み合わせから構成されている。対して渋谷・新宿・池袋は、近世にはいずれも江戸市中の周縁部に位置し、江戸城からは同じような距離にあった。新宿では甲州街道と青梅街道の分岐点に宿場町内藤新宿があり、また渋谷では大山街道に沿う宮益町と道玄坂に町場があった。対照的に、池袋は川越街道に沿っていたが町場はなく、山手線が開通し池袋駅ができるまでは、畑作を主とするまったくの農村地帯であった。

池袋は侵食谷があまり発達していない平坦な台地（豊島台）上に位置し、都市化にともなって中心部には直交するフラットな街路網が形成されていったが、周辺部はなお現代にいたるまでかつての農村時代の残滓を引きずっている。新宿は、渋谷と同じく淀橋台（S面）の上にあるが、歌舞伎町を東西に走る蟹川の河谷を境に北は豊島台（M面）となる。青梅街道と甲州街道は台地上の尾根筋を通っているが、地形はほぼ平坦である。街路網は戦後の復興や新宿副都心の建設によって直交するフラットな街路の組み合わせから構成されている。

銀座・新宿・池袋の街路網が見通しのよい直交するフラットな街路の組み合わせから基本的に構成されているのとは対照的に、渋谷の街路はやたらと坂道やカーブが多いため見通しがよくない。また街が小さな台地の上とか谷間沿いにそれぞれ離れて発達しているため、ある街から別の街に行くためには坂道を上ったり下ったりしないとたどり着くことができない。さらに、土地に詳しくないとどこに向かっているのかわからない複雑にカーブした街路も多い。また、台地と谷間の間には急な階段が多いのも渋谷の特徴の一つである。

そのため、渋谷の街歩きは、どこに向かえばどこにたどり着けるのかわからないままに、巨大な迷路の中をさまよい歩いているような感がある。目的地に向かって方向を定めて歩き始めても、目的地とはまったく方向違いのところに行ってしまい途方に暮れることもある。そして思わぬところから前面がひろく開けた丘の上に出たり、予想もしていなかった道どうしがつながっていたりと、渋谷の街歩きは大げさな表現だが新たな発見の連続といっていいだろう。

このようにほかの繁華街にない渋谷の街路網の特徴は、台地と谷地が複雑に入り組んだ渋谷の地形と密接に関係している。台地と台地の間は河谷によって区切られているので、別の台地に行くために河谷の両側には坂道が発達する。また、河谷に沿って道をつくった場合も、河谷に沿ってゆるやかにカーブしながら上っていく坂道になる。こうしてできた道は、少しずつ改修・改良を加えられながら渋谷の街路の基本パターンとして車社会である現代まで使われ続けてきた。さらに、それらの街路と街路の間に不規則だが新たな道路も次々につくられて、渋谷の複雑な街路網ができあがったのである。

ここまで述べてきた渋谷中心部の街路網の特徴をまとめとして箇条書きで整理すると、以下のようになるだろう。

①地形に規定された不規則で複雑な街路網
②台地と谷地を結ぶ坂道・カーブ道・階段
③放射する主要道を結ぶ複雑で同心円（方形）的な街路網
④なかなか街の外に抜け出すことができない迷路のような街路網
⑤個性ある街（区）と街（区）とを複雑に結びつける街路網
⑥歩くにつれて眼前や両側に次々に新しい景観があらわれ、道ゆく人々を飽きさせない街路形態

おわりに　坂道を活かす街・渋谷

渋谷には、河谷（渋谷川）の侵食によって大きな台地が分割されてできた小さな台地上に、様々な時期に形成された個性あふれる街がそれぞれ独立して並存している。これらの街と街はユニークな名前がつけられた坂道の街路によって互いに結ばれて、回遊性をもった変化に富んだ魅力ある渋谷という一つの繁華街を構成しているとみることができるだろう。起伏に富んだ渋谷には、フラットな直線ではなく、ゆるやかなカーブや坂道またはカーブと坂道が組み合わさった街路が、台地と河谷の間や河谷に沿って多く形成され、その両側にはオシャレな店舗や飲食店が建ち並びそれぞれ個性あふれる街を形成している。そのため、前に進むにつれて前方や両側の景色が次々に変化していく楽しさを味わうこ

とができる。前述したように竹下通りはＪＲ原宿駅から微妙にカーブしながら明治通りに下っていき、その裏手を通るブラームスの小径とフォンテーヌ通りもゆるやかにカーブして見通しがきかない狭い坂道が続いている。渋谷を代表する街路である公園通りのように、それらの街路の両側には、おしゃれで個性的な衣料品店や雑貨店、ファッションビル、カフェやレストランなどが軒を連ねていることが、ただ通過するだけ街から、ブラブラとあちこち歩きまわって楽しい街にしているといえるだろう。渋谷はやたら多い坂道を厄介者扱いせずに、自然の恵みとして魅力ある街づくりに活かしてきた繁華街である。

参考文献（発行年代順）

日本地誌研究所『日本地誌第七巻　東京都』（二宮書店、昭和四二年）
大岡昇平『幼年』（潮出版社、昭和四八年）
馬場孤蝶『明治の東京』（丸の内出版、昭和四九年）
大岡昇平『少年　ある自伝の試み』（筑摩書房、昭和五〇年）
藤田佳世『渋谷道玄坂』（彌生書院、昭和五一年）
藤田佳世『大正・渋谷道玄坂』（青蛙房、昭和五三年）
貝塚爽平『東京の自然史　増補第二版』（紀伊國屋書店、昭和五四年）
藤田佳世『巷談　渋谷道玄坂』（青蛙房、昭和五九年）
吉見俊哉『都市のドラマトゥルギー―東京・盛り場の社会史―』（弘文堂、昭和六二年〔平成二〇年に河出文庫より再刊〕）
鈴木理生『江戸の川東京の川』（井上書院、平成元年）
岡本哲志・北川靖夫「渋谷―地形が生きている街―」、陣内秀信・安富弘樹「原宿―回遊性のある遊びの街路空間―」（陣内秀信＋法政大学・東京のまち研究会『江戸東京のみかた調べ方』所収〔鹿島出版会、平成元年〕）
貝塚爽平『富士山はなぜそこにあるのか』（丸善、平成二年）

陣内秀信「迷宮空間としての盛り場」（国立歴史民俗博物館研究報告33、平成三年、一〜二三頁）
中村・小池・武内編『日本の自然　地域編3　関東』（岩波書店、平成六年）
宮崎俊三『昭和八年渋谷駅』（PHP研究所、平成七年）
貝塚爽平監修『新版　東京都　地学のガイド』（コロナ社、平成九年）
清水英範「地図が語る東京の地形とその変遷」（中村英夫編著『東京のインフラストラクチャー―巨大都市を支える―』所収、技報堂出版、平成九年）
貝塚・小池・遠藤・山崎・鈴木編『日本の地形4　関東・伊豆・小笠原』（東京大学出版会、平成一二年）
正井泰夫監修『この一冊で東京の地理がわかる』（三笠書房、平成一二年）
タモリ『タモリのTOKYO坂道美学入門』（講談社、平成一六年）
初田　亨『繁華街の近代―都市・東京の消費空間―』（東京大学出版会、平成一六年）
青木栄一監修『東京の地下鉄がわかる事典』（日本実業出版社、平成一六年）
東京地図研究社『地べたで再発見・東京の凹凸地図』（技術評論社、平成一八年）
松田磐余『江戸・東京地形学散歩　災害史と防災史の視点から増補改訂版』（之潮、平成二〇年）
上村敏彦『東京　花街・粋な街』（街と暮らし社、平成二〇年）
菅野・佐野・谷内編『日本の地誌5　首都圏Ⅰ』（朝倉書店、平成二一年）
梶山公子『あるく渋谷川入門―姿を隠した都会の川を探す―』（中央公論事業出版、平成二二年）
西村弘代「台地の記憶」（村松伸＋東京大学生産技術研究所村松研究室『シブヤ遺産』所収、バジリコ、平成二二年）

第二章　埋もれた渋谷

粕谷　崇

はじめに

渋谷は坂が多いところである。宮益坂、道玄坂、勢揃坂、南郭坂等々、坂に名前がつけられているものも多い。坂が多いことは、それはまた起伏に富んだ地形を意味している。かつて渋谷には湧水が数多くあり、そこから流れ出した水は小川となり、やがて渋谷川やその支流・宇田川へと注ぎ込んでいた。水があることはそこに水を求め動物も集まることとなる。このような環境は、また人にとっても飲み水や食料調達がしやすい、住みやすい場所であった。そのため渋谷には古くから人の営みが行われていたのである。

ここでは自然環境を踏まえながら、渋谷に人が住み始めた頃から古墳時代までのことを紹介したい。

第一節　渋谷の地勢と遺跡の分布

1　「淀橋台」に位置する渋谷と遺跡

渋谷区は、地質学的には下末吉ローム層を基盤とする台地に立地する。この台地は、大きくは「武蔵野台地」と呼ばれ、渋谷区が位置する地域はさらに「淀橋台」と名付けられている。武蔵野台地は東京の西側、青梅市を基点として東に延びており、東端部は東京湾に達し、崖線を形成している。台地の東端部は河川による侵食により、樹枝状の谷が発達し、先端部の小台地には、「本郷台」、「豊島台」、「淀橋台」などの名称が付けられている。よって武蔵野台地は東から西に向かって標高は高くなっていき、関東山地へと続いていくのである。

渋谷区の立地する淀橋台は、北側が神田川、南側が目黒川によって区画されており、両河川の間は、湧水から流れ出した川、渋谷川と宇田川水系によって浸食された枝谷が発達し、複雑な地形を呈している。しかし今日、渋谷を含め、都心部では都市化によりビルが林立し、その地形が判りにくくなってしまっているのが現状だ。

渋谷区の地形は、渋谷川と宇田川水系によって作られた低地と台地から成り立っている。台地は、大別すると北から幡ヶ谷台地、千駄ヶ谷台地、代々木台地、東渋谷台地、西渋谷台地の五つである。遺跡の多くは、これらの台地の縁辺部で発見される場合が多い。特に標高二五メートル前後に分布する。これまでに区内で確認されている遺跡（包蔵地）数は一〇三箇所を数えるが、いずれも渋谷川と宇田川水系沿いにある。現存する遺跡は七八遺跡である。

平成二二年（二〇一〇）三月に刊行された『東京都埋蔵文化財年報一六』によると、東京都で周知している遺跡（埋蔵文化財包蔵地）の数は五七七五で、区部では一九三七、市部で三五五七、町村部で二八一である。都内で一番多いところは八王子市で九一四、次が町田市で九〇九、多摩市が三一一と続き、都内では西側に遺跡が多く確認されている。

では二三区の場合はどうであろうか。上位から挙げてみると、一位が世田谷区で二六一、二位が大田区で二二七、三位が板橋区で一七二である。また渋谷区と接する区では、すでに指摘した世田谷区を除くと新宿区は一二六、港区一六一、品川区二四、目黒区五四、中野区九四となる。こうしてみると、「淀橋台」には遺跡が意外に多いことがわかるであろう。但し、江戸御府内及びその隣接地には、遺跡数に江戸時代の遺跡も含まれている点には留意が必要である。

2　渋谷の遺跡の分布

渋谷区の場合、現存する遺跡数は七八ではあるが、それらは旧石器時代から江戸時代までの遺跡が含まれている。遺跡の分布図からみても明らかなように、区の中央から南側に遺跡が多く確認され、北側の幡ヶ谷台地及び千駄ヶ谷台地では少ないのが特徴である。

これには渋谷の土地利用の変遷が関わっていると考えられる。

渋谷は江戸時代、江戸御府内に隣接し、また東西に甲州街道や大山道も走る位置関係にあった。そのため現在の渋谷区をほぼ南北に走るＪＲ山手線の内側は、武家屋敷（主に下屋敷）が広がっていた。反対にその西側には田畑が広がっており、消費地である江戸市中へ野菜などを供給する生産地でもあった。今では想像もつかないが田園風景が広がっていたのである。

その後、明治・大正・昭和となるにつれ、渋谷の土地利用は大きく変化した。農地から、商業地・工業地・住宅地へと変貌したのである。「東京」の中心部が拡大するに従い、渋谷はそこに通勤するいわゆる「サラリーマン」層の住宅が次々に建てられ、渋谷駅がターミナル駅化するのに伴い、駅周辺では商店や歓楽街が広がった。また恵比寿や幡ヶ谷方面には工場も建てられた。これに伴って、起伏のある土地、渋谷は大きく土地造成が行われたのである。さらに大戦

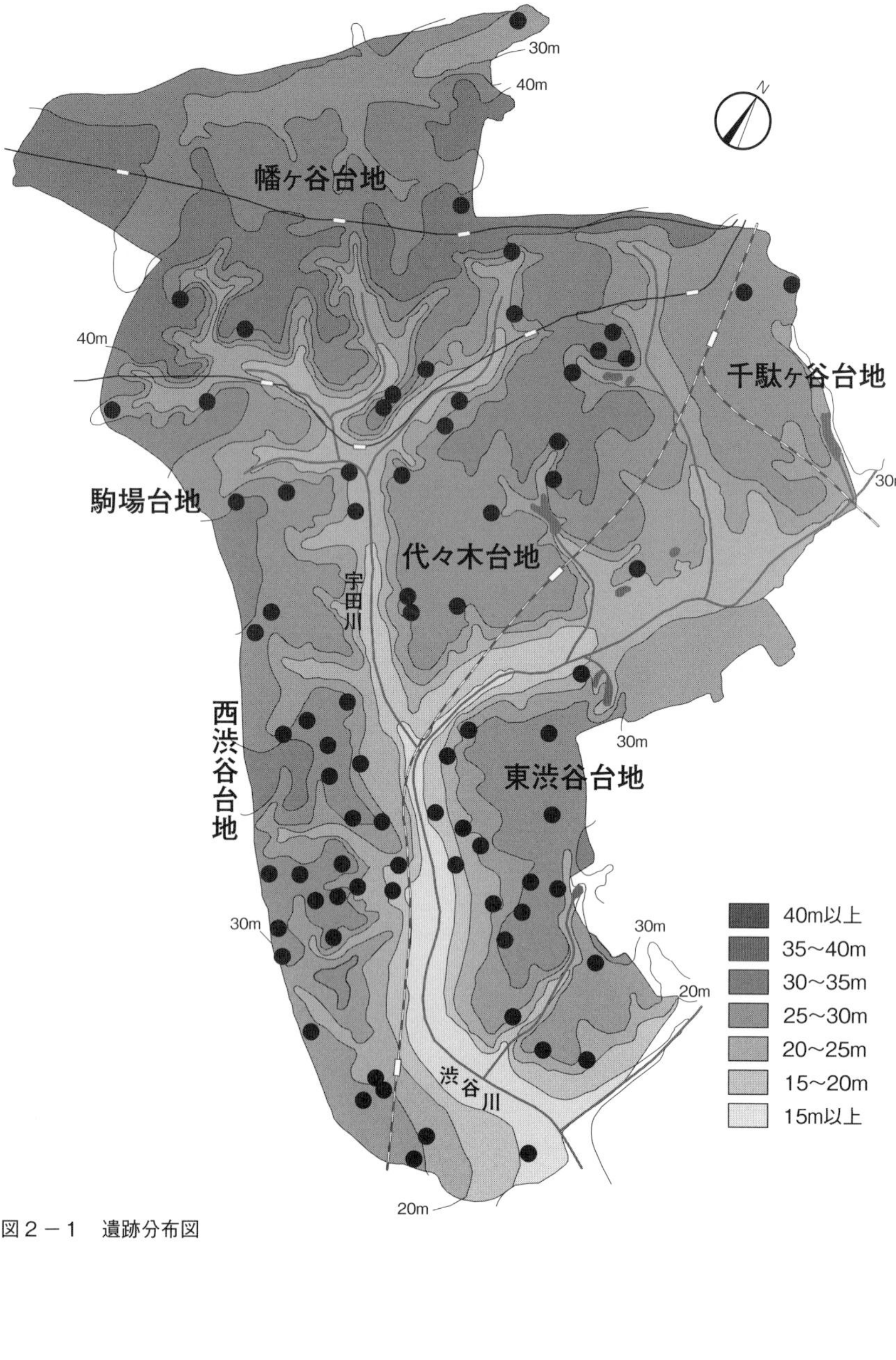
幡ヶ谷台地
千駄ヶ谷台地
駒場台地
代々木台地
宇田川
西渋谷台地
東渋谷台地
渋谷川
30m
40m
20m
40m以上
35～40m
30～35m
25～30m
20～25m
15～20m
15m以上

図２－１　遺跡分布図

後の東京オリンピックの開催前後は、国家的プロジクトとともに大規模な土地開発や整備が行われた。これらにより、渋谷区では本来であれば遺跡が多く分布していたところも、土地の削平によって遺跡が消滅してしまったとみられる。土地の開発に先だち包蔵地は事前に試掘調査などを行って遺跡の有無について確認されているが、場所によっては現地表面から約二〇センチメートルで立川ローム層であるⅢ層（ソフトローム層）が、あるいはⅣ層（ハードローム層）が確認されるところもある。よって渋谷区で現存する遺跡は、ある意味では奇跡的に残ったといえるかもしれない。

具体的に渋谷区の大まかな遺跡の分布を、台地ごとに見てみることにする。

まず東渋谷台地には、現在の青山学院大学の東側、羽沢の沼を源とするイモリ川周辺に、羽沢貝塚など縄文時代を中心とした包蔵地が発見されている。また江戸時代になるが青山学院構内はすべて遺跡に指定されている（青山学院校内遺跡）。これは伊予西条藩の上屋敷があったためである。

渋谷川を挟んで反対側の西渋谷台地には、旧石器時代から古墳時代までの遺跡が多数確認されている。特に平成一九年度に調査が行われ縄文時代中期の大規模集落が発見された鶯谷遺跡、渋谷区内で初めて弥生時代の遺跡として確認された猿楽遺跡や区内初の環濠が確認された鉢山町遺跡、古墳時代の焼失住居が見つかった円山遺跡や猿楽塚古墳などの遺跡が知られている。さらに西渋谷台地の南端になるが、現在の恵比寿駅にほど近い低地に位置する豊沢貝塚は、都内屈指の縄文後期の遺跡である。

代々木台地には、明治神宮内に所在する明治神宮北池貝塚、明治神宮北池B地点など縄文時代の遺跡が知られ、また代々木台地の西端に位置する縄文中期の遺跡・代々木八幡遺跡は、区内で唯一、復元住居がある遺跡で知られている。

千駄ヶ谷台地と幡ヶ谷台地については、他の台地と比較すると確認された遺跡は少ない。そのうち千駄ヶ谷台地の場合は、千駄ヶ谷五丁目遺跡のように大規模再開発事業に伴って遺跡が見つかり、本調査が実施されたケースがほとんどである。千駄ヶ谷五丁目遺跡は主として宇都宮藩戸田家下屋敷などの江戸遺跡ではあるが、旧石器・縄文時代の人たちの生活した跡も確認されている。但し、江戸時代の遺構によってそれよりも昔の遺構、人が暮らした痕跡が壊されてしまっている、あるいはかろうじて確認できる場合が見受けられる。

第二節　渋谷に人が住み始めたころ

1　旧石器時代の日本列島

現段階で、確実に日本列島に人が住み始めたのは、おおよそ三万年前に遡るとされ、全国で約五〇〇〇箇所を数える旧石器時代（後期旧石器時代）の遺跡が発見されている。その端緒となったのは、一九四六（昭和二一）年の相沢忠洋による群馬県岩宿遺跡の発見であるが、渋谷では現在、六箇所の遺跡が確認されている。

約三万年〜一万三〇〇〇年前の後期旧石器時代の気候は寒冷気候で、特に約二万年前には氷河期でも最も寒冷な時期（ヴィルム氷期）であった。当時の平均気温は現在より七度程低く、植生にも影響を与えていた。樹木では針葉樹が主体で落葉広葉樹が混在し、各所に乾燥した草原が広がっていたものと推定されている。

このような環境下で、主に狩猟を生業とする集団が、定住することなく一定のテリトリー内を遊動しながら、ナウマン象・マンモス象やオオツノジカなどの大型動物を追っていたと考えられている。

狩猟や生活の道具には、加工しやすく鋭利な刃部が得られる黒曜石や安山岩などの石を素材にして、石器が製作されていた。石器ではナイフ形石器や槍先形尖頭器、細石刃などを挙げることができる。また石器以外にも、木製や骨格製の道具もあったと想定されうるが、関東ローム層が酸性土壌であることから残っておらず、いまのところ不詳である。

2　渋谷の旧石器時代

渋谷区内に所在する旧石器時代の遺跡は、西渋谷台地、千駄ヶ谷台地などの台地上に点在している。平成一四（二〇〇二）年四月には、これまで発見されていなかった低地部の豊沢貝塚においても遺跡が確認された。

鉢山町・猿楽町一七番遺跡

区内で発見されている後期旧石器時代に属する遺跡のうち、最も古いのが西渋谷台地上の猿楽一七番遺跡（現、鉢山町・猿楽町一七番遺跡第二地点）である。ここは旧ドイツ大使館跡を発掘調査したもので、その際に出土した遺物がいまのところ最も古い遺物である。この第二地点は、平成二年に調査され、立川ロームⅥ層の文化層から黒曜石製の剥片石器が検出された。この遺物は約二万三〇〇〇年前の一時期、九州地方から飛来し降下した火山灰である姶良丹沢パミス層（AT）直下より出土している。

第二地点と道を挟んで隣には都立第一商業高等学校があり、この校舎の建て替えにともなって調査が行われた遺跡が、鉢山町遺跡（現、鉢山町・猿楽町一七番遺跡第一地点）である。この遺跡は、渋谷区ではじめて本格的に調査された旧石器時代の遺跡で、四段階の文化層が確認された。ここでは最下層の立川ロームⅥ層から炭化物の集中箇所が確認され、Ⅴ層文化層から信州産黒曜石製スクレイパーが一点検出されている。Ⅳ層文化層では、大きく三箇所の遺物集中区が確認されており、総計六〇〇点以上に及ぶ遺物が検出された。特にⅣ層文化層では石器や礫群などともに、住居を推定させる遺構の存在が指摘されている。

恵比寿遺跡

恵比寿遺跡は、ＪＲ恵比寿駅にほど近い旧サッポロビール恵比寿工場地区再開発事業にともない平成三（一九九一）年に調査された遺跡（現・サッポロホールディングス本社ビルほか）である。後期旧石器時代近世にまたがる複合遺跡で、旧石器時代の遺物は立川ロームⅤ層上部から検出されている。石器は、チャートを素材とする角錐《かくすい》状石器と流紋岩《りゅうもんがん》の剥片である。出土層位は不明であるが、安山岩製の片刃礫器と黒曜石製の細石刃核は、後期旧石器時代末期のもので、ことに細石刃核は渋谷区内では初めて出土した資料であった。

千駄ケ谷五丁目遺跡

一次調査が平成五〜六年、二次調査が平成八〜九年にかけて実施され、宇都宮藩戸田家屋敷跡など江戸時代の遺跡と、その下からは古墳時代、縄文時代、後期旧石器時代の遺跡が発見された。

特に一次調査の旧石器時代の遺物は、Ⅲ層からⅤ層下部において検出され、七箇所の集中地点が確認されている。石器はナイフ形石器や掻器《そうき》をはじめ、総数四〇〇点以上検出されており、素材は箱根周辺のガラス質安山岩や多摩川周辺のチャートなどが用いられている。

豊沢貝塚

また、縄文時代後期の貝塚と知られていた豊沢貝塚からは、平成一四年と一五年の調査で、後期旧石器時代の遺構や遺物が検出された。一四年には礫群が、さらに一五年の調査では、ハードローム中より凝灰岩製の大形石刃が出土し、標高約一五メートル前後の低地部でも旧石器人の営みがあったことが証明された。

3　渋谷のナウマン象

昭和四六（一九七一）年の四月一一日、地下鉄千代田線の工事現場から変わったものが発見された。場所は、ＪＲ山手線の原宿駅から明治神宮へ向かう途中、ＪＲ線に架かる神宮橋のほぼ真下、地下約二一メートルのところであった。掘削作業中に貝殻が混じった粘土質の土層から堅い石のようなものが出てきたのである。これは化石であった。急遽、上野にある国立科学博物館（現・独立行政法人国立科学博物館）に連絡し、当時研究員であった長谷川善和氏（現群馬県立自然史博物館長）が調査に入った。調査により、その化石はナウマン象の化石であることが判明する。しかもほぼ一頭分のものであった。

地下、二一メートルの層からの発見であり、今から約一〇万年前のものと想定されている。しかしこの時の調査ではほかのナウマン象の化石は見つからず、ここ渋谷周辺にナウマン象が生息していたのではなく、何らかの理由で遠い場所からここに流されたものではないかという見解も出ていた。

図２－２　北青山遺跡出土ナウマン象臼歯

原宿ナウマン象の発見から、一九年後の平成二（一九九〇）年、旧都電青山車庫の再開発事業の際に事前調査が行われ、遺跡が確認された。北青山遺跡の発見である。この場所は江戸時代、山城国淀藩稲葉家の下屋敷があった。本調査はその翌年から二年にわたり行われ、その際に江戸時代の井戸を発掘していると、地下約一五メートルのところからナウマン象の臼歯の化石が一点出土したのである。原宿の神宮橋から、直線でほぼ一キロメートルのところだった。両地点の間には現在暗渠となっている渋谷川が流れているが、これで二例目の発見となり、その昔、このあたりにナウマン象が生息したことはほぼ間違いないといえるだろう。

なお、北青山遺跡の稲葉家といえば、徳川三代将軍家光の乳母、春日局の先夫であった稲葉正成を初代とする譜代大名である。家光が三代将軍に決定すると、慶長一七（一六一二）年子守役青山忠俊と春日局は金王八幡宮の社殿と門を造営している。これらは現在、渋谷区指定有形文化財となっているが、実に渋谷に縁を感じる。

第三節　渋谷縄文人の生活

1　縄文時代の渋谷

ヴィルム氷期から後氷期へと移行し比較的温暖な時代を迎えた約一万三〇〇〇年前、旧石器時代が終わりを迎える。この時、日本列島には新たな文化が芽生えた。その時代の始まりを象徴するのが、土器の製作と狩猟道具である石鏃の出現である。

土器の考案によって長時間煮る調理が可能になったことで、灰汁の強い植物も食べられるようなり、植物食の種類が飛躍的に増加した。また気候の温暖化に伴ってそこに生息する動物相も変わってきた。それまでの大型動物から小動物に変化したのである。それを捕まえるために道具も変化し、石鏃を用いた弓矢が発明された。こうして俊敏な動きする動物を捕らえるために弓矢を使うことは、極めて効率的になった。

安定した食料資源の確保は、動物を追い求めて移動していた生活から、定住生活が可能になり、地方色豊かな独自の縄文文化を築くことになった。

約一万年続く縄文時代は、草創期・早期・前期・中期・後期・晩期の六期に区分され、各時期に製作された縄文土器には、文様・意匠・施文具・胎土の違いによって多彩な様式が展開された。縄文土器は道具であるとともに、縄文美とも称すべき原始芸術が花開いたものともいわれている。渋谷駅のＪＲ線と京王井の頭線を結ぶ渋谷マークシティ内の連絡通路にある巨大壁画「明日への神話」は、縄文美の芸術性を世に知らしめた人物、岡本太郎の作品である。

縄文時代、淀橋台には湧水があり川も流れ、また海に隣接していたこともあって、多くの縄文人が生活をしていた。そのため集落や貝塚などたくさんの遺跡が残っている。渋谷の場合、縄文時代では五つの台地から四四箇所の遺跡が見つかっているが、このうち四遺跡は貝塚である。

渋谷で見つかっている縄文時代の遺跡は、草創期から晩期までに及ぶ。主に中期と後・晩期の遺跡が多い。草創期の遺跡として、有舌尖頭器が出土している千駄ヶ谷遺跡（第二次調査）を挙げることができる。この遺跡では石器のみの出土で、土器や遺構は見つかっていない。但し、淀橋台の北側、豊島台の南端に相当する新宿区の百人町三丁目西遺跡では、草創期の土器である隆起線文土器が出土している。直線距離で約二キロメートル、今後、渋谷でも土器が出土することに期待したい。

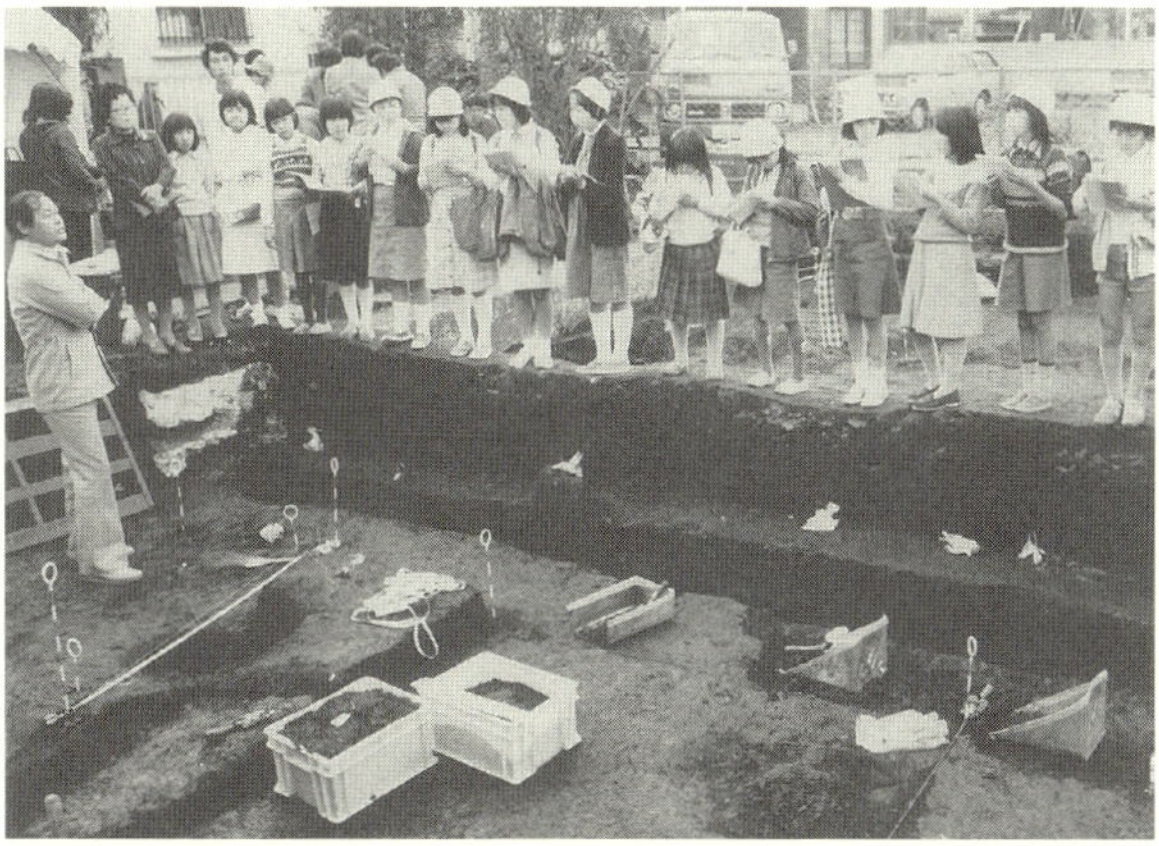

図２－３　豊沢貝塚第１地点　見学会風景

早期は鉢山町・猿楽町一七番遺跡で住居跡や土器が見つかっている。この時期は、今のところ主に西渋谷台地に遺跡が分布しているのが特徴といえる。前期から中期にかけては、渋谷の台地上に遺跡はほぼ全域で見られ、後期になると特に低地にある豊沢貝塚で遺物が多く見つかっている。

さて渋谷で確認されている貝塚は主に渋谷川流域及びその支流にあり、代々木台地に一箇所（明治神宮北池貝塚）、東渋谷台地に二箇所（渋谷区№七三、羽沢貝塚）、西渋谷台地に一箇所（豊沢貝塚）である。渋谷で一番内陸に位置する明治神宮北池貝塚は、現在の古川（渋谷川）の河口・浜崎橋付近から約六・二キロ、豊沢貝塚は約二キロメートルのところになる。

渋谷周辺の貝塚を見てみると、港区では渋谷川の東側、東渋谷台地側で青山墓地内貝塚や丸山貝塚などがある。西側の西渋谷台地の南東縁辺部に、都内でも有数な伊皿子貝塚や旧海軍基地貝塚などがある。目黒川水系を見てみると、目黒区では東山貝塚があり、その下流域の品川区では上大崎貝塚、池田山北遺跡、御殿山遺跡などがみられる。

2　遺構から見た渋谷縄文人

縄文の住居

縄文時代の住居は、地面を円・楕円あるいは隅丸方形などに掘りくぼめた半地下構造をしているため、竪穴住居と呼ばれている。屋根は四～六本単位で埋め込まれた柱で支えられ、恐らく萱や芦などの草が葺かれていたものと推定されている。床は、土間の上に敷物を敷くやり方が一般的であったようだが、中期の終わりから後期頃には、床一面に扁平な石を敷き詰めた敷石住居と呼ばれるものも見られる。住居内には、調理や暖を取る施設として、石や土器で囲んだ炉が設けられていた。

図２－４　鶯谷遺跡第２地点第16号住居跡から出土した土器

昭和二五（一九五〇）年、代々木八幡の境内で発掘された中期の住居跡は、國學院大學樋口清之教授の指導のもと、翌二六年には全国的にも先駆的な試みとして復元され、当時の考古学、建築史学界から注目されるものとなった。

その後、区内における縄文時代の集落跡としては、渋谷川右岸の低地に定住した後期の豊沢貝塚などが知られていたが、平成一九（二〇〇七）年から、区内鶯谷町において再開発事業があり、縄文と弥生時代の大規模集落が確認された。第一地点と第二地点の調査が行われ、縄文時代の竪穴住居が約九〇軒確認されている。主に中期の竪穴住居ではあったが、この遺跡では、渋谷ではじめての敷石住居が発見された。

3　貝塚からみた渋谷縄文人

縄文時代の東京湾は、多種多様な海産食料資源を獲得できる魚介類の宝庫であった。貝塚は、海からの食料を消費し、それを捨てた痕跡、いわばごみ捨て場である。ごみ捨て場ではあるが、そこに捨てられたものを分析することにより、縄文人の生活スタイルについて実に多くの貴重な情報を与えてくれる宝の山でもある。

貝塚からはまず貝殻がたくさん出土するが、それとともに多くの魚類や動物の骨が出土する。魚介類の場合、今日私たちが口にしているほとんどのものが含まれている。近海物をはじめ、中にはマグロやクジラといった大型回遊魚も発見されることがある。

また、猛毒をもっているフグの骨も出土する。このことは、縄文時代には既にフグの毒を取り除いて食料にする調理法を会得していたことを物語っている。

渋谷の貝塚は四遺跡確認されているが、発掘調査によって貝塚の内容、即ち渋谷縄文人が何を食べていたかについて分析した遺跡は、豊沢貝塚である。豊沢貝塚では、アサリやハマグリ・バイガイといった一五種類の貝類とマダイやスズキ・クロダイ・サバ・ボラ・フグなど二二種類の魚類の骨が発見されている。特にマダイやクロダイ・ヘダイといったタイ類の骨が多数検出されており、タイ科の魚類がよく獲れたことを示している。また渋谷川において獲得したと思われるウナギやコイといった淡水魚も混在しており、海水・淡水と幅広く食料として捕獲していたことがわかる。このほかにもサメの歯やカメの骨も見つかっている。

一方、動物はどうであろうか。貝塚からはイノシシ・シカ・イタチなどの哺乳類の骨が発見されているが、今のところ魚介類に比べその種類は多いものではない。

また、「貝塚」というと千葉県などで発見されている遺跡のように、塚状に膨大な量の貝を捨てたものを想像しがちではあるが、渋谷の場合はそれとは異なる。つまり、穴を掘った中に、あるいは使用が終わった貯蔵穴用の穴の中に、食べたものを捨てた地点貝塚というものであった。

4　弔い

お墓（土壙墓）

生あるものは、必ず死というものを迎える。縄文人も、亡くなった人のお墓を掘り、葬っていたことがわかっている。縄文人のお墓は土に穴を掘って遺体を埋める土壙墓が一般的であった。

図２－５　豊沢貝塚第２地点から出土した縄文人骨

渋谷では、鶯谷遺跡や豊沢貝塚などで死者を弔った痕跡、いわゆるお墓（土壙墓）と想定される穴が確認されている。そのうち、特に注目されるものは豊沢貝塚である。豊沢貝塚では、一定方向に軸を有し、二列に並ぶ八基の墓壙群が発見され、そのうちの二基から人骨が出土したのである。この土壙は何れも長さ約二メートルの長楕円形であった。そのうちの一四二号遺構と一四三号遺構からは、頭を高くし、股関節も揃えて屈曲した仰臥屈葬の形態をとった人骨が発見された。

墓からは、副葬品としてヒスイの装身具や耳飾りなどが発見されることもあるが、この一四二遺構からは、死者の鎮魂を願ったものか、抱き石が検出されている。この抱き石は、全体によく研磨されており、蛇紋岩製であった。出土した人骨を科学分析してみると、被葬者は男性で、壮年から熟年と推定されている。一四三号遺構の被葬者も壮年であった。

また、豊沢貝塚の第二地点ではイヌを埋葬したと思われる遺構も確認されている。これは一一四号遺構の底の部分で検出した。この遺構はフラスコ状ピットあるいは袋状土坑とも呼ばれているもので、本来貯蔵穴として用いられていたものであった。使用しなくなった後に、貝塚（地点貝塚）として新たに使われている。イヌの骨はほぼ一頭分見つかった。

埋甕

縄文時代の中期後半頃、主に関東の加曽利E式や、中部の曽利式などの土器を伴う竪穴住居の出入り口付近、床面の下に、深鉢の土器を埋めたものを、一般に埋甕といっている。埋める土器は口縁部が平らな深鉢で、底部を打ち欠いて孔をあけ、口縁を上にしたものや逆に底を上にして埋めたものなどが見つかっている。これまで死産児や死亡した幼児を埋めた説、胎盤（胞衣）収納説などがあった。

渋谷で確認されている埋甕では、鶯谷遺跡のものが注目される。第二〇号竪穴住居跡の埋甕は、底部を打ち欠き逆位の状態で埋設されていた。曽利系の土器で、口径四八・三センチメートル、器高五九・四センチメートルを測る。現在、渋谷から出土した縄文土器の中では、一番大きな土器である。

5　遺物からみた渋谷縄文人の生活

縄文土器の変遷

縄文時代は大きく六期に分けられ、それぞれの時期毎に特徴的な土器様式が発達した。

渋谷区内では、前述したようにまだ草創期の土器は発見されていない。早期の土器は尖底が流行するが、渋谷では資料的に少ないながらも鉢山町・猿楽町一七番遺跡などで早期前葉の撚糸文土器が検出されている。ここでは竪穴住居も確認された。

前期になると、平底で口縁部と胴部が少し張り出す器形が一般的となる。豊沢貝塚では、二棟の住居跡から繊維を多量に含んだ黒浜式土器が出土し、鷲谷遺跡では諸磯式土器が出土しているが、その時期の住居は確認されなかった。

中期には深鉢や浅鉢、器台など器種が増加する。この時期は、全国的にもっとも装飾性の高い土器が作られ、代々木八幡遺跡や鷲谷遺跡で出土した加曽利E式土器などは、関東地方で流行した土器様式である。

後期には注口土器といわれる注ぎ口を有する器種が加わり、さらに多様化する。豊沢貝塚では、土器片を接合して復元はできなかったが、注ぎ口の部分が数十点出土している。またこの貝塚で多く出土した堀ノ内式土器は、関東地方を中心に普遍的に分布する後期の代表的土器様式である。晩期には薄手で精巧に製作された土器が流行するが、豊沢貝塚では安行式土器が出土しているものの、全体量として後期よりも出土量は少ない。

狩猟と漁撈の道具

縄文時代の遺跡から出土する生活道具のなかで、一番多く出土するものは土器である。次に石器と続く。縄文時代にも木や骨など有機質の素材で製作されたものは、当然あったはずではあるが、泥炭層など残存する条件が整わなければ大概腐食してしまう。これは集落が主に台地上に営まれたことに起因する。

台地上から低地の調査が進められるようになると、低湿地の遺跡から漆を使った木製品、例えば弓や櫛などが発見され、また貝塚からは釣り針などの骨角器が見つかるようになった。こうして実際の生活には木や竹、骨や角を加工した道具が多数存在したことは、もはや想像に難くない事実となっている。

縄文人が使用した石器の中で、石鏃は矢尻として俊敏な中小型動物の狩猟に適した道具である。これは、旧石器時代の氷河期から間氷期に入り、気候が温暖化したことによって植生が変化し、そこに生息する動物たちも変わったために発明された道具の一つといえるだろう。旧石器時代の細石器が姿を消したあと、槍先としての尖頭器とともに出現し、その後普遍的に使用された。それらはほとんどが打製であるが、まれに部分的に研磨した局部磨製石鏃と呼ばれるものも見受けられる。石鏃の形状は、矢に装着する部分（基部）が①平坦な平基、②くぼんだ凹基、③突出した凸基をなすものがある。

魚介類をとる道具漁撈具としては、魚を突き刺す銛やヤス、釣針などの鹿角製品が代表的な道具である。刺突のみの単純なかたちのものや、獲物の脱落を防ぐ逆鉤の備わったものなど、形状はバラエティに富んでいる。このことから、縄文人は獲物の種類、魚種によって使い分けていたことが想定される。現在の東京湾の海岸線から約二キロメートルのところにある豊沢貝塚は、当時は海岸部にほど近いものであった。遺跡からは、これまでに骨角器は検出されていない。しかし残存していないだけのことであり、当然使用されていたものと推定され得る。

また豊沢貝塚をはじめ区内の遺跡では、網の重りとして用いられた石錘や、土器の破片を加工した土器片錘なども検出されている。これらの遺物は、網を使った漁なども行われていた事実を物語っているといえるだろう。

縄文時代の祭りと呪術

縄文人は自然から、すべての生活の糧を得ていた。日々自然に対峙する生活は、そこから恩恵を得るばかりでなく、逆に脅威にさらされることもあった。自然界におこる様々な現象そのもの自体が、目に見えない大きな力として縄文人は感じていただろう。

それゆえに、自然の恵への祈り、脅威への祈りは平穏な生活を営むために必要であった。その祈りが縄文人においては儀式として執り行われていたようである。

例えば非日常的な自然現象、日食や流星群の到来などにも儀式が行われた可能性が考えられる。東北や北海道地方において、後晩期に多く見つかっているストーン・サークルなどは、夏至や冬至、春分・秋分に深く関わった祭祀遺構である可能性が、近年の研究成果で明らかにされた。

また、人生の節目、新しい生命の誕生・結婚・死などに行われた儀式もあったと考えられている。その儀式に使われる呪術具として、森の精霊を具象化したといわれる土偶や、男性器をかたどった石棒、刀の形をした石剣などが、全国的に発見されている。渋谷では代々木八幡遺跡から石棒が発見されており、豊沢貝塚では石剣や山形土偶の脚部も出土している。また鶯谷遺跡でも、土偶や石棒の破片が見つかった。いずれの遺跡も集落遺跡であり、渋谷縄文人による祭祀が行われたことが想定される。また明治神宮北池貝塚で発見された独鈷石なども儀礼用の祭器と考えられている。

このほかにも食料を得るための、収穫や豊漁を願う祭りあるいは祝う祭りも、一年を通じて何度も行われたことは、想像に難くないといえよう。

第四節　弥生の丘

1　弥生人の生活

今から約二五〇〇年前、水田耕作の技術は中国揚子江周辺地域より伝わったとされている。この技術は、それまでの狩猟採集による生活を一変させた。広い水田を使った農耕によって安定的に食料が確保されることとなり、それは社会の様相を大きく変化させたのである。つまりムラのなかでの階層分化が進むとともに、ムラどうしの分立、抗争を招くことになった。これはまた有能なリーダーの台頭を促し、そのリーダーによって抗争を勝ち得たムラはさらに拡大し、クニとなって人々を掌握することとなった。まさに、『漢書』地理誌、『後漢書』東夷伝、『魏志』倭人伝等で記述された状況である。

渋谷の弥生時代の遺跡は、主に西渋谷台地に分布しており、猿楽遺跡、鉢山町・猿楽町一七番遺跡、鶯谷遺跡などでは、弥生の集落跡が見つかっている。

2　渋谷で最初に見つかった弥生の遺跡

昭和三〇年代後半、渋谷区では『新修渋谷区史』（昭和四一〈一九六六〉年刊行）の編纂が樋口清之教授（國學院大學）を中心に進められていた。それまでの渋谷では、代々木八幡遺跡や豊沢貝塚などの縄文時代の遺跡と、猿楽塚など古墳時代の遺跡の存在は知られ、さらに編纂に伴い区内遺跡の悉皆調査もなされていたが、弥生時代の遺跡についての正確な情報は、広尾中学校付近で見つかり既に堙滅してしまった弥生時代後期の住居跡のみであった。しかしちょうどその頃、区立猿楽小学校の文化祭に、近隣に住む郷土史家から提供された弥生土器が展示された。これは猿楽小学校に隣接する代官山コーポラスの建築時に発見されたものであるという。こうして、弥生時代の遺跡である猿楽遺跡が発見され、渋谷にも弥生の遺跡があったことが判明した。それを受け、『新修渋谷区史』の編纂委員は、急遽、編纂中の区史中巻末尾に猿楽遺跡の項目を加筆したのである。

図２－６　復元された猿楽遺跡の弥生住居

猿楽遺跡の発見は、昭和三一年の代官山コーポラス建築工事であるが、その際発見された遺物に注目すべきものがある。それは弥生時代後期の土器である前野町式と呼ばれる壺に、籾殻の跡が残っているものであった。縄文土器も弥生土器も、基本的にはそこに住む人たちが自ら作るものである。その土器に何の拍子か、籾殻が付着し、焼かれた。籾殻は米と直結されるが、これにより渋谷周辺でも米作りが行われていた可能性が出てきたのである。

その後、昭和五一年に猿楽小学校に隣接する区施設建設予定地から遺物が発見された。翌年、当時渋谷区教育委員会の文化財専門委員をされていた樋口清之教授の指導のもと、同大学考古学資料館と学生が中心になって調査が行われ、四軒の弥生時代後期の住居跡が発見されたのである。こうして猿楽遺跡はこの発掘によって、日の目を見ることとなった。この発見によって建設は中止され、遺跡公園として生まれ変わることが決定された。猿楽古代住居跡公園の誕生である。その際、そこには、発見された住居跡の一軒を復元することも同時に決まっている。もうすでに復元が完成している縄文時代の代々木八幡遺跡の復元住居と、弥生時代の復元住居、他区に先駆け渋谷区では二つの時代の復元住居を持つこととなったのである。

猿楽遺跡の復元住居は昭和五二年に完成したが、残念なことに完成した二年後、不審火によって消失してしまう。そのため住居跡の土の表面を保存処理をして提示する方法に変わり、現在に至っている。

平成一一年にそのすぐ隣を発掘調査した。それによって、一七軒の住居跡も確認され、猿楽遺跡の集落像を知るうえで、貴重な資料となっている。

3　環濠に囲まれたムラ

本格的な米作りがはじまってくると、耕作地の増大やそれに伴う生産量の増加が、集落内、集落間の階層分化を進めた。それによって敵対するムラからの攻撃を防衛するため、集落の周囲には深い濠（環濠）が掘られようになる。これが環濠集落である。環濠集落は、紀元前後には、西日本を中心にほぼ全国的な規模で出現するため、この時期ムラどうしの争いが多発していたものと推定されている。

渋谷区周辺における弥生時代の遺跡は、主なものとして区内では鉢山町・猿楽町一七番遺跡、猿楽遺跡、鶯谷遺跡、桜丘遺跡、目黒区の東山貝塚が丘陵上に、目黒川と蛇崩川の合流点のやや下流に正覚寺前遺跡（目黒区）などが知られている。特に都立第一商業高等学校内に所在する鉢山町遺跡（鉢山町・猿楽町一七番遺跡第一地点）からは都内では数少ない弥生時代後期の環濠集落跡が検出されている。

鉢山町遺跡は西渋谷台地上に占地し、過去二回の調査で住居一軒、土坑四基と環濠の一部が検出された。環濠は推定される半円形プランの長さが一四〇メートル、溝幅平均三・一五メートル、断面形はV字形を呈し、深さは最深二・四メートルであった。環濠内側縁辺部には柱列が並んで検出されていることから、内側に柵列が存在したことを裏付けるものである。

鶯谷遺跡で見つかった焼失住居

平成一九年と翌年に調査が行われた鶯谷遺跡（鶯谷遺跡第一地点及び第二地点）では、弥生時代後期の竪穴住居跡が合計して三二軒、掘立柱建物五棟が発見された。この結果、渋谷における弥生の集落としては、一番規模の大きい遺跡となった。

この鶯谷遺跡で検出された弥生時代の住居跡の中で、特に注目されるものが第六七竪穴住居跡である。この竪穴住居は、以前の構造物に関連した埋設管の工事によって約半分を掘削されてしまっていたのであるが、床面直上から炭化物や焼土が大量に検出された。よって、何らかの原因で家が焼かれてしまった、火災住居であると考えられている。

この住居からは、遺物が当時の弥生人がそのまま使っていたと思われる状態で見つかった。即ち、壺や甕が柱穴のすぐ脇に置かれた状態で検出されたのである。さらに注目すべきことに、広口壺と台付甕の脚部を打ち欠いたものが、組み合わさった状態で出土した。恐らく広口壺に水を入れ、穴のあいた台付甕を乗せた後、「すのこ」のようなものを台付甕の中に入れ、蒸し器のように使われたのではないかと考えられている。この後の古墳時代に見られる甑の前段

図２－７　鶯谷遺跡第１地点第 67 住居跡遺物出土状況

階のものといえるだろう。

第五節　今に残る渋谷の古墳

1　古墳時代の南関東

三世紀の中頃から四世紀の初頭にかけて巨大な墳丘を持つ古墳が、奈良県の大和を中心とする畿内地方に出現する。この古墳はやがて北海道や東北地方北部、琉球諸島を除く日本列島の各地で造営されるようなり、この時代を古墳時代と呼んでいる。

古墳には様々な形のものがあるが、そのなかで前方後円墳は各地の有力な豪族たちが採用した古墳で、その分布が大和を拠点とする政権の力が及ぶ範囲を示していると考えられている。奈良県桜井市に所在する大和古墳群のうち、箸墓古墳などは早い段階の前方後円墳である。この前方後円という形をとる高塚古墳は三世紀に出現したとされ、四世紀になると畿内を中心にして地方へと広まりをみせる。つまり、古墳時代は、大和に誕生した政権を中心に発達した政治勢力の広範な連合体の時代なのである。よって、この頃に政治的権力をもった身分階層が急成長したといえよう。

南関東の東京・埼玉・神奈川などの地域では、初期の古墳に前方後円墳が多く存在することが指摘されているが、これはこれらの地域が初期大和政権の傘下にあったことを物語っている。特に多摩川下流域には前期から終末期に至るまで連綿と古墳が営まれている。とりわけ大田区の田園調布や世田谷区の野毛付近には前方後円墳を含む古墳が数多く存在する。例えば、前方後円墳では全長九七メートルに及ぶ大田区蓬莱山古墳や、世田谷区野毛山大塚古墳など全長八〇メートルの帆立貝式古墳と呼ばれるものが造営さている。

2　渋谷の古墳

渋谷区内における古墳は、代々木・西渋谷・東渋谷台地に分布する。かつては、一八基の高塚古墳が存在したことが知られ、ことに現在の神南にあったナマコ山古墳は前方後円墳であったと記録されている。確かに明治末頃の地形図を見てみると、前方後円墳と推定される形は確認できるが、詳細までつかむことはできない。またこの場所は明治の末から、代々木練兵場からワシントンハイツへと変遷したこともあり、土地の形状がだいぶ変わってしまって、今はその痕跡も確認できない。

図2－8　猿楽塚（北塚）

現在、渋谷で古墳の墳丘を確認できるのは、猿楽町二九に残る古墳時代後期と推定される円墳二基（猿楽塚）と聖心女子大学構内にある高塚である。猿楽塚がある場所は旧山手通りに面しており、規模の大きいものを北塚、小さいものを南塚と呼んでいる。北塚は基底部の直径二〇メートル、高さ五メートル、南塚は直径一二メートルを測る。『新修渋谷区史』上巻では、南塚の高さを約四メートル弱としているが、刊行から約四五年が経過し、現状としては塚であることがわかる程度のものとなっている。何れも未発掘であるため詳細は不詳である。聖心女子大学構内の高塚も古墳であるか否かの判断が曖昧な遺構であり、今後、学術調査によって明らかにされなければならないものであろう。

また、古墳時代の後期から終末期にかけて、墳丘を持たない崖の切通しなどに横穴を掘って墓としたものがある。これを横穴墓と呼んでいるが、渋谷では二〇箇所以上存在した記録が残っている。主に現在の渋谷駅付近、渋谷川を挟んだ東渋谷台地と西渋谷台地に分布していたようであるが、ほとんど調査が行われず壊されてしまっている。唯一、調査が行われたのは、東四丁目にある常陸宮邸内にあった横穴墓と鶯谷町一〇番地にあった横穴墓ぐらいであり、鶯谷町のものは昭和四六年東京都教育委員会によって調査されている。常陸宮邸内の横穴墓は昭和二年に調査が行われ、わずかに土製の臼玉が二点検出した記録が残っている。

3　ビルの谷間に残った集落

古墳時代の集落跡としては、円山町遺跡・猿楽町遺跡・恵比寿遺跡・豊沢貝塚第二地点などが知られている。渋谷駅から道玄坂を登りきった右側、円山町の一角に古墳時代の集落跡が見つかっている。円山町遺跡である。円山町遺跡は、昭和三一（一九五六）年に個人宅を建設する際に、その存在が確認され、古墳時代の住居跡が見つかった。その後、その隣地が再開発されることとなり、平成一八（二〇〇六）年になって調査をした結果、さらにもう一軒の竪穴住居跡が検出されている。

この住居跡は発掘調査によって炭化物がたくさん検出されたこと、また焼土がまとまっていたこともあり、何らかの原因によって焼失してしまったものと考えられている。一緒に出た土器は、古墳時代の土師器であり、壺・台付甕・甕・高坏であり、古墳時代前期ごろのものではないかと推察されている。

4　『江戸名所図会』にみる猿楽塚

江戸時代には、現在のガイドブックのようなもの、つまり各地の地誌をまとめた本も出版されていた。それが『江戸名所図会』である。『江戸名所図会』は斎藤幸夫・幸孝・幸成三代で編集・刊行されたもので、全七巻にも及ぶ。内容は江戸市中ばかりでなく、その近隣の場所も含めて、有名な場所をピックアップし、それについての解説を行っている。この書物により江戸周辺各地の歴史や庶民の生活、風俗を知ることができ、貴重な資料の一つとなっている。具体的には春になればどこに桜を見に行っていたかとか、四季折々の遊び場、物見遊山の場所など、江戸の人々の生活を垣間見ることができる。

渋谷でも、神社仏閣のほかたくさんのスポットが選ばれ解説されているが、そのなかで考古学、特に古墳時代の塚が出てくる。それが猿楽塚である。

猿楽塚の『江戸名所図会』中の表記は「去我苦塚」となっている。名所図会には、「別所台と云ふ地にあり。塚の高さ一丈あまりなり。相伝ふ、昔渋谷長者某、この辺の人民を語らひ、時としてこの塚の辺にて酒宴を催し、歓楽せしにより、苦を去るの所謂なりと云ふ。（この辺、すべて古へ、居館仏堂の類ありし地にや。近頃道路を作らんとして、岨を掘穿ちて、土中布目の紋理ある古瓦数枚を得たりといふ。）」と記載され、由来が説明されている。この場所は、現在では旧山手通りに面しており、代官山ヒルサイドテラスの一角に位置している。土日に限らず、たくさんの人が集まる場所であり、江戸時代も今も人が注目するスポットとなっている。

おわりに

ビルが林立し、道路もアスファルトに覆われ、公園や庭ぐらいしか土をみることができなくなってしまった渋谷ではあるが、その地下にはかろうじて、遙か昔に渋谷に住んでいた人々の営みを残す遺跡が残っている。今後も、あるきっかけによって新たな発見があることを期待したい。

〔付記〕本章で使用した図・写真はすべて渋谷区教育委員会所蔵のものである。

主な参考引用文献

渋谷区史編纂委員会『新修　渋谷区史』上巻・中巻（昭和四一年）
恵比寿・三田埋蔵文化財調査会『恵比寿―旧サッポロビール恵比寿工場地区発掘調査報告書―』（平成五年）
猿楽一七番遺跡調査団『猿楽一七番遺跡調査報告書』（平成五年）
千駄ケ谷五丁目遺跡調査会『千駄ケ谷五丁目遺跡―新宿新南口ＲＣビル（高島屋タイムススクエアほか）の建設事業に伴う緊急発掘調査報告書―』（平成一〇年）
千駄ケ谷五丁目遺跡調査会『千駄ケ谷五丁目遺跡―二次調査報告書　新宿駅貨物跡地再開発に伴う事前調査―』（平成一一年）
小林達雄他『豊沢貝塚発掘調査報告書』（昭和五七年）
豊沢貝塚遺跡調査会『豊沢貝塚第二地点発掘調査報告書』（平成一一年）
豊沢貝塚遺跡調査会『豊沢貝塚第五地点発掘調査報告書』（平成一六年）
都立学校遺跡調査会『鉢山町―都立第一商業高校内埋蔵文化財発掘調査報告書―』（平成六年）
都立学校遺跡調査会『鉢山町Ⅱ―　都立第一商業高校内埋蔵文化財発掘調査報告書―』（平成七年）
共和開発株式会社『円山町遺跡（第二地点）』（平成一八年）
大成エンジニアリング株式会社『鶯谷遺跡』（平成二一年）
共和開発株式会社『鶯谷遺跡　第二地点』（平成二一年）

第三章　渋谷に住んだ人・渋谷を領した人

平野　明夫

はじめに

ここでは、古代・中世の武蔵国渋谷（現渋谷区域を想定している）にどのような人が住み、渋谷をどのような人が所領としたのかを検討する。ただし、古代・中世の渋谷に関する史料は僅少であり、これまでにも利用されてきた史料がほとんどである。したがって、先行研究の検証が、大きな課題となる。

古代・中世の渋谷に関する研究は少なく、『渋谷区史　全』(1)および『新修渋谷区史　上巻』(2)にまとまった記述がある程度である。したがって、現時点では、『新修渋谷区史　上巻』が最新の成果という状況である。両書ともに、古代の渋谷区を大部分が豊島郡域に、一部が荏原郡に属したと捉えて記述しており、中世は渋谷重国の系統の渋谷氏（以下、重国系渋谷氏と称する）の動向を中心に記述している。

古代豊島郡域の研究としては、古代に豊島郡域であった自治体の叙述がある。『豊島区史　通史編　一』(3)は、国分寺出土の文字瓦を使用して、豊島郡域の様相を明らかにしている。『北区史　通史編　原始古代』(4)は、古代道や豊島郡衙の研究・発掘成果に基づき記述している。その他に、『板橋区史　通史編　上巻』[5]などがある。

中世の重国系渋谷氏については、阿部征寛「相模国武士団の成立と展開―渋谷氏を中心として―」[6]が、最初の専論である。その後、福島金治「相模国渋谷荘と渋谷定心置文」[7]が出され、定説の修正がはかられた。そして、『綾瀬市史　6　通史編　中世・近世』[8]によって、重国系渋谷氏研究の到達点が示されている。

これらを始めとした研究成果を検証しつつ、古代・中世の渋谷の様相を検討していく。

まずは、古代の渋谷の様相を検証する。ただし、古代に関しては、直接渋谷の様相を示す史料に恵まれない。そこで、地名に着目する。古くから、渋谷は、豊島郡に属したのか、荏原郡に属したのかで意見が分かれてきた。この点を考証する。また、古代の渋谷在住者を、具体的に見たい。

鎌倉期の領主としては、これまで重国系渋谷氏として検討されてきた。しかし、それには疑義も提起されていることを鑑み、重国系渋谷氏が渋谷の領主であったのかを、まず検証する。ついで、他の領主の可能性を考察する。特に江戸氏系渋谷氏について検討をする。それによって、室町期の領主についても検討することになろう。

戦国期に至ると、渋谷の地名が同時代史料に見られるようになる。「小田原衆所領役帳」[9]である。そこで、同帳から知られる渋谷の様相を追究する。

これらによって、古代・中世の渋谷の様相を窺い知ることができるであろう。

第一節　古代の渋谷

1　所属郡に関する諸説

古代の渋谷区域が、武蔵国に属したことはまちがいない。問題の一つは、何郡に属したかである。一〇世紀に成立した「倭名類聚抄」(10)によれば、武蔵国には、多磨《タマ》・都筑《ツキ》・久良《クラキ》・橘樹《タチハナ》・荏原《エハラ》・豊島《トシマ》・足立《アタチ》・新座《ニイクラ》・入《イル》間《マ》・高麗《コマ》・比企《ヒキ》・横見《ヨコミ》・崎玉《サイタマ》・大里《ヲホサト》・男衾《ヲフスマ》・幡羅《ハラ》・播沢《ハンサワ》・賀美《カミ》・児玉《コタマ》・那珂《ナカ》・秩父《チヽフ》の二一郡が置かれていた。このうち、渋谷は、豊島郡・荏原郡いずれか、あるいは両郡の一部であったとされており、その他の郡に比定する説はない。したがって、豊島郡・荏原郡いずれか、あるいは両郡の一部であったのかを検討することが必要である。そこで、これまでの見解を確認しておきたい。

渋谷区域に関して直接言及しているのは、『渋谷区史』『新修渋谷区史』である。既述したように、両書とも、渋谷区域の大部分は豊島郡に属し、一部は荏原郡であったとしている。その論拠としては、古代郡境の多くが河川であることを前提とし、渋谷川を境と仮定する考証である。そこでは、渋谷川が、千駄ヶ谷大谷戸町から出るものを本流とすれば、大部分は荏原郡に入り、その東南、今の東渋谷丘陵だけが豊島郡に入ることになるといい、宇田川を本来の渋谷川の本流とすれば、大部分は豊島郡に入り、西渋谷丘陵のみが荏原郡に入ることになるとする。そして、玉川上水の余水が新宿内藤家下屋敷で渋谷川の補水とならなかった中世以前は、宇田川の方が水量多く、かつ流路も長大であるので、古代には宇田川が渋谷川の本流と考えられるとして、渋谷区地域の大部分を豊島郡に、一部を荏原郡に入ると捉えている。より具体的には、大部分が豊島郡に属し、一部が荏原郡の木田郷に属すると推定している。(11)

このほかにも、豊島郡と荏原郡の境についての見解が見られる。(12)いずれも、地形、とくに川の流路を基に考察している。しかし、川の流れを確認することは、現状では困難である。そこで、ここでは、より文献に基づく考察をする。

2　郡郷比定

「倭名類聚抄」には、豊島郡として日頭《ヒノト》・占方《ウラカタ》・荒墓《アラハカ》・湯島・広岡・余戸・駅家の七郷が、荏原郡として蒲田《カマタ》・田本《タモト》・満田《マンタ》・荏原・覚志《カハシ》・美田《ミタ》・木田《キタ》・桜田《サクラタ》・駅家の九郷が記されている。これらの郷を現在地に比定することで、渋谷区域の古代における郡を究明したい。現在地比定について、管見に触れた諸文献は、いずれも吉田東伍『大日本地名辞書』(13)の考証を根源としていると捉えられる。そこで、まず吉田東伍の説を提示し、その後に示された見解と併せて再検討していく。

まずは、豊島郡の郷である。日頭郷は、文京区小日向を遺称地とし、隣接する新宿区戸塚町・高田町などを含むとしている。占方郷は、同音の浦方と捉えて、海浜を意味するとし、荏原郡桜田郷と豊島郡駅家郷に接する地と推測されるとして、台東区鳥越・石浜の辺りに比定している。ただし、武蔵国分寺出土の瓦に記された白方の誤記で、白方はハカタと読み、近世の峡田《はけた》領をその遺称と捉える見解を付記している。峡田領は、板橋区・豊島区・北区にまたがる地域である。荒墓郷は、中野区野方から練馬区石神井にかけての辺りに比定している。これは、郷の配置に基づく考察と捉えられている。(14)湯島郷は、文京区湯島を遺称地として、台東区上野、荒川区日暮里の辺りまでに比定している。広岡郷は、板橋区板橋の字名の平尾を遺称地とし、板橋区板橋・赤塚、練馬区練馬辺りに比定している。そして、渋谷区広尾を遺称地とする「新編武蔵風土記」の説を、広尾が荏原郡に属するとして否定している。余戸郷は、立項していないものの、広岡郷の項に、広岡の余戸郷で、広岡付近に比定できるとしている。駅家郷については立項しておらず、比定も行なっていない。

以上が、吉田東伍による豊島郡の郷に関する比定である。これに対する異論としては、つぎのものがある。

日頭郷については、以後に出された諸文献が、いずれもこれを踏襲している。占方郷については、『板橋区史』が、国分寺出土の瓦を同時代の史料と捉え、「倭名類聚抄」は転写史料にまま見られる誤写と推断し、類似地名の探索を批判して、「倭名類聚抄」の郷名は南から北へ順に記載されているので、神田駿河台方面から本郷台の地域と推定している。[15] 荒墓郷については、台東区上野台地の辺りとする説がある。[16] これらには上野とする論拠が明示されていないものの、荒を好字の新に改め、新墓を「にっぽり」と読むようになったと推定し、そこから荒川区日暮里が遺称地と捉えられているという。[17] 余戸郷については、麹町北方一帯とする説、[18] 余戸をヨドと読み、新宿区淀橋辺りをその遺称地として大久保・戸塚・角筈付近とする説[19]がある。

いずれの見解が妥当であろうか。検証してみたい。

占方郷は、「倭名類聚抄」が原本ではなく、転写本であり、国分寺出土瓦の白方に、より同時代性が存することになる。その読みはハカタでまちがいなかろう。そして、地名の多くが、地形に関する言葉であることを考慮するならば、ハカタも、地形を示す言葉と捉えるのが妥当である。福岡市博多の地名由来には諸説あるものの、元来は「筥多」であり、「筥」とは周囲を河海で囲まれた島状の地形をいうところから来たとする説があり、船舶が停泊する潟に由来するとする説もある。[20] つまり、ハカタは、海浜を示す言葉ともいえる。このように捉えるならば、占方も白方も同義の言葉となり、両様あったと考えることも可能である。したがって、占方（白方）郷は海浜地帯であったといえる。これに加えて、「倭名類聚抄」が南から北へ順に記している点を考慮するならば、吉田東伍が推定しているように、台東区鳥越・石浜の辺りに比定できよう。

荒墓郷については、湯島郷の比定地に関係してくる。荒墓郷を上野台地の辺りと比定すると、湯島郷と相当部分重なってしまうので、荒墓郷を上野台地辺りに比定した場合、湯島郷は文京区本郷・湯島にほぼ限定されることになり、荒墓郷も狭小な範囲となる。一郷は五〇戸で構成されるので、一〇世紀に、荒墓郷・湯島郷ともに五〇戸あったことになると、当時としては人口密集地域が隣接して存在したことになる。他と比較して、過密と感じられる。これらを考慮するならば、荒墓郷は中野区野方から練馬区石神井にかけての辺り、湯島郷は文京区湯島、台東区上野、荒川区日暮里の辺りまでとするのが妥当であろう。

豊島郡広岡郷については、吉田東伍が述べているように、『続日本紀』宝亀一一（七八〇）年五月甲戌（一一日）条[21]によって、新羅郡のちの新座郡に接する地であることは明らかであり、『倭名類聚抄』の記述が南から北へとなっていることからしても、板橋区板橋等に比定せざるを得ない。埼玉県新座市・志木市を含む可能性はあるものの[22]、渋谷区域を含むとは考え難い。

余戸は、本来、律令制下の地方行政組織の一形態で、郡下に置かれる郷が五〇戸を一単位として編成する際にでた端数戸の呼称である。そのため、現在地に比定することに意味はないとの理解も見られる[23]。ただし、全国には余戸に郷名が付与された例も見られ（出雲国伊帙郷）、地域が固定して余戸郷が成立したと捉えられ、『倭名類聚抄』に記された全国の余戸郷はその結果で、現在の余戸・余目などの地名につながるとされている[24]。そうすると、ここに記された余戸は郷であり、地域をさすと捉えられる。『豊島区史』は、新羅郡の建郡を、「新羅郡は、本来豊島郡の西北の深奥部、すなわち現在の板橋・練馬・志木・新座などの地域が開発された天平宝字二年に、豊島郡の広岡加郷とあわせて、その余戸をもって郡が建てられたとみるのが自然であろう」と、この地域に余戸があったことを示唆している。そして、『倭名類聚抄』の記述が南から北へ向かっており、郡内の郷の設定が南から北へと行なわれていった可能性が高いことからすると、余戸は、基本的に郡の北辺に設定されることになる。そうすると、豊島郡余戸郷は、吉田東伍が比定するように、豊島郡の北辺、板橋・練馬辺りに比定することが可能であろう。

駅家郷については、昭和五八（一九八三）年に北区西ヶ原の御殿前遺跡が豊島郡衙跡と報道されて以降、豊島郡の駅家は同遺跡周辺とする説が有力である。ただし、中村太一「武蔵国豊島郡における古代駅路の歴史地理学的考察[25]」は、それを八世紀の状況で、「倭名類従抄」が成立した一〇世紀には、駅家の位置は上野の台地縁辺部へ移っていたとする。これは、宝亀二（七七一）年武蔵国が東海道へ編入されたことによる駅路変更を契機とすると捉えられている。問題の一つは、「倭名類聚抄」が記す駅家が、西ヶ原と上野のいずれをさしているのかという点である。「倭名類聚抄」が、郷の一つとして駅家を掲出していることからすると、駅としてではなく、郷として把握していると考えられよう。換言するならば、駅家の存在そのものではなく、地名として把握しているということである。地名であるならば、故地である北区西ヶ原周辺に比定するのが妥当と思われる。

このように、豊島郡の郷は、いずれも渋谷区域と関わっていない。したがって、古代の渋谷は、豊島郡ではないといえる。

つぎに、荏原郡の郷を検討する。吉田東伍は、蒲田郷を、大田区蒲田を遺称地とし、六郷・羽田・大森を含む地域に比定している。田本郷は、比定地未詳とし、大田区矢口・六郷の辺りに比定する説を紹介するも否定して、後考を俟つとしている。満田郷は、不詳としつつも、大田区池上・馬込・田園調布、世田谷区玉川田園調布の辺りではないかと推測する。荏原郷は、不詳としつつも、品川区中延に荏原氏の伝承があり、荏原郡の中央で広野という地形によって、あるいは中延辺りかと推測し、品川区平塚、目黒区八雲辺りは郷域内と捉えている。また、「江戸砂子」に、渋谷区渋谷から西南、世田谷区上馬・下馬に至る辺りを荏原野という名があるとの説を紹介しつつ、目黒川以南にも荏原が残る点を考慮すべきであろうとしている。覚志郷は、美田郷・荏原郷の西で、多摩郡勢多郷の北に接していると推測し、世田谷区上馬・下馬・世田谷・北沢辺りに比定している。美田郷は、目黒村（目黒区）に三田という大字があり、谷山（品川区）を弥陀郷ということがあるので、目黒・大崎（品川区）を郷域とするとしている。そして、芝区（港区）にも三田があるので、それも郷域であったとする。さらに、渋谷・千駄ヶ谷（渋谷区）も目黒に近接しているので、美田郷内と推定している。木田郷は、北の意味で、美田郷の北に位置するので木田郷といったと解釈し、目黒区に三田の地名が残されているので、その北の港区高輪・白金から港区三田にかけてが木田郷と推定し、域内に三田が残るのは北三田の名残りと捉えている。桜田郷は、芝区一半（港区芝・新橋辺り）と、中央区八丁堀、千代田区霞ヶ関・永田町の辺あたり、港区麻布・赤坂までに及ぶ地域と捉えている。そして、天正末年まで、桜田門付近に桜田村があったという。駅家郷は立項されていない。

以上が、荏原郡の郷についての吉田東伍の見解である。これに対する異論としては、満田郷・荏原郷に関する説を、依拠ありとはいえないと批判する見解がある。[26]美田郷については、港区三田および目黒区三田を遺称地とし、目黒区三田、品川区大崎、港区三田にかけての一帯を郷域としたとすることには異論がない。しかし、渋谷・千駄ヶ谷を美田郷域とするのは、吉田東伍のみである。この点は、つぎの木田郷に関わる。『新修渋谷区史』は、美田郷を港区三田から目黒区三田の辺りと推定し、木田郷を北三田のことで美田郷の西北、渋谷付近と推定している。[27]駅家郷は、はじめ大田区馬込に置かれ、のち品川区大井に移されたと推定されている。[28]

問題となるのは、美田郷と木田郷の郷域である。渋谷・千駄ヶ谷が美田郷域となると、記載順によって、木田郷はその北に位置すると考えられるので、豊島郡日頭郷と重なる部分を生じる。したがって、渋谷は木田郷内と捉えるのが妥当である。郷域には、港区高輪・白金も含まれたと考えられる。

以上のように見てくると、渋谷区域に比定される可能性が示されているのは、荏原郡木田郷である。古代の渋谷は、荏原郡木田郷に属したと捉えるのが妥当である。

ところが、江戸時代の渋谷は、豊島郡に属している。その要因については、太田道灌の江戸築城以来、小田原北条氏が、江戸城に割拠して、その周囲を江戸城守備の範囲としたことに起因するとする説があり、[29]太田氏や北条氏の江戸城割拠が、その原因であるよりも、江戸氏の所領関係がその原因であろうという反論がある。[30]

本来荏原郡に含まれていた江戸が豊島郡とされた初見は、弘長元（一二六一）年一〇月三日付け五代（院）右衛門尉宛江戸長重避状（関興寺所蔵文書）[31]である。これ以前に、江戸と豊島郡が結び付く要因としては、江戸氏の所領関係を想定することも可能である。ただし、渋谷を含む地域が、豊島郡となり、江戸時代の豊島郡域となる契機は、戦国大名北条氏による支配体制に関わると捉えるのが妥当である。北条氏の支配単位は、郡であった。ただし、古代以来の郡ではなく、独自に設定した郡を支配単位としていた。たとえば、相模国は東郡・中郡・西郡に再編している。より実状に即した再編と想像される。こうした点をふまえると、渋谷周辺も、実状に即して再編され、豊島郡に属するようになったと考えられる。もっとも、古代以来の郡は、戦国末期に至るまで、地域呼称として存続していた。天正一八（一五九〇）年四月に豊臣秀吉が発した禁制写に、「武蔵国えはらの郡えとの内うしこめ七ヶ村」とするものがある（牛込文書[32]）。これは、戦国末期に至るまで、古代以来の郡名も継承されていたことを示している。

3　荏原郡の住民

古代渋谷の住民を確認することは、現状ではできない。ただし、渋谷を含む荏原郡域であれば、わずかながら、知ることができる。荏原郡域であれば、渋谷であった可能性もあろう。

すでに、関係自治体史等で指摘されているように、「万葉集」に、荏原郡住民の歌が三首採録されている。[33]

白玉《しらたま》を手に取り持《も》して見るのすも家なる妹《いも》をまた見てももや
（真珠を手に取ってみるように、家にいる妻をもう一度見たいものだ。）
　右の一首は、主帳荏原郡物部歳徳

草枕《くさまくら》旅行く背《せ》なが丸寝《まるね》せば家《いは》なる我《われ》は紐解《ひもと》かず寝む
（（草枕）旅をして行く夫が着たままで寝るのなら、家にいる私も紐を解かずに寝よう。）
　右一首は、妻椋椅部刀自売

我《わ》が門《かど》の片山椿《かたやまつばき》まこと汝我《なれわ》が手触《ふ》れなな地《つち》に落ちもかも

（門前の片山の椿よ、ほんとうにお前は、私が手をふれないうちに土に落ちてしまうのだろうか。）

右一首は、荏原郡上丁物部広足

物部歳徳《もののべのとしとこ》と椋椅部刀自売《くらはしべのとじめ》は夫婦であり、その歌は互いの想いを吐露した相聞歌である。物部広足《もののべのひろたり》は婚前であろうか、意中の女性を得られぬままに出征する男の嘆きの歌であろうと解釈されている。これらは、「天平勝宝七歳乙未二月、相替遣二筑紫一諸国防人等歌」と題して収録された歌で、「二月廿日、武蔵国部領防人使掾正六位上安曇宿祢三国進歌数廿首、但拙劣歌者不二取載一之」とされた一二首のうちの三首である。天平勝宝七（七五五）年二月に北部九州の防人として出征する兵士とその妻の歌で、武蔵国の部領《ことり》防人使《づかい》（防人の引率役）掾である安曇宿祢三国が、二月二〇日に進上した二〇首のうちだという。

物部歳徳・物部広足は、ともに物部を称している。したがって、ともに中央の伴造物部連に率いられた部民の一族と考えられよう。ただし、二人の関係は不明である。武蔵国内の物部の徴候は、「万葉集」に橘樹郡上丁物部真根の歌（四四一九号）が載せられ、国分寺出土瓦によって豊島郡白方（占方）郷在住者の存在が確認できる。(34)

そして、歳徳は主帳とある。令制下の主帳としては、郡の第四等官としての事務担当と、軍団の事務担当の二つがあった。ここでは、荏原郡の前に記述されていることによって、軍団の事務担当と考えられる。軍団の主帳は、養老職員令によれば軍団に一人であり、(35)養老軍防令に書算に巧みな者を選んで任命せよとある。(36)歳徳の教養が知られる。

歳徳の妻は椋椅部である。椋椅部は、崇峻天皇の王宮である倉椅柴垣宮に因む名で、崇峻の御名代《みなしろ》とされた部民である。(37)武蔵国の椋椅部は、「万葉集」に、豊島郡上丁椋椅部荒虫の名が見え（四四一七号）、橘樹郡上丁物部真根の妻椋椅部弟女の歌（四四二〇号）が収録されている。また、国分寺出土瓦によって、二人の椋椅部が豊島郡白方（占方）郷に在住していたことを確認できる。(38)武蔵国内での通婚を想定できよう。

第二節　鎌倉・室町期渋谷の領主

鎌倉・室町期武蔵国渋谷の領主はだれであろうか。まずは、これまでの研究成果を要約している地名辞典の記述を確認しておきたい。

1　既往の説

渋谷は平安時代末期以降渋谷氏の所領。渋谷重国は武蔵・相模両国に所領を有し、鎌倉幕府創設に功があった（『吾妻鏡』治承四年八月九日条など）。重国は相模国渋谷庄（現神奈川県綾瀬市・藤沢市）に移ったが、一族のなかに武蔵国に拠る者があって、南北朝以降も世田谷吉良氏・上杉氏・太田氏と対抗、大永四（一五二四）年北条氏綱に敗れ、領地は北条氏の支配に移っている。

これは、『東京都の地名』の渋谷区の項の記述である。すなわち、渋谷は、平安時代末期から戦国時代初めまで、重国系渋谷氏の所領であったとしている。そして、明記はしていないものの、渋谷氏の苗字の地は、武蔵国渋谷であったように記している。

『東京都の地名』が鎌倉時代の武蔵国渋谷の領主とする重国系渋谷氏は、秩父平氏の流れとされている。高望王の子良文、その孫の将常が武蔵権守となって秩父郡中村郷に土着して秩父氏を称した。秩父氏は、将常―武基―武綱―重綱と続き、重綱が武蔵留守所総検校に任ぜられて秩父一帯に勢力を拡大した。重綱の弟が基家である。この基家の系統が、渋谷氏となる。なお、基家を将常の子、武基の弟とする系図もある（渋谷国安本渋谷氏系譜）ものの、武綱の子、重綱の弟とするのが一般的である。そして、基家の跡は、重家・重実・重国の名前が見られる。

杉山博「相模国高座郡渋谷庄について」[39]は、基家・重家父子が河崎を称していることによって、その勢力の中心を武蔵国南部一帯と推定し、「金王八幡縁起」に、武蔵国渋谷の金王八幡が基家の勧請とあり、その西方の「堀の内」が基家の館跡とされており、荏原郡桜田神社が重家・重国の勧請と伝えられている（「江戸往古図説」「江戸名所図会」）ことによって、武蔵国渋谷は基家・重家と関係が深いと捉えている。

一方、『角川日本地名大辞典13　東京都』は、つぎのように記している。

古くは塩谷の里と称し、鎌倉期に金王丸が居住したと伝えられ、江戸重長の子渋谷七郎元重が渋谷に知行を与えられたともいう。北条氏綱は大永年間に江戸氏を攻め、高縄原【たかなわはら】の合戦には「小杉をまわり、渋谷へせめ入、放火す」と金王八幡や在家の焼失が知られる。

このように、江戸氏系渋谷氏の所領であったとしている。江戸氏も秩父平氏の流れである。そして、福島金治論文は、後述するように、渋谷氏に関する諸系図の検討によって、基家・重家・重国が武蔵国渋谷とは関わっていなかったとしている。ただし、福島論文は、重国系渋谷氏を対象としているため、武蔵国渋谷の領主については論及していない。

鎌倉期の渋谷の領主については、いずれも秩父平氏とする点では共通しているものの、その系統を異にしている。はたして、どちらが正しいのであろうか。あるいは両方が正しいのか、両方が誤謬なのか、検証したい。

そのために、まず重国系渋谷氏が領主であった可能性を検証する。ついで、江戸氏系渋谷氏が領主であった可能性を検討したい。

2　重国系渋谷氏と武蔵国渋谷

『東京都の地名』の記述の基となったのは、渋谷氏に関する諸系図であろう。ただし、渋谷氏に関する系図全てに武蔵国渋谷との関係が記述されているわけではない。

福島金治論文は、諸系図を検討し、基家・重家・重実・重国に関する記述によって、それらを四つの系統に分けている。[40]まず、重実の記載がある「正宗寺蔵書」所収渋谷系図・渋谷国安本渋谷氏系譜・斑目渋谷系図の系統と、重実の記載がない宮城県若宮神社系図・豊島宮城系図・石井千城氏所蔵畠山江戸系図・同氏所蔵A写本渋谷系図・同B写本渋谷系図・同C写本渋谷系図の系統とに大別する。そして、後者のうち宮城県若宮神社系図・豊島宮城系図と石井千城氏所蔵の諸系図とは、それぞれ伝承が異なることによって、三つの系統に分け、合計四つの系統に分けられるとする。ただし、重実記載の有無による大別を重視し、その記述について、重実の記載がある正宗寺本系は金王丸伝説などの伝承記載がほとんどないのに対し、重実の記載がない畠山江戸系図系は出自・伝説を取り込んだ系図と捉えている。

これらのなかで、基家・重家・重実・重国のいずれかに、武蔵国荏原郡・武蔵国渋谷の知行を記すのは石井千城氏所蔵の諸系図であり、武蔵国渋谷在住を記すのは石井千城氏所蔵C写本渋谷系図・豊島宮城系図である。したがって、出自・伝説を取り込んだ系図に属する。さらに、これらの系図が、後世の考証や伝承を含んでいることを指摘し、正宗寺本系に拠る基家・重家・重実・重国の拠点が、小机・川崎・中山・渋谷と、中原街道を横断するように西に移動し、矛盾点が少ないことを併せ考え、渋谷氏の渋谷は、現在の神奈川県綾瀬市周辺地域と推定している。

諸系図の信憑性を検証し、それによって事実関係を明らかにしたといえよう。ここでは、より確実性を高めるため、別の視点から、渋谷氏と武蔵国渋谷の関係を考察したい。そのために、重国系渋谷氏の所領に着目する。もっとも、基家・重家・重実・重国の所領に関する同時代史料は知られていない。そこで、所領は子孫に継承されることを前提として、重国後裔の渋谷氏の所領を確認し、武蔵国渋谷が渋谷氏の所領に含まれていたかどうかを検証する。重国後裔の渋谷氏の所領は、入来文書に見られる。[41]その中から、いくつかを抽出すると、つぎのようになる。

寛元三（一二四五）年五月一一日付け渋谷定心置文（入来院文書）に見える地名は、河合郷（岡山県英田町）・大類

（群馬県高崎市）・打毛地利《うちもじり》（神奈川県藤沢市打戻）・大功田《だいくでん》（三重県鈴鹿市）・ふかや（神奈川県綾瀬市深谷）・ふじごころ（綾瀬市）・おちあい（綾瀬市落合）・かまくらのやち（神奈川県鎌倉市）である。寛元四年三月二九日付け渋谷定心譲状案（入来院文書）では、相模国吉田上庄内寺尾村（綾瀬市）・伊勢国箕田大功田・美作国河合郷十町村河北とある。年月日欠渋谷定心知行分所領目録（鹿児島大学附属図書館所蔵寺尾家文書）には、相模国吉田庄内渋谷□寺尾・同国一宮内大上□□（綾瀬市）・尾張国羽黒庄内中津留村（愛知県犬山市）・伊勢国内美田大工田・美作国河合庄内十町北村・筑前国早良郡内下長尾（福岡県福岡市）・同国三奈木庄内（福岡県甘木市）・薩摩国入来院内塔原郷（鹿児島県樋脇町）とある。文永二（一二六五）年八月三日付け沙弥善心《渋谷明重》譲状（入来院文書）には、吉田上庄清太入道西・美作国河合郷内下森自上山宮西・薩摩国入来院内清色郷とある。文永四年六月一六日付け関東安堵下知状（入来院文書）には、吉田庄内清太入道西・藤意《ふじごころ》村内立野・美作国河合郷内下森自上山宮西・薩摩国入来院内清色郷とある。嘉暦三（一三二八）年一二月一九日付け関東召文奉書案（入来院文書）に、相模国渋谷庄合郷とある。貞和二（一三四六）年一一月二六日付け渋谷定円置文案には、相模国吉田庄内渋谷曽司郷・同藤心・上野国大類・美作国河江庄中鮫尾・薩摩国市比野・同大根田とある。

いずれも、武蔵国渋谷には触れられていない。このほかにも、譲状・置文が複数伝来しているものの、武蔵国渋谷は入来院氏系の伝領地には含まれていない。

まずは、重国後裔の渋谷氏の所領には、武蔵国渋谷が含まれていないことを確認した。そうすると、文書が残る以前に渋谷氏の所領から離れた可能性を究明しなければならない。渋谷氏の所領が激変した時として、和田合戦が挙げられる。

建保元（一二一三）年（建暦三年）侍所別当和田義盛が、横山党と結んで、執権北条義時打倒のクーデターを起こした。結果は、和田氏の敗北に終わり、和田・横山は滅亡した。渋谷氏は、横山氏と姻戚関係にあったこともあって、一族に和田方として参戦した者がいた。「吾妻鏡」建保元年五月六日条に記された「建暦三年五月二日・三日合戦被レ討人々日記」に、渋谷せんさの次郎・同三郎・同五郎・同小次郎・同小三郎・小山（中山か）四郎・同太郎・同次郎が、渋谷人々として記載されている。せんさの次郎から小三郎までの五人が渋谷氏で、小山（中山か）が渋谷氏の姻戚と捉えられている。[42]

せんさの次郎は、重国の子、高重かと比定されており、同五郎は「吾妻鏡」文治元（一一八五）年五月九日条[43]に見える渋谷五郎重助に比定できる。重助は、諸系図が重国の子として掲げている。ただし、仮名を四郎とする系図が多い。そのなかで、石井千城所蔵A写本渋谷系図は、石川四郎・渋谷五郎と注記している。せんさの次郎を高重に、五郎を重助に比定できるならば、三郎は諸系図に見える重国の子時国に比定できようか。小次郎・小三郎は、仮名から類推するに、高重・時国の子ではなかろうか。渋谷氏は、惣領の光重以外の一族の多くが和田方として参戦したと捉えられよう。

和田方となった人々の所領は没収されて、北条方への恩賞として与えられた。「吾妻鏡」建保元年五月七日条に、勲功の事として、それが記されている。そのなかに、「同国渋谷庄」が女房の因幡局に与えられたとある。これは、相模国渋谷であることは、前の記述によって明確である。

相模国渋谷庄は、渋谷高重らの所領であったと考えてまちがいなかろう。これによって、渋谷高重らの所領が、相模国渋谷庄であったことが明確になる。そして、武蔵国渋谷は、ここには記されていない。それは、渋谷高重らの所領に武蔵国渋谷が含まれていなかったということである。

このように、重国系渋谷氏の所領としては、没収地としても、伝領地としても、武蔵国渋谷を見いだすことはできない。少なくとも同時代史料では、重国系渋谷氏が武蔵国渋谷と関わったことを示し得ないのである。[44]

なお、基家・重家・重実・重国の拠点は、小机を神奈川県横浜市、川崎を同川崎市、中山を同横浜市、渋谷を同綾瀬市に比定できる。その分布は、鶴見川沿いを抑え、中原街道沿いに相模国渋谷へ進出したことになる。秩父平氏は、国衙公権を手中にした武蔵国最大の武士団として、国衙権力を背景とする恣意的なポイントへの一族配置を行なったという今野慶信「豊島氏の成立」[45]の指摘がある。重国の渋谷進出は、国を越えた行動となる。

3　江戸氏系渋谷氏と武蔵国渋谷

江戸氏も、秩父平氏である。武蔵留守所総検校に任ぜられて秩父一帯に勢力を拡大した重綱には四人の子がおり、四男重継が江戸を始めて称した。重継の子の重長は、隅田川河口付近に勢力を張っていた。室町時代に成立した「義経記」[46]に、「八ヶ国の大福長者」と誇大表現されるほどの威勢であった。その重長の子の元重が、渋谷七郎を称したと、「諸家系図纂」所収浅羽氏家蔵本畠山系図・石井千城氏所蔵本畠山江戸系図[47]に記されている。『角川日本地名大辞典13東京都』の「江戸重長の子渋谷七郎元重が渋谷に知行を与えられたともいう」との記述は、これらの系図に基づくものであろう。

江戸氏に関しては、『北区史　通史編　中世』[48]が現在の到達点であり、系図を復原している。それによれば、秩父重綱の四男である四郎重継が初めて江戸を称し、江戸氏の始祖となった。重継の子は、長男が太郎重長（法名成仏）であり、重長の兄弟として、二郎親重・三郎師重・四郎重通・六郎重政・七郎（重宗）・八郎重時と、児玉行俊妻がいた。重長の子息としては、嫡子の太郎忠重・次郎朝重・四郎重春（重治、母は藤田政行娘）・七郎重保・八郎などがいた。

重長の子七郎の実名は、「吾妻鏡」宝治二（一二四八）年八月一五日条[49]に、将軍藤原頼嗣が鶴岡八幡宮放生会に参向した際の供奉者の一人として、「江戸七郎重保」と記されているので、重保が正しいといえる。重保は、康元元（一二五六）年六月二九日の将軍宗尊親王の鶴岡八幡宮放生会参向にも供奉しており、「吾妻鏡」同日条[50]に、「江戸七郎」の名が見える。このように、「吾妻鏡」では、重保は江戸苗字で記されており、渋谷苗字では記されていない。鎌倉時代に、江戸氏ならびに江戸氏系渋谷氏と武蔵国渋谷との関係を示す史料は、先掲の系図以外に、管見に触れない。

江戸氏が武蔵国渋谷と関連するかと思われる史料は、つぎの応永二七（一四二〇）年五月九日付け江戸名字書立（熊野那智大社文書〈米良文書〉[51]）である。

「名字
　武蔵国江戸書立　廓之房」
　武蔵国江戸の惣領之流
六郷殿　　しほ屋との　　まつことの
中野殿　　あさかやとの　い、くらとの
さくらたとの　いしはまとの　うし、まとの
大との　　こうかたとの　しはさきとの
うの木との　けんとういん　かねすきとの
こひなたとの
　このほかそしお、く御入候、
　はらとのいつせき
　かまたとのいつせき
　　応永廿七年五月九日

これは、熊野那智大社の御師である廓之房が、武蔵江戸氏の惣領系の人々を霞として把握していることを確認した文書である。したがって、ここに見える人々は、江戸氏の惣領に系譜的に連なると推定される。

このなかで、六郷殿の下に記された「しほ屋」が、渋谷に比定される。塩屋（塩谷）とも考えられるものの、地名で、

「渋」を「しぼ」と読んだ、あるいは「しぼ」の漢字に「渋」をあてた事例が多く見られるので[52]、渋谷に比定できよう。これによって、渋谷を本拠とする江戸氏流の一族の存在を確認できる。

問題は、相模国渋谷か、武蔵国渋谷か、いずれなのかという点である。そこで、ここに見える人々を居住地と捉えて、その分布を見たい[53]。

六郷は、大田区蒲田に比定される。まつこは、丸子と考えられ、大田区下丸子・川崎市中原区上丸子・中丸子に比定される。中野は、中野区中野であろう。あさかやは阿佐谷で台東区橋場・今戸周辺、いゝくらは飯倉で港区麻布台、さくらたは桜田で千代田区皇居外苑（内桜田）・霞ヶ関（外桜田）あたり、いしはまは石浜で台東区橋場、うしゝまは牛島で墨田区向島に、それぞれ比定される。つぎの大は不明である。こうかたは国府方で千代田区麹町、しはさきは柴崎で千代田区大手町、うの木は鵜ノ木で大田区鵜ノ木中・南部、南久ケ原、下丸子北部に比定できる。けんとういんは不明である。かねすきは金杉で台東区下谷、こひなたは小日向で文京区小日向に比定される。

いずれも、武蔵国内と捉えられる。散在所領であるので、必ずしもまとまっているとは限らないものの、この分布を見ると、渋谷のみが相模国とは考え難い。この史料に見える渋谷は、武蔵国渋谷、すなわち現在の渋谷区と考えて間違いなかろう。したがって、応永二七年当時、武蔵国渋谷に、江戸氏の一族が居たといえる。

こうした室町初期に江戸氏一族が渋谷に居たという事実と、「諸家系図纂」所収浅羽氏家蔵本畠山系図・石井千城氏所蔵本畠山江戸系図が重長の子の元重に渋谷七郎を称したと記していることを併せ考えると、鎌倉時代の武蔵国渋谷の領主は、江戸氏一族であったと捉えることが可能である。先述したように、「吾妻鏡」では、重長の子七郎は重保とあるので、重長の子七郎重保が渋谷の領主であるといえる。そして、その子孫が渋谷を領し続けたのではなかろうか。

江戸氏系渋谷氏は、その後も存続したようで、永禄二（一五五九）年、北条氏康によって作成された「小田原衆所領役帳」に、渋谷又三郎の名前が見える[54]。渋谷又三郎は、江戸六郷内大森で六五貫四〇〇文とある。しかも、「此度改而知行役可﹂申付﹁と、永禄二年に改めて知行役が課されたとある。六郷大森は、六郷殿の居館地と推定され、六郷にも二五貫二四文が課されている。六郷とは、蒲田を本拠とする江戸氏の惣領とされている。(55)

これらの状況からすると、渋谷又三郎は、一時期知行を離れ、江戸蒲田氏の下に寄留しており、永禄二年に至って、再び給人に復活したと考えられる。想像をたくましくするならば、武蔵国渋谷の地の所領を追われ、江戸蒲田氏のもとに身を寄せていたともいえよう。そうすると、江戸氏系渋谷氏は、戦国時代初めまで武蔵国渋谷に居住し、所領としていたと想定される。

4　戦国期の渋谷

戦国時代の渋谷区域内の地名を記す史料としては、「小田原衆所領役帳」がある。「小田原衆所領役帳」は、「北条家分限帳」「小田原役帳」などとも呼ばれ、近年では小田原衆だけを示すものではないことによって、「北条家所領役帳」と呼ぶのが最も妥当とされている。ただし、北条氏は、当時の人々から「小田原」と呼ばれており、北条衆と同義として「小田原衆」といった可能性もある。名称については、原本が伝存していないので、明確なことはわからないものの、「小田原衆所領役帳」とするのも、誤りではないといえよう。以下では、「役帳」と略称する。

「役帳」は、御馬廻衆・玉縄衆・江戸衆など衆ごとに編成された給人（家臣）のひとりひとりに、所領（知行地）の貫高と所在を示す郷村名を列記している。それは、知行役（普請役）などの賦課状況を記したもので、給人の知行役（普請役）・軍役などの諸役賦課の基準とするために作成された。給人の諸役賦課基準であるため、北条氏支配の郷村全てが対象とされたわけではなく、北条氏の直轄地などは記載されていない。つまり、戦国時代の郷村が網羅的に記されているわけではない。ただし、現在のところ、戦国時代の史料に現れた渋谷区内の地名は、「役帳」が唯一である。そこで、「役帳」から渋谷区内の様相をみてみたい。

「役帳」には、遠山藤六[56]が幡ヶ谷で一一貫文、島津孫四郎[57]が千駄ヶ谷で八貫六四〇文、太田新次郎[58]が原宿で一一貫七〇〇文、太田新六郎[59]の知行が下渋谷興津分として六貫五〇〇文と記されている。いずれも江戸衆の人々の知行である。

遠山藤六[60]は、この前に記された遠山丹波守綱景の一族である。遠山綱景は、江戸衆の筆頭に記されており、江戸城の有力な武将である。藤六の知行地は、相模国西郡菖蒲柳川（秦野市菖蒲・柳川）で六二貫二八六文と、江戸の鷺沼（比定地不明）一三貫文および幡ヶ谷一一貫文である。このうち幡ヶ谷が渋谷区幡ヶ谷・本町・笹塚に比定されている。鷺沼と幡ヶ谷は、今回、改めて知行役を申し付けられるとあるので、以前から所領としていたものの、知行役は課されていなかったと考えられる。

島津孫四郎は、千駄ヶ谷（渋谷区千駄ヶ谷・新宿区霞岳町《かすみがおかまち》・信濃町・大京町の南部地域）八貫六四〇文など、合計五三三貫一三二文を知行している。孫四郎の知行地は、西郡桑原郷（小田原市桑原）・北品川（品川区北品川あたり）・千駄ヶ谷・小石川（文京区小石川・大塚）・飯倉（港区麻布台一帯）・金曽木（文京区春日西部・水道東部あたり）・中之部（品川区中延諸町）・前島森木（不明）・六郷ノ内鵜之木（大田区鵜ノ木中・南部、南久ケ原、下丸子北部）・永福寺（杉並区永福一帯）・豊島内（北区豊島）・尾久（荒川区東・西尾久）・葛西東一之江（江戸川区一之江）などにある。本領の相模国西郡桑原郷を除くと、ほとんど江戸城周辺に集中している。本領以外は、江戸衆へ編成された際に与えられたと推定されており、千駄ヶ谷も同時に給されたと考えられる。孫四郎は、のちに主水正と称し、江戸衆の寄親のひとりであった。天正四（一五七六）年・同五年の江戸城普請の際には、責任者のひとりとなっている。孫四郎のこうした動向によって考えると、島津氏は北条氏の滅亡まで永禄二年段階の所領を知行していたと想定される。千駄ヶ谷八貫六四〇文は、一貫して島津氏の給地であったろう。

太田新次郎は、江戸衆の島津孫四郎の寄子と捉えられ、江戸原宿（渋谷区神宮前一〜四丁目、千駄ヶ谷二〜三丁目の一分）一一貫七〇〇文と、川越鴨田（川越市鴨田）八貫五〇〇文・江戸桜田（千代田区皇居外苑〈内桜田〉・霞ヶ関〈外桜田〉あたり）の池分（もと池氏が所領とした分が地名化した地域）二貫三〇〇文を知行している。「役帳」に記された中で、一筆目あるいは最も多い貫高の知行地に居住していた可能性が指摘されているので[61]、太田新次郎は原宿に居住していた可能性がある。戦国期の渋谷区居住者としては唯一の名前となろう。

太田新六郎康資は、合計一四一九貫九〇〇文（記載通り）を知行する大身である。このうち、下渋谷（渋谷区渋谷・東・広尾・恵比寿・代官山町・猿楽町・鉢山町・鶯谷町あたり）を寄子の興津氏に与えている。太田新六郎は、実名を康資といい、道灌の曾孫にあたる。大永四（一五二四）年正月の北条氏綱による江戸城攻略の最大の功労者である。康資の所領は、大きく江戸・稲毛・小机・葛西の四地域に分けられる。このうち江戸・稲毛・小机三地域は、江戸城攻略の最大の功労者として北条氏より安堵されたもので、大永四年の北条氏服属以前から領有していたと捉えられている。したがって、下渋谷も、扇谷上杉氏が江戸を領国としていた時代以来の知行地であったと考えられる。太田康資は、北条氏に所領・軍事力をほぼそのまま安堵され、江戸城の寄親であり、一手役（大将となるもの）の構成者とされて、軍事面において重要な役割をはたした。ただし、富永氏と同様に、北条氏家臣として政治的に活躍したことはなかった。その一方で、北条氏当主と二代にわたって婚姻関係を結ぶなど、北条氏家臣としては特異な存在であり、主体性を大きく残存させていた。こうした地位・立場にあった康資は、永禄六年末、北条氏への謀叛を画策する。ところが、謀叛は露顕し、康資は岩付城（さいたま市）の太田資正のもとへ逃れた。太田康資の出奔によって、江戸地域の所領構成は大きく変わった。しかし、具体的にどのように変わったのかを示す史料がない。下渋谷六貫五〇〇文の地が、以後どのような変遷をたどるのかは、現在のところ不明である。

康資の寄子は、康資から給地を与えられているほかに、北条氏から知行地を安堵されて康資の同心となっている者もいる。下渋谷に知行を給された興津氏は、康資から与えられた給地のみの寄子である。興津氏については不明ながら、江戸落合を本拠としていたと考えられる興津加賀守の一族かもしれない。太田康資寄子の興津氏が、康資の江戸出奔に際して、どのような行動をとったのかは定かでない。

先述したように、「役帳」は当時の郷村を網羅していない。したがって、記載されていない郷村が想定される。そこで、慶安二（一六四九）年から同三年にかけて江戸幕府が作成した武蔵国の郷帳である「武蔵田園簿」[62]と比較し、「役帳」に記載されていない郷村を推定したい[63]。

「武蔵田園簿」に記載された渋谷区域の村は、隠田九三石七斗五升、渋谷六八八石六斗、千駄萱（千駄ヶ谷）四〇四石四斗一升三合、畑ヶ谷（幡ヶ谷）一〇〇石、原宿二六二石一斗六升四合、代々木二〇〇石である。「役帳」の下渋谷は、「武蔵田園簿」の渋谷に含まれると考えられるので、「役帳」に見られず、「武蔵田園簿」に記載されているのは、隠田と代々木である。これらは、『渋谷区史』がすでに指摘しているように、北条氏の直轄領であったのであろう。

そして、これは単純な比較は厳に慎まなければならないものの、千駄ヶ谷の島津孫四郎の知行高八貫六四〇文と村高四〇四石四斗一升三合を比較すると、千駄ヶ谷が島津孫四郎の一円知行地であったとは考え難い。相給であり、他の知行主が記されていないことからすると、北条氏直轄領との相給であった可能性が高い。太田新次郎の原宿、太田康資の渋谷も、同様に、北条氏直轄領と相給であったと推測される。そのなかで、遠山藤六の幡ヶ谷は一給であった可能性があろう。

このように、戦国期の渋谷は、北条氏直轄領と、遠山藤六・島津孫四郎・太田新次郎・太田康資の所領が入り交じっていたのである。

おわりに

以上、古代の渋谷が荏原郡木田郷に属し、鎌倉時代から戦国時代初めまでの武蔵国渋谷の領主は、重国系渋谷氏ではなく、江戸氏系渋谷氏であったことを述べ、戦国時代の様相の一端を示した。その中で、渋谷在住者を若干紹介した。

最後に、今回検討できなかった今後の課題に触れておきたい。

地名としては、谷盛荘についての検討がある。谷盛荘の紹介は行われているものの、事例が近世の史料であるためか、その検証は行なわれていない。荘園として成立したならば、平安期と考えられる。古代末期の状況として考察する必要があろう。

もう一つは、渋谷に伝わる伝説の検討である。特に、渋谷金王丸に関する伝説である。金王丸と渋谷氏、金王丸と土佐房昌俊(64)、これらが結びついた背景や、金王丸伝承の本質を考察し、その意義を考える必要があろう。その際、東京都渋谷区のほか、神奈川県綾瀬市・長野県上田市・新潟県新発田市・三重県鈴鹿方面に金王丸伝承が残っているので、その点を考慮することが求められよう。

註

（1）『渋谷区史　全』（渋谷区役所、昭和二七年）。
（2）『新修渋谷区史　上巻』（東京都渋谷区、昭和四一年、竹内秀雄執筆分）。
（3）『豊島区史　通史編　一』（豊島区史編纂委員会編、東京都豊島区、昭和五六年、矢野健一執筆分）。

(4)『北区史　通史編　原始古代』（北区史編纂調査会編、東京都北区、平成八年、段木一行・中島広顕・黒済和彦執筆分）。
(5)『板橋区史　通史編　上巻』（板橋区史編さん調査会編、板橋区、平成一〇年、古谷紋子執筆分）。
(6)阿部征寛「相模国武士団の成立と展開―渋谷氏を中心として―」（『三浦古文化』第一七号、昭和五〇年）。
(7)福島金治「相模国渋谷荘と渋谷定心置文」（『綾瀬市史研究』創刊号、平成六年）。
(8)『綾瀬市史　6　通史編　中世・近世』（綾瀬市、平成一一年、福島金治執筆分）。
(9)本稿では、佐脇栄智校注『小田原衆所領役帳』（東京堂出版、平成一〇年）を利用した。
(10)本稿では、名古屋市立博物館所蔵本を抄出している『板橋区史　資料編2　古代・中世』（板橋区史編さん調査会編、板橋区、平成六年、第一編第一章22号）を利用した。
(11)『新修渋谷区史　上巻』一七〇頁・一五一頁。
(12)『板橋区史』（東京都板橋区編・刊、平成二九年、平野実執筆分）は、豊島郡と荏原郡は江戸川で接するので、小石川と牛込との間の谷が境界であったとする。そして、桜田方面から麻布・渋谷方面までを豊島郡とするのは、小田原北条氏の江戸支配に起因すると指摘している（八九～九〇頁）。菊池山哉「五百年前の東京」（『東国の歴史と史跡』東京史談会、昭和四二年、初出昭和三一年）は、江戸城を豊島郡とし始めたのが南北朝頃で、それ以前はないとし、平川が荏原・豊島両郡の境であり、江戸は桜田郷内であったことは動かないとしている。そして、江戸のうちの牛込を荏原郡とする史料を提示している（五二七～五二九頁）。『千代田区史　上』（千代田区役所編・刊、昭和三五年、杉山博執筆分）は、豊島・荏原両郡の境界を、江戸川（平川）とし、小石川と牛込との間の谷（神田上水）とするのが、最も自然であり、その場合、江戸は当然荏原郡に属していたとする。また、それが南北朝期以後の文献には、豊嶋郡江戸郷と見えるようになったと指摘している（一九〇頁）。
(13)吉田東伍『大日本地名辞書』（冨山房、明治三六年、増補版昭和四五年）。
(14)『東京都の地名　日本歴史地名大系13』（平凡社、平成一四年）「荒墓郷」の項。
(15)『板橋区史』八八頁。また、『豊島区史　通史編　一』（九一頁）・『練馬区史　歴史編』（練馬区史編さん協議会編、東京都練馬区、昭和五七年、一六〇頁）も神田駿河台辺りとしている。
(16)『荒川区史』（東京市荒川区役所編・刊、昭和一一年、二八頁）・『板橋区史』（八八頁）・『豊島区史　通史編　一』（九一頁）・『練馬区史　歴史編』（一六〇頁）。

(17) 沢田久雄編『日本地名大辞典　第一巻』(日本書房、昭和一二年、復刻日本図書センター、平成八年)「荒墓郷」の項。ただし、同書はこの説に否定的で、吉田東伍『大日本地名辞書』と同様、中野区野方から練馬区石神井にかけての辺りに比定している。
(18) 『荒川区史』(昭和一一年) 二八頁。
(19) 「武蔵志料」。『角川地名大辞典13　東京都』(角川書店、昭和五四年、「余戸郷」の項)・『東京都の地名』(「余戸郷」の項) は、比定地を明示せず、この説を紹介している。
(20) 『角川地名大辞典40　福岡県』(角川書店刊、昭和六三年)「博多」の項。
(21) 『新訂増補国史大系　続日本紀　後篇』(吉川弘文館) 四六〇頁。
(22) 『豊島区史　通史編　一』九二頁参照。
(23) 『板橋区史』八八頁。
(24) 『日本歴史大事典　1』(小学館、平成一二年)「余戸」の項 (杉本一樹執筆)。
(25) 中村太一「武蔵国豊島郡における古代駅路の歴史地理学的考察」(『北区史研究』第一号、平成四年)。
(26) 『東京都の地名』「満田郷」「荏原郷」の項。
(27) 『新修渋谷区史　上巻』一五一頁。なお、『東京都の地名』は吉田東伍『大日本地名辞書』の説を依拠ありとはいえないと否定し (「木田郷」の項)、『目黒区史』(東京都立大学学術研究会編、東京都目黒区、昭和三六年、田名網宏執筆分) は、木田郷を渋谷の辺りと推定している (九七頁)。
(28) 『東京都の地名』「駅家郷」の項。
(29) 『板橋区史』八九頁。
(30) 『千代田区史』一八九頁。
(31) 『北区史　資料編　古代中世1』(北区史編纂調査会編、東京都北区、平成六年) 一六号。
(32) 杉山博・萩原龍夫編『新編　武州古文書　下』(角川書店、昭和五三年) 九五頁。
(33) 本稿では、佐竹昭広ほか校注『萬葉集　四』(新日本古典文学大系4、岩波書店、平成一五年) を利用し、その訓み下し分および現代語訳を示す。なお、訓み下し分の作者名に付けられた振り仮名は削除して提示する。掲出史料は、四四一五・四四一六・四四一八号 (『国歌大観』の歌番号) の歌である。

(34)『豊島区史　通史編　一』九三頁。
(35)井上光貞ほか校注『律令』(日本思想大系3、岩波書店、昭和五一年)一九五頁。「令義解」(『新訂増補国史大系　令義解』吉川弘文館)は、軍団一〇〇〇人以上は二人とする(一八五頁)。
(36)『律令』三三二頁。
(37)狩野久「部民制・国造制」(『岩波講座　日本通史　第2巻　古代1』岩波書店、平成五年)参照。
(38)『豊島区史　通史編　一』九三頁。
(39)杉山博「相模国高座郡渋谷庄について」(『史苑』第二五巻第三号、昭和四〇年)。
(40)渋谷氏に関する諸種の系図については、『新修渋谷区史　上巻』『綾瀬市史　1　資料編　古代・中世』(綾瀬市編・刊、平成三年)『座間市史　1　原始・古代・中世資料編』(座間市編・刊、平成一三年)などに翻刻されている。
(41)入来文書は、渋谷重国の子孫が伝えた文書である。朝河貫一によって英文訳で刊行され、その後増補・翻刻されたものが、朝河貫一原著・朝河貫一著書刊行委員会編『入来文書新訂』(日本学術振興会、昭和四二年)として刊行されている。そこには、重国後裔の宗家である入来院家のほか、庶家・家臣の文書が翻刻されている。また、相模国渋谷荘が所在した地域の自治体史である『綾瀬市史　1　資料編　古代・中世』『座間市史　1　原始・古代・中世資料編』にも収録されており、本稿では自治体史に拠った。
(42)『新訂増補国史大系　吾妻鏡　第二(前篇下)』(吉川弘文館)六八七～六九二頁。
(43)『新訂増補国史大系　吾妻鏡　第一(前篇上)』一五四頁。
(44)『新修渋谷区史　上巻』は、けんち三ねん(建治三年)一〇月廿一日付けてらをのいや四郎(寺尾重通)宛渋谷定心置文(入来院文書)に、与一重員が豊島に居るとの記述によって、武蔵国に渋谷氏が居たとしている(二二六～二二七頁)。ただし、これは豊島氏の下に寄留していたか、少なくとも豊島郡域に寄留していた可能性が高い。いずれにしても、荏原郡ではないので、武蔵国渋谷とは関連がない。
(45)今野慶信「豊島氏の成立」(峰岸純夫ほか編『豊島氏とその時代—東京の中世を考える—』新人物往来社、平成一〇年)。
(46)岡見正雄校注『義経記』(日本古典文学大系、岩波書店、昭和三四年)一三二頁。
(47)『北区史　資料編　古代中世2』(北区史編纂調査会編、東京都北区、平成七年)二九二頁・二九四頁。
(48)『北区史　通史編　中世』(北区史編纂調査会編、東京都北区、平成八年、渡辺智裕執筆分)。

(49)『新訂増補国史大系　吾妻鏡　第三（後篇上）』四一一～四一二頁。
(50)『新訂増補国史大系　吾妻鏡　第三（後篇下）』六〇九～六一五頁。
(51)永島福太郎・小田基彦校訂『熊野那智大社文書　第二』（史料纂集〔古文書編〕①、続群書類従完成会、昭和四六年）一七五号。
(52)佐脇栄智「武蔵国太田渋子郷雑考」（『日本歴史』第五〇五号、平成二年）参照。
(53)地名比定は、『北区史　通史編　中世』（西岡芳文執筆分）を参照した。
(54)『小田原衆所領役帳』五五頁。
(55)門馬義芳「江戸蒲田氏の研究」（萩原龍夫編『江戸氏の研究』関東武士研究叢書第一巻、名著出版、昭和五二年）参照。
(56)『小田原衆所領役帳』六一頁。
(57)同右、七八頁。
(58)同右、八〇頁。
(59)同右、八九頁。
(60)以下、北条氏家臣の事蹟については、戦国人名辞典編集委員会編『戦国人名辞典』（吉川弘文館、平成一八年）に拠る。
(61)伊礼正雄「『小田原衆所領役帳』研究への提言」（後北条氏研究会編『関東戦国史の研究』名著出版、昭和五一年。のち佐脇栄智編『後北条氏の研究』戦国大名論集8、吉川弘文館、昭和五八年に再録）。
(62)北島正元校訂『武蔵田園簿』（日本史料選書15、近藤出版社、昭和五二年）に拠る。
(63)もちろん、単純に比較が可能だというわけではない。永禄二年から慶安二年までの間の開発などの状況が不明なため、厳密には比較できない。しかし、概要を把握することは可能と捉えている。
(64)前掲福島金治論文は、土佐房昌俊が「延慶本平家物語」に大和国人と見えることによって、渋谷氏ではなかろうと指摘している（註16）。

第四章　谷間の村と町の風景

根岸　茂夫

はじめに

渋谷の駅に降り立つと、周囲を取り囲んでいる高層ビルや頭上の高速道路に圧倒される。ただ圧倒されて近づきがたいというより、建物の上から渋谷の風景をみたいと思う人は多いはずである。現在の人々は、ビルや道路の上から渋谷の風景を鳥瞰することに慣れており、渋谷の地形から、かつてこの地に住み着いたり、開発を重ねながら現在の基礎を築いた先人たちの感覚を追体験するような発想をもつ人は少ない。一方、渋谷を歩いて坂が多いと感じる人は多いだろう。そのような坂や地形の高低を身体で感じ取り、地を歩く人間の目線で渋谷の街を見ながら、眼の前の建物や駅、歩道橋や高速道路を取払ってみよう。そこから浮かんでくる渋谷のなだらかな大きな谷間が、これから述べていく江戸時代を中心とした渋谷の地形である。もちろん現在の地形は、現代にブルドーザーで削り取られたり盛り土されたりしており、江戸時代のそれとは異なるが、大きな地形はそれほど変わっていない。以下、この地形をキャンバスに渋谷の江戸時代の風景をデッサンしてみたい。

第一節　谷戸のむら

東京には「谷」のつく地名が多い。市ヶ谷・四谷・千駄ヶ谷・幡ヶ谷・碑文谷・下谷などがあり、その一つで都内では最も大きな谷間が渋谷である。このような地名はみな「谷」をヤと呼ぶ。そのほかにも関東には、谷戸・谷津など「谷」がつく地名が多く散在する。よく地名の研究では、「谷」を関東ではヤと呼び、関西ではタニと呼ぶといわれているが、東京の周辺では確かにそのようである。谷・谷戸・谷津などと呼ばれる土地は、丘陵の谷間や丘陵と台地の境、あるいは小河川が台地に谷間を刻み「ハケ」と呼ばれた崖の下にある狭い沖積地などであり、台地や丘陵の中に樹枝状に、すなわち樹の枝のように入り込み複雑な起伏がある浅い谷間に立地していた。このような場所は谷戸・谷津・谷地などと呼ばれ、丘陵と台地の縁辺やハケからは湧き水が流れ出、低い場所は湿地となり、その中央には谷頭からの水や湧き水が集まって小さな流れができているという地形であった。図４−１の黒い部分が樹枝状の谷間であるが、ここからわかるように、渋谷は東京においてもっとも大きな谷間であり、そこを渋谷川が流れている。

　このような地は「谷戸」「谷津」などとよばれ、中世以来の集落が点在していた。中世以来、人々はこのような地を水田として開発した。谷戸では湧き水や谷頭に溜池を築造したり、河川に堰をこしらえて簡

図４－１　渋谷周辺の地形
出典：25000分の１地形図より作成。

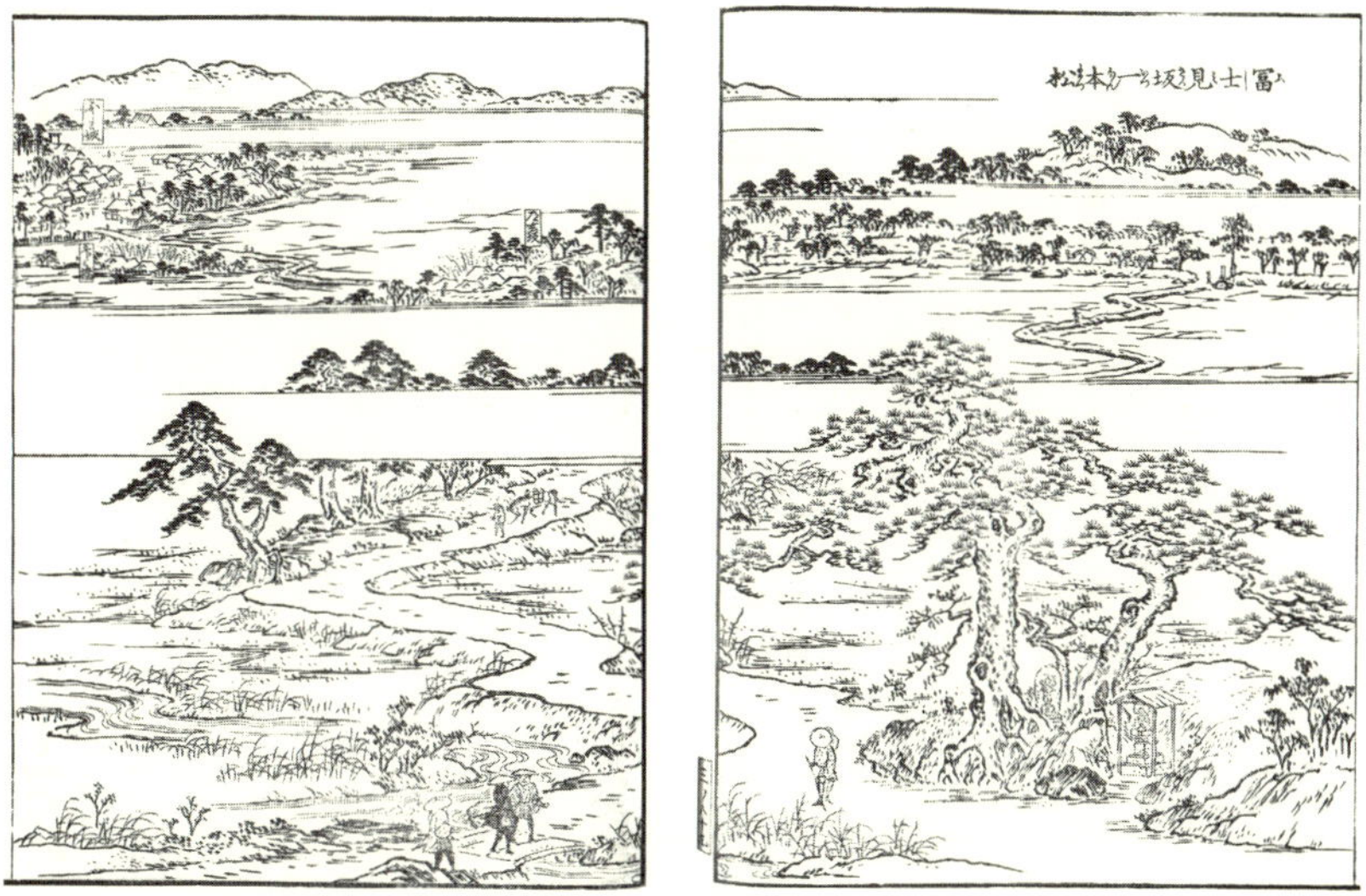

図４－２　『江戸名所図会』八冊　富士見坂一本松の図

単な用水を引き、比較的小規模な労働力で容易に湿田をつくることができたという。このような谷戸は、中世には代表的な耕地景観を形成した場所であり、一人の土豪が一族や下人などを動員する程度で、簡単に開発・耕作ができる土地であった。人々は、丘陵の下の微高地や台地の上に屋敷を構え、また畑を耕し、耕地や集落の背後には山林や原野が続き、そこから燃料・肥料・飼料・農具や建築の資材、あるいは食料も採集していたのである。このような地域は中世末期において、最も農業生産が安定した地域だったのである。

一般に、農業生産力が高いのは大河川流域の沖積平地に位置する現在の穀倉地帯と思われている。しかし、こうした地域は乱流する河川と後背の湿地帯であり、この地が穀倉地帯となるのは近世大名や幕府の強大な権力と厖大な労働力により、干拓と新田開発を推進して以後のことなのである。

近世以前の渋谷における谷戸の風景を想像してみよう。まず現在の渋谷の地形から高層ビルや駅・高速道路・歩道橋などの構築物を取り払った地形を頭の中に描き、明治通り周辺の低地を田畑や草地とみて、谷間の低地を渋谷川が細くゆっくりと流れ、ビルが林立している谷間の斜面には畑や屋敷、さらにそ

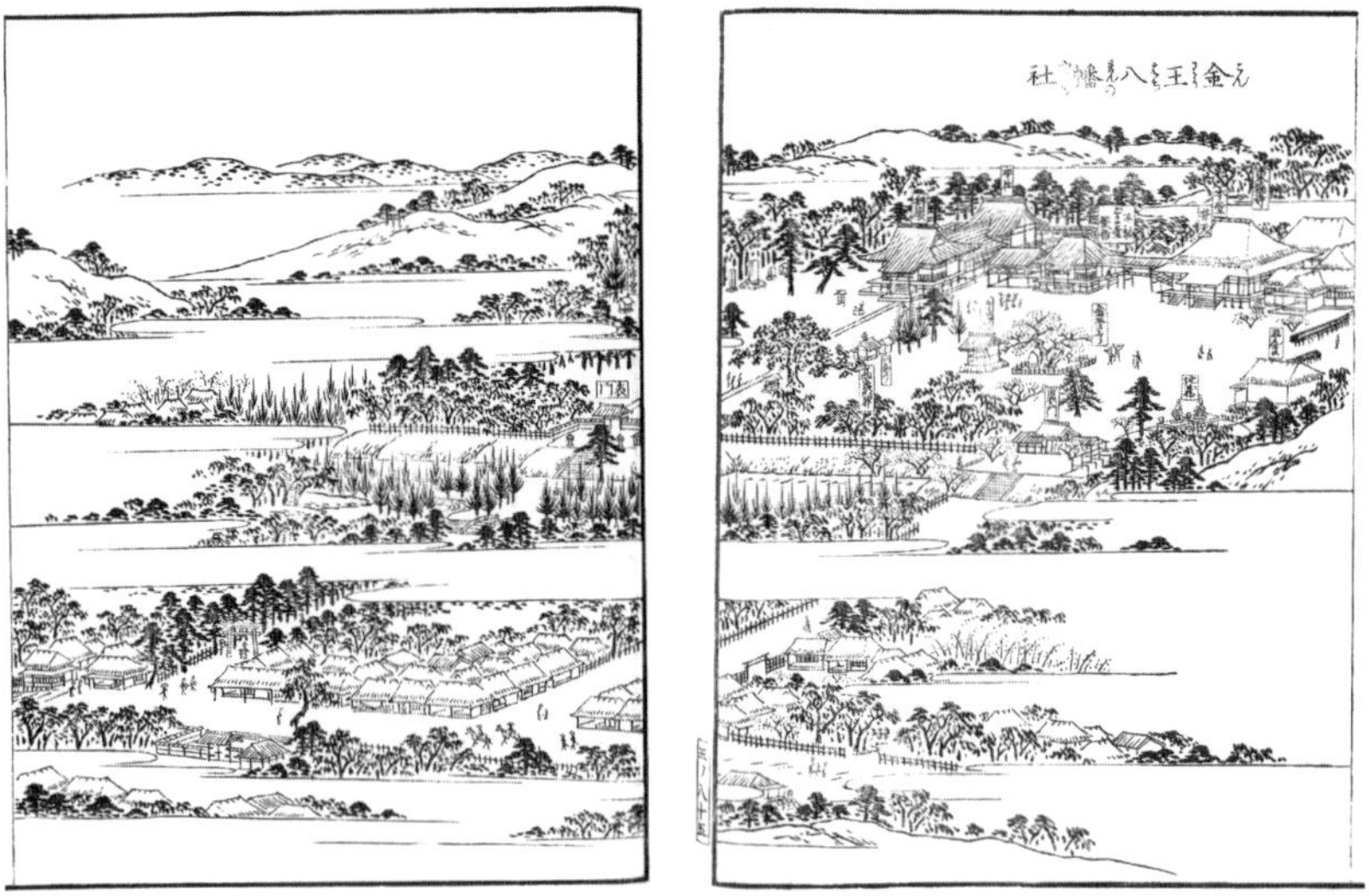

図4－3　『江戸名所図会』八冊　金王八幡社図

の上の丘に雑木林があったさまを想像できるだろうか。江戸時代後期のものではあるが、『江戸名所図会』富士見坂一本松の図4−2を眺めると、納得できるかもしれない。道玄坂よりも西から東を遠望した図であり、左上の街道沿いの家並みが宮益坂で、道が下がったところに渋谷川を越える橋が小さく見え、その手前の斜面に道玄坂の家並みが見える。渋谷川は明確には描かれていないが、谷間の下に広がる低地が現在の明治通りの辺りで、渋谷から広尾に続く丘陵が遠く山のように描かれている。もちろん宮益坂や道玄坂の家並みは、近世中期以降の景観であり、近世初期以前にはこのような街村状の風景はなかった。

ところで、金王八幡宮は源義朝の寵臣渋谷金王丸の館跡とも伝えられるが、以上のような風景に中世の武士や土豪の館を描き込んでみよう。現在の明治通り辺りの谷間を田として、斜面には畑や村人の家、雑木林があり、斜面の中腹に土塁に囲まれた武士の館があるような風景が浮かんでこないだろうか。ちなみに渋谷駅の西南、現在渋谷警察署が建っている辺りを「堀ノ内」と呼んだ。一般に堀に囲まれた集落や、土豪の館とその家来の集落が堀に囲まれているという景観を示す地形であるが、近世以前から名づけられた地名が多く、おそらく中世末期までには「堀ノ内」の辺りに集落が形成され、堀がめぐらされていたのだろう。

そのような堀は集落を護るというより、水田を灌漑する用水路としての性格が強かったといわれる。谷間の湧き水や池を水源とした小流を集めた用水が、水田を灌漑していたはずであり，そのような形跡は、渋谷の谷間に湧き水や池の伝説が多いことからも窺える。近世後期に江戸幕府が編纂した武蔵国の地誌『新編武蔵風土記稿』[1]には、中渋谷村に「金王丸駒冷池跡」があり、

村の中程にて少しく窪みたる所あり、今は村民宅地の内なり、又外に一の池跡あり、玉池と呼ふ、古用水を湛へし跡なりといふ、

と記され、「金王丸駒冷池跡」が村人の宅地の中に少し窪んで残り、またかつて用水源として水を湛えた「玉池」という溜池があったことが記されている。同書には堀ノ内にも「甘露水」という泉があったという伝承を次のように伝えている。

此所の民十郎衛門が地に甘露水と唱ふる泉あり、是も砂子に云、天慶年中六か王経基此地に旅宿ありし時此水を捧ぐ、其味美なること甘露の如しと賞し給ひしよりの名と記せり、土人は伝へず、

平将門の乱のころ天慶年中（九三八～九四七）に、清和源氏の祖源経基がこの地に宿泊して飲んで「甘露水」と名付けられたと『江戸砂子』という地誌に記されているが、その伝承は土地の人は知らないというのである。ほかにも、神泉の由来を次のように記している。

神泉ヶ谷　村の西にあり、爰に涌泉あり、是も砂子に昔享鉢仙人此谷にて不老不死の薬を練たる霊水なるゆへ斯名しと云、

神泉も、『江戸砂子』によれば、享鉢仙人が不老不死の霊薬をつくった泉だというのである。いずれにせよ湧き水が多かった事情を物語るものであろう。このような湧き水やそれを溜めた溜池が灌漑に使用され、谷間の水田にそそがれた

のである。

渋谷の両側の斜面には、細い谷間が幾筋もあり、谷間の上には溜池が設けられ、そこから注ぎ出る用水が細い谷間の小さな水田を灌漑しながら下っているという風景が、多くみられたであろう。

日本最古の農書といわれる『清良記』には、中世の小領主の屋敷と農業経営を次のように想定している。(2) 彼らの館は山を背負った谷間の中腹にあって、その下に家来が居住した集落があった。谷間の低地を水田として家来たちを使って耕作し、谷の上の方に湧き水などを集めて溜池を築き水源として田に灌漑した。背後の山から燃料としての薪や柴、農具の材料として材木、また下草を刈って肥料、食料としての山菜などを採取していた。『清良記』は一七世紀中期に四国の伊予（愛媛県）で土居清良という戦国期の小大名の伝記として編纂されたものであるが、ここに描かれた風景は渋谷の近世以前の風景を髣髴させてくれないだろうか。もちろん渋谷だけでなく、市ヶ谷・四谷・千駄ヶ谷・幡ヶ谷なども中世から同じような風景だったのだろう。

ただし、小さな溜池では、細い谷間は灌漑するものの、渋谷川に沿った大きな谷間、現在の明治通り周辺の低地にあった水田を灌漑するほどの水量は、確保できなかったであろう。そのためたえず水不足に悩まされたようであり、後述するように、江戸時代にも下豊沢村の氷川社（國學院大學の西に鎮座する現、氷川神社）ではしばしば五・六月ころに雨乞いの護摩供が執行されていたのである。

なお、渋谷川の西側では、寛文四年に玉川上水を分水した三田用水が丘陵の馬の背を南に流れて三田の上水となったため、これを分水して山の上から谷沿いの水田を灌漑した。これにより溜池が不要となった個所もあったが、灌漑に十分な水量は得られなかったようであり、旱害の時などしばしば配水をめぐる紛争も起きたようである。

第二節　徳川氏の関東入国と渋谷

関東において、中世社会から近世社会に移行した画期は天正一八（一五九〇）年とされている。戦国時代に関東を支配した小田原北条氏が滅び、徳川家康が江戸に入城し、後の江戸幕府の基盤を築きはじめる年である。しかし、支配者が交替したことが時代の移行ということではない。社会が大きく変わり、人々の身分構造や生活、生産構造も変化したからこそ、支配の方式も変化したのである。だから支配者の交替に伴って支配の方式も変わったにすぎない。ここでその変化を論じている紙幅はないが、とりあえず渋谷の村々の住民が百姓として確定され、以後地域が戦争に巻き込まれることはなくなった事実のみを指摘しておきたい。

とはいえ、支配者である武士はまだ戦争状態のさなかにあった。以後も東北の騒乱、朝鮮侵略の出兵、関ヶ原の戦い、大坂冬夏両陣と臨戦態勢は続いたのである。そのような事情は徳川氏にとっても例外ではなかった。それどころか家康はその渦の中心に位置していたのであり、江戸城に入った徳川氏は当然江戸を中心とした臨戦態勢を作り上げたのである。それは近郊農村となった渋谷にも大きな影響を与えた。

家康の部将に青山忠成・内藤清成がおり、入国後に関東総奉行、さらに江戸町奉行に任命されたというが、このうち青山の事蹟が、江戸幕府が編纂した大名旗本の系図集『寛政重修諸家譜』に、次のように記されている。(3)

城西に放鷹のとき、赤坂の上より西原野村にいたり、御目のをよぶかぎりの宅地にたまふべき旨おほせをかうぶる、忠成すなはち馬をはせて巡視し、木に紙を結びて境界の標とす、赤坂の麓より渋谷の西川にいたるこの地は、もと原宿といふ、これよりのち青山宿とよぶ、

家康が江戸城の西に鷹狩りに出かけた時、青山忠成に見渡す限りの土地を屋敷地として与えるといい、忠成は馬を

駆せて境界の木に印をつけて屋敷地とした。この地は原宿の一部であったが、のち青山と呼ぶようになったというのである。現在の青山の地名の由来である。じつはもう一人の関東総奉行内藤清成にも同様の伝承がある。内藤清成が賜った屋敷地は現在の新宿御苑に当り、かつて新宿が内藤新宿と呼ばれた所以でもある。

青山と内藤新宿にはこの伝承のほかにも大きな共通点がある。それは、青山を江戸から相模に抜ける矢倉沢道（大山道、現青山通りから玉川通り）が通り、内藤新宿は同様に甲州街道が通っていることである。矢倉沢道は、宮益坂・道玄坂から世田谷区三軒茶屋を抜け、相模国へ通ずる道で、中世には矢倉街道と称しており、近世には矢倉沢往還・大山道・厚木道・矢倉沢道などとも呼ばれていた幹線であった。徳川氏の関東入国当時、まだのちの東海道は開通しておらず、西への幹線道路は矢倉沢道・甲州街道の二本であり、いずれの屋敷地も街道を扼する軍事上の要衝であった。青山の広大な屋敷地は、渋谷川の谷を天然の濠とし、西側の傾斜を天然の土塁とした出城的な機能、出撃基地と防御陣地を兼ねる江戸城の防衛線だったのである。

なお、内藤氏は代々家が続いたため、新宿御苑は幕末まで内藤家の屋敷として存続したが、青山氏は忠成の子忠俊の代に改易され屋敷が没収されたため、のちに家は再興され幕末には丹波篠山五万石の大名として残ったものの、青山に屋敷はなく地名のみが残ることになった。

いずれにせよ、江戸の近郊である渋谷の特徴は、農村でありながら武家地が出来てくるようになったことである。

徳川氏の関東入国とともに、青山と内藤新宿を結ぶ穏田村・原宿村は、伊賀者の大縄知行となった。大縄知行とは、小禄の家臣に一人ずつではなく数十名の組全体として知行地を与える方法である。伊賀者は忍者として著名であるが、初期の徳川氏は甲賀者・根来者などと同様に彼らを鉄砲隊として編成していた。そのほか渋谷・代々木・幡ヶ谷・千駄ヶ谷などは、徳川氏の蔵入地およびのちに旗本となる家臣の知行地となっていた(4)。

第三節　台地の開発と武家地の進出

谷戸は谷間の低地が湿地で、小人数の労働力で水田を開発することが可能であり、簡単に耕作はしやすいものの、生産力は低く灌漑も溜池や湧き水に頼っていたため日照りになると水不足になり、反対に大雨が降るとすぐに冠水するという、旱損・水損ともに受けやすい場所であった。渋谷の水田は近世には下田・下々田など生産力の低い水田が多く、谷戸の村の特徴を示している。また近世後期であるが、下豊沢村の氷川社（現、氷川神社）では、毎年五・六月に日照りが続いたときには、三日の護摩供を執行する例となっており、(5)近世後期まで渋谷の水田は旱損に悩まされていた事情を窺わせる。

　一方、中世末期から近世にかけて、大河川流域の沖積平野の湿地帯に大規模な労働力と最新の土木技術によって新田が開発されて水田に生まれ変わり、穀倉地帯が成立するようになったが、谷戸の村は水田を拡大することはできなかった。谷戸の村は背後の台地や丘陵を畑として開発するようになり、水田中心から畑作中心の村へ転換しながら耕地を拡大したのである。反対に沖積低地

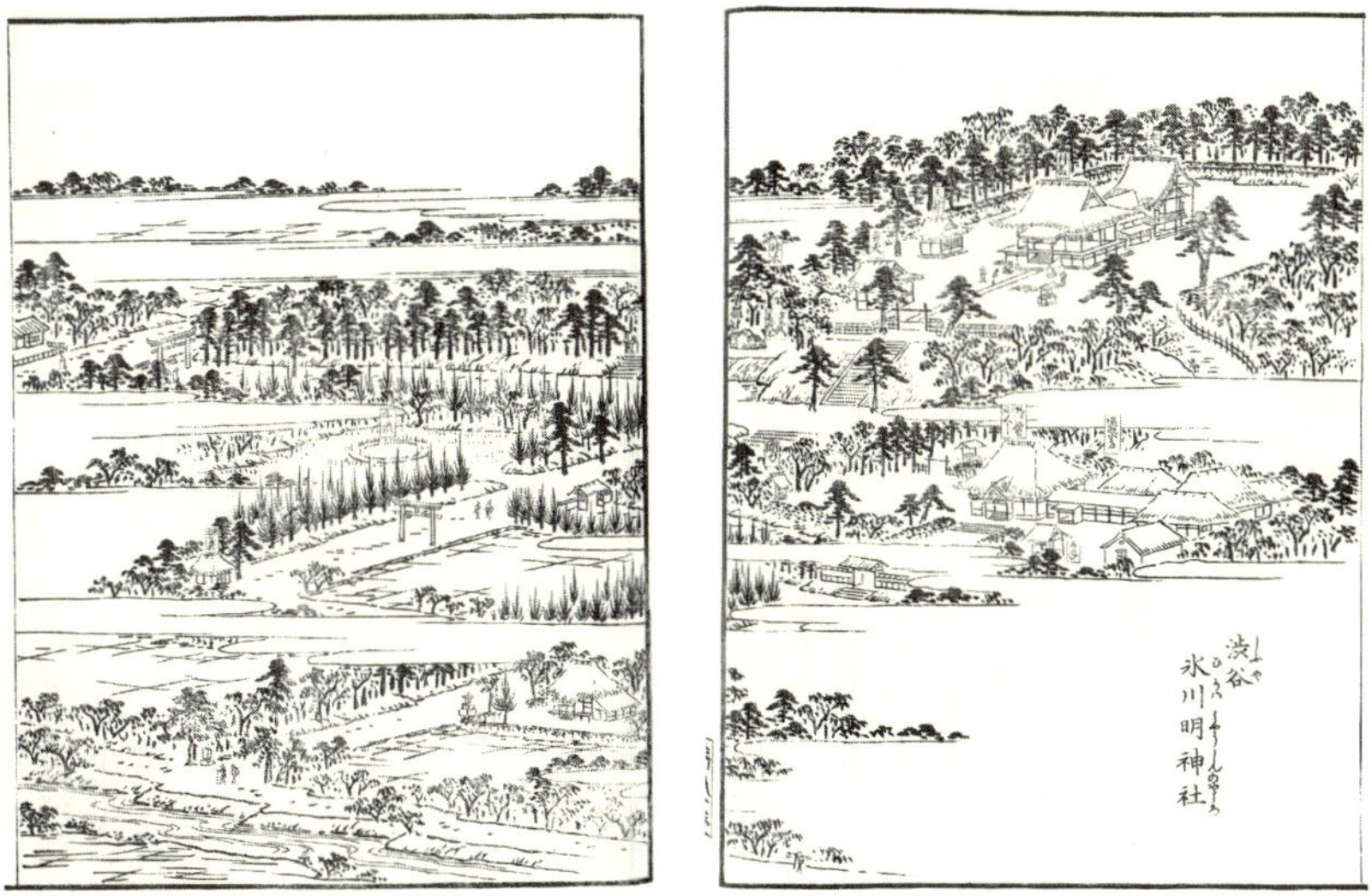

図4－4　『江戸名所図会』八冊　氷川明神社図

の村は、中世の自然堤防上の耕地を中心とした畑作の村から、近世には水田中心の村へと転換していったのである。

渋谷の村々も近世になると、畑の開発に力を入れるようになった。表4－1から近世前期の慶安二（一六四九）年ころの村々の耕地を見ていきたい。江戸幕府が武蔵国の全村高と領主を調査した『武蔵田園簿』による数値である。各村の田畑が石高で示されているので、面積は不明だが、おおむね同じ石高であれば畑が田の二倍程度の面積と考えてよさそうである。石高から各村の田畑の面積比を見ると代々木村以外は、畑の面積が田の面積を上回っていると考えられ、各村が積極的かつ大規模に畑の開発に関わっていたことが窺えよう。おそらく低地に近い斜面ではすでに畑や屋敷があり、大規模に開発されたのは台地の上の部分であったと思われる。それは、もっとも村高が大きい渋谷村の分村のあり方からも推察が可能である。

表4－1の元禄一五（一七〇二）年の村高は、江戸幕府が全国の村高を調査した『元禄郷帳』の数値であるが、五〇年前の慶安期に比べ石高の総計が一・六七倍に増加している。増加はすべて畑の開発によるものである。それよりも

表4－1　近世渋谷の村々

慶安2(1649)	村高(石)	田高(石)	畑高(石)		元禄15(1702)	天保5(1834)
渋谷村	688.6	453.445	231.155	下豊沢村	139.442	143.70867
				中豊沢村	119.956	120.217
				上豊沢村	32.381	43.7744
				上渋谷村	114.687	175.314
				中渋谷村	199.57624	234.88865
				下渋谷村	116.1996	366.9838
				渋谷宮益町	23.031	23.031
				渋谷新町	164.878	
隠田村	93.75	23.874	69.876	隠田村	97.605	94.57107
原宿村	262.164	110.604	151.56	原宿村	267.225	258.60674
畑ヶ谷村	100	62.5147	37.4853	幡谷村	181.925	264.15994
代々木村	200	158.11	41.88	代々木村	784.4727	814.5107
千駄萱村	404.423	185.324	219.089	千駄ヶ谷村	139.442	473.176
計	1748.937	993.8717	755.0453	計	2592.37154	3012.942

渋谷が六か村・二町に分れ、村数が増加し石高も総計で九一〇石余に増加していることは、畑の開発による村の大きな発展として捉えることができる。渋谷川に沿った低地を中心に北から上渋谷・中渋谷・下渋谷村の三か村が成立し、東の台地の部分に北から下豊沢・中豊沢・下豊沢村の三か村の新田が成立したのである。下渋谷村の名主野崎家の記録「極秘録」[6]によれば、下豊沢村は下渋谷村の新田であったが、元禄八（一六九五）年検地によって下豊沢村と名づけられて分村したという。ここから上豊沢は上渋谷から、中豊沢は中渋谷から分村したことが判明する。もちろんすべて畑のみの新田村である。すなわち一七世紀に広大な畑の開発が台地で行われ、それが渋谷の場合とくに規模が大きく、一七世紀末に新田であった豊沢の成立につながったことが窺えよう。なお、同じ一七世紀末に宮益町・渋谷新町（のち渋谷広尾町）も成立しているが、町場についても後述する。

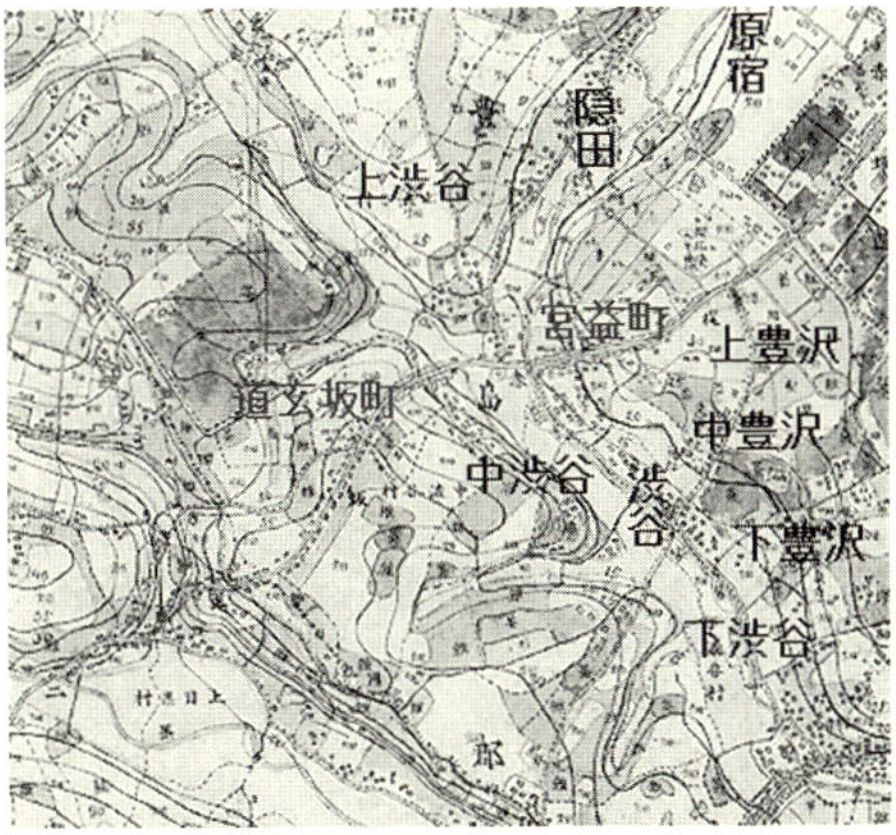

図４－５　渋谷周辺の村々
出典：明治前期測量２万分１フランス式彩色絵図「東京府武蔵国南豊島郡代々木村・荏原郡上目黒村近傍」に加筆。

ところで畑の開発とともに、江戸の地続きとして次第に江戸に取り込まれていく様相がみえてくるのも一七世紀の後半からである。それはまず、大名・旗本など武家屋敷が台地部に出現していくことから始まった。江戸が拡大するにつれ、また大名・旗本が幕府から拝領した屋敷が手狭になってくると、彼らは独自に百姓から土地を購入して屋敷を設けるようになった。百姓から購入した土地を屋敷地とするのを抱屋敷、土地のみの場合は抱地というが、台地の畑や林を購入して屋敷を構えたのであり、畑や林の中に広大な武家屋敷が出現した。ただし壮大な建物が林立したのではなく、広い敷地に林や畑も残り、建物は多くない閑散とした屋敷が多かったはずである。

表４－２　渋谷の抱屋敷

上渋谷村	井伊掃部頭	抱屋敷	19,03		千駄ヶ谷・代々木にかかる。下屋敷編入
	松平安芸守	抱屋敷	25,09	寛文６	穏田村下屋敷地続き　分家近江守抱屋敷を含む
	松平左京太夫	抱屋敷	63,15	寛文 13	下屋敷地続き
	岡部美濃守	抱屋敷	130,06	寛文 11	中川氏より譲渡
	松平日向守	抱屋敷	34,10		穏田村下屋敷抱添
	諏訪備前守	抱屋敷	47,25		上渋谷・上豊沢村入会の内　下屋敷地続
	岩瀬伊予守	抱屋敷	110,00	宝永５	赤松式部抱→文化５井上美濃守→文政５岩瀬抱
	富安九八郎	抱屋敷	575,10		文政４松平稲葉守より譲渡　上豊沢・代々木にかかる
	小川織部	抱屋敷	7.07		江戸山王社家
中渋谷村	藤掛采女	抱屋敷	178,20	寛文 11	
	横山内記	抱屋敷	130,00	承応２	
	内藤備後守	抱屋敷	510,00	元禄８	
	佐竹壱岐守	抱屋敷	143,03	元禄８	
	有馬左京	抱屋敷	132,25	明和９	
	藤山信周	抱屋敷	81,18	寛政 11	松平出羽守家来
	宝泉寺	抱地	10,20	寛政 11	
下渋谷村	堀田相模守	抱屋敷	39,26		下豊沢にかかる
	内藤紀伊守	抱屋敷	29,05		下屋敷囲入れ
	保科弾正忠	抱屋敷	28,15		下屋敷囲入れ
	高木主水正	抱屋敷	36,08		下屋敷添え
	中川内匠頭	抱屋敷	27,07		
	永井肥前守	抱屋敷	無反別		年貢地８升
	長谷川岩之丞	抱屋敷	無反別		年貢地５升
	服部真蔵	抱屋敷	無反別		年貢地２斗４升３勺
	円満寺	抱屋敷	35,11		寺は湯島
	祥雲寺	抱地	91,27		境内に囲入れ
	吸江寺	抱地	66,20		境内添え
	東北寺	抱地	133,08		境内に囲入れ
	鷲峰寺	抱地	47,15		境内に囲入れ
	宝泉寺	抱地	14418		下豊沢入会の地　境内に囲入れ
	大聖寺	抱地	17,12		境内続き　寺は下豊沢村
上豊沢村	諏訪備前守	抱屋敷	109,07	寛文５	元禄 10 下屋敷
	富安九八郎	抱屋敷	163,02	延宝３	松平左京太夫→横山兵庫など→富安
中豊沢村	佐竹壱岐守	抱屋敷	397,14		中渋谷地続き
下豊沢村	堀田相模守	抱屋敷	646,12		下渋谷にかかる
	戸沢大和守	抱屋敷	300,00		
	永井肥前守	抱屋敷	22,26	文政２	南部左衛門尉より譲渡
	岡本玄冶	抱屋敷	27,12	宝永３	
原宿村	松平駿河守	抱屋敷	3293	元文２	居屋敷続き
	松平弾正大弼	抱屋敷	2370		居屋敷続き
	松平安芸守	抱屋敷	595		分家松平近江守居屋敷　上渋谷にかかる
	伊達遠江守	抱屋敷	4000		
	水野左近将監	抱屋敷	12933		
	遠藤善七郎	抱屋敷	228	文化７	織田信濃守より譲渡
	金森彦四郎	抱屋敷	96		
	田中彦市	抱屋敷	139		
	小田卯平次	抱屋敷	138		
	伊兵衛	抱屋敷	633		町人
	慈光寺	抱地	407	天明５	境内続き抱添え

出典：『新編武蔵風土記稿』巻之十豊島郡之二、反別の単位は畝。

表4－2に見えるように、五町七反（五・七ヘクタール）などと広大な敷地が多く、二か村にまたがった屋敷も多い。年代が判明する事例では承応二年（一六五三）旗本横山内記の購入が最も早く、一七世紀後半の寛文・延宝・元禄などの年号が目につく。上渋谷村では伊予西条藩松平左京太夫家のように、下屋敷続きに抱屋敷を購入したり、近江彦根藩井伊家のように下屋敷に抱屋敷を編入したり、信濃高島藩諏訪家のように、下屋敷続きの入会地を購入するなど、下屋敷の拡大を図った事例も多く、江戸屋敷が手狭になったことが抱屋敷の購入につながっていると推測できる。

なお、抱屋敷が百姓地を買い取って成立したため、武家屋敷の周辺や屋敷と屋敷との間に畑や山林が残り、武家屋敷の傍を村人が耕作しているというような風景が見られるようになった。これも江戸近郊における都市化の象徴ともいえよう。

抱地には寺院や町人の購入が注目される。現在國学院大學の東に隣接する下渋谷村の吸江寺は、麻布桜田町にあったが宝永三（一七〇六）年下渋谷に移転したといい[7]、さらに抱地を購入して境内を拡大したのである。江戸市中の寺院が郊外に移転していく事例は、一七世紀後半以降多く見出されるが、吸江寺もそのひとつである。

以上のように、台地の中に広大な武家屋敷が出現したことは、純粋な農村ではなくなったことであり、ある意味江戸の要素が入り込みながら都市化が進んでいったことを意味している。それにより村の環境は当然のこと、村人の生活や生業にも影響を与えていくのである。

第四節　宮益町・道玄坂町・東福寺門前の形成

武家屋敷の出現と並んで、渋谷の都市化の象徴として町場の成立があった。矢倉沢道が通っていたことは前述したが、渋谷川を挟んだ坂の東西に、東に宮益町、西に道玄坂町と、町並みが次第に形成されていった。近世の矢倉沢道は、西の世田谷辺の村々から農産物などを江戸に運搬し、江戸の下肥を村々に輸送する道であり、また相模への往還にもあたり、江戸はじめ関東の人々から雨乞いの神として信仰されていた大山への参詣の道でもあった。

宮益坂の街道沿いの町並みから成立した宮益町は、古くは渋谷村のうちであったが、元禄一二（一六九九）年検地が実施され、屋敷一町九反六歩、畑四反四畝一七歩、高一三石余の地を宮益町とした。名称は、鎮守の御嶽権現に由来するといわれる。正徳三（一七一三）年には町並地として町奉行支配となった。町奉行支配となったというのは、住民が村に住む百姓ではなく、町人としての扱いを受けることである。すなわち年貢や石高に応じた負担をしなくてもよくなったのである。延享二（一七四五）年の沽券絵図には七二軒が描かれており、道の両側に軒を並べている様子がうかがえる。

宮益坂は、幅三間（五・四メートル）余、坂道は四〇間（七二メートル）ほどで現在よりよほど急だったようであり、富士見坂ともよばれ、近世後期の地誌『江戸名所図会』によれば、大山詣の人々や富士山を望む人々を相手に茶店などもあったという。

一方、道玄坂町は、幅三間余、登りおよそ四〇間の道玄坂を通る矢倉沢道の北側に沿って形成された道の片側だけの町で、形成の時期は定かではないが一七世紀末には家並みができており、元禄一二年の検地により町内反別が五反余であった。正徳三年町奉行支配となり、以前より称していた道玄坂町を町名としたという。文政一一（一八二八）年の町方書上には家数二一、うち家持一六・店借五と、宮益町に比べて小規模であった。また慶応三（一八六七）年には家数三六軒を数え、家持一〇・家主三・店借二三で、人口は一四七人、うち男七六・女七一人であった。『江戸砂子』などによれば、鎌倉初期の武将和田義盛の子孫大和田（大田和）道玄または道玄太郎が、この地に居住したのが地名の由来と伝えている。

また、宮益町の南には、金王八幡宮の別当天台宗東福寺の門前の町並みが、東福寺門前として延享三（一七四六）年町奉行支配となった。もと中豊沢村のうちで、文政一一年の町方書上によると家数一二で、うち家主一・店借一一であった。俗に金王門前といったともいう。慶応三年には家主一・店借二〇に増加しており、人口は九三人、うち男四四・女四九人であった。

道玄坂町より規模が大きかった宮益町について、もう少し検討したい。道玄坂より都市化が進んだのは、江戸により近いこともあったと考えられるが、文政一一年の町方書上では一七〇軒を数え、うち家持三九・家主一三・地借四・店借一一四であった。

近世の江戸では、家持・家主・地借・店借という四階層の住民がいた。家持は、自分の所有する土地に家屋敷を持ち、居住する町以外の土地を持っている場合には地主とも呼ばれた。地借は家持（地主）の所有する土地を借りて家を建て、店借は家持（地主）の所有する家や長屋に居住するという借家住まいであった。家主は、家守・大家などとも呼ばれ、家持（地主）から委託されて土地や家屋などやその住民を管理しながら、町の行政事務にも携わる存在だった。落語に登場する「大家さん」が家主であり、「八さん」「熊さん」は店借である。一般に住民のうち家持は上層の階層に属し、幕府は家持だけを町人と認めており、五人組を結成したのは家主たちで、店借など下層の住民は一人前に扱われてはいなかった。ただし、町が拡大し人口が増加するのは下層住民の増加が原因である。すなわち、地借・店借層が増加するほど都市化が進展していたことになる。文政年間に道玄坂町が家数二一軒のうち店借五軒に対し、宮益町が一七〇軒のうち店借一一四軒、店借率六七％という数値を比べれば、いずれが都市化が進展していたかがわかるだろう。

宮益町の場合、近世を通じての人口の構成は不明であるが、幸い幕末の人口構成を示す「宗門人別帳」が現存している。(8) 江戸の町の「宗門人別帳」は現在ほとんど残っておらず、貴重な史料であるが、以下この史料を精緻に分析された南和男氏の業績(9)によりながら、幕末における宮益町の人々の様相をみていきたい。

江戸が東京と変わる一年前の慶応三年の人別帳には、宮益町の人口は六八一人でうち男三五〇・女三三一であり、男のうち一〇四（二九・七％）、女のうち九二（二七・八％）が他所出生であった。家数は一七二軒を数え、家持三八・家主四・地借三・店借一二六、店借率七三％となっており、四〇年前より家数に大差ないものの若干店借層が増えており、人口の増減は不明であるが他地域から流入した人々がいたことを物語っている。なお、表4－3のように慶応四年の店借層が減少しているのは、戊辰戦争による江戸の混乱と、諸藩の大名屋敷など周辺の武家屋敷が戦争に巻き込まれたことと関係するのだろう。

住民の生活を彼らの職業から考えてみたい。表4－4は、慶応三年の人別帳にある戸主の肩書を一覧にしたものであるが、職業の形態が商売・渡世・職・売・稼など多様な種類に分けられている。おそらく商売とあるのは店舗を構えて営業しているものであり「渡世」は家で商品を作りながら販売している者が多いようである。「職」は職人で注文を受けて普請などに従事したり、家で製作に当ったりしているのであろう。「売」は行商が多いと思われ、「稼」は賃仕事の肉体労働であろう。このうち商売に家持層が多く、餅商売・飯商売・水菓子商売・蕎麦商売・鮨商売など往来の人や旅人相手の店が目につき、矢倉沢道沿いの賑わいを窺わせる。一方、渡世・職・売・稼は、店借層が多く、特に売・稼はすべて店借層である。青物売・肴売・花売など行商は江戸の街々や周辺の武家屋敷を売り歩いたと思われるが、風鈴や虫籠など季節の風物を売る時の物売もおり、手に職も持たず資金もない零細な人々が多かったことを物語っている。同様な職種が棒手振であり、天秤棒の両側に商品をぶら下げて売り歩いた行商である。これらの職業のうち最も多いのが日雇稼、ついで棒手振、洗濯稼で、これらはすべて店借層であり、アルバイトの土木人足である日雇稼が全体の四分

表4－3　宮益町の店借率

	総数	家持	家主	地借	店借	不明	店借率
文政 11（1828）	170	39	13	4	114	0	67.10%
慶応 3（1867）	172	38	4	3	126	1	73.30%
慶応 4（1868）	159	38	4	3	113	1	71.10%

表4－4　慶応3（1867）年宮益町の職業構成

職業	家持	家主	地借	店借	計	職業	家持	家主	地借	店借	計
古着商売				1	1	板家根職				3	3
紙商売				1	1	畳職				2	2
紺屋商売	1				1	飾職				1	1
足袋商売	2				2	桶職	1			2	3
小間物商売				3	3	傘職				2	2
下駄商売				1	1	足袋職			1		1
鉄物商売	1				1	仕立職		1			1
荒物商売	3				3	銅職				1	1
瀬戸物商売				1	1	鍛冶職	2				2
乾物商売				2	2	面鍛冶職				1	1
塩物商売	1		1	2	4	餅職				1	1
茶商売				1	1	棒職	1				1
刻煙草商売	2			1	3	綿打				1	
餅商売	1			1	2	石工	1				
飯商売	2			1	3	鳶				2	2
水菓子商売	2			1	3	髪結				3	3
蕎麦商売	1				1	針治				2	2
鮨商売				1	1	餅売				1	1
青物商売				1	1	花売				1	1
春米商売	3				3	肴売				2	2
糟商売	1				1	青物売				3	3
質物商売	2				2	時の物売				1	1
酒商売	2			1	3	人足頭取				1	1
薬種商売	1				1	車力				1	1
水油渡世				1	1	杣				1	1
材木槇渡世			1		1	棒手振				12	12
煮染渡世				1	1	日雇稼				42	42
籠細工渡世	1	1		1	3	賃仕事	1				1
塗師渡世				1	1	賃粉切				1	1
豆腐渡世				1	1	洗濯稼				7	8
湯屋				2	2		5	1			6
大工職	1	1		6	8	計	38	4	3	126	172

の一を占めているのは注目される。江戸の町や周辺の武家屋敷などの臨時の肉体労働に従事していたわけであり、このような人々が江戸の場末である渋谷に流れ込んできて借家していたのである。また洗濯稼は、和服の縫い目をほどき布を洗い張りしたのち縫い合わせて元通りに仕立てるという作業であり、零細な階層の後家や一人暮らしの女性の仕事だった。江戸では越後の洗濯女などといわれ、冬に越後の女性の出稼ぎが多かったという。

表4－5　慶応3年　宮益町の家族構成

	家持			家主			地借			店借			不明	合計
	当地	他所	計	当地	他所	計	当地	他所	計	当地	他所	計		
戸主	30	8	38	2	2	4	1	2	3	74	52	126	1	172
妻	16	5	21	1	1	2	1	2	3	46	40	86		112
子	57	15	72	3	4	7		5	5	100	65	165	3	252
子の妻	5		5								1	1		6
孫	6		6							1	2	3		9
父	3		3							1		1		4
母	9	1	10							13	4	17		27
未婚の兄弟	12	3	15							20	6	26		41
既婚の兄弟	1		1							1		1		2
叔父叔母	3		3							4		4		7
甥・姪	8		8							1	2	3		11
その他	7	1	8							6		6		14
同居人	4	9	13							7	4	11		24
計	161	42	203	6	7	13	2	9	11	274	176	450	4	681

これらの住民の出生地を検討したい。表4－5にみえるように、慶応三年の一七二軒の戸主のうち、宮益町で誕生したのは一〇八人であり、他の六四人は他地域の出身である。三七％にあたる他所出身者のうち五二人が店借であり、流入者に店借層が多いことが判明する。他所出身者のうち関東出身は三九人で、うち武蔵二六・上総九・相模二・下総一・上野一と江戸近在から流入しているものが多い。関東外は二五人おり、うち越後六・伊予五で、その他越前・信濃・三河からが各二人、さらに加賀・越中・遠江・尾張・美濃・丹波・近江・摂津からが各一人である。越後・信濃など江戸への出稼ぎの多い地域からの流入者が目につくが、伊予からの流入者が多いのは、町の東に伊予西条藩邸（現在、青山学院大学の敷地）があったため、西条藩領から江戸に出て、藩邸で働いたのち住み着いたものがあったからである。なお他所出生の店借層の多くが、日雇・棒手振・大工などで、女は洗濯稼となっており、流入者の不安定な生活を推測させる。

住民の家族構成は平均四人であるが、家持層が平均五・三人で三世代同居の家など安定した家族構成であるのにたいし、店借層は平均三・六人であり、ことに他所出生の店借層が子供も少なく不安定なさまが見える。また他所出生の店借層に未婚の兄弟がいるのは、故郷の村から江戸に出た兄弟を頼って村を出て来たものだろうか。江戸の場末に住む流入者の、零細な生活や環境が目に浮かぶような統計表である。

一般に天保期（一八三〇～四四）以降、江戸住民の他所出生者は低下し三〇％以下となり、幕末の安政期（一八五四～六〇）には二五％、慶応期（一八六五～六八）には二一％となると指摘されているが、宮益町の場合他所出生者が三七％と高い数値であり、おそらく江戸から流れて零細な人々が流入して来た結果であり、その意味では渋谷の町場は、江戸の場末として下層民が流入し定着しない不安定な町として存在したといえよう。

しかし、宮益町・道玄坂町など町場化した地域は渋谷全体のごく僅かであり、人々の多くは百姓身分として農業に従事し、近郊農村として江戸の消費地に野菜や果物・燃料などを提供していた。近代になってからではあるが、明治五（一八七二）年の渋谷の耕地と米・麦以外の産物は表4－6のとおりである。表4－1と比べて畑が田より圧倒的に広大なのは、前述したような台地の開発の結果である。幕末の実態とそれほど変化はないであろうが、根菜などの野菜類や果物が多く、小松菜など蔬菜類がないところに東京西郊の武蔵野台地などと同様の特徴をみることができる。中渋谷村の産物の中に薪があり、雑木林を切り出して東京に燃料としての薪を出荷していたことがしられる。いずれも近郊農村の特徴がよくあらわれており、おそらく大正期まで同様の農村風景が見られたのであろう。

第五節　場末の町のあやうさ

いまでも渋谷は新興宗教の拠点になることがあり、しばしばマスコミの話題になるが、かつて江戸時代にも新興宗教の拠点になった。一八世紀後半、道玄坂において富士講「山吉講」が成立し発展を遂げたのである。

表4－6　明治5年の渋谷の耕地と産物

	田（町.反.畝,歩）	畑（町.反.畝,歩）	米・麦以外の主な産物
上渋谷村	2.8.2,03	27.4.2,22	蕎麦・杉丸太・柿・栗・芋・南瓜・茄子
中渋谷村	5.7.8,20	57.6.5,26	菜種・蕎麦・大豆・小豆・南瓜・茄子・胡瓜・荏・甘藷・芋・菜・牛蒡・藍葉・筍・薪
上豊沢村	5.0,00	7.5.7,22	蕎麦・芋・南瓜・茄子・胡蘿蔔・柿
千駄ヶ谷村	11.1.1,19	26.0.9,18	菜種・蕎麦・小豆・南瓜・茄子
原宿村	7.5.5,11	31.3.8,21	菜種・大豆・小豆・南瓜・茄子・胡瓜・生姜
幡ヶ谷村	9.5.8,08	129.4.4,14	茄子・南瓜・瓜・芋・牛蒡・筍・胡蘿蔔
代々木村	28.3.8,20	197.1.6,21	蕎麦・小豆
隠田村	2.1.6,00	23.9.2,08	柿・栗・芋・胡瓜・茄子・胡蘿蔔・葱

富士講は、戦国から江戸初期に富士山麓の人穴で修行した角行という行者によって創唱され、富士山を信仰し講の仲間が参拝する宗教活動組織である。山岳信仰を背景に修験道の影響が強く、富士山への登拝と修行を目的とし、修業を重ねた先達と称する統率者が講中を率いて富士に登山した。享保期以降、江戸においては角行の系譜をひく食行身禄が広めていった。身禄は享保一八（一七三三）年に富士山中において断食入定し、遺された弟子たちは江戸を中心に富士講をさらに発展させ、近世後期には「江戸八百八講、講中八万人」というほどの流行となった。江戸で広まったのは主に中下層の商人や職人などの住民たちの間であり、講は、先達・講元・世話人の三役が中心となって組織され、地域社会や村落共同体の代参講としての性格を持って各地に講が成立した。また富士を模して各地に富士塚を築造して、富士山の溶岩を積み上げるなどし、頂上には浅間神社を祀って、富士山の山開きの日に講中が富士塚に登山するなどの行事を繰り広げた。富士塚は、現在都内にも各地に残り、渋谷区にも千駄ヶ谷の鳩森八幡神社に残っており、頂上から富士山をのぞむように築造されたという。

このような江戸の有力な富士講に、山吉講があり、一八世紀中ごろに道玄坂の吉田平左衛門によって創設されたのである。[10] 吉田平左衛門は食行身禄の直弟子であり、宝暦四（一七五四）年から講を創始したといわれる。富士の登山口に当る富士吉田の史料「富士北口記録」に安永四（一七七五）年からの江戸の講中として「渋谷道玄坂　講頭　吉田平左衛門」とみえており、この時期には江戸の有力な富士講の一つであったことがわかる。吉田家に残った史料のうち、食行身禄入定の跡を祀る御供所建立の寄付を募った安永一〇年「食行身禄御供所建立帳」[11]に、「先達吉田平左衛門」の名が見えている。同じく天明二（一七八二）年「御供所建立帳」[12]には、「三代目大先達吉田平左衛門」の下に多数の小先達が率いる二八の枝講が記され、小先達を含めて一九二名の講員が列記されており、さらにその下に一〇〇〇名を越える人々が加わっていたと推定される。枝講の存在した地域は、芝増上寺大門を始め、品川・高輪・麻布・牛込・赤坂・京橋・下谷・深川・目黒・渋谷など広範囲にわたっているが、日本橋・本町など江戸の中心にはなく、新興地・場末に分布しており、先述の渋谷宮益町の事情なども考えると、町の住民のうち新興の中下層の商人や職人を多く組織していたと思われる。のち山吉講はさらに発展し、文化文政期にも鳥居などを建立しており、吉田家は代々先達として富士講の中心にあった。

富士講は、町の住民ごとに中下層の人々に信仰と心の安心、祭りなどの行事への参加や講としての仲間の連携など、人々の心の拠り所になるものではあったが、角行の信仰が既存の宗教勢力に属さず、食行身禄没後に作られた講集団も単独の宗教勢力であったため、講仲間が拡大する過程では、町の人々と様々な軋轢も起きていった。そのため富士講は、江戸幕府の宗教政策にとって歓迎された存在ではなく、しばしば禁じられ弾圧を受けるようになったのである。そのような幕府の禁令から、富士講の姿を垣間見てみたい。

幕府が江戸市中に富士講の禁止を布達したのは、寛保二（一七四二）年九月の次の町触[13]が最初である。

覚

此間町中ニ而、富士之加持水と名付、病人薬をも為相止、右之水計数盃相用、万一病気快候得は富士門弟と申なし、勧込候代資由、不埒之事ニ候間、早々相止可申候、若於相背は、吟味之上急度可申付候、此旨町中可触知者也、

戌九月

富士講という語句はなく、仲間を「富士門弟」と呼んでいるが、彼らが病人に薬も飲ませず、富士の霊水「加持水」を無理に飲ませて全快すると仲間に勧誘しているといい、これを禁止しているのである。この直前に江戸町奉行所に提出された町名主の上申書では、この水で病が治ることは稀であると、この行為を強く非難し禁止を求めている。山吉講は吉田平左衛門の祖先が富士山頂で金明水を発見し、山吉講が「御水講」と呼ばれたことを考えると、山吉講の創始以前とはいえ、「富士門弟」が山吉講につながる人々であったとも考えられ、この当時強引な勧誘をしながら信者を拡大していったことも窺わせている。

富士講禁止の法令はその後もしばしば出された。安永四（一七七五）年五月には次のような町触(14)が見える。

覚

町中ニ而職人・日用取・軽き商人等講仲間を立、修験之袈裟を懸ヶ、錫杖を振、唱事申連、家々門々ニ立奉加を乞、又は病人等之祈念を被頼、寄集り焚上ヶと申藁を焚、大造ニ経を読、俗ニ而山伏躰紛敷儀致候由、并大造成梵天を拵、大勢ニ而街々を持歩行、家々門々江幣をさし初穂を乞、中ニハ少シ遣候得は及口論候旨相聞、甚不埒之至ニ候間、早々相止可申候、且又神事抔ニ事寄せ、店々より出銭為差出、少々遣候得は致仇候儀間々有之由、是又相聞え、向後右躰之儀堅致間鋪候、若於相背ハ吟味之上急度可申付候、此旨町中不残入念可触知者也、

未五月

職人や日雇稼・小商売のものが講仲間を作り、山伏の扮装をして家ごとに寄付を強要したり病人の祈祷で焚き上げや読経をしたりして、梵天の造り物を持って大勢で練り歩き、寄付を強要して争論になり、少額の寄付にはいやがらせをしたりするというのである。この触書も江戸の町名主一同の願いで発令されており、おそらく家持層など上層町人が店借層などの中下層町人に寄付を強要され、困惑しているような情景が浮かんで来よう。このような講仲間の活動が山吉講によるものか否かは不明であるが、山吉講が拡大している時期であることは確かである。一八世紀後半の江戸は、次

第に諸国から人々が流れ込み人口が増大していたが、流入民のほとんどは中下層民であり、江戸の住民構造が大きく変化した時期であった。増大してきた中下層民は次第に自己を主張しはじめ、また手をつなぎ合って仲間を形成していく。そのような人々の結合の場やデモンストレーションとしてこの富士講の活動を見ると、時代の大きな展換期における中下層民の結合や要求を、上層町人や幕府が恐れているさまを窺うことができよう。そのようなエネルギーが、のち天明七（一七八七）年の江戸打毀しにつながることを思えば、幕府などの怖れは当然ともいえる。この時期、中下層民の宗教的な結合の一つに富士講が存在し、その大きな講元が渋谷に誕生し、組織を拡大したのである。その意味で渋谷は新たな動きや流行に敏感なのかもしれない。

のち富士講の布教は幕府の触書によってしばしば禁止され、幕末の嘉永二（一八四九）年には弾圧を受けたが、富士講はさらに発展を遂げ、近代には扶桑教・円山教など教派神道の一派にもなったのである。

渋谷の富士講は昭和前期まで続き、講中の富士登山がさかんに行われ、地域の中で定着して行き、そこには新興宗教としての強引さや危うさは微塵も見いだせないが、江戸時代中期、山吉講が発展した時期には、以上のような軋轢も起きていたのである。いずれの時代にも、新興宗教が拡大する時には、必ず既成の勢力や権力との摩擦が起きている。ただ、そのような新興宗教が創始されていく危うさが、場末の町場渋谷にはあった。そのような都市としての危うさ・妖しさが今に続いているのかは、検証する必要があるのだろう。

いずれにせよ渋谷は、谷間に囲まれた水田の村から、近世初期に台地に畑を開発しながら畑作の拡大し、一方で江戸の近郊として軍事的な要衝にもなり、近世前期から台地部に広大な武家屋敷が形成され、また矢倉沢道沿いに宮益町・道玄坂町などの町場が形成されながら、次第に江戸の場末として都市化の波が押し寄せて来たのである。ただし、住民の多くは、依然として村に居住し耕作に従事していた農民であり、近郊農村として周囲の武家屋敷や江戸・東京との関係を保ち続けながらも、農村の風景を大正期にまでとどめていたのである。

註

（1）『新編武蔵風土記稿』第一巻（雄山閣、昭和四年）。
（2）葉山禎作「小農農法の成立と小農技術の展開」（佐々木潤之介編『技術の社会史』二、有斐閣、昭和五八年）。
（3）『寛政重修諸家譜』巻一二（続群書類従完成会、昭和四〇年）。
（4）北島正元編『武蔵田園簿』（近藤出版社、昭和五二年）。
（5）野崎家文書「極秘録」（『渋谷区史料集』第三、渋谷区、昭和五七年）。
（6）同右。
（7）前掲『新編武蔵風土記稿』第一巻。
（8）慶応三年「宮益町人別帳」（白根記念渋谷区郷土博物館・文学館蔵）。
（9）南和男『幕末江戸社会の研究』（吉川弘文館、昭和五三年）。
（10）『渋谷の富士講』（白根記念渋谷区郷土博物館・文学館、平成二二年）。
（11）安永一〇年「食行身禄御供所建立帳」（『渋谷区史料集』第二　吉田家文書、渋谷区、昭和五六年）。
（12）天明二年「御供所建立帳」（前掲『渋谷区史料集』第二）。
（13）寛保二年九月　富士門弟布教禁止町触（『江戸町触集成』第五巻、六六三三号、塙書房、平成八年）。
（14）安永四年五月　富士講布教禁止町触（『江戸町触集成』第七巻、八四四七号、塙書房、平成九年）。

第五章　藩邸からみた渋谷

吉岡　孝

はじめに

本章では藩邸に着目して、江戸時代の渋谷の特質を明らかにしようと考える。誰でもが知っているように、江戸時代は身分制に基づく社会であったが、身分の差は端的に居住空間によって表わされる。町には武家もしくは町人が住み、村には百姓が住む。町の内部も武家地と町人地は分離されている。

もちろん現実にはこのように整然と住み分けが行なわれているわけではない。大部分が村であった渋谷でも、武家が居住する藩邸などの武家屋敷が多く存在していた。公儀の土地にある拝領屋敷だけではなく、百姓の所持地にも武家の抱屋敷があった。

しかし身分による居住地の差別という視角は、江戸時代の地域を考える上では、基本的なものといっていいであろう。まず渋谷における藩邸の実態について考察し、渋谷の都市化の問題を考えてみたい。

第一節　渋谷における藩邸の実態

表5―1は『東京市史稿』市街篇第四九巻収録の「江戸藩邸沿革」[1]に基づき、江戸時代の渋谷に存在した藩邸を一覧表にまとめたものである。まず、この表を説明しよう。

「年代」は各藩が藩邸を入手した年代を、一〇年刻みで表わしたものである。上・中・下屋敷の場合は拝領した年代になる。徳川家康が江戸に入ってきたのは天正一八（一五九〇）年であるが、初期の事情はよくわからず、一六四〇年代以前は一件しか記載されていない。

なお藩名についてであるが、転封が多く行なわれた関係上、江戸時代の藩名は変わる場合が間々みられる。『東京市史稿』では明治四（一八七一）年の廃藩置県の名前を基準に、遡ってその時の名を使っている。しかし本稿では藩邸が与えられた当時の藩名を使用することにする。

「年代」の最後は文久二（一八六二）年六月、越後国村上藩（新潟県）に与えられた隠田村の下屋敷の事例である。この下屋敷拝領については、以下のような背景があった。村上藩藩主内藤信親は嘉永四（一八五一）年一二月に幕府の老中に就任し、西丸下に役屋敷を与えられた。以後村上藩では、この屋敷を上屋敷と称し、従来上屋敷と呼んでいた永田町の藩邸を中屋敷と改称した。また以前中屋敷と呼称していた浜町にあった藩邸は幕府に上地された。文久二年五月、信親は老中を辞職した。そうなれば老中の役屋敷である上屋敷は幕府に返却しなければならない。その代償として幕府が与えたのが、この隠田村の下屋敷である。村上藩は永田町藩邸を再び上屋敷と呼ぶようになった。以上ややこしい事例を述べてきたのは、「上屋敷」「中屋敷」「下屋敷」といっても、その呼称は絶対的なものではないことを示すためである。

その上屋敷・中屋敷・下屋敷であるが、この三つは藩邸のなかでも、拝領屋敷と呼ばれるものである。拝領屋敷とは幕府から藩が拝領した屋敷という意味である。拝領屋敷の特徴は、その所有が幕府に帰属することだということであり、平たくいえば、各藩は拝領屋敷を売買することはできず、幕府から下命されれば、屋敷を引き渡さなければいけない。なお幕府は上屋敷という言葉を好まず、居屋敷という言葉を使用したが、ここでは、上屋敷という言葉を使う。

その機能としては、上屋敷は藩主が江戸に居る場合は藩主が居住し、江戸における藩政の中心になり、中屋敷は上

表５－１　渋谷藩邸表

年　代	上屋敷	中屋敷	下屋敷	相対替	抱屋敷	合　計
1649 年以前	0	0	1	0	0	1
1650 年代	0	0	5	0	0	5
1660 年代	0	0	4	1	0	5
1670 年代	0	0	3	0	1	4
1680 年代	0	0	0	0	0	0
1690 年代	3	0	4	0 (1)	0	7
1700 年代	0	0	5	0	1	6
1710 年代	0	0	2	1	1	4
1720 年代	0	0	1	1	0	2
1730 年代	0	0	0	2	0	2
1740 年代	0	0	1	2	1	4
1750 年代	0	0	1	0 (1)	0	1
1760 年代	0	1	2	0	0	3
1770 年代	0	0	0	1 (1)	1	2
1780 年代	0	0	0	1 (1)	0	1
1790 年代	0	0	1	0 (1)	1	2
1800 年代	0	0	0	2 (4)	0	2
1810 年代	0	0	0	2 (2)	0	2
1820 年代	0	0	0	3 (2)	1	4
1830 年代	0	0	1	1 (6)	1	3
1840 年代	0	0	0	4 (8)	0	4
1850 年代	0	0	0	1 (2)	0	1
1860~62 年	0	0	1	0 (1)	1	2
時期不明	0	2	5	0	5	12
合　計	3	3	37	22 (30)	14	79

出典：『東京市史稿』市街篇 49 巻から作成。

屋敷の補助的役割を果たし、下屋敷は園遊などの娯楽の場、もしくは災害にあった時の避難場所という役割が期待されたとよく指摘される。

このような見解は誤ってはいないが、いささか一般的に過ぎるであろう。先述したように上屋敷・中屋敷・下屋敷という区分は相対的なもので、時期によって同じ屋敷が上になったり、中になったりする。そもそも三種類の区分自体が、明暦の大火以後に成立するといわれている。

また三種類の屋敷を拝領しているのは、比較的大きな藩であり、上・下の二種類の屋敷しか拝領していない小藩も多い。また上屋敷は一つしか存在しないが、中・下は複数存在する場合もあり、個々の屋敷の機能は細かく検討される必要がある。

先ほど上屋敷・中屋敷・下屋敷の拝領屋敷は売買することはできないと述べたが、これは拝領屋敷の移動が、全く行なわれなかったということではない。それは拝領屋敷同士の交換という形で行なわれた。それが「相対替」である。相対替は上・中・下どの屋敷を獲得する場合でも行なわれたが、この表5－1の場合は、下総国生実藩（千葉県）と但馬国出石藩（兵庫県）が中屋敷を入手した二例を除けば、すべて獲得した屋敷は下屋敷になっている。「相対替」の欄の数字の括弧がないものは、相対替によって始めて渋谷に屋敷を獲得した場合をカウントしたものである。括弧内の数字は以前から渋谷に屋敷がある大名が、屋敷の一部相対替、いわゆる切坪相対替を行なった件数をカウントした数字である。

「抱屋敷」とは藩が百姓等から購入・借用などして手に入れた土地に建てた屋敷である。これも拝領屋敷の補完的存在と考えられることが多いが、具体的に検討してみる必要があろう。

表作成の方針について一言しておく。先の村上藩の永田町屋敷のような名称が変更されたのみの場合は、一つの藩邸としてカウントした。旗本から大名に昇格した場合は、昇格時に屋敷を所持していれば数に入れ、昇格以前に屋敷を手放していればカウントしなかった。

「合計」の数字であるが、括弧内のものは入っていない。

以上表5－1の基本的な項目について説明した。分析に入る前に一言しておかなくてはならないことがある。それはこの表5－1の限界性である。

既述した通り、表5－1は『東京市史稿』市街篇第四九巻に収録されている「江戸藩邸沿革」に拠ったが、これは『東京市史稿』の編纂員だった室又四郎の遺稿であるという。彼は江戸藩邸調査を完成させる以前に没し、未調査の藩もあった。つまり表5－1は渋谷にあったすべての藩邸を網羅しているわけではない。また、多くあった旗本屋敷については、最初から検討対象から外されている。武家屋敷の数は当然表5－1より多かったと考えられる。

抱屋敷についても言及しておくと、抱屋敷は藩と百姓との私的な契約で成立するので、幕府は掌握することを放棄したわけではないが、全体を把握することはむずかしかった。つまり史料が残らず、その全体像は明らかにしにくいわけである。

筆者が「江戸藩邸沿革」を上述した欠点に関わらず採用したのは、藩邸を入手した年次などが明確であり、渋谷における藩邸の特徴を、時期を区分して論じることができるためである。そして欠点は『新修渋谷区史』上巻、第五編第二章第二節「武家地の成立と発展」で補おうと思う。[2] この論稿は、渋谷の地区毎に旗本屋敷も含めた武家屋敷の存在形態が、実に詳細に述べられている。

では表5－1の全体的な検討を行なってみよう。これをみて素直に感じるのは渋谷には下屋敷が多いということである。先述したように「相対替」二二件の内、二〇件は下屋敷入手のためであり、これも加味すれば、実に約七三％が下屋敷であったことになる。

そればかりではない。例えば『新編武蔵風土記稿』（一八三〇年成立）の上渋谷村の項によれば、この村にある抱屋敷、つまり近江国彦根藩（滋賀県）・安芸国広島藩（広島県）・伊予国西条藩（愛媛県）・和泉国岸和田藩（大阪府）・越後国糸魚川藩（新潟県）・信濃国高島藩（長野県）などの抱屋敷は、みな各下屋敷に接続して存在している。[3] つまり、抱屋敷は下屋敷を拡大する目的で入手されていることが多いわけである。これによって下屋敷の意味がますます高まることになる。抱屋敷の機能は、決して下屋敷の補完に尽きるわけではないが、それも大きな機能だったことは事実である。

では例外ともいえる上屋敷と中屋敷について考えてみよう。まず、上屋敷を与えられた三つの大名を取り上げよう。これは紀伊国田辺藩（和歌山県）・伊予国西条藩・播磨国三日月藩（兵庫県）である。

田辺藩は三万八〇〇〇石。藩主安藤氏はいわゆる御三家の一つ紀州徳川家の附家老を代々勤めた家である。しかし御三家附家老を独立した藩主と認めることには問題があろう。安藤氏はもともと和歌山藩赤坂藩邸内に屋敷を与えられていたが、本藩の要求によりそれを譲り、元禄八（一六九五）年三月に千駄ヶ谷において六〇八一坪余の屋敷を拝領した。経緯からみて、この拝領の背景には和歌山藩からの働きかけがあったことは間違いない。しかしこの田辺藩上屋敷は翌年七月には旗本横田甚右衛門の屋敷と相対替になり、川田ヶ窪に移転しているので、千駄ヶ谷上屋敷は一年半弱しか存在しなかったことになる。

西条藩は三万石。紀伊国和歌山藩の支藩になる。その成立は寛文一〇（一六七〇）年に和歌山藩主徳川頼宣の次男頼純が西条に入部したことから始まる。やがて寛文一二（一六七二）年一〇月、渋谷に下屋敷一万坪を拝領した。さらに元禄八（一六九五）年二月、青山に上屋敷四万坪を与えられた。しかし本家の和歌山藩が入用だということで、和歌山藩に引き渡した。代わりに渋谷にあった和歌山藩下屋敷のうち二万坪と、旗本長谷川五郎兵衛の下屋敷二万坪、合わせて四万坪が相対替で西条藩に与えられた。長谷川には和歌山藩から話をつけたのだと推測される。

三日月藩は一万五〇〇〇石。元禄一〇（一六九七）年に美作国津山藩主（岡山県）だった森氏改易に伴い、一族の森長俊が新たに立てた藩が三日月藩である。翌年二月に渋谷で二五〇〇坪の上屋敷を与えられた。この屋敷は享保二

（一七一七）年一一月に上地されるまで存続した。その後は元来抱屋敷であった目黒行人坂の屋敷を、上屋敷として拝領し直し、幕末まで続いている。

田辺藩は藩としての独立性を確保していたか疑問である。つまり上屋敷を置いて独立した政治を江戸で展開する必要は薄い。そのうえ上屋敷の存在期間は極度に短い。西条藩は本藩の屋敷地を割く形で上屋敷が与えられた。三日月藩は立藩した時期が遅く、江戸城周辺の土地は望むべくもなかったであろう。元禄期は渋谷のような江戸周縁地域に拝領屋敷が増加する時期なので、その流れに乗って上屋敷が与えられたと考えられる。要するに三藩とも渋谷に上屋敷が与えられたのは、その藩独自の特殊事情があったからである。

では、中屋敷の検討に移ろう。渋谷に中屋敷を置いた藩は、下総国生実藩（千葉県）・近江国水口藩（滋賀県）・丹波国篠山藩（京都府）・大和国柳生藩（奈良県）・但馬国出石藩（兵庫県）である。(4) このうち篠山藩は元禄期、柳生藩は慶応期の武鑑に記載されているのみで、入手の経緯や面積などの詳細は不明なのでここでは触れないことにする。

下総国生実藩の立藩は寛永四（一六二七）年、藩主は森川氏である。石高は一万石。生実藩が中屋敷を入手した経緯に着目しなければならない。中屋敷とされる生実藩の渋谷広尾の屋敷は、鉄砲洲にあった下屋敷三〇〇〇坪と相対替で、延享三（一七四六）年一〇月に獲得した。この延享三年時点で生実藩の上屋敷は麻布日ヶ窪にあったが、下屋敷は存在しない。生実藩は文政一一（一八二八）年七月に本所猿江で二四〇〇坪の下屋敷を相対替で獲得したが、これは渋谷広尾の屋敷全部と交換で手に入れたものである。つまり生実藩は同時期に三つの拝領屋敷を所持していたことはなく、拝領屋敷は常に二つなのである。このことは一万石のレベルの大名では、むしろ普通である。たとえ生実藩が渋谷広尾の屋敷を中屋敷と呼称していたとしても、この屋敷は実質的には下屋敷なのである。

近江国水口藩（滋賀県）の藩主は加藤氏で、石高は二万五〇〇〇石。煩瑣なので正徳元（一七一一）年一二月、芝切通で上屋敷を拝領した時点から分析を始めよう。この時点で水口藩の中屋敷は芝海手にあった。この屋敷一万一〇一〇坪は、元々は上屋敷と呼ばれていたが、貞享三（一六八六）年七月から中屋敷に改称したものである。しかし正徳元年時点で下屋敷は確認できない。水口藩下屋敷は以後文化一二（一八一五）年まで確認できない。

宝暦一〇（一七六〇）年九月、芝海手の中屋敷が御三卿の清水家の屋敷として使用されることになり、水口藩は上地を命じられた。その替りに与えられたのが、下渋谷の三一五二坪の中屋敷である。中屋敷は下渋谷→愛宕下藪小路→鉄砲洲→浜町と移転する。浜町の屋敷は文化一二（一八一五）年に相対替で水口藩の手から離れる。この相対替で入手したのが麻布市兵衛町の屋敷であるが、この屋敷は下屋敷といわれている。

つまり確認される限り、水口藩は二つの拝領屋敷で政務をこなしていたことになる。中屋敷という呼称は使用されていたとしても、実質的には下屋敷と変わらないといえよう。

但馬国出石藩（兵庫県）は三万石の大名である。藩主は仙石氏。出石藩は寛文九（一六六九）年五月、相対替によって渋谷に下屋敷一万一〇八二坪を得ている。同時に中屋敷であった西久保の屋敷九九三一坪余を上屋敷と呼ぶようにした。中屋敷は新たに築地に拝領し、麻布鷺森→飯倉二丁目と移転し、天保一三（一八四二）年一二月、代々木に三〇〇坪の屋敷地を相対替で手に入れた。上・下屋敷も存続しているから、他の二藩と違い、出石藩は三つの拝領屋敷を同時期に所持していることは間違いない。

出石藩が代々木の屋敷を入手したのは、渋谷にあった下屋敷を補完する意味ではなかったのか。中屋敷は三百坪であり、他の屋敷に較べれば狭いが、補完というのなら問題ないであろう。各藩とも藩邸の確保には苦慮していた時期であり、渋谷と代々木ならさほどの距離ではない。

以上渋谷にあった中屋敷を調べてみると、実質は下屋敷であったり、下屋敷の機能の補完であったり、中屋敷独自の機能を有していたとは思えない。要するに渋谷の藩邸の特徴は、下屋敷にあったという結論になる。次節では時期を区分して時期毎の特徴を考察したい。

第二節　渋谷における藩邸の時期区分とその特徴

本節では先掲の表5－1に基づき、渋谷における藩邸を考える上で便利なように、四つの時期に区分し、考察を加えてみたい。

第I期は天正一八（一五九〇）年から明暦三（一六五七）年までである。この時期の特徴は、当該地域には藩邸がほとんど確認されないことである。

天正一八（一五九〇）年八月、徳川家康が主君である豊臣秀吉の命令を受け、関東他で一二〇万石余の領地を与えられ、江戸に城を置いた。当時はまだ徳川氏は天下を統一していないから、この当時江戸で屋敷を与えられたのは、徳川氏の直属する家臣たちだけであった。渋谷の近辺では青山忠成が青山、内藤清成が内藤新宿に屋敷を与えられている。青山・内藤は後に大名になる上級家臣であり、江戸防衛の観点からここに置かれたという。後に旗本と呼ばれる下級家臣団も、神田や番町などを整備して屋敷を与えられた。

関ヶ原の戦い（一六〇〇）以後豊臣氏に代わって、徳川氏が事実上天下を掌握した。これ以降江戸の徳川氏に挨拶に赴く大名が徐々に増え始め、彼らには江戸城周辺に屋敷が与えられた。例えば広島藩は慶長一〇（一六〇五）年に外桜田霞ヶ関、鹿児島藩は慶長一五（一六一〇）年九月、外桜田幸橋内に屋敷を与えられている。しかしこの時期は参勤交代がまだ制度化されていない。参勤交代が制度化されるのは、寛永一二（一六三五）年の武家諸法度改訂によってである。これ以降各藩は江戸に藩邸を持たざるを得なくなる。

しかし渋谷の場合、この第I期に藩邸の入手が確認されているのは彦根藩だけなので、以上のような動向にはあまり関わりがない。彦根藩は寛永一七（一六四〇）年七月に千駄ヶ谷（現在の明治神宮あたり）に下屋敷を拝領した。彦根藩

表5－2　中渋谷村拝領・抱屋敷表

成立時期	成立時	寛文10年（1670）	面積
元和　8年（1622）	旗本辻九助抱屋敷	肥前国佐賀藩抱屋敷	15000坪
寛永11年（1634）	信濃国高島藩抱屋敷	信濃国高島藩拝領屋敷	9300坪
寛永11年（1634）	旗本藤掛監物抱屋敷	同左	5360坪
寛永15年（1638）	地頭三浦五郎左衛門屋敷	同左	2236坪
寛永16年（1639）	久保町町人甚兵衛	同左	3130坪
寛永17年（1640）	地頭三浦五郎左衛門屋敷	伊予国松山藩主室後空抱屋敷	14000坪
寛永20年（1643）	地頭吉田甚左衛門屋敷	同左	1430坪
寛永20年（1643）	旗本長谷川五左衛門家臣下村太兵衛抱屋敷	同左	17間×22間
慶安　3年（1650）	旗本牧野播磨抱屋敷	旗本京極信濃守抱屋敷	1560坪
承応　2年（1653）	地頭吉田甚左衛門屋敷	同左	3654坪
承応　2年（1653）	地頭野間市之助屋敷	同左	8178坪
承応　2年（1653）	旗本横山内記抱屋敷	同左	3900坪
承応　3年（1654）	広島藩士関弥吉抱屋敷	旗本兼松弥五左衛門母永順抱屋敷	2060坪
明暦元年（1655）	旗本日向五郎左衛門抱屋敷	佐賀藩抱屋敷	4290坪
明暦元年（1655）	旗本青木求女之助抱屋敷	同左	2385坪
明暦　4年（1658）	旗本岡部半九郎抱屋敷	越後長岡藩士岡田甚左衛門抱屋敷	288坪

出典：寛文10年『御拝領屋舗御抱屋舗坪数控帳』から作成。

は譜代大名の筆頭とでもいうべき存在で、近江国（滋賀県）を中心に三〇万石の領地を持っていた。譜代大名としては特異なほど大きい。この下屋敷も一八万二三四二坪と、この表に掲載されている藩邸とは、文字通り桁違いの広さである。表5－1に掲載された藩邸のなかでは二番目に大きい御三家の紀州藩でさえ、その下屋敷は五万坪であった。

なお表5－2は寛文一〇（一六七〇）年五月の『御拝領屋鋪御抱屋鋪坪数控帳』という史料から作成したものである。[5]この史料は寛文一〇年時点で中渋谷村に土地を持っていた武士・寺院・町人を対象に、その土地の面積や土地を入手した経緯等が記されたものである。面積は寛文一〇年現在のものと推測される。土地のみを獲得した場合もあるが、屋敷が存在しない場合は、表からは除外した。この表が対象にしている事例を①大名屋敷、②旗本抱屋敷、③地頭屋敷、④その他の人物の屋敷に分けて考えてみよう。

①大名屋敷は肥前国佐賀藩などの藩邸などが確認できる。佐賀藩抱屋敷は一万五〇〇〇坪と四二九〇坪の二か所があった。入手時期は、前者は記述が錯綜しているため、明確にはし得ないが、後者は寛文九（一六六九）年である。合計二万坪弱もの抱屋敷は、佐賀藩は三五万七〇〇〇石余の大藩であり、江戸の拝領屋敷だけでは手狭だったためではないだろうか。信濃国高島藩については後に触れる。

②旗本抱屋敷も元和八（一六二二）年から存在しているが、数は限られたものであった。この抱屋敷は所持者が変わるケースがよく見られる。転売されたのであろう。当初旗本の抱屋敷だった八件のうち、五件の所持者が変わっている。

③地頭屋敷。地頭とは旗本領主を指す。具体的には中渋谷村に知行を持っていた三浦・吉田・野間の三氏をいう。彼らは領地に屋敷を置いたわけであり、百姓と契約関係を結んで所持された抱屋敷とは別に考えた方が良いと判断して②とは区別する。

中渋谷村に知行を持っていた旗本三氏の内、三浦氏は慶長一七（一六一二）年、吉田氏は寛永二（一六二五）年、野間氏は天正一八（一五九〇）年、もしくは元和四年（一六一八）に知行を与えられている。[6]しかし屋敷を建てたのは寛永一五（一六三八）年以降である。寛永一〇（一六三三）年に幕府は一定の旗本に対し、幕府の米蔵から俸禄を与えられる蔵米知行から、実際に領地を支配させる地方知行に切り替える方針を示している。いわゆる寛永の地方直しである。三氏が知行地に屋敷を構えたのは、このような地方知行重視の政策的背景があったからであろうか。

また三氏は寛文一〇（一六七〇）年時点でも変わらず領主であったために、屋敷は必要だったのであろう。三浦氏が二か所ある屋敷の一か所を手放した他は、そのまま所持している。この点が所持者の多く変更された②とは異なる。このような知行所の村落に屋敷を置く旗本領主の存在は各地で確認され、渋谷に限ったものではない。一八世紀にはこのような地頭屋敷はその重要性が失われ、次第に姿を消していく。三浦氏の屋敷も延宝年間（一六七三〜一六八一）には確認できなくなるので、渋谷においても同様な傾向といっていいであろう。(7)

④のその他の人物の屋敷所地については、大名・旗本の家族、町人などの抱屋敷が確認できる。「伊予国松山藩主室後空」とは有名な戦国武将蒲生氏郷の孫忠知の正室である。松山藩主であった忠知は寛永一一（一六三四）年に急死し、蒲生家は断絶してしまう。後空は正室の出家後の法名であろう。彼女は寛文六（一六六六）年に旗本筧新左衛門からこの屋敷を入手する。筧は明暦三（一六五七）年に先述した三浦五郎左衛門から屋敷を譲り受けていた。この時の五郎左衛門は義武であったが、彼の養子義峯は筧の次男であった。要するに三浦・筧両家は親密な関係にあり、その縁で知行所にある屋敷であるにもかかわらず、三浦義武は手放したのであろう。

後空が改易された大名の一未亡人にも関わらず、広大な屋敷を入手できたのは、彼女の実家が譜代大名の内藤氏だったことによると思われる。彼女死後の元禄八（一六九五）年、その遺言によって、この屋敷は内藤氏が藩主である陸奥国平藩（福島県）の下屋敷になっている。

第Ⅰ期の渋谷には、大名の拝領屋敷・抱屋敷の他に旗本等の屋敷も確認できるが、その数は少なかった。渋谷のような場末は屋敷地として魅力あるものではなかったのであろう。このような状況は明暦の大火で変化することになる。

第Ⅱ期は明暦三（一六五七）年から一七二〇年代前後までである。明暦三（一六五七）年は明暦の大火、別名振袖火事が起きた年である。この年の正月一八日、本郷丸山の本妙寺から出火し、翌日まで火事は続いた。この火事で江戸は文字通り火の海になり、江戸城の本丸・二丸・三丸も焼け、多くの大名屋敷も焼失した。

江戸幕府はこの火事を教訓として新しい町作りを始めた。その政策の柱として増加した武家屋敷を比較的郊外の地に配置するという方針があった。このことによって空地ができ、火除地になったのである。この方針によって渋谷にも大名屋敷が多く出現する。

明暦の大火があった明暦三（一六五七）年中にはそのような動きが具体化し、この年中に稲葉正成に渋谷の屋敷が与えられた（表5－1には記載されていない）。稲葉は有名な徳川家光の乳母春日局の元夫で、その縁で徳川氏に仕えた。家康の孫松平忠昌の家老として越後国糸魚川（新潟県）で二万石を領した後、寛永四（一六二七）年下野国真岡藩（栃木県）二万石を領地として与えられ、独立した大名になっている。その家系は大名として各地を転々とするが、享保五（一七二〇）年山城国（京都府）淀藩藩主になり、廃藩置県まで継続した。渋谷に拝領した屋敷も面積に変更があるものの、稲葉氏が下屋敷として所持し続けた。

明暦の大火の翌年、つまり万治元（一六五八）年閏一二月、摂津国麻田藩（大阪府）・大和国柳本藩（奈良県）・三河国田原藩（愛知県）・信濃国高島藩（長野県）・陸奥国棚倉藩（福島県）の五つの藩が、下屋敷を拝領している。この藩の領地は、それぞれ一万石・一万石・一万石・二万七〇〇〇石・五万石であり、比較的小さい藩である。このうち柳本藩と高島藩の藩邸の面積は判明していて、前者は一万四〇五四坪、後者は九三〇〇坪である。後年の元禄六（一六九三）年の規定をみてみると、[8]一万石の柳本藩なら七〇〇坪、二万七〇〇〇石の高島藩なら一〇〇〇坪の藩邸が相応である。つまりこの時期に与えられた藩邸の面積は、後年の規定からすると、かなり広大なものだったのである。

表5－1をみてみよう。一六五〇年代から一七二〇年代まで、一六八〇年代を除いて拝領屋敷がすべての年代で確認

できる。渋谷に屋敷を拝領する傾向は続いていたことになる。

明暦の大火後、幕府は江戸の外縁部に下屋敷を下賜していったが、やはり大大名が優先され、中小大名や旗本への屋敷の下賜は遅れた。下屋敷は災害の時の避難地として欠かせないものであり、火事の頻発する江戸でいつまでも下賜を待つわけにはいかなかった。彼らは百姓地を借りるなどして抱屋敷を確保し始めた。幕府もそのような動向を否定せず、貞享二（一六八五）年、幕府に届けを出せば抱屋敷は自由に入手できるとした。このため抱屋敷は増加していったと考えられる。

各大名の抱屋敷が下屋敷として改めて下賜し直されることもよくみられる。このような事例を渋谷で探せば、先の高島藩や和泉国岸和田藩（大阪府）がある。元禄一五（一七〇二）年一一月、岸和田藩は約三万坪の下屋敷を拝領しているが、これは元来同藩の抱屋敷だったところであった。

表5－1には旗本の屋敷は記載されていないが、旗本屋敷に関してもこの第Ⅱ期は大きな変化があった時期である。[9]例えば千駄ヶ谷村に大和国郡山藩（奈良県）の藩邸があったが、元禄八（一六九五）年四月に上地、いったん御用地になった後、元禄一〇（一六九七）年一一月に一五人の旗本に分割して下賜されている。また享保一〇（一七二五）年山城国淀藩（京都府）の下屋敷の一部が上地され、やがて旗本を中心に三九もの屋敷に分割されている。以上のような事例は渋谷の各地にみられた。このように一六九〇年代から一七二〇年代、元号でいえば元禄から享保には、大名の屋敷を上地し、旗本に分割して与える傾向があったといえる。

ここで旗本屋敷等も含めて江戸におけるすべての拝領屋敷下賜件数の動向をみてみよう。[10]データがある程度揃う一六二〇年代から一〇年刻みでみてみると、一六五〇年代までは一六四〇年代の一七九件を除いてすべて二桁の数しか拝領屋敷は与えられていない。この年代に三桁に増加したのは、寛永一二（一六三五）年の武家諸法度改訂によって、参勤交代が制度化された効果がでたものと考えられる。しかるに一六六〇年代には六〇五件と一六四〇年代と比較しても三倍以上に増加している。これは先述した明暦の大火の影響であろう。要するに江戸全体の拝領屋敷下賜件数は、渋谷の場合と同じ傾向を示している。

以後も簡単にみてみると、一六七〇・一六八〇年代は一六六〇年代を下回る件数しか拝領屋敷は与えられていないが、一六九〇年代には二八四四件と始めて四桁を記録し、一七〇〇年代には三一九九件と、江戸時代最高の下賜件数に達している。その後一七四〇年代まで四桁を維持している。

第Ⅱ期の特徴をまとめておくと、明暦の大火後渋谷には下屋敷を中心に多くの藩邸、つまり大名屋敷が設置されるようになった。初期の藩邸は大名の石高に比して面積が大きいのが特徴である。一六九〇年代前後から中小大名や旗本の抱屋敷が改めて拝領屋敷になるケース、大名屋敷が分割されて旗本屋敷になるケースなどが目立ち始める。この第Ⅱ期を通じて大名の下屋敷を中心に、抱屋敷や旗本の拝領屋敷等などが存在する渋谷の武家屋敷の基本的構造が確立されると考えられる。

第Ⅲ期は一七二〇年代前後～一八四〇年前後である。この時期は先に述べた基本的構造が崩壊とまではいわないまでも、かなり形骸化していく時期だと考える。その経緯をみてみよう。

江戸全体の拝領屋敷の下賜件数は、一七〇〇年代の三一九九件をピークに下降しだす。それでも一七四〇年代まで四桁を維持しているが、その後は一八三〇年代まで三桁が続く。しかるに一八四〇年に一四〇四件と久々に四桁台を回復している。一八五〇年代は八四七件である。少し遡って下賜件数を調べてみると、一八〇〇年代が七七三件、一八一〇年代が五七四件、一八二〇年代が六四六件、一八三〇年代が八四五件である。つまり一八二〇年代から増加が始まり、一八四〇年代にピークに達し、また下降しだすということになる。

次に相対替についてみてみよう。[11]相対替の記録が分析できるほど存在するのは、享保八（一七二三）年からだが、この年の件数は九件に過ぎなかった。しかし寛政五（一七九五）年には五三件を記録するなど、一八世紀の末には五〇件以上を記録し、以後この件数を下回ることはなかった。ピークは天保一四（一八四三）年の一四二件で、その後記録が判明する安政六（一八五九）年は七九件であった。ここでもピークは一八四〇年代である。

第Ⅲ期を通じて徐々に進行した事態は、一八四〇年代、天保一二（一八四一）年五月から天保一四（一八四三）年閏九月まで行なわれた天保の改革を挟む年代に象徴的に表れる。

その状況を理解するために、まず相対替から考えてみよう。先にも述べたように、これは一八世紀を通じて増加していったが、特にその末頃からは大きく増加し、一八四〇年代にはピークを向える。しかし変化したのは数だけではない。質も変わった。それは複数の武士の間で交換される複雑な相対替の浸透によって顕著である。渋谷の屋敷も絡んだ浜松藩の具体例をみてみよう。ちなみにこの当時の浜松藩藩主は水野忠邦、天保の改革の主導者である(12)。

浜松藩が芝高輪の下屋敷を相対替した六回の事例をみてみよう。第一回は天保八（一八三七）年九月、浜松藩は旗本長谷川久太郎が中渋谷に所持していた屋敷二万坪のうち一万坪を入手した。相対替であるが、しかし浜松藩が長谷川に譲った屋敷は、芝高輪の下屋敷一〇〇坪に過ぎなかった。相対替といっても同じ面積同士が交換されるわけではないのである。第二回は浜松藩を含めて五人の武士が六か所の場所を相対替した（五方六地相対替）。ここで浜松藩は九五二坪の屋敷地を獲得し、合計五四一坪の屋敷を譲渡した。第三回は四人の武士が土地を交換しあう相対替であった（四方相対替）。浜松藩の獲得した屋敷地は七五〇坪、譲渡した屋敷地は五〇〇坪であった。第四回は実に五方八地相対替であり、浜松藩が獲得した屋敷地は合計一三二八坪余、譲渡した屋敷地は合計九六〇坪余である。第五回は旗本大道寺内蔵助との相対替で七〇〇坪の屋敷地を獲得し、二〇〇坪の屋敷地を譲渡した。第六回は三方相対替であり、浜松藩は一万坪の屋敷地を獲得し、一〇〇坪の屋敷地を譲渡した。ちなみに浜松藩が獲得した屋敷地は第一回と同じ旗本の長谷川久太郎の中渋谷の屋敷である。つまり長谷川の屋敷地二万坪は残らず浜松藩に譲られ、その代償は二〇〇坪に過ぎなかった。浜松藩は下屋敷二四〇一坪余を譲渡するだけで実に二万三三七〇坪余を獲得したのだった。

これはいかにも不自然である。金銭による買取、もしくは便宜供与があったのであろう。拝領屋敷は売買が禁止されているので、相対替の実態は明らかにされない。そのため幕府は状況を把握できず、結局相対替は幕府の管理が行き届かなくなる。

相対替が幕府の管理から離れていた事例は、長門国萩藩（山口県）の事例で確認できる。[13]元禄一二（一六九九）年一〇月、萩藩は以下のような三方領地替を行なったと幕府に届け出ている。萩藩の麻布龍土の藩邸地（中屋敷と下屋敷が地続）五〇〇坪を旗本松平十右衛門に、松平の拝領屋敷地六〇〇坪を小泉兵庫に、旗本小泉の拝領屋敷地八五二坪を萩藩にというものであった。

しかし実際は届のようではなかった。萩藩の五〇〇坪の屋敷地は実際には引き渡されなかった。その代りに萩藩は「御普請銀」の名目で、小泉に五二〇両・松平に三八〇両を支払っている。事実上の金銭による売買であったことに間違いない。またこの麻布龍土藩邸に関しては、近くの四人の旗本の拝領屋敷を密かに買い取っていた。このことは幕府も把握しておらず、元治元（一八六四）年七月、禁門の変以来の幕府への敵対行為のため、萩藩邸が幕府に接収されて初めて判明したのである。幕府がいかに相対替を把握していなかったがわかる。

拝領屋敷は本来幕府の所有であり、諸大名は占有しているだけなのであるが、このような相対替の管理の不備は、次第に諸大名に拝領屋敷に対する所有意識を醸成していったと考えられる。例えば、筑前国福岡藩（福岡県）藩主黒田斉溥は、目黒にある下屋敷に接して買った屋敷地を旧主に返せと幕府に命じられた時、「幕府の許可を得た上で買ったのだ。どうしても返還しなければならないというのなら、すべての屋敷を返還して国許に引き籠る」と幕府に返答したという。これは天保一三（一八四二）年六月頃に流れた噂なので、真偽のほどはわからないが。[14]

この年は後述するように、幕府が抱屋敷の撤廃を、強圧的に進めようとしている段階であり、それへの反感がこのような噂になったのではないか。ただこのような謀反の噂が流れること自体、幕府の支配が揺らいできているということになろう。

ちなみに福岡藩の下屋敷は噂では目黒にあったということになっているが、本当は渋谷の金王八幡の近くにあった。宝暦一〇（一七六〇）年九月に相対替で九一七一坪の屋敷地を手に入れて以来、天保六（一八三五）年三月、越前国丸岡藩（福井県）に一〇〇〇坪を切坪相対替して面積は減ったが、明治維新まで持ち続けた。

拝領意識についての所有意識の高まりについては以下の史料[15]をご覧いただきたい（史料は原文を読みやすいように改めた）。


先年中渋谷村中《下か》屋敷差し上げ候に付、右代地として、このたび永代橋前北新堀松平刑部大輔下屋敷家作共下され候旨仰せ出だされ、ありがたきしあわせに存じ奉り候、しかるところ、右屋敷の儀は刑部大輔家において、年古き拝領にて重き由緒これあり、あいなるべくば御繰り替え成し下され候よう致したき段、歎願の趣にこれあり候、御由緒の儀はもろもろの家々規模にも候あいだ、右屋敷は差し上げ、これまでの通り刑部大輔に下され候ようつかまつりたく、拙者下屋敷は右場所にも限り申さざる儀にて外場所にて拝領仰せ付けられ下され候ようつかまつりたし、もっとも当節屋敷御繰り合わせ不都合の折柄拝領つかまつり候ては深く恐れ入り候あいだ、追って御都合よろしき節拝領被（後欠）

この史料は抜書の上に後半部分が失われているので、意味のはっきりしないところもあるが、松平刑部大輔とは三河国吉田藩（愛知県）藩主松平信古であろう。吉田藩が下屋敷の上地を命じられたのは、慶応元（一八六五）年と推測される。中渋谷村の下屋敷を上地された大名（姓名不詳）は、永代橋前北新堀にある吉田藩下屋敷を替地として与えられた。しかし吉田藩では「重き由緒」があるとして、これに反対する嘆願を幕府にしたのである。吉田藩がこの屋敷を拝領したのは、寛永一〇（一六三三）年二月であり、もはや二三〇年以上経つ。「重き由緒」というのももっともである。

姓名不詳の大名は、由緒は諸家の「規模」、つまり規範なので北新堀の屋敷は吉田藩に返してもいいとさえいっている。その際「当節屋敷御繰り合わせ不都合の折」としている点が注目される。つまり拝領屋敷を効果的に下賜することは、難しかったということである。幕末期には幕府は拝領屋敷を上地することにも、反対を覚悟しなければならなかったわけである。大名の領地については、「領地には由緒があり、罪なくして所替されないという観念」[16]があったというが、拝領屋敷にも同じような観念があったのではないか。

話を天保の改革期に戻そう。この時期は屋敷地規制に関する法令が矢継ぎ早に出された時期である。抱屋敷については天明五（一七八五）年の法令が天保一二（一八四一）年四月に再び触れられている。[17]これは「御目見得以上・以下、陪臣、寺社、町人等」が百姓地を内々に譲り受けて、偽って百姓の名前を登録しておくことを禁止したものである。この法令が対象にしている抱屋敷所持者の多様性に注目されたい。「御目見得以上・以下」とは普通いう旗本・御家人のことだか、「陪臣」とは大名・旗本の家臣を指す。大名も抱屋敷を所持しているのだから、抱屋敷を持っている武士の身分は実に多様だったことになる。それだけではなく、宗教者や町人も所持していた。この時期には抱屋敷は多様な機能を有するようになっていたのであろう。

この法令は抱屋敷をすべて禁止したものではなく、偽名で登録した場合は家作の大きさに応じて、役人足を出させるというものであった。抱屋敷の存在自体は認められた。幕府は享保二（一七一七）年に抱屋敷規制を打ち出したが、有効に機能せず、この天明五（一七八五）年の法令によって、規制は意味を失ったと評価されている。[18]

渋谷の羽沢の地に隠居所として抱屋敷を所持していた松崎慊堂（第六章参照）は、この法令が発令されると旧主の遠江国掛川藩（静岡県）の江戸藩邸に出かけ、この法令の影響について用人の牧野から話を聞いた。牧野は屋敷改を担当する幕臣岡野靭負の話として「慊堂の羽沢隠居教授は甚だ善し、武家は民地に居るべからず、則ち有司の奉ずるところの法は易うべからず、その究は民に撤去を命ぜざるべからず」と伝えた[19]。

慊堂は当時を代表する学者であり、羽沢の抱屋敷では教育活動等を行なっていた。岡野はこれを評価するが、そもそも武士は百姓地にいるべきではない。法令は変更できない。最終的には百姓に抱屋敷の撤去を命じるであろうとした。この言葉を聞いた慊堂は師筋に当たり、幕政に影響力を持つ林家の許に向かった。

先述の法令は、それ自体は抱屋敷を撤廃しようという意図は含んでいない。しかし天保の改革の主導者水野忠邦は、屋敷改を徹底的に行ない、虚偽登録している屋敷は元より、できるなら「武家は民地に居るべからず」の原則の下、抱屋敷をすべて撤去したかった。水野は天保一二（一八四一）年一二月に、武士等で百姓から土地を借り受けている者は、天保一三（一八四二）年中に残らず百姓に返すように厳しく執行すると宣言している[20]。

なぜここまで強硬に抱屋敷を撤廃するのであろうか。二つの指摘をしておきたい。一つは不公正を是正する目的である。先にみたように有力な大名たちは不正な相対替を行ない、屋敷地を蓄積していた。幕府の高級役人も多数の屋敷を所持していた[21]一方、下級の幕臣たちは経済的貧窮のために自分の拝領地を貸し、自分は安い家賃の家屋に住むといった倒錯した事態になっていた。事実上売却してしまう者もいたという[22]。これは明らかに不公正であり、抱屋敷を撤廃することによって、その是正を狙ったのではないか。町屋敷の規制も、同時期に行なわれていることもその証左になる[23]。一八二〇から四〇年代にかけて拝領屋敷下賜が増加するのは、下級幕臣への小規模な拝領屋敷が増えたからだと考えられる。

もう一つは天保の改革の基本的性格からの説明である。この改革はアヘン戦争における清国の事実上の敗北を受けて成立した。海外勢力からの江戸防衛の関心は高い。有名な上知令も、江戸周辺での外国勢力との戦闘を意識し、幕府による領地の統一化により、非常時における円滑な統制を意図して発令されたとされている[24]。もし江戸周辺で戦争ということになれば、領主たちは領地の村に石高に応じて役人足を差し出させ、兵站線を確保しなければならない。その時だれが所持しているのか明白ではなく、従って誰が人足を負担するのかわからない抱屋敷が多数存在したら、混乱を起こすことは必定である。そのような問題をあらかじめ解決するためには、抱屋敷を撤廃しておく必要があったのである。

松崎慊堂の抱屋敷はどうなったのであろうか。天保一四（一八四三）年一二月四日、林家から呼び出しを受けた慊堂は、病気のため代人を参上させた。[25]羽沢の抱屋敷については、これまで通り安住を許すという老中阿部正弘の指示が伝えられた。抱屋敷は撤去されずに済んだのである。明治初年の渋谷の抱屋敷の状況をみる限り、抱屋敷の撤去が行なわれたとは考えられない。[26]原宿村ではその村高の四三％以上が抱屋敷なのである。天保の改革が短期に終了したこともあり、抱屋敷の撤去はあまり進まなかったと考えるのが自然であろう。

第Ⅲ期の特徴について指摘しておこう。この時期は慢性的な拝領屋敷の不足を前提に、不正な相対替や抱屋敷の入手などによる上級武士の屋敷地独占と、それと相反する経済的貧困による下級幕臣の拝領屋敷の貸出・売却という矛盾が徐々にではあるが、進行した時期である。幕府は拝領屋敷を細分化して下賜することにより、拝領屋敷の増加を図ったが、根本的な解決にならなかった。武士階級の利害の調停者という幕府の存在意味が問われることになった。また江戸防衛という要素が一九世紀に新たに加わった。これらの矛盾を解決するためには、身分によって居住する土地が異なるという近世身分制社会の原則に、立ち戻る必要があった。このことを幕府は天保の改革によって解決しようと意図するが、それは短期間で挫折する。幕府の公権力としての存在価値は大きく後退したというべきであろう。

第Ⅳ期、一八五〇年代以降については、ここで詳細に論じる余裕はないが、拝領屋敷件数も相対替件数も減っている。これは上記の矛盾が解決したわけではなく、嘉永六（一八五三）年ペリー来航以降は、藩邸どころの騒ぎではなくなったということであろう。表５－１で屋敷の変化が確認できなくなる文久二（一八六二）年の翌年から、将軍徳川家茂は上方に断続的に移動し、江戸の政治的価値は低減する。

おわりに

藩邸から渋谷をみてみると、下屋敷を中心に、抱屋敷や旗本などの幕臣の拝領屋敷が存在するという構造が、もっとも基本的なものだと思われる。この構造は、江戸にあった武家屋敷地の拡張であり、渋谷の都市化の表れであり、地域的特質として注目される。

この構造自体が歴史的に形成されてきたものであり、その画期は本稿でいう第Ⅱ期、なかんずく一七〇〇年前後である。第Ⅲ期、特に一九世紀前半には下屋敷などの藩邸も、抱屋敷も、幕臣拝領屋敷も幕府は掌握しきれなくなり、幕府権力の弱体化をよく示している。渋谷地域の武家屋敷の基本的構造は、このような近世史の基本的問題に迫る要素を我々に提供してくれる。

最後に課題を一つ。藩邸の存在が地域社会にどのような影響を与えたのかは、本稿ではほとんど触れることができなかった。例えば渋谷宮益町の慶応三（一八六七）年の宗門人別帳をみると、「生国予州新居郡西条」の文助という人物が、日雇稼をしながら、妻や母・妹と暮らしていた。[27] 西条のような遠方出身の人物がここに暮らしているのは、西条藩の藩邸が渋谷にあった影響と考えられる。このように藩邸が渋谷地域に与えた影響は大きいと判断されるが、その検討は後日を期したい。

註

（1）『東京市史稿』市街篇第四九（東京都、昭和三五年）。本稿での藩邸の記述のうち、特に断っていないものは、この書籍によった。

（2）『新修渋谷区史』上巻（渋谷区、昭和四一年）。

（3）『新編武蔵風土記稿』第一巻（雄山閣、昭和三二年）二一八～二一九頁。

（4）前掲『新修渋谷区史』上巻によれば、尾張国今尾藩（愛知県）・三河国苅谷藩（愛知県）も千駄ヶ谷で中屋敷を所持していることになっているが、前者の藩主竹腰氏は尾張藩の附家老で藩としての独立性は疑わしい。後者は『東京市史稿』では下屋敷になっており、名称はとにかく、苅谷藩は拝領屋敷二か所で江戸の政務を取り仕切っていたことは間違いない。

（5）この史料は東京都公文書館所蔵。寛政一一（一七九九）年の写であるが、内容は寛文一〇（一六七〇）年のものと考えていいであろう。

（6）『新訂寛政重修諸家譜』（続群書類従完成会）によった。

（7）前掲『新修渋谷区史』上巻、六七七頁。

（8）宮崎勝美「江戸の武家屋敷地」（高橋康夫・吉田伸之編『日本都市史研究』I空間、東京大学出版会、平成三年）九五頁。

（9）前掲『新修渋谷区史』上巻、第五編第二章第二節。

（10）前掲宮崎論文、九一頁。

（11）同右、九四頁。

（12）同右、八五～九一頁。

（13）同右、九六～一〇〇頁。

（14）藤田覚『天保の改革』（吉川弘文館、平成元年）一六九～一七四頁。

（15）国立公文書館多聞櫓文書七〇一〇五六。

（16）前掲藤田書、一七八頁。

（17）石井良助・服藤弘司編『幕末御触書集成』（岩波書店、平成三年）第四巻、第三四四七号文書。

（18）原田佳伸「江戸場末百姓地の宅地化とその要因」（『関東近世史研究』第二九号、平成二年）。

（19）山田琢訳註『慊堂日暦』６（平凡社東洋文庫、昭和五七年）、一〇六頁。

（20）前掲石井・服藤編書、第三四四八号文書。

（21）前掲石井・服藤編書、第三四六四号文書。

（22）前掲宮崎論文、一〇〇～一〇一頁。

(23)　前掲石井・服藤編書、第三四四九・三四五〇号文書。

(24)　前掲藤田書、二二五～二三三頁。

(25)　前掲山田訳注書、三五六～三五九頁。

(26)　前掲原田論文、一六頁。

(27)　「慶応三卯年渋谷宮益町人別帳」（白根記念渋谷区郷土博物館・文学館蔵）。

〔付記〕　第五・六章執筆にあたっては、白根記念渋谷区郷土博物館・文学館学芸員田原光泰氏、世田谷区立郷土資料館学芸員武田庸二朗氏に御協力を賜った。記して感謝の意を表する次第である。

第六章　松崎慊堂をめぐる空間と人物

吉岡　孝

はじめに

松崎慊堂《こうどう》――。江戸時代後期の儒学者。明和八（一七七一）年肥後国（熊本県）生まれ。本章で彼を取り上げる理由は、彼が歴史に残る学者だったからではない。渋谷の住人だったからである。

文政五（一八二二）年、慊堂は下渋谷村羽沢に抱屋敷を求め、やがてここで主に暮らし、天保一五（一八四四）年四月二一日、この地で没した。その様子は慊堂の日記『慊堂日暦』に詳しい[1]。以下、この日記によりながら、松崎慊堂の目に映った渋谷の周縁性について考えてみたい。前章で検討したように江戸時代の渋谷は、都市化という側面もあったが、それのみでは語れない側面もあり、本章はそこに着目したい。

第一節　慊堂という人物

本論に入る前に、松崎慊堂という人物について概観してみたい。(2)

慊堂は肥後国に生まれたといっても肥後藩士だったわけではなく、上益城郡北木倉村の百姓の子として生まれている。一〇歳の時に出家。一五歳の時に故郷を離れ、江戸に出ている。これは合法的なものではなく、領主の許可を得ない出奔だったようである。江戸に出た慊堂は、浅草鳥越の称念寺の玄門上人の庇護を受ける。

天明八（一七八八）年、一八歳の時に林錦峯が主宰していた昌平黌《しょうへいこう》に入門する。林家は徳川家康に仕えた林羅山以来、代々大学頭を名乗り、幕府の文教政策を主導していた家である。従って昌平黌も大きな権威をもっていた。慊堂在学中の寛政期（一七八九～一八〇一）は、幕府の思想・学問統制上の画期になった時期で、昌平黌もその存在が注目された。慊堂の恵まれた半生は、このような昌平黌の地位上昇が与《あずか》って力があったというべきであろう。

享和二（一八〇二）年、慊堂は掛川藩から招かれ、儒者として仕えた。掛川藩は当時五万石、藩主は太田道灌の血を引く太田氏で、歴代老中など幕府の重職を担ってきた名門である。掛川藩には藩校を新設しようという計画があり、有能な儒者が必要であった。そのため白羽の矢が慊堂に立ったわけだが、これは幕府と関係が深い、林家の学寮頭取役まで勤めた慊堂の履歴が物を言ったに違いない。

慊堂は馬廻り役格の儒者として二〇人扶持で召抱えられている。高給とは言い難いが、馬廻り役とは藩主のいわば親衛隊に当たり、その地位は高い。もっとも慊堂の場合は「格」なので実際に馬廻り役の実務を勤めたわけではなく、馬廻り役と同等の格式が与えられたということであろう。実際彼は江戸西窪の掛川藩上屋敷や国許の藩校「北門書院」で教育活動に従事している。

掛川藩に仕えている間、慊堂は師錦峯の後継林述斎を補佐し、朝鮮通信使と対応するなど華やかな活動を行ない、故国の熊本藩から仕官を慫慂されるなど、その評価は高かった。しかし文化一一（一八一四）年、四四歳のときに、息子の明徴に跡を譲り、隠居している。当時はこの齢での隠居は珍しくない。慊堂は当初江戸の掛川藩邸に住みながら、旅行などをして隠居生活を楽しんでいたが、やがて家族と離れて別荘での生活を求めるようになり、文政五（一八二二）年に羽沢山房を入手し、そこに移った。

羽沢とは下渋谷村の地名である。慊堂の別荘は現在國學院大學がある地の近辺にあった。羽沢山房という名称は、正式に定められたものではなく、『慊堂日暦』にも石経山房などさまざまな名前で出てくるが、本稿ではこの呼称で統一する。

では、羽沢山房とはどのようなところだったのであろうか。以下慊堂が山崎晨園に書き与えた文政五（一八二二）年一二月一七日付手紙の一部大意を掲げる(3)。山崎晨園は掛川藩の御用商人で、慊堂のパトロンの一人であった。

自分の羽沢村の住まいは、すでにできた。その地は都城（江戸）の西南に当たり、古程で六里余の距離になる。広さは三五畝（一畝は三〇坪）。竹林がある。梅・桃・柿・栗の畑もある。野菜の畑が一〇畝余りある。大変粗末な食生活の計画で余裕があるので、この程度の収穫物でも心配はいらない。この地は静かで広々としているので、夏秋の間には居ながらにして、都城の花火を視ることができる。丘の下の水田は西から南に延びて鳳凰の尾の形をしている。羽沢の名はそもそもここに由来するのだろうか。東の沢の高いところも低いところも皆畑である。今野菜と麦はすでに芽吹いている。春から夏の間は美しい花や黄金色の雲があり、自然の味わいを愛すべきである。

手紙には文学的修飾も多く、その点は割り引くにしても、この一節は当時の渋谷のイメージを彷彿させるものがある。

それは豊かで静寂な田舎というイメージである。山房の周辺には竹や果樹・野菜の畑がある。ぜいたくな暮らしさえしなければ十分食べていける。また静かで広々としており、夏には江戸の花火を眺めることもできる。

丘の下には水田が広がり、鳳凰の尾のようだというのは大袈裟な表現であるが、羽沢の下の渋谷川から西にかけて水田があったことは事実であろう。畑も麦や野菜が今は豊作である。まさに豊かな農村というイメージである。

さらに慊堂が天保三（一八三二）年正月元日に詠んだ漢詩から、豊かな農村である渋谷と江戸とのイメージの対比を読み取ることができる。

利を争い名を争い紙鳶を争い　　都城百万相摩肩す

羽山にはただ渋鶯の曲あるのみ　　柳眼梅唇落日の天

意味はだいたい以下の通りであろう。江戸では利益を争い、名誉を争い、元旦の今日は凧揚げを争っている。そこでは百万の人間が肩と肩をぶつけあって混雑している。一方ここ渋谷の羽沢には、鶯が静かに曲を奏でるだけだ。柳や梅の新芽は萌え、日は暮れようとしている。

ここでは江戸が名利の巷として繁栄はしているが、争いの土地として描かれている。何しろ凧さえもが争っているのである。反対に渋谷の地は清閑な地である。実際のこの時期の渋谷は、江戸の影響を受け華美になっている側面もあった。しかし羽沢山房、大きくいえば渋谷の環境が、豊饒な自然を有し、その豊かさにも恵まれ、季節に相応する美しさを持っていたこともまた事実である。当時の代表的知識人である慊堂が、老後を卜するに足る魅力を持った地と判断したのである。次節では羽沢山房を取り巻く空間が、いかに自然と文化が調和した空間であったかを述べてみたい。

第二節　羽沢山房をめぐる空間の特質

ここでは松崎慊堂の行動から、一九世紀前期における渋谷をとりまく空間の特質について考えてみたい。表６－１は『慊堂日暦』によって、彼が遊楽に出かける時、どの方面に向かったのか、主な事例をまとめたものである。日時は『慊堂日暦』により、目的地は複数の場合、矢印を書いて順番を示した。多すぎて書ききれない場合は、代表的なものを書いた。理由は『慊堂日暦』にはっきりとした記述がない場合は、「遊楽」とした。同行者は明白に記述のある人間に限った。記載がない場合は「不明」とした。慊堂が外出する理由は、各藩への講義の場合が一番多いが、もちろんこの表には含まれていない。旅行の場合も割愛した。『慊堂日暦』が書かれた初期には、慊堂は江戸の掛川藩邸に居る場合も多いが、江戸から行楽地に出掛けた場合は、カウントしなかった。名所を訪れる目的ではなく、江戸の友人を訪れた際に、ついでに名所を探訪した事例等も除外した。

この表６－１をみてみると、慊堂が遊楽で出かける場所は①江戸、②馬引沢、③上北沢、④目黒、⑤広尾、⑥その他である。一つずつ検討してみよう。

①江戸であるが、これは19の一例だけである。慊堂はわざわざ渋谷から江戸に遊楽に行くことはほとんどなかった。この日も肥後国熊本新田藩（熊本県）三万石の「公子」（藩主の四男）細川利和のお伴が目的だったようである。この人物は慊堂と大変仲がよく、『慊堂日暦』にもしばしば登場する。慊堂は友人である掛川藩医十束井斎や弟子である海野石窓・塩谷宕陰とともに飛鳥山周辺を散策している。

②の馬引沢（世田谷区）は目的がはっきりしている。小松引のためである。小松引とはその年の始めての子の日に、

表6－1　松崎慊堂遊楽表

番号	日時	目的地	理由	同行者
1	文政 7年（1824） 2月17日	目黒不動→千束池	遊楽	和田持正ら4人
2	文政 7年（1824） 3月29日	祐天寺→目黒不動→新橋	遊楽	細川利和ら3人
3	文政 7年（1824） 4月 8日	上北沢左内邸	牡丹観賞	不明
4	文政 8年（1825） 3月 4日	広尾原	遊楽	家人・児婦
5	文政 8年（1825）10月24日	九品仏寺	仏像鑑賞	狩谷棭斎
6	文政 9年（1826）正月 6日	馬引沢	小松引	不明
7	文政 9年（1826） 3月 3日	光林寺	垂桜観賞	不明
8	文政 9年（1826）10月21日	広尾原	茅花観賞	柳斎ら3人
9	文政11年（1828） 2月27日	光林寺	垂桜観賞	関口宗叔ら3人
10	文政11年（1828） 2月28日	上豊沢村	紅樹観賞	園丁
11	文政11年（1828） 4月 2日	北沢	牡丹観賞	舟橋宗賢ら3人
12	文政12年（1829）正月 5日	馬引沢	小松引	精斎ら2人
13	文政13年（1830）正月10日	馬引沢	小松引	高井ら3人
14	天保 2年（1831）正月10日	馬引沢	小松引	細川利和ら3人
15	天保 2年（1831） 4月15日	新富士→水車→元富士	遊楽	蔭山冲海ら4人
16	天保 3年（1832）正月16日	馬引沢	小松引	細川利和ら3人
17	天保 5年（1834）正月22日	馬引沢	小松引	上田雪坡ら8人
18	天保 6年（1835） 3月10日	淡島祠→長谷寺前渾堂	入浴	不明
19	天保 6年（1835）閏7月24日	飛鳥山→王子祠→静勝寺	遊楽	細川利和ら多数
20	天保 7年（1836）正月16日	馬引沢	小松引	瀬辺少造
21	天保 9年（1838）正月15日	馬引沢	小松引	細川利和ら8人
22	天保 9年（1838）正月25日	鬼子母神→祐天寺→目黒不動	遊楽	不明
23	天保 9年（1838） 9月 5日	金王祠→上目黒→白金	遊楽	渋石門ら1人
24	天保12年（1841） 2月19日	元富士→山王山→桐谷梅荘	遊楽	練居士
25	天保14年（1843） 8月12日	広尾原	新居見物	不明

出典：『慊堂日暦』から作成。

野に出て小松を引いて祝としたものである。古代から行なわれていた。慊堂の小松引は「下馬引沢、植木屋三五郎」を訪ねて、小松を掘り採り、山房に植えるのを常とした。この事例が確認できるのは、6からである。12の事例をみると、慊堂は三五郎のところから、小松三〇根と児手柏・沈丁花を買っている。

この小松引には先の細川利和ら多くの人物が参加している。14の事例では、利和は伊予国（愛媛県）吉田藩医本間祐清・伊予国（愛媛県）西条藩儒日野公春らと三五郎の家周辺で小松数十根を掘り、羽沢山房に帰って慊堂とともに松を植えている。16でも利和は慊堂や西条藩奉行保科子成らと三五郎の家に行き、例によって蕎麦を振舞われ、持参した酒を飲んだ。慊堂は「春風に馬沢に向い、年々甲子の松を採る」と漢詩を作る。そこには羽沢山房に植えた松が、鬱蒼と茂って青空にそびえるように詠われていた。

馬引沢への遊楽は、小松引のためというはっきりとした目的があった。他の行楽については友人・弟子などと行を伴にしているが、小松引の場合は古来から存在する伝統行事のためか、大名の「公子」や大名の奉行なども参加している。これは例外的な2と19を除くと、他の遊楽とは明確に異なる点である。

③は上北沢村（世田谷区）で、3・11である。上北沢の牡丹園を訪ねた。牡丹は夏の花として江戸時代には盛んに観賞された植物である。この園の所有者について慊堂は「左内」としか書いていないが、鈴木左内という上北沢村の名主である。左内の牡丹園は当時有名で慊堂とも親交があった池田冠山もここを訪れている。二代歌川広重の『東京名所三十六花撰』シリーズの浮世絵にも描かれている(4)。

牡丹園の名前は凝香園。慊堂によれば牡丹の数は二七〇種前後。花壇が五つから六つあった。濃艶亭という茶亭も存在している。11の時には慊堂は舟橋宗賢らと淡島明神社の前で一杯やってから、牡丹園を訪問した。この時牡丹はまさに盛んで「観る者は路に布く」、道は見物人でいっぱいだった。牡丹園の前には出店が出て、蕎麦や団子を売っていたというから、そのこともあって人が集まったのであろう。

④目黒は1・2・5・15・18・22～24である。1は弟子の和田持正らと出かけたもので、目黒不動から千束池に出ている。千束池（洗足池）は下池上村と馬込村の境にあり、日蓮終焉の地として知られる池上本門寺が近くにあった。目黒不動から千束池までは池上道が通り、一つのコースをなしていた。「池は周回は古程三里、水は清絶、丘阜は映帯し、極めて佳趣あり」と慊堂は千束池を称賛している。「余は戯れに目して城南の小西湖となす」とも書いている。西湖はいうまでもなく中国の浙江省にある湖で、蘇東坡や白居易が詩を詠んだ名所である。それを千束池に比すのはやや過大だと思うが、中国に範を求める儒者らしい比較ともいえる。慊堂は千束池の北にある丘に登って景色をみた。「極めて佳」であった。紅躑躅を一株買って羽沢山房に植えた。もっとも帰りに目黒不動前の波志波屋で飲むことも忘れなかった。

目黒は名所が豊富にある。2・22～24で慊堂が訪ねているのは「古嶽台」や祐天寺・鬼子母神・不動祠であった。「古嶽台」とは上目黒にあった元富士であろう。これは文化九（一八一二）年に地元の富士講がつくった富士塚で、文政二（一八一九）年に後述する近藤重蔵が中目黒の別邸内に築いた富士塚を新富士というのに対して、元富士といった。どちらも広重によって浮世絵に描かれている代表的な名所である。

鬼子母神は中目黒の正覚寺にある伝教大師作と伝えられるものであろう。正覚寺は日蓮宗の寺院で、陸奥国（宮城県）仙台藩の藩主伊達家との関係が深く、四代藩主綱村の生母浄眼院（浅岡局）の墓がある。なお彼女は歌舞伎「伽羅先代萩」で有名な政岡のモデルとされる。祐天寺は享保三（一七一八）年に創建された、祐天上人を開山とする浄土宗の寺院である。徳川将軍家の宗旨も浄土宗だったためか、将軍家との関係は深い。徳川家ゆかりの女性から寄進された門などの施設等見所も多かった。不動祠は目黒不動であろう。これは下目黒にある天台宗瀧泉寺の本尊である。江戸庶民から多くの信仰を集めた。瀧泉寺には鷹居の松・独鈷の滝という名所もあり、いずれも『江戸名所図会』に記載されている。

5の九品寺訪問も、祐天寺から碑文谷（目黒区）を抜けて、奥沢（世田谷区）にある浄土宗浄真寺を訪ねているので、目黒に含めて紹介しよう。仏教では極楽浄土を九種類にランク付けするが、その九種類を象徴する仏像、つまり九品仏で有名なのがこの浄真寺である。だからこの寺のことを九品寺ともいった。

慊堂は友人狩谷棭斎とともに探訪している。彼については後述するが、平たくいえば古い物が大好きな好古趣味の人であった。九品寺は中世世田谷城主吉良氏の家臣の居宅の跡に築かれ、延宝六（一六七八）年珂碩によって開山された。二人は珂碩に関する知識をもっており、熱心に仏像を観察した。歴史好きにはたまらないところだったのであろう。

なお表には反映させなかったが、棭斎とは武蔵国府中へも祭礼見物に赴いているのでここに記してみよう。文政九（一八二六）年五月五日、棭斎の子どもの婚礼があったようである。慊堂もお祝いに出かけ、例によって酒を飲んだ。飲み終わると棭斎は「府中の祭事を観ん」と言い出した。この日は府中の六所明神社の祭礼、いわゆるくらやみ祭が行なわれていた。しかし烏山村（東京都調布市）で日が暮れてしまい、着いた時にはクライマックスともいうべき神輿渡御は終わってしまっていた。無計画ぶりがわかる。ふたりは「頓宮」（お旅所）で神輿を熱心に観察している。この祭礼は古代の国府祭を起源にするといわれ、これも歴史好きにはたまらないものであったろう。

15の事例の目的は、山房の池に放す魚を捕ってくることにあったようだが、そのついでに慊堂らは新富士を観た後、元富士に行き、喫茶して帰ってきている。その途中で「水碓」で「銅糸」を作るところを見物しているというのが目を引く。多分目黒川で水車によって針金をつくる作業を観たのであろう。この当時の江戸近郊農村では様々な水車稼ぎがよく見受けられ、針金製造もその一つである。当該時期の渋谷周辺地域の経済活動が垣間見られて興味深い。

18では慊堂は北沢村（世田谷区）の淡島明神社を訪ねている。この神社は浄土宗森巌寺が別当として支配しており、住僧によるお灸で有名であった。晩年の慊堂は健康状態が悪く、灸治のために訪問した可能性もあるが、この点については触れられていない。慊堂は駒場野を通って、長谷寺前の渾堂（風呂屋）で入浴している。『慊堂日暦』には広尾の渾堂に行くという記述が散見されるが、それはこの渋谷長谷寺門前（港区）の風呂屋を指しているのであろう。このように目黒方面を訪ねてから、広尾に廻ることもあり、両者は切り離しては語れない。

⑤広尾。4では慊堂は細君と女児をつれて広尾原に行っている。ここは「遊ぶ者甚だ多し」という状況であった。女児はたんぽぽ・つくし・枸杞《くこ》などをとった。枸杞は強精薬や解熱薬になるので、花摘み遊びとともに、薬草収集の意味もあったのであろう。8では茅花、つまりススキをみるために出かけている。7と9の臨済宗慈眼山光林寺には垂桜見物で訪れている。ここは現在でも桜の名所として知られる。25では「広尾原の巫祝山伏輩の新居を観る」と記している。天保一四（一八四三）年四月、現在の恵比寿に本山修験梅之院実王院と吉田家関東役所の神職の者へ拝領屋敷が与えられた。前者は天台宗系の山伏であり、後者は神道を司る家であった。新しく屋敷地が与えられたために、珍しくもあり、慊堂は見物に出かけたのであろう。

⑥その他は10である。ここで慊堂は春に赤い花をつける樹木を観に行っている。桜の木も持って帰ってきている。

このようにみてみると、慊堂は羽沢山房転居後、遊楽のためにわざわざ江戸に出掛けることは例外的になった。これは都市ではなく、自然と接することに喜びを感じていたからではないだろうか。それならば渋谷周辺に豊富にあり、わざわざ「利を争い名を争」う江戸に出掛けることはないのである。

慊堂の行動圏は現在でいえば、渋谷区を中心に、港区・大田区・目黒区・世田谷区周辺である。近場で間に合うほど、渋谷は自然に恵まれていたということであろう。そして馬引沢が小松引、上北沢が牡丹観賞、目黒が歴史ある寺社と自然に親しむ、広尾が植物観賞と採集といった役割分担があったことにも注目される。梅・桜・ツツジ・牡丹・ススキそして松など、季節に合わせた植物を観ることができた。梅や牡丹は園としてまとまって観賞することもできた。この時期の植物観賞環境は高度だったのである。

このうち慊堂がもっとも固執したのは小松引である。これは自然を愛おしむ心と彼がもっていた歴史的教養とを共に満足させるものであった。また獲得した松を羽沢山房に植えて、自分の居住地を豊かにし、その様子を漢詩に詠むことで文学化することもできる。植物の移植は他のところでもみられる。自らの住居の庭と周辺環境の自然とを同調させ、四季の移り変わりなどの自然の転変を認識する。そこに心を読みとれば、江戸時代の知識人の一つの理想ではないだろうか。とにかく羽沢山房は豊かな自然・文化空間に取り巻かれていたことは確かである。

第三節　羽沢山房をめぐる人々

慊堂の羽沢山房での生活は、ただの隠居生活ではなく、さまざまな活動を行なっていた。山房を訪問した知識人も多い。すべての人物を検討する紙数はないので、山房を確実に訪ねたことが確認できる人物のなかでも著名な人物に限って検討しよう。そこから渋谷の地域性の一面が垣間見えてくるはずである。

近藤重蔵

近藤重蔵（一七七一〜一八二九）は、正斎という号でも知られる。[5]江戸町奉行の与力出身で、北方探検家として知られる。寛政一〇（一七九八）年エトロフ島に渡り、「大日本恵登呂府」の標柱を建てたことが、最も周知の事跡であろう。一方彼は江戸幕府の学問吟味で褒賞されるなど、学術面でもその才能を発揮している。寛政七（一七九五）年六月、長崎奉行手付になって、長崎に赴任し、時の長崎奉行中川忠英の下で活動している。中川が江戸に帰り勘定奉行と関東郡代を兼任すると、重蔵も関東郡代付出役になっている。このように重蔵は、中川と関係が深い。これは中川が歴史書などの書物編纂事業に熱心なため、重蔵の教養が買われたからではないだろうか。

重蔵はその後蝦夷地御用に尽力するが、文化五（一八〇八）年二月、書物奉行に任命されている。これは江戸城紅葉山に収められていた幕府の書物を管理する役職である。江戸幕府法令集である『憲教類典』など貴重な書籍を多数編纂し、後世の歴史家を裨益している重蔵には、適役といえよう。文政二（一八一九）年二月、大坂弓奉行に転じ、同じく四年に免職されて江戸に戻っている。重蔵は性格に問題があり、対人関係が円滑でなかったと指摘されているが、『慊堂日暦』をみる限りでは互いに往来して書物の貸し借りなどを行なっており、学問好きな友人としか思えない。

文政九（一八二六）年重蔵は子息近藤富蔵の町人殺害事件に連座し、近江国（滋賀県）大溝藩に預けられてしまう。文政一二（一八二九）年六月にその地で死去した。その功績に比して、あまりにも不遇な最期といえよう。天保二（一八三一）年四月一五日、中目黒にあった富士塚、いわゆる新富士を訪れた慊堂は、重蔵の家が撤去されて跡形もなくなっている光景を目にする。「正斎を懐い惨然たり」と記しているが、これは亡友に対する素直な悲しみを表している。

佐藤一斎

佐藤一斎（一七七二〜一八五九）は、美濃国（岐阜県）岩村藩士で家老を歴任した家に生まれた。(6) 藩主の一族である先代藩主松平乗薀の子衡《たいら》とともに学問を学んでいる。寛政五（一七九三）年幕府に仕える林大学頭錦峯が死亡したため、幕命により衡が林家の跡を継いだ。林述斎である。一斎はその直前に林家に入門していたが、改めて親しかった述斎に入門し直している。文化二（一八〇五）年には林家の塾の塾長になっている。

このように一斎は日本における朱子学の本宗ともいうべき林家の重鎮というべき存在であったが、その学風は「心学」を重視し、陽明学への傾斜を示したといわれている。慊堂は天明八（一七八八）年に既に林家に入門しているので、一斎には同門の先輩になる。年齢も慊堂が一歳上である。

このように慊堂と一斎は林家同門であり、親しい関係にあった。先に述べた朝鮮通信使の応接も、元来一斎が同行するはずであったが、事情があって行けず、その代りを慊堂が務めた。『慊堂日暦』によれば、一斎はたびたび羽沢山房を訪れているし、慊堂も師筋にあたる林家を訪れた時には、必ずと言っていい程一斎の許も訪問している。興味深いのは天保四（一八三三）年一〇月一一日、『六諭衍義』『慶安御触書』について二人で話し込んでいることである。この当時林家は幕府の教諭政策に尽力していたので、そのための相談に慊堂は与ったのであろう。

天保一三（一八四二）年四月一日、学問出精によって、慊堂は一二代将軍徳川家慶に拝謁の栄誉に浴した。もちろん将軍に拝謁するなど、稀有なことである。慊堂にとって一生のうちで最も晴れがましい一日といっていいであろう。この日江戸城中で慊堂は一斎に会っている。「佐藤一斎は余を見ざること久し。相逢うて喜ぶこと甚だし。倶《とも》に休所に入り暢叙《ちょうじょ》す。五十余年の交友、みな異物となる。一斎は去年また既に朝に列す。余は独り林下に在り、乃《すなわ》ちまた朝見するを得たり。二人の懐は想うべきのみ」。

この記述によれば、一斎と会うのは久しぶりということになる。実際は前年一二月四日、昌平黌教授に抜擢された一斎の許を、慊堂は慶賀のために訪れているし、天保一三（一八四二）年二月四日にも一斎に会っている。文学的な修飾であろうか。

慊堂と一斎は休息所に入り、話し合った。寛政五（一七九三）年林家に入門した一斎が、すでに入門していた慊堂と出会ったときから、四九年の時が流れていた。共通の友人はみな異物（死者）となった。七〇歳を超えて共通の友人が多く死亡していくなか、二人にしか共有できない想いも多かったであろう。一斎は去年昌平黌教授に挙げられているし、慊堂も今将軍に拝謁を賜るという栄光に浴した。同窓の出世を素直に喜びあったのであろう。

なお一斎は長寿し、慊堂死後の安政六（一八五九）年九月二四日、八八歳で死亡している。幕末薩摩藩の志士西郷隆盛は一斎の主著『言志四録』を愛読し、その抜粋集まで作成したほどである。この点からも一斎が後世に大きな影響を与えたことは確かである。

狩谷棭斎

狩谷棭斎（一七七五〜一八三五）は津軽藩御用商人の養子である。[7]商人としての名前は津軽屋三右衛門といった。考証学者として知られる。慊堂は林家の門弟であったので、朱子学を修めていたが、晩年は考証学に傾斜していった。『慊堂日暦』をみると、棭斎はしばしば羽沢山房を訪れているし、慊堂も棭斎の居宅である求古楼を訪問している。泊り込む場合も多い。慊堂は酒好きで有名な人なので酔っ払って帰れなくなったこともあったようである。旅行にも共に出掛けている。

もちろん二人の交際は酒のみではなく、学問的関係が濃厚である。書籍の貸し借りから『説文』などの勉強会、『和名類聚抄』や『爾雅』の校訂などを行なっている。慊堂は棭斎の影響も受けて、次第に考証学的傾向を示していったとされる。そうなれば気になるのが、儒学のテキストの問題である。現在のテキストは宋元の学者が手を加えたいいかげんなものであり、なんとしてもそれ以前のテキストに立ちかえる必要があった。慊堂と棭斎は、唐の玄宗皇帝が開成二（八三七）年に建てた開成石経に注目し、そこに刻まれた儒学のテキスト一二部を厳密な校訂を行なって出版する計画を立てた。この作業が具体的に確認できるのは天保五（一八三四）年正月からである。しかし天は棭斎にその機会を与えなかった。

天保六（一八三五）年閏七月三日、慊堂は棭斎の病篤しと聞き見舞に訪れた。棭斎は先月十日から普通に食べることができなくなっていた。また四・五日前からは飲むことも食べることもできなくなってしまった。からだもやせこけて、ほとんど骨と皮ばかり。これは助からないと慊堂は思った。

しかるに精神は平生のごとく、石経の校文・淳化帖の事を言う数語は、平日のごとし。晩に向って手を握って別る。暗に泣くこと三声。

身体とは反対に梲斎の精神は平常と変わらず、『開成石経』の校訂や『淳化帖』のことについて語った言葉は、短いが普段と変わらなかった。『淳化帖』とは『淳化閣帖』のことで、北宋の太宗が淳化三（九九二）年に勅命で書跡を編纂させた法帖（お手本集）である。編者は王著。書聖王義之やその子王献之の書跡が多く収録され、書のお手本としての価値は高いが、少数しか作成されなかった上に、原本は失われたから、本来の姿を窺うのは難しく、どの復刻本がもっとも善本か、比定する必要があった。梲斎は王文粛本がもっとも善本であるとし、苦労して一本を入手し、『淳化祖帖』という名で、その模刻本を出版する計画を立てた。その跋文を書きあげたのは、慊堂が訪問する前月のことであった。

慊堂は梲斎と手を握って別れた。声を忍んで泣いた。これが永訣であることははっきりわかった。翌日津軽屋から使いが来て梲斎が没したことを伝えた。慊堂は湯島にある梲斎の本宅に行き、梲斎の亡骸と対面した。死体を撫でて、声を上げて泣いた。

慊堂は亡友の志を無駄にはしなかった。『淳化祖帖』は慊堂の尽力により、天保一一（一八四〇）年に出版された。『開成石経』については、大部なものなので出版費用を慊堂と縁の深い藩に分担してもらうことにした。『周礼』・『儀礼』・『礼記』を遠江国掛川藩、『孝教』・『論語』・『爾雅』を肥後国熊本新田藩、『周易』・『尚書』・『書経』を伊予国西条藩、『春秋左氏伝』・『春秋公羊伝』・『春秋穀梁伝』他を下総国佐倉藩が負担することになった。これら四藩は慊堂が羽沢山房に住まいながら、藩邸に講義などに赴いていた藩である。『縮刻開成石経』は慊堂の没年である天保一五（一八四四）年に出版された。学術的価値はいうまでもないが、亡友への追悼という意味もあったのであろう。

渡辺崋山

渡辺崋山（一七九三〜一八四一）は三河国（愛知県）田原藩藩士の父定通の長男として生まれている。[8] 渡辺家は江戸詰めの家で、崋山は国許の田原ではなく、江戸麹町の藩邸に生まれ、生活基盤も江戸にあった。定通は好学の士であったが、経済的には貧しく、崋山の弟妹たちは口減らしのために、次々に養子や奉公に出されてしまった。崋山一四歳の時に寺に出された八・九歳の弟は、降り出した雪の中を、見知らぬ男に伴われて心細げに旅立ったと崋山は後年に述懐している。

崋山が絵画を学んだのは芸術家志向によるものでも、士大夫の教養のためでもなく、食っていくためであった。当時の武士はその身分的制約によって、副業で稼ぐといっても限られたものしかなかった。絵画はその内の一つといってもいい。ゆえに崋山は初午の時に飾る燈籠や俳諧の歳旦帖の挿絵など、芸術的とはいえない職人仕事を多数こなしている。しかし文化六（一八〇九）年頃には当時の画壇の重鎮ともいうべき谷文晁に師事し、芸術的にも優れた技量を示した。何しろ崋山は国宝「鷹見泉石像」の作者である。

崋山の学問の師としては、佐藤一斎と松崎慊堂が挙げられる。文政七（一八二四）年一二月一〇日、崋山が煙草盆二つを慊堂に贈ったことが、『慊堂日暦』にみることができる。慊堂と崋山の交際の最初である。その後たびたび崋山は羽沢山房を訪ねている。天保五（一八三四）年四月二三日、「醒めて、出でて渡辺崋山を訪いまた飲む」と、酒好きの慊堂が、崋山の家で飲み直していることも確認できる。親しい関係が窺える。崋山は人好きがする人物で、藩内の反対派以外の人間に悪くいわれることは少ない。少なくとも蛮社の獄が起きるまでは。

崋山は天保三（一八三二）年に田原藩の年寄末席（家老）に就任している。この職は藩の重役の一つであり、海防掛も兼ねた。この当時日本をいかに防衛するかという海防問題は各藩とも大きな問題であり、特に田原藩は海に接した部分が長く、無視できなかった。多分崋山は海防掛になったこともあって蘭学に興味を覚えたのであろう。

そのため蘭学の造詣が深かった高野長英・小関三英らと交わりを結び、尚歯会といわれるようになる。崋山は蘭学グループの巨魁と目されることが多いが、彼自身はオランダ語は読めなかったらしい。崋山は中国辺りで翻訳された漢訳洋書から海外事情を学んだようである。この当時の日本人は長い間研鑽を積んできた漢文の力で、欧米世界をも理解しようとしていた。しかしより正確な事情は、やはり欧米の原典に当たる必要があり、崋山も長英等に期待したのであろう。

幕府の一部にはこのような蘭学グループへの危機感があった。海外情報の独占は、幕府が権力を維持する大きな要素だと理解されていたのであろう。林述斎の子息で鳥居家に養子に行った耀蔵は当時目付であったが、密告を受ける形で政治批判と無人島渡航計画の嫌疑で崋山を天保一〇（一八三九）年五月一四日に逮捕した。長英も逮捕されたが三英は自刃したため捕縛されなかった。逮捕後の家探しによって、崋山の家から幕政批判の文章が含まれていた『慎機論』が発見された。この著作は崋山が執筆はしたものの、幕府批判の箇所があることから、他見させずに筺底に秘めていたのであった。

慊堂は崋山逮捕の報告に驚愕し、即座に崋山救出運動を開始する。慊堂は弟子の海野石窓と相談しながら、事件の当事者ともいえる鳥居耀蔵や佐藤一斎を訪ねている。慊堂は耀蔵のことは師の子息のためか、決して悪くは書いていないが、彼が崋山救済に尽力するわけもなく、一斎もその立場のためか、積極的には動かなかった。

ついに慊堂は当時の幕政の中心人物老中水野忠邦に、崋山宥免の意見書を提出することにし、七月二八日に清書を終えた。忠邦側近の儒者小田切藤軒は慊堂と親交があったため、彼を通じて意見書は提出された。そのなかには「屋捜しをして反故取出《ほごとりだし》、吟味仕《つかまつり》たらんには、誰かは罪人ならざらん」という有名な一文もあった。これは『慎機論』が発見され、そのなかに幕政批判の文章が含まれていたことを弁護するものであろうが、「家宅捜索をして書き損ないまで調査したら、幕政批判の罪人にならない人はいない」という内容であり、これを当の幕府の政策担当者に提出するとは、思い切った行動であることは間違いない。松崎慊堂の名前を後世の人々に印象づけたのは、捨身ともいえるようなこの崋山救出運動によってであろう。

忠邦はこの意見書を熟読したという。そのためかどうかはわからないが、一時は死罪も噂されたが、崋山の罪は国許に蟄居ということになり、一命は取り留められた。崋山も慊堂の尽力を知っており、白地二重等を贈っている。ただ面会はかなわなかった。

このようにして崋山は国許に蟄居の身になったが、結局は主君に迷惑がかかることを懼れ、天保一二（一八四一）年一〇月一一日、「不忠不孝渡辺登」と署名した遺書を残して自宅で切腹してしまう。慊堂は『慊堂日暦』の同年一〇月二七日に崋山の死のことを「悲しい哉」と記している。

安井息軒

安井息軒（一七九九〜一八七六）は慊堂の代表的な弟子である。[9] 息軒の父の滄洲は、日向国（宮崎県）飫肥藩の藩儒であり、皆川淇園などに師事し、古学を修めた。息軒は寛政一一（一七九九）年に生を享けたが、少年時に疱瘡を患った。森鷗外の歴史小説『安井夫人』（一九一四年発表）は、息軒とその妻をモデルにしたものである。今日安井息軒という人物が、人々の印象に残っているとしたら、この小説によるところが大きいであろう。この小説は、息軒の風貌について、「背の低い、色の黒い、片目」「大痘痕《あばた》」と記している。小説なので保証の限りではないが、まずこのようなところではなかったかと思われる。

文政七（一八二四）年に江戸に出て、昌平黌に入った。慊堂のところに来たのは文政九（一八二六）年五月一八日のことであった。『慊堂日暦』には「安井仲平。飫肥の家士、昌平に在ること三年。今は退いて邸に在り。十八日来謁す」とある。この時弟子入りしたと思われる。因みに「仲平」は息軒の字《あざな》である。

翌年息軒は郷里に帰り、出生地清武村に建設された郷校明教堂や藩校振徳堂で教えた。しかし藩上層部とは意見が合わなかったようである。『慊堂日暦』によれば、帰郷後も息軒は断続的に羽沢山房に顔を出しているが、天保一〇（一八三九）年正月九日に山房を訪れた以後は足繁く羽沢の地を訪れて『縮刻開成石経』の校訂に勤しんでいる。上層部との衝突の結果、この時期に本格的に江戸に活動の拠点を移したのであろう。息軒は慊堂の晩年を支えた最も有力な弟子といえる。

息軒は天保一一（一八四〇）年に水戸藩儒の藤田東湖と出会い、親交を深めている。出会いは慊堂の家だというが、筆者は確認できなかった。しかし息軒が藤田等水戸藩との関係を深めていったのは事実である。水戸藩主だった徳川斉昭は、ペリー来航後に幕政参与に就任し、攘夷論の立場から、幕政に介入したことで知られる。息軒も海防に関心があり、関東の海岸を視察し、弘化四（一八四七）年に『海防私議』を執筆しているので、立場としては近いものがあったのであろう。師慊堂も海防に関心があったが、これは個性というより、海防論は当時の知識人にとって共通の関心と考えた方がいいであろう。

天保一二（一八四一）年九月、息軒は麹町二丁目で私塾三計塾を開いている。この名前は「一日の計は朝にあり。一年の計は春にあり。一生の計は少壮の時にあり」という息軒の言葉から取られたのであろう。二番目の言葉は「一年の計は元旦にあり」と言い換えられて現在もよく耳にする。三計塾は戊辰戦争に従軍し、西南戦争での勇戦で知られる谷干城や、戊辰戦争の時「討薩檄」を著わし、維新後も政府批判を改めず、ついに明治三（一八七〇）年一二月、政府転覆の疑いで処刑された米沢藩士雲井龍雄、坂本龍馬の側近で日清戦争時の外務大臣陸奥宗光等を輩出した。もっとも陸奥は素行不良で退塾させられているが。このように息軒の弟子たちは幕末維新の動乱を直接体験した世代になる。

その後の息軒について駆け足で触れておこう。文久二（一八六二）年七月、彼は昌平黌教授に就任し、一四代将軍徳川家茂にもお目見得している。この月はいわゆる文久改革が行なわれ、政事総裁職という全く新しい幕政の指導的役職が成立し、松平春嶽（前越前藩主）が就任した月であり、昌平黌に学んだとはいえ、慊堂の影響が大きい古学派の息軒が教授職になれたのは、大きな改革の流れのなかで、昌平黌を改革しようという気運が生じ、林家の影響力が低下したためであろう。息軒と同時に教授に抜擢された塩谷宕陰も、慊堂門下で、息軒の同窓であった。

元治元（一八六四）年二月、息軒は陸奥国塙代官に補任された。寛政期以後、幕府は知識人を代官に登用する傾向を示し始めている。岡田寒泉などの事例がある。(10) しかし息軒は病のため、塙には赴かず、半年後に辞表を提出している。

明治維新後も勢力的に執筆を続けていたが、明治九（一八七六）年九月二三日に死去した。墓碑銘は漢学者で東京帝国大学教授になった川田甕江が書いた。なお甕江は「老いらくの恋」で有名な歌人川田順の父であり、山田方谷の弟子に当たる。方谷は佐藤一斎の弟子で、天保五（一八三四）年七月二七日には、師丸川松隠の墓誌を依頼するために羽沢山房を訪れている。方谷は後に備中国（岡山県）松山藩主板倉勝静を補佐して、幕末の政局に深く関わる。

このように羽沢山房を訪ねた人物を一瞥してみると、おおまかではあるが、一八世紀末から一九世紀にかけての儒学史の見取図が書けそうである。

寛政二（一七九〇）年朱子学を正学として他の儒学の学派を異学とし、異学を昌平黌で教えることが禁止された。しかし異学がすべて弾圧されたわけではなく、朱子学のみで当該期の学問は語れない。むしろ時代は朱子学的な観念論ではなく、経験的な実践論を求めていた。その流れは近藤重蔵においては歴史書などの書籍編纂に向かい、佐藤一斎においては陽明学的傾向をみせるようになった。狩谷棭斎が考証学に心血を注いだのも、同じ志向からであろう。渡辺崋山にとっては、その実践は海防という当時の政治的課題に向かった。彼はその実践的志向の帰結である蛮社の獄で人生が変わり、命を喪うことになる。幕末になるとその志向は現実の政治改革に向かった。安井息軒も昌平黌教授になり、最末期の幕政に影響を与え、彼の弟子や山田方谷たちは、幕末の現実の政治に参加していく。観念から実践へという大きな流れが読みとれよう。

ではなぜ羽沢山房に視点を据えると、そのような見取図が見てとれるのであろうか。それはもちろんこの山房が松崎慊堂のものだったからであるが、ではなぜ慊堂はこの地に別荘を設けたのであろう。一つには渋谷に豊かな自然と恵まれた文化環境があったからであるが、もう一つには江戸に近かったためである。慊堂は山房に移った後も、西条藩・佐倉藩・掛川藩・熊本新田藩などに講義に出かけており、当然通える範囲に居住する必要があった。また訪ねて来る相手も大体は江戸に住んでいる。逆にいえば江戸から来られる範囲に住んでいなければ、これほど多くの知識人が集まってくることはあり得ない。つまり豊かな自然と文化環境、江戸への利便性という江戸周縁にしかない地域的特質が、羽沢山房、ひいては渋谷の特徴といえよう。

おわりに

このような羽沢山房で、慊堂は天保一五（一八四四）年四月二一日に没するまで暮らした。多くの弟子と愛妾に囲まれた日々は、渋谷の豊かな自然・文化環境を堪能する日々であったといえよう。確かに前章でみたように、藩邸の進出などで渋谷も江戸化・都市化が進んだ。しかしそれだけでは渋谷は語れない。都市化とともに豊かな自然・文化環境をもっていた側面もあったのであり、そのような両面から江戸時代の渋谷は考察されるべきであろう。このような二重性は都市周縁でみられる現象なので、周縁性といっておこう。最後にこの渋谷の周縁性について指摘しておく。慊堂の弟子に塩谷宕陰（一八〇九〜一八六七）がいる。彼は安井息軒と並び称される逸材であった。浜松藩医の子として江戸に生まれ、一六歳から昌平黌に学び、文政一一（一八二八）年五月に正式に慊堂に入門した。宕陰の妻は慊堂と仲が良かった掛川藩医十東井斎の娘で、家族ぐるみのつきあいがあった。彼は後年江戸から渋谷の羽沢山房に通った日々についてこのように回顧している(11)。

顧みるに茅鞋にて往訪の日に当たりては、笄橋を過ぎ、渋谷を経、漸く羽沢の渓をのぼる。碧松白雲欣然として目を怡《よろこ》ばせ、頓《とみ》に竟況の別なるを覚ゆ。けだし其の高風に薫ることすなわち爾《しか》なり。

粗末な履物を履いて、麻布の笄橋を渡ればそこは渋谷である。その渋谷を過ぎて、だんだんと羽沢の谷を上っていくと、碧松・白雲の素晴らしい景色が現れる。急に様子が別なものになったことを感じた。ここで宕隠が羽沢の状況を空間的に別種のものと認識していることに注目されたい。江戸の空間とは明らかに異質なものなのである。それが単純な田舎のものではないことは、思うにその高風が薫っているからだとしている記述によって明白である。「高風」とは直接的には慊堂が醸し出す学問的雰囲気をいうのであろうが、広くいえば羽沢山房のもっていた文化的印象をいうのであろう。少なくとも宕隠にとっては渋谷の一角である羽沢は、江戸とも田舎とも違う独自の空間であったことは確かである。

註

(1) 本稿は山田琢訳註『慊堂日暦』1～6（平凡社東洋文庫、昭和四五～昭和五八年）によった。
(2) 特に断らない限り、慊堂に関する記述は、鈴木瑞枝『松崎慊堂―その生涯と彼をめぐる人びと―』（研文出版、平成一四年）によった。
(3) 芳賀登総監修『松崎慊堂全集』一（冬至書房、昭和六三年）四二二頁。
(4) 牡丹園については、世田谷区立郷土資料館編『世田谷地誌集』（世田谷区教育委員会、昭和六〇年）、世田谷区立郷土資料館編『せたがやの甲州街道』（世田谷区教育委員会、昭和六三年）、池田冠山「思ひ出草」（福井保編『大名著述集』汲古書院、昭和五七年）を参照した。
(5) 近藤重蔵については、特に断らない限り、森潤三郎『紅葉山文庫と書物奉行』（昭和六三年、臨川書店、初版は昭和八年）を参照した。
(6) 佐藤一斎については、特に断らない限り、栗原剛『佐藤一斎―克己の思想』（講談社、平成一九年）によった。
(7) 狩谷棭斎については、特に断らない限り、梅谷文夫『狩谷棭斎』（吉川弘文館、平成六年）によった。
(8) 渡辺崋山については、特に断らない限り、森銑三「渡邊崋山」（『森銑三著作集』第六巻、中央公論社、昭和四六年）によった。
(9) 安井息軒については、特に断らない限り、前掲鈴木書、和田雅実『瓦全　息軒小伝』（鉱脈社、平成一八年）によった。
(10) 学者代官の登用については、村上直『江戸幕府の代官』（国書刊行会、昭和五八年）参照。
(11) 前掲鈴木書、三八三頁。

第七章　渋谷の魅力、その歴史的成り立ち

上山　和雄

はじめに

よく指摘されるように、渋谷は高度成長期までは新宿・上野などのターミナル的盛り場や、銀座・浅草など拠点的集客力のある盛り場などと比較して、むしろ後塵を拝する盛り場であった。ところが、ファッション専門テナントビルのパルコ（昭和四八年）、東急ハンズ（同五三年）がオープンする頃から、西武や東急の出店戦略・開発戦略もあって、「若者の街」が新宿から渋谷に移り、「渋谷的なるもの」が先端的ファッションとなっていった(1)。

しかしいうまでもなく、渋谷の台頭は二、三の企業の戦略に帰せられるものではなく、昭和四〇年代から五〇年代にかけての日本社会の大きな変化と、また戦略を受け入れることのできる背景を渋谷が有していたことがある。高度成長以降の、「消費は美徳」の時代の到来の中で、渋谷が有していた資源が脚光を浴び、花開いていったというべきなのである。

筆者には高度成長期以降の、若者の、モダンな、「渋谷的なるもの」を展開する力はない。出来ることは、それらを

受け止めることのできた渋谷とは何であったのかを、歴史的に示すことだけである。まずはじめに、現在の渋谷の特色と思われる諸点をデッサンし、次にそれらが歴史的にどのように形成されたのかを検討しよう。

第一節　渋谷の特色

第一は、改めて言うまでもないが、交通の要衝としての渋谷である。ＪＲ山手線渋谷駅を核に、東急東横線・東急田園都市線・京王井の頭線が横浜方面、東京西郊を結び、地下鉄銀座線・半蔵門線が東京都心と連結する、まさにターミナルなのである。鉄道路線に加え、国道二四六号線（別称、矢倉沢往還・大山街道・厚木街道・青山通り・放射四号線）、六本木通り（都道四一二号線）、首都高三号線がやはり都心と東京西郊を連結している。鉄道に加え、バス路線が網の目のように張り巡らされている。

交通の要衝としての側面は自然的条件を最も反映するものであるが故に、古くから有していた。金王神社の前の道が鎌倉道といわれるが、中世の状況は詳らかでない。しかし近世になると、大山街道が大山への参詣、東海道の脇往還、さらには肥大化する江戸への陸路からの物資供給ルートとしての役割を果たすようになった。富士見坂とも言われた宮益坂には江戸を立つ旅人を相手とする商店が並び、「立場」の町となった。明治一八（一八八五）年に日本鉄道品川線渋谷駅が開業して以降、渋谷近辺の交通網はドラスティックな変貌を遂げていく。

第二は、癒し・遊興・購買の場、盛り場としての渋谷である。現在の渋谷には、慰楽を求める多くの人々が、前述した交通手段により、遠近を問わず、曜日を問わずに訪れている。東電ＯＬ殺人事件や女子児童の集団拉致事件など、猟奇的、センセーショナルな事件が大きく報道され、「危うさ」が強調されるが、もちろんそればかりではない。盛り場として発展する条件の一つは、交通の至便さにあるが、交通の要衝と盛り場は同じではない。幕末維新期、宮益坂は数十軒の店舗が軒を連ねていたが、道玄坂はそこまでいかなかった。寺社など集客力を持つ拠点がない所では、物見遊山や霊場巡りの旅人相手だけでは盛り場になり得なかった。かなりの人々、特に慰楽を求める人々が近辺に集住しなければ盛り場になり得ないであろう。渋谷川を挟む、宮益坂から道玄坂一帯にかけての地域が繁華になり始めるのは、明治中期以降である。

以上の二点は、取り立てて渋谷の特色とするには当たらない。交通の要衝としての側面は品川・新宿・池袋・上野・北千住などにも当てはまり、また盛り場的性格も同様である。渋谷が渋谷たりえているのは以下の第三、第四の点であろう。

渋谷の第三の特色は、渋谷の経済的後背地、すなわち渋谷をターミナルとしている郊外鉄道沿線、及び渋谷駅の徒歩圏が首都圏のなかでも所得金額の多い階層の住む街、高級住宅地であることである。渋谷駅から徒歩一五分前後の地域に、いくつもの、いわゆる高級住宅地を抱えている点である。山手線渋谷駅の外側には松濤・南平台・代官山、内側には東・常盤松など東京を代表する住宅地を擁している。この点が新宿・池袋などと最も異なるところではないかと思われる。さらに東京近郊の住宅地は時計の進む方向に伴って地価が下がるとされ、東横線・田園都市線沿線住民の平均所得は最も高いといわれる。渋谷は相対的に豊かな郊外住民を後背地に持ち、徒歩圏に裕福な階層をかかえているという立地条件を有しているのである。高度成長期まではその立地条件を生かせなかったが、「消費は美徳」の時代が訪れ、大衆が高度な消費生活を享受する時代になって有利な条件となっていった。渋谷近辺にいくつもの高級住宅地が生まれたのは、そう古い時代ではない。

第四は先端的企業、情報発信機能を備えた企業が集積している地域として知られていることである。小規模なＩＴ企業の多くが渋谷に立地し、ＳＯＨＯ（Small Office Home Office）という言葉が注目され始めたのは、一九九〇年代から二〇〇〇年代初めのことであった。これらの中から、楽天やライブドアが出現して行くのである。ITなどの先端的分野のみでなく、「女子高生マーケティング」のパイオニアとして名高いブームプランニング社のような、流行を感知することを事業とする企業、あるいは流行への感度の良さを生命とする企業も、渋谷に店舗や事務所を構えるようになった。こうした傾向がいつから始まったのかは明らかではない。本格的には「渋谷的なるもの」が注目され始めてからであろうが、先端的な分野・企業をはぐくむ環境・土壌というのは、やはりもっと前から存在していたといえよう。

首都圏各地域の大きな変化は、第二次世界大戦後は別として、第一次世界大戦勃発後の大正初期から始まり、その変化が定着しつつ、関東大震災によっていっそう拍車がかかる、というのが一般的である。ところが、近代の渋谷を見て行く中で予想外だったことの一つは、日露戦争前後から大正初期にかけての変化が大きかったことである。渋谷の場合、大きな変化は少なくとも筆者の予測よりも一〇年ほど前に始まっている。太平洋戦争前の渋谷地域の変化の画期として、①明治維新期、②明治二〇年前後、③日露戦争前後から大正初期、④関東大震災から昭和初年、の四つの時期を指摘できる。以下、前述した渋谷の特色が、これらの画期にどのような変貌を遂げたかを見て行こう。

第二節　維新期の江戸近接地域

現在の渋谷区は昭和七（一九三二）年の大東京市形成に際し、渋谷町・千駄ヶ谷町・代々幡町の三か町が合併したものであり、渋谷村（町制施行は明治四二年）は明治二二（一八八九）年に上渋谷村・中渋谷村・下渋谷村が合併するが、その三か村も江戸時代には多くの村に分かれていた。この地域は町奉行の支配する朱引地の外周部にあり、朱引地に接する渋谷川の東側、現在の山手線の内側には広大な大名屋敷の下屋敷や抱え屋敷、あるいは旗本たちの屋敷が連なり、代官などの支配する村方と入り組んでいた。幕末維新期に大名屋敷の多くは荒廃し、主家と共に駿府に移った幕臣たちの屋敷も荒廃するものがあった。維新政府は、いくつもの屋敷を有している大名たちからはそれを取り上げ、新政府の役所や宮家・華族・維新官僚の屋敷地として払い下げていった（以下、第八章を参照）。

分捕り合戦ともいうべき状況が進むが、朱引地の外周部には、荒廃が進む地域も出ていた。そのような地を対象に、東京府と太政官は、明治二年八月「東京中朱引内外諸屋敷上地之分桑茶園仕立可申」という「桑茶令」といわれる布告を出し、希望者に払い下げていった。東京中では九一〇万坪の武家屋敷地が農園に転じ、この地域でも下渋谷・下豊沢・千駄ヶ谷の多くの屋敷地が農園になった。(2) 広大な紀州藩の下屋敷も上地の後鍋島家に払い下げられ、鍋島農場となった。青山から麻布にかけての大名屋敷地は、北海道開拓のための試験地として官園に充てられ、輸入した植物の試植や綿羊の飼育などが行われた。明治一二年ごろ、約七〇町歩が開拓使植物植付場となっており、その後明治二〇年ころまでには順次廃止され、第一〜第三御料地、梨本宮邸、東京英和学校（現、青山学院）となり、明治二二年青山練兵場、二四年には日赤病院、三一年には東京農学校（現、東京農業大学）が移転してくる。

明治五年、陸軍省の求めに応じ、東京府が調査編さんした「東京府志料」によれば、中渋谷・宮益町・千駄ヶ谷・青山などを含む第八大区一小区は次のように記されている。

区内一新前旧幕府庶氏邸宅櫛比せり、一新後過半毀撤し上地となり桑田茶圃多く景況寥落たり、近時頗る繁盛に趣き已に南町北町四丁目五丁目の如き新たに市店を開き市街となれり、唯原宿渋谷千駄ヶ谷の三村のみ真の村落(3)

幕末・維新の混乱によりいったん衰微した地域も、明治五年ころには早くも回復しつつあったことを示している。青山南町・北町には傘製造で生計を立てる多くの旧下級幕臣が住み、人力車・荷車も多数みられるようになり、商店も増加して市街地になっていた。宮益町には人力車一七輌、荷車三四輌、馬三匹があり、また総戸数九五戸のうち農業三六戸以外に、日雇い稼ぎ一九戸を数え、他に青物渡世（五戸）、荒物渡世（四戸）、米搗き・飯売り・質・塩物・大工・小

間物・人力車・馬渡世が各三戸、その外多様な職人・小商人が住んでいたことが知られている。(4)

他方これらの町場以外は、農村としての色彩が濃かった。明治五年の調査によれば戸数・人口とも少なく、また寄留人口が少なく、流動性の低い農村だったことがうかがえる。中渋谷村には人力車四輌、荷車一八輌、農車五輌がみられるが、その他の村も含め、産物は米・大麦・小麦が中心であり、蔬菜では甘藷・芋・大根の産額が多く、これらの一部が商品化されていたのであろう。本郷生まれの著名な農政学者、那須皓は江戸時代のこの地域を次のように述べている。

幕政時代の江戸の都会勢力は千駄ヶ谷、代々木の付近で食ひ留められていたのである。隠田には年中蔬菜を栽培し江戸に出したものが二戸あった。代々木では野菜はほんの小遣取りに作るばかりで、他は凡て自家用穀作のために働いた。青物は青山四丁目の市場へ、又四谷大木戸の市へも少しは出した。車は不細工な物が僅かの金持ちの家にあるばかりで、馬も乏しく、他は悉く天秤棒であった。肥料もまたこれで運んだ。(5)

人力車や荷車が急速に普及していたが、明治初年の渋谷地域は江戸時代と変わるものではなく、東京の市街地化は青山・宮益町のあたりでとどまっていたのである。

第三節　明治二〇年前後―近代国家の首都として―

渋谷区の大部分は品川県に属していたが、明治五（一八七二）年に同県が廃止され、東京府に合併され、一一年の郡区町村編制法により町村合併がすすめられる。東京府は一五区六郡となり、区部は従来の朱引地を若干拡大した範囲で人口六〇万人、郡部は二〇万人、税額も区部が四倍に達し、中心部に人口・富力とも集中していた。区部は大日本帝国の都、帝都として、市区改正条例による都市計画が進められ、諸官衙が建設されて行く。後に渋谷村に属することになる、渋谷広尾、青山南・北町、宮益町などは麻布区・赤坂区に編入され、千駄ヶ谷の町場も四谷区に編入された。渋谷地域の郡部にはなお多くの村があったが、明治一二年に上渋谷と上豊沢、下渋谷と下豊沢が合併して上渋谷、中渋谷、下渋谷の三か村が成立する。

政府は帝国憲法の発布を控えて諸制度の整備を進め、明治二一年に市制町村制を公布し、近代的な地方行政組織を編制して行く。東京府は将来の市街地の拡大を見越し、当初、渋谷地域も市域に入る、神田上水や目黒川などを境界とする大規模な東京市を構想していた。しかしこの構想は、繁華な地域を市部に組み入れられることに対する郡部の抵抗や、市街地化が進んでいない地域などもあったため、内務省の認めるところとはならなかった。その後も若干の曲折を遂げ、二二年四月、上・中・下渋谷村を合した南豊島郡渋谷村、千駄ヶ谷・原宿・隠田を合した千駄ヶ谷村、代々木と幡ヶ谷を合した代々幡村の三か村が成立する。

明治一八年三月、日本鉄道赤羽・品川間が開通し、横浜・新橋と埼玉・群馬が結ばれ、渋谷駅も同時に開業する。鉄道開通は大きな事件ではあったが、地域に直接大きな影響を与えたわけではない。駅を通じて発着する貨物も考えられないし、駅を利用する乗降客もわずかであり、しばらくは単なる通過点にすぎなかった。

この時期から企業勃興といわれる本格的な資本主義化が始まった。東京区部やその周辺には、工部省・内務省の官営工場や陸海軍の諸工場が点在していたが、軍工場を除く官営工場の払い下げが始まり、それらが発展を始めた。また繊維関係などの工場も新たに設置され、旺盛な経済活動が始まってきたのである。渋谷近辺では陸軍の目黒火薬製造所（一八年）、日本麦酒（二〇年）、千駄ヶ谷に藤倉電線会社（二三年）など大工場も立地する。

いくつかの工場や学校・病院ができても、渋谷地域はそう変わらなかった。明治二一年に下渋谷で生まれた某氏は、昭和四一年に次のように語っている。

表7－1　渋谷地域の戸数と農産物（明治21年）

		上渋谷村	中渋谷村	下渋谷村	代々木村	幡ヶ谷村
戸数（内寄留）		77（5）	372（47）	342（62）	297（21）	175（5）
人口（内寄留）		440（64）	1,536（192）	1,600（200）	1,497（257）	870（20）
米	産額（石）	167	335	281	453	301
	金額（円）	675	1,551	1,243	2,095	1,413
麦	産額（石）	107	215	917	1,270	847
	金額（円）	344	687	1,014	2,725	1,816
粟・黍・稗	産額（石）	122	245	242	403	269
	金額（円）	247	494	586	463	309
蕎麦	産額（石）	29	58	12	56	38
	金額（円）	111	223	41	225	152
大豆	産額（石）	3	7		5	3
	金額（円）	14	28		20	13
甘藷	産額（千貫）			30	46	31
	金額（円）			900	139	93
製茶	産額（百斤）	55	113	43	4	3
	金額（円）	1,111	2,275	1,093	90	60
合計金額		2,502	5,258	4,877	5,757	3,856

出典：『新修　渋谷区史』中巻、1811-14頁。原典は「東京府農工商要覧」。

並木橋から比丘橋の東側は氷川神社と宝泉寺の森と丘、一町余りの間一眸望の麦畑で、夏の照り日には道路ぞいの「とうもろこし」にはかわいた馬糞と砂埃で凡てが砂色になる、秋にはこの畑と道路の境にある小さい土手に芒が穂を出し、雨の日は、埃変じて泥海と化し往来を悩ませる[6]

渋谷川の川幅は昭和四〇年ころの数倍あり、深い所は六メートルを超え、セキレイやカワセミが飛び交い、川カニやカメ、アユやウナギが取れたという。明治二一年生まれであるから、明治三〇年代中期までのことを述べているのであろう。

表7－1は、明治二一年の戸数・人口と主要物産である。明治五年と比べると、本籍人口・戸数、寄留戸数・人口とも増加し始めていることがうかがえるが、目立った増加ではない。産物も米麦に加え、雑穀・大豆・蕎麦が中心である。ただ明治初年から始まった茶の栽培がこの時期に全盛期を迎え、上・中渋谷村で農産物価額の四五％を占めている点は注目される。

自然や人々の暮らしはなお変わらなかったが、制度の改革や工場・学校・鉄道などは、この地域を大きく変える原因になって行く。またもう一つ、後に大きな影響をもたらすものも出現する。それは、第十章に詳述する、赤坂・青山から世田谷・目黒まで、大山街道沿いに設置される軍事施設である。兵部省は親兵の設置により、明治四年に皇居を取り巻く半蔵門から三宅坂、霞が関一帯の広大な地域に歩兵・騎兵・砲兵の兵営と訓練施設の設置を計画する。その訓練施設である日比谷練兵場は、桜田門から山下門にかけて所在した二一藩の藩邸があったところに設けられた。しかし中央省庁の施設建設が進むに従い、広大な練兵場や兵営は移転を迫られ、明治一九年には代替施設として青山練兵場が設置される。また一八年に霞が関に設置された近衛歩兵第三、第四連隊も二四年には赤坂区一ツ木町、青山北町に移転する。さらに第一師団第一、第三連隊も港区に兵営を構えた。

大陸での戦争を考慮しはじめた陸軍は、歩兵だけでなく騎兵・砲兵の充実を迫られる。明治二四年には丸の内の騎兵大隊が現在の世田谷区池尻に移転して騎兵第一連隊となり、二五年には近衛輜重兵大隊も移転し、三一年には近衛野砲兵連隊が竹橋から世田谷区池尻に移転する。将軍家の鷹場のあった駒場野には、三〇年に広大な駒沢練兵場も設置される。(7)

市と郡を区分する地帯近くには、上地した広大な官有地・御料地があり、そこに皇居近くの兵営が移転し、あるいは新設され、また青山や駒沢に大規模な練兵場が設置されるのである。渋谷は赤坂や青山の近衛・第一師団の歩兵連隊、世田谷や目黒の騎兵・砲兵部隊の双方にとって交通の拠点となった。新兵の入営日には家族や知人が見送りに訪れ、休日には多くの兵士が慰安に繰り出すようになり、職業軍人も渋谷に家庭を築き始める。

江戸時代から宮益坂には茶屋が並び、道玄坂下の神泉には弘法の湯があったが、前者は江戸を立つ人の一服の憩いを提供するだけ、後者も近在の農民を対象とする村持ちの湯だったといわれ、盛り場的な雰囲気はなかった。それが変わり始めたのは明治二〇年ころといわれる。その頃、赤坂から赤筋芸者（客との間で不始末を起こした芸者）が流れて荒木山あたりに居着き、料理屋などもできていった。(8)

第四節　日露戦後の変化―本格的な都市化―

千駄ヶ谷村は明治四〇（一九〇七）年に、渋谷村は四二年に、代々幡村は大正四（一九一五）年に、それぞれ町制を施行するが、その「理由書」は当時の各村の状況をよく示している。

［千駄ヶ谷村］日清戦役ノ終ニ及ビ陸軍軍人頻リニ本村ニ居ヲ求メラレ……其他将校ノ邸宅ハ五百ヲ以テ数フルニ至レリ、依テ新聞紙ハ仮リニモ日本第一ノ軍人村ト名称ヲ付セシカ如ク、然ルニ日露戦役ノ終局ト共ニ交通機関ノ発展ニ伴ヒ文武官ノ転住比々相続キ其邸宅ナラサレハ会社製造所各種商店ヲ以テ村内ヲ充実シ、田畑耕地ヲ見ル一隅ニ僅々タルノ盛況ニ際会セリ

［渋谷村］戦役［日露］後交通機関ノ発展ニ伴ヒ俄ニ膨張シテ府費道路ニ沿フ処ノ地区ハ忽チ商賈ノ町ト変シ、田圃山林モ亦多クハ陸海軍将校ヲ始メ富豪顕紳ノ邸宅又ハ会社製造所等各種ノ営業地トナリ、随テ諸職工労働者等又夥シク移住シ至ル処道路開発人馬車ノ来往実ニ繁劇ヲ極メ

［代々幡村］東京市ヲ囲繞セル淀橋、千駄ヶ谷、渋谷等ノ各町ハ交通機関ノ発達ト共ニ近年著シク膨張発展シ遂ニ其ノ趨勢ヲ以テ代々幡村ニ波及シ来レリ、然レハ現ニ宅地ニ三倍スルノ田畑森林及原野アリト雖モ農ヲ業トスル者人口ノ三十分ノ一ニ減シ商工業者約一割ニ垂ントス、而シテ官公吏約三割庶業一割五分ヲ占メ(9)

千駄ヶ谷には日清戦争後から将官・将校の居を求めるものが相次ぎ、「日本第一ノ軍人村」と称され、日露戦後には官公吏の移住も多くなったとしている。渋谷は道路沿いの商業地化から始まり、軍人その他の宅地化、工場・事務所の進出、さらには職工・労働者の集住も進んでいった。代々幡は東京市の直接的な影響ではなく、同村が接する地域の変貌を受けて変化が始まっている様子が記されている。日露戦後から、それぞれの特色を持って大きな変化が始まって行

図７－１　渋谷地域の人口

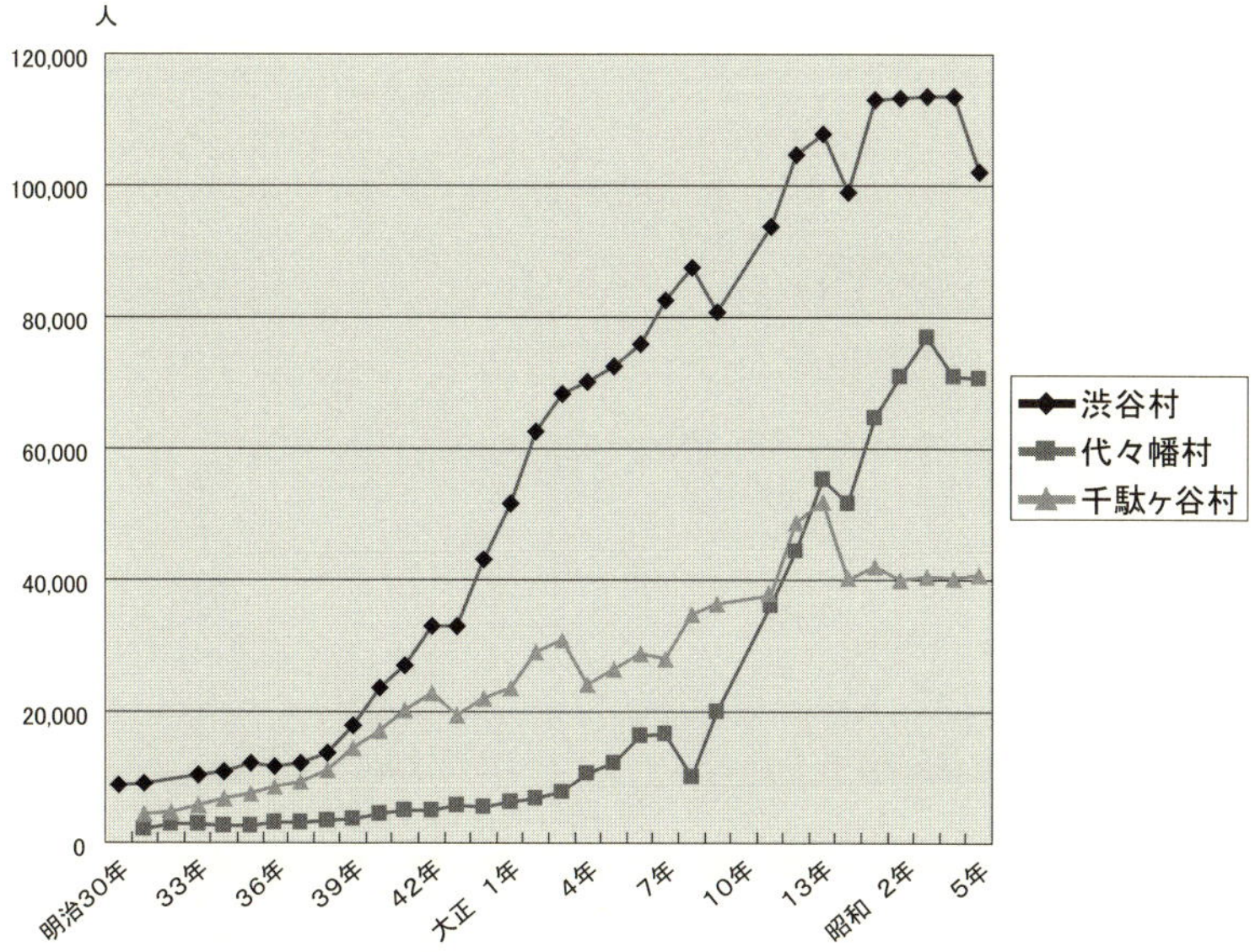

出典：「東京府統計書」による。

くのである。

図７－１は三か町村の人口の推移を示したものである。グラフではあまり明瞭ではないが、千駄ヶ谷は明治三〇年代前半から人口増加が始まり、日露戦後から大正初年、及び大正五年から九年にかけて著しい増加がみられる。渋谷の人口増加は千駄ヶ谷よりも遅れて日露戦後の明治三九年から始まり、大正八年ころまで継続的な人口増加がみられる。代々幡も日露戦後から人口増加が始まるが、二か村に比べると増加は小さく、第一次大戦の影響が出てくる大正四年から顕著な増加が始まる。代々幡は二か村の人口増加が震災前には停止しているのに対し、昭和初年まで継続する。

表７－２は大正四年の三か町村の職業別戸数である。農家が大幅に減少し、その中でも植木職・造園業が多い点、工業も金属・木竹製造業・被服・土木建築などが多く、商業は物品販売が多い点と共に、渋谷町では旅人宿・飲食・料理待合・遊郭に分類される戸数の多さが際立っている。交通運輸業も渋谷・千駄ヶ谷では多く、人力車夫や荷車挽きなど伝統的な職業のほか、郵便や鉄道業に

表７－２　三か町村の職業別戸数（大正４年）

職業		渋谷町	千駄ヶ谷町	代々幡町
農業		**529**	**135**	**434**
	植木職・造園業	343	135	95
	農作	152		335
	牧畜	10		
工業		**4,206**	**2,033**	**359**
	金属関係製造	301	123	62
	木竹関係製造	351	80	54
	食料品製造	163	119	14
	飲料・嗜好品製造	192	60	
	被服身の回り、洗濯等	677	119	57
	土木建築	1,198	374	86
商業		**3,358**	**1,067**	**418**
	物品販売	2,698	662	354
	金融保険	62	261	24
	賃貸業	138	35	
	飲食店		24	11
	旅人宿・飲食・料理・待合・遊戯・その他	427	76	65
交通運輸業		**699**	**451**	**126**
	郵便電信電話		140	10
	汽車電気鉄道業		119	32
	人力車夫・馬丁・その他運輸運搬	365	192	74
軍人官吏及庶業		**5,912**	**1,375**	**499**
	陸軍軍人軍属	446	174	
	海軍軍人軍属	90	51	153
	官吏及雇傭員	1,434	544	
	公吏及雇傭員	1,060	156	
	学校教員	286	136	53
	記者・著作者	199		24
	遊芸師匠稼人・俳優芸妓	151		
職業不詳・無職業		**1,790**	**1,328**	**398**
	財産による生活者	486	80	141
	不詳・無職業		898	
戸数総計		**16,494**	**5,416**	**2,234**

出典：『東京府豊多摩郡誌』（大正４年）による。

従事する人々の多さもうかがわれる。大きな特色は軍人・官公吏・雇用員及び庶業に分類される戸数の多さである。官公吏に加え、陸海軍軍人が多く居住している。

人口増加に伴い、交通の便が図られた。明治三七年には千駄ヶ谷停車場、三九年には代々木・原宿・恵比寿停車場が開業し、四〇年には市街電車が青山まで、大正二年には渋谷駅まで開通する。また玉川電鉄も渋谷・玉川間を明治四〇年に開業する。

田畑は宅地に転換され、千駄ヶ谷では大正二年に宅地が七七％を占め、渋谷では大正二年の五三％が同一二年には八一％に増加する。この状況を前述の那須皓は次のように記している。

この頃から坪いくらの相場が出来始めた。……更に地価高騰の勢を助けたのは、明治四十年の練兵場買上げであった。……この形勢に由って促されたものは、一般に利息で食はうとする思想と土地投機の気風である。後者は外からも入込めば内にも起った。従って村中に精農と云ふもの少なく、植木屋が多くなる。新宅は多く荒物屋、牛乳屋となり、或は家作を持って家主にならうとする資産家もある。利口な者は周旋屋になって安楽な生活をする。殊に牛乳搾乳業の増加は著しいものがある。[10]

人口増加に伴う宅地化、それに拍車をかけた代々木練兵場の創設によって、村には農業に励む人がいなくなり、牛乳搾乳業や植木屋、荒物屋が多くなり、さらには土地投機に励む人、不動産屋になる人々も出現した。明治三九年、三か村の植木職・造園業はすでに一六七戸を数えていたが、大正四年には五六九戸にも増加している。

大正期の道玄坂大和田町の甘藷問屋に育ち、同じ道玄坂の陶器商に嫁し、抜群の記憶力と筆力で『渋谷道玄坂』『大正・渋谷道玄坂』の二冊を著した藤田佳世は、大正五年ころにはこの地域の家並みはほぼ出来上がっていたと述べている。佳世の父親は千葉県大多喜の農家の二男、奉公先の中野本町の甘藷問屋からのれん分けを受け、新開地として人が集まり始めた渋谷に店を開いたという。佳世の目には、道玄坂の商家は「今まで先祖からの田畑を守っていた人達も鋤、鍬を捨てて、ぽつりぽつりとこの道筋へ店を出し始めた。中には息子や娘を分家するについて此処へ店を持たせた者も少なくなかったようである」と、田舎から出てきた人ではなく、近辺の人々が多かったと映っている。[11]

詩人で明治大学校歌の作者として知られる児玉花外は、大正二年に「新開地の印象」という渋谷の状況を記した一文を残している。市電終点である青山車庫から渋谷に至る宮益坂は「稍場末めく感じ」、「郡部と都会の謂はゞ連絡の坂である」とし、渋谷川は「常に泥や灰汁色に濁る渋谷川」「泥濁る渋谷川」と評される。宮益坂と渋谷道玄坂の関門となっている鉄道踏切の様子は次のように記されている。

空には電灯電話や架空線が四方へ黒く走ってて、夜間には電燈のイルミネーションが広告の高看板と一緒に、郡部でも追々都会化して行く、渋谷の天地を飾り照らしている。此の渋谷の踏切を軍人や官吏と商職人や、農馬農車や学生やいろ〳〵の人間が郡部から市へ、また市から新開町へ朝夕に絶へず通るのである。

宮益坂から渋谷川を渡り、道玄坂に至る街道沿いの街並みと、渋谷駅近辺の街並みは大きく変わっていった。明治前期、子供たちが泳ぎ、魚族も豊富で水車が回っていた渋谷川は、明治末期にはどぶ川となった。街道と交差する宮益橋の下流では、明治四三年に許可を得、岸から川の上に張り出して店舗を建てて営業するようになった。渋谷川にそそぐ宇田川も道玄坂から合流する宮益橋のあたりにかけて、「もと農家稀疏にて、全く田園の趣を具せしが、近年は渠水の上にまで、悉く商家を建設し、新に市街を成せしのみならず、夜間宮益町橋の通りに露肆を張る」と記されているように[12]、田園地帯が急速に商業地帯に変貌していった。この時期以降、渋谷駅界隈は東京近郊の露店・夜店が最も盛んな地域として知られるようになる。

渋谷駅が開業して渋谷の町場化が始まった明治二〇年ころに、赤坂から芸者が流れて居つき、日清戦争後に芸妓屋・料理屋が増加して花柳街の形をなし、大正二年に荒木山地区に待合が許可されて三業地となり、本格的な花柳街となった。日露戦争期から道玄坂界隈の状況が一変して行く。

新開地の花柳界、近頃メキメキと繁盛する土地だけに旅館、料理店、芸妓屋など雨降り跡の筍も宜しく続出し、道玄坂といへバ一種の魔窟を意味するようになれり[13]

豊多摩郡の中渋谷といへバ狸貉の住む村のやうな気がしたれど、近年著しく開けて貸家当込みの建築ハ一雨毎に殖え来るに随って地代も跳ねて高くなり、益益有望の土地と見て料理店待合芸者屋は何時の間にやら軒を並べ[14]

渋谷の商業地区や花柳街の発展の原因は、地域の人口増加、郡部と市部の結節点としての位置に加え、渋谷近辺に相ついで設けられた軍事施設の役割も大きい。

ロシアとの戦争を予期した日本は、日清戦後から大々的な軍拡に乗り出し、大陸でロシア陸軍と戦うための騎兵・砲兵部隊の充実を図り、その根拠地の一つが大山街道沿いの駒場・駒沢だった。駒場には騎兵実施学校、近衛輜重兵大隊、騎兵第一連隊、陸軍獣医学校がおかれ、駒沢には砲兵部隊の演習場である駒沢練兵場、近衛野戦砲兵連隊、野戦砲兵第十三・十四・十五連隊、陸軍第二衛戍病院などが所在していた。次の一文が道玄坂の活況の原因を的確に示している。

本街道の左右即ち目黒、世田谷に幾多の兵営成り、軍人日夜此処を交通し、随って休憩飲宴し送迎来住する者多きに在り、殊に玉川電車の本道を往復するあり、山手線渋谷停車場の付近にあるあり、東京電車も将に之と連絡せむとす、交通の便利も亦繁昌を助成せりといふべし[15]

明治末期から大正にかけ、赤坂と麻布には近衛と第一師団の歩兵が四個連隊、駒場・駒沢には騎兵・野砲兵が四個連隊、輜重兵大隊、学校・病院などが集中し、渋谷憲兵分隊・陸軍衛戍監獄・代々木練兵場などの施設も所在していた。渋谷は、二万を優に超える兵士その他の直接的関係者、軍隊出入りの関係者、さらには入退営や面会に訪れる関係者などの交通や慰安の拠点になったのである。日露戦時や戦後など、出征前や帰国後のすさんだ兵士の行動が新聞にしばしば報じられ、渋谷は東京の新開地の典型として、道玄坂はその中心的スポットの「魔窟」として知られるようになっていった。
この時期の渋谷を大きく変えたものの一つに、東京市電気局の発電所がある。山手線と東急東横線の交差するあたり、すなわち現在、渋谷清掃工場の大きな煙突が立ち、都営住宅・都バス発着所などがある東一丁目に、明治三八年に大規模な市電気局の発電所が建設され、市内の電灯供給や市街電車の動力に用いられた。「(発電所の)大煙突は、四六時中大空へ向け濛盲と雲のやうに黒煙を吐き揚げて居る。風の強い日には渋谷から麻布の方面へ亘り、あの凄い黒雲の煙が低く屋根裏を這廻る」「渋谷一帯の樹木が煤煙に戦慄し」と評されるほどの煙を吐きあげていたのである。[16]
明治四一年、白柳秀湖は東京市を「煤煙の都」と言い、加えて「此の煤煙の都にも、尚渋谷発電所に於て見るが如く毒々しきは稀なり」と評し、大山街道を西に向かい、多摩川を渡った後もなお「此の毒々しき煤煙は天の一角を染め、人をして身未だ都門を去ること甚だ遠からざることを知らしむ」と、そのすさまじさを記している。[17]
金王丸伝説を持ち、古くから地域の人々の信仰を集めていた金王八幡や氷川神社は、広い神域とうっそうとした社叢を持ち、金王八幡は「森閑たる境地」、氷川神社は「境内は杉の密林で、昼なほ暗き有様」と評されていた。ところが、発電所の煤煙や人家の密集により、「一樹枯れ二樹死し漸減しつつありしもの、数年前暴風の為拾数株の巨木一時に倒れたるに続き、瞬く間に一木を残さず枯死して了った。鬱蒼たりし森の俤今は偲ぶよすがもなく」[18]と、数年の間に社叢は消滅してしまうのである。
渋谷だけでなく品川や深川にも市電気局の火力発電所があり、その反対運動が根強く展開されていたが、大正二年の鬼怒川水電からの受電開始によって都市部発電所への依存から脱却することが可能になった。[19]電力がひっ迫した際には発電を行うこととされ、すぐには廃棄されなかったが、日常的な煤煙は減少した。
当時の東京西郊の地理的特色を分析した『帝都と近郊』の著者は、渋谷町の特色を、「渋谷町に軍人・官公吏の最も多きはその西隣なる目黒・世田谷・駒沢の三村に軍営の多きと、市内との交通至便なるが為に、市内への通勤者の多きと町内の高燥なる地区が新住宅地区たる等によるなるべし」、さらに土地・家屋・恩給・年金生活者などが四八六戸を数える点にも注目し、「此町が郊外の住宅地区となり、為に都市生活の奮闘を了へえたる人士が悠々其余生を郊外に楽まんとするもの、多きを致せるを証するものなり」と、交通・地勢上から、渋谷が東京市内、近隣の各施設に勤務する新興中産階級や豊かな利子生活者の多く住むところとなっていることを示している。しかしそれだけでなく、著者は「職業不詳及無職業者」が総戸数の一割に達する点にも着目し、「斯かる民衆の一大集団が、労力上・衛生上はた犯罪上重要の意義ある事を示す」とも記している。[20]

渋谷は東京近郊の中産階級の住宅地としての側面だけではなく、下層階級の集住する地区ともなり始めていたのである。

第五節　大東京市の一角へ

日露戦争後からの人口増加により、渋谷には新開地・場末・魔窟・煤煙といったマイナスイメージが付与されていくが、他方で異なるイメージも形成されつつあった。

表7−2でみたように、すでに大正初年には、渋谷には官公吏・職業軍人・教員・記者作家など新中間層といわれる人々も多く居住し、彼らのうちの上層部は町制施行を機に公友会という組織を結成し、町政へ積極的に発言するようになっていた。農地の宅地化が進み、人家が立て込んでいく一方、武家屋敷の払下げや購入によって広大な敷地を持つ貴顕の邸宅や農場、御料地が所在していた。明治末期からこれらの農場や邸宅地の分譲が始まったのである。

松濤に広大な農園を持っていた鍋島侯爵家も、明治末期から次第に土地を分譲していった。また百軒店として知られている地域は、旧豊前岡藩主中川伯爵家が道玄坂上に所有していた土地を宅地として分譲する計画だったところ、震災で罹災した商家の避難場所となり、商店街として発展していったこともよく知られている。ここまで大規模ではなくても、広大な宅地の切り売りが各所で進んだのである。

御料地も例外ではなかった。大正一一（一九二二）年四月、宮内省は常盤松の御料地三万余坪と目白駅付近の御料地三万坪を市民に開放することを決定するが、宮内省当局者はその意図を次のように述べている。

本御料地を払ひ下げるのは昨今渋谷地方が郊外住宅地として市民の必要欠くべからざるものとなったからで…なにしろ市内には官有地又御料地などが良い場所に許り散在して、中以下の人々が谷窪のやうな鮫ケ橋や、万年町などに住っているなどは吾々の深く考究を要する点で…今後も御料地の使用法を研究し不要存地は出来るだけ速に整理する方針[21]

こうした住宅地開発の具体的な様子を明らかにする材料は持たないが、これらの分譲地を購入しえたのは、豊かな新中間層、中産階級であった。渋谷町の人口増加がピークを迎え、種々のマイナスイメージがひろがった時期に、それと反対のイメージを形成する要因がつくられていくのである。大正一四年に御料地の一角に新設される常磐松小学校は、モデル校として多額の資金が投じられ、校区外から多くの越境通学者があったことにうかがえるように、当初から所得層の高い中・上流の市民が住む住宅地になった。

渋谷の第四の特色として指摘した、先端的企業の集積地としての側面は、歴史的に見るとどうであろうか。これに関しても論じる十分な準備を持たないが、やはり大正期、下渋谷の渋谷川流域に、当時の先端的企業が一定程度集積していた。第一次世界大戦の好況が最盛期を迎え始めたころを記した『帝都と近郊』には、「近年渋谷町の中部を流るゝ渋谷川沿に、金具・電線・電球…等を製造する小工場の近年頻繁設立せらるゝは注意すべき事にして……住宅地区の間に工場地区の設けられつゝある一例なり」と記されている。[22]明治中期以降、東京近郊の工業地帯として目黒川下流域、石神井川下流域が発展していたが、明治末期から第一次世界大戦にかけ、神田上水沿い、立会川沿いと並んで渋谷川沿いにも小規模な工場が立地し、新興工場地区として、知られ始めたのである。「住宅地区の間に工場地区」と記されているように、渋谷川沿いの低地には零細な工場、台地には住宅が立ち並ぶようになった。

表7－3は、大正一〇年の三か町の職工一〇人以上工場を業種別に示したものである。(23) 全五七工場のうち渋谷川沿いの下渋谷に三二工場が集中している。業種は伝統的な織物、輸出向けの麻真田業など繊維関係が最も多いが、電球・電線製造、ゴム加工業、セルロイド加工業などの工場がいくつもみられる。一〇〇〇人を超える工員を持つ藤倉電線を除くと規模は零細だが、第一次世界大戦を契機に発展して来た、当時の先端的分野であった。織物・真田、伸銅業は渋谷川の水力を動力として明治期から発展し、大正期には水力は動力として用いられなくなっていたが、それを基盤に電線・電球製造業などが発展し、また市部に近いという利点に支えられて、ゴムやセルロイドなど、新しい分野の工業が展開したのである。

表7－3　渋谷地域の工場（大正10年）

	工場数	職工数
繊維	14	553
電気	10	1,521
金属	9	282
ゴム	8	131
機械	6	241
化学	5	336
紙・文具	5	174
合　計	57	3,238

出典：『新修　渋谷区史』中巻、2009-10頁。
原典は「東京市及付近町村工場分布状態」。

明治期、渋谷の村長は頻繁に交代したが、町制施行後の明治四二年に公友会が組織されると、町政は次第に安定し、大正三年に就任した第三代町長佐々木基は、一〇年間（大正一三年まで）にわたって在職する。行政は、「町」で全国一、二位を競うほどの規模に達する人口増加と、都市化に伴う諸施設の充実を迫られるのである。その中でも最も早い対応を迫られたのが、小学校の建設と水道であった。渋谷村には明治初年に渋谷と臨川の二小学校が設置されていたが、明治末期以降の学齢児童の急増に対応するべく、四〇年に大和田、四五年に長谷戸、大正五年に広尾・猿楽・大向、八年に加計塚と六校もの小学校を新築せねばならなかった。

都市生活には衛生面からも水道が不可欠なことは言うまでもない。生活水は、井戸や三田用水に拠っていたが、人口増加に伴い、水道設備が求められる。大正二年には本格的な調査が行われ、東京市水道の給水を受けることも検討されたが、町営水道とすることを決定し、北多摩郡砧村地先の多摩川を水源とし九年には総工費五百万円の予算を組み、翌一〇年に着工、一二年四月に一部竣工し通水した。府下では最も早く、完備した水道であった。

さらに道路の整備も進んだ。大正七年に都市計画法、八年に道路法が公布され、一〇年には都市計画法に基づく重要街路の新設・拡張が公表された。これらは市区改正以来の課題であり、また後藤新平東京市長の意欲的な施政方針を受けた府下全般にわたる計画であったが[24]、渋谷町としても町道のみならず、府道の厚木街道などの拡張・改良費を府に寄付して改良をはかった。渋谷川やその支流宇田川も明治末期から激しい氾濫を繰り返し、改修工事が急がれるようになる。渋谷駅周辺の商業地区化が進み、川岸のみならず流路の上にまでせり出して建物がたてられるようになっていた。大正一五年に天現寺から宮益橋間の改修計画が立てられる。

こうした積極的な行政の展開により、昭和二年には東京府知事より「協同緝睦相率ヰテ、克ク公共ノ事ニ竭シ、整理経営共ニ見ルベキモノ尠カラズ」として表彰を受ける。その理由としては、納税成績が良好、小学校の充実、道路の整備、水道事業、塵芥焼却所、町営住宅、職業紹介所など、都市化に伴う諸施設の建設を遅滞なく進めていることが評価されている[25]。明治二二年に渋谷村が近代的行政村として成立した時の年間予算は三〇〇〇円弱であったが、昭和二年には一八〇万円、渋谷町が消滅する七年には四〇〇万円の規模にも達するのである。

大正期、渋谷町は自治体としてそれなりの成果を上げていたが、第一次世界大戦によって急速に膨張し、また関東大震災による郊外化、それに伴う移動手段の変化が大きく進みつつあった東京市の隣接自治体として存続するには、大きな困難があることは明かであった。大正一四年と昭和八年の大規模な交通調査によれば、歩行者は宮益坂下では一万七千人から二万一千人へと三〇%の増加がみられたが、道元坂下では二万一千人から一万六千人へと減少する一方、自動車・自転車・牛馬車を含む諸車は宮益坂下では六千から二万台、道元坂下では五千台から一万七千台へと激増しているのである。[26] 渋谷駅周辺はすでにこの時期、新宿駅周辺と並んで、人・車とも最も交通量の多い地域となっていた。

こうした事態への対応のため、東京市周辺町村の合併、すなわち「大東京」の建設は不可避となり、昭和七年に実現する。東京市編入に関する諸問題は第九章において詳述される。

おわりに　―インフラ整備への渇望―

東京市渋谷区となり、基礎的自治体である東京市の下部組織となったことにより、区独自の財源が激減し、区行政は市税からの交付金による教育事務と営造物管理に限定され、区内の課題や区民の要求は、区会を通じて東京市に陳情するという形で解決を図らねばならなくなった。東京市編入後も、一貫して道路交通問題、衛生問題などが区民生活の大きな課題であり続けた。編入直後、昭和七（一九三二）年一二月の区会においては、道路整備に関する建議案の中で次のように述べている。

甲州街道ノ如キニ於キマシテハ殆ト穴ボコデアリマシテ、雨ガ一回降リマスト穴ガ奇麗ニ並ンデ了ヒマシテ、大福ガ転ガツテアルヤウナ騒デアリマス、殆ド着物デモ着テ他所へ出ル場合デモ、自動車ガ一台飛ンデ参リマスレバ晴着ガ一回デ泥マミレニナルノデアリマス[27]

さらに昭和九年には、側溝による下水が機能しなくなり、保健衛生上重大な問題を生じつつあるとして、下水の改良、本格的な地下下水を求める陳情書を東京市長に提出する。

年々人家稠密ノ度ヲ増シ随テ汚水ノ排出逐年増加スルモ、在来下水ノ護岸崩壊腐朽セルモノ多ク十分ナル排水ヲ為ス能ハス、常ニ停滞シ悪臭ヲ発シ悪疫伝播ノ因ヲ為スハ勿論、一朝大雨ニ際会セバ汚水氾濫シテ住家ニ浸水シ保健衛生上及交通上甚大ナル脅威ヲ受ル現状ナリ(28)

また渋谷駅のターミナル機能の高度化、東急百貨店、高島屋支店、二幸分店など大規模小売店の集中により駅前の混雑は一層加わり、「交通地獄」の様相を呈しているとして、宇田川改修工事を機に、鉄道線路を架道橋として建設する意見書を提出する。

朝夕ノ出勤退出時ニハ頗ル雑閙ヲ来シ警察官其他ニ於テ交通整理ヲナシツツアルモ通行者ノ危険名状スベカラザルモノアリ、為ニ乗用空自動車ノ通行ヲ禁止シアル状況ニシテ真ニ交通地獄ノ状態ヲ呈シ居ル次第(29)

代々木練兵場は明治四二年にできるが、近隣の開発が進み、人家が立ち並ぶようになった大正末期ころから砂塵が周辺の人々を悩ますようになる。町議会や公友会が中心となって二千数百名の署名を得て陸軍に提出し、さらには演説会・町民大会を開き、陸軍省だけでなく政友・民政両党、内務省・東京市に陳情し、移転あるいは防塵施設設置を要求するが、実現しなかった(30)。

以上のように、東京市に合併したころには、渋谷地域は都市化に伴う大きな問題を抱えていた。全国でも最大クラスの町だったがゆえに、教育と上水道は単独事業として行うことができたが、より広域、より大きな投資を必要とする道路・交通、下水、さらには陸軍を相手とする練兵場の問題は容易に解決の道は見いだせない。ところが、昭和一一年七月、ベルリンで行われたＩＯＣ総会において一五年の第一二回オリンピックを東京で開催することが決定し、それらの問題を一挙に解決し得る可能性が開けたのである。

渋谷区は主競技場を「代々木練兵場ヲ第一候補地トシテ」東京市などへの運動を行い、明治神宮外苑が主競技場になった後も運動を続け、誘致担当者は区会において断言はしていないが、選手村が代々木練兵場に設置される可能性が高いことをにおわせている。[31] 区の中心部にあって区内を分断するだけでなく、迷惑施設ともなっていた練兵場を撤去できる可能性が高まったのである。また、神宮のメーン会場及びその他の支会場と選手村をつなぐ交通は渋谷区内を通過せざるを得ず、区会は「当区トシテ交通系統及ビ衛生施設ニツイテハ重大ナル関心ヲ有スル」とする。

外苑新宿新駅間又ハ外苑ト渋谷駅ヲ通シテ玉川方面トノ交通ハ今日ニ於テスラ常ニ輻輳甚タシク、其ノ一部ハ車止ノ余儀ナキ状態ニ有之、又河川諸施設ニ就テモ甚タ不十分ニシテ下水ハ常ニ臭気ヲ発散シ一朝豪雨ニ遭ヒナバ汚水人家ニ氾濫スル状態

このような状態で外国選手団や多くの観光客を受け入れるのは「甚タ寒心スヘキ状態」であるとして、一三の道路路線と下水道整備、小公園の設置を市長に求めたのである。[32]

しかし周知のように、第一二回東京オリンピックは幻となった。戦災と復興を経るなかで、道路交通、下水などのインフラ整備が都政・区政の大きな問題として残り、これらの課題は第一八回の東京オリンピックを前にして大きく改善され、その上に高度成長による変化がもたらされ、現在の渋谷が形成されるのである。

註

（1）それをもっとも早く、本格的に展開したのは、吉見俊哉『都市のドラマトゥルギー―東京・盛り場の社会史―』（弘文堂、昭和六二年）第三章である。
（2）東京都『都市紀要十三　明治初年の武家地処理問題』（昭和四〇年）七〇～九五頁。
（3）東京都『東京府志料』四七頁（昭和三四年復刻版による）。
（4）宮益町の明治四年の職業は、和田家文書「町人渡世帳」（『渋谷区史　中巻』昭和四一年、一六四六～四九頁）による。
（5）那須皓「代々木の今昔」大正三年一二月九日述（那須は明治二一年、本郷生まれ）、柳田国男編『郷土会記録』大正一四年、一二二頁。
（6）渋谷郷土研究会『渋谷郷土研究会会報　第三号』（昭和四一年四月）九～一〇頁。

(7) 東京府・市の軍事施設の変遷はめまぐるしく、十分ではないが、上山和雄編著『帝都と軍隊―地域と民衆の視点から―』(日本経済評論社、平成一四年)附表参照。また、本書第九章付表でかなり詳しくなった。
(8) 『渋谷町誌』(渋谷警察署新築落成祝賀協賛会、大正一一年)六六~六九頁。本誌は実質的に渋谷印刷所の代表者有田肇の編著である有田は大正三年に自費で同名の編著を刊行しており、それの改訂版的なものとして位置づけられている。
(9) 東京都(東京都公文書館)『都史資料集成』第五巻②(平成一九年)七六、一二〇、一三八頁。
(10) 前掲「代々木の今昔」一二九~一三〇頁。
(11) 藤田佳世『大正・渋谷道玄坂』(青蛙房、昭和五三年)一二~一三頁。
(12) 『東京近郊名所図会』一三~一四頁。
(13) 『都新聞』明治三八年四月二五日。
(14) 『都新聞』明治三九年五月二〇日。
(15) 『東京近郊名所図会』一六~一七頁。
(16) 児玉花外「新開地の印象」(『太陽』第一九巻第二号、大正二年二月)八〇~八一頁。
(17) 『読売新聞』明治四一年三月一日。
(18) 前掲『渋谷町誌』七九頁。
(19) 『読売新聞』大正二年五月三〇日。
(20) 小田内通敏『帝都と近郊』(大正九年刊、昭和四九年有峰書店復刻版による)七七頁。
(21) 『読売新聞』大正一一年四月二八日。
(22) 前掲『帝都と近郊』、一八五~一八六頁。
(23) 『渋谷区史』中巻二〇〇九~一〇頁、『東京市及付近町村工場分布状態』による。
(24) 村高幹博『東京市の改造』(大正一一年刊、平成四年龍溪書舎復刻版による)四五~七八頁。
(25) 『渋谷区史』下巻、二一七四~七七頁。
(26) 同右、二三二一~四頁。
(27) 「渋谷区会議事録」昭和七年一二月二二日。

(28) 同右、昭和九年一一月二九日。
(29) 同右、昭和一一年五月一三日。
(30) 同右、昭和八年一〇月一九日。
(31) 同右、昭和一三年二月七日。
(32) 同右、昭和一二年七月八日。

〔付記〕 本章は、『國學院雑誌』第一一一巻第三号に掲載した同名の論文を大幅に改稿したものである。

第八章　開拓使と御料地の時代

内山　京子

はじめに

渋谷についてイメージする時、多くの人が商業・業務・交通の拠点という、副都心としての側面を思い浮かべるだろう。およそ「渋谷的なるもの」は、この側面に包括されるか、密接に関連している。しかしながら、既に指摘されているように、この点は新宿・池袋なども同様であり、取り立てて渋谷の特色とするにはあたらない(1)。

むしろ留意すべきは、各種の文化施設・教育施設が立地する「文教住宅都市」という、他の副都心には薄い側面であろう。より正確に言えば、「副都心」と「住み良いまち」が併存している点である。面積の三割におよぶ二三区内で最大規模の文教地区指定面積(2)、松濤・南平台・東・常盤松などの高級住宅地、新宿御苑・明治神宮・代々木公園といった大規模緑地——。副都心としてのイメージに隠れがちだが、これらはいずれも「文教住宅都市」渋谷を形成する要素であり、現在渋谷区が掲げている「創意あふれる生活文化都市」という将来像の、重要な前提でもある(3)。

このような「文教住宅都市」渋谷は、いつ頃、どのように誕生したのだろうか。副都心としての側面が日露戦争以降の数度の変容に由来するのに対して、以下で見ていくように、「文教住宅都市」としての側面は江戸末期から明治中期にかけて準備される。その形成過程を解明することは、現在の渋谷の成り立ちを考える上で不可欠の作業と言えよう。

それでは、具体的にどのような視点から見ていけば良いのか。東京における近世から近代への移行に際して、政府主導によって「西洋の移植」が行われた地域はごく一部に留まり、大名・幕臣屋敷などの「武家地」という江戸の遺産が活用されたことは、以前から指摘されてきた。(4) これに対し、松山恵氏は、武家地の処分は一律に行われたわけではなく、積極的に首都化が図られた「郭内」では諸官庁施設や維新の勝者である旧公家華族や官吏の邸宅として、「郭外」では維新の敗者の側に属する旧大名華族の邸宅として、あるいは民間に払い下げられて主に農地として転用されたように、官庁の「郭内」、民間の「郭外」という二元構造が存在していた点を強調している。(5)

しかしながら、明治の渋谷は、民間の参入が進んだ「郭外」に位置しながら、開拓使をはじめとする官庁や華族等の参入も目立った地域であり、明治一二(一八七九)年から一七年にかけては大規模御料地群が形成されていく。武家地の転用先を左右したのが皇城からの距離だけであったなら、このような現象は説明し難いであろう。それでは、渋谷の武家地は、「郭内」「郭外」という二元構造の他に、どのような要素によって転用先を左右されたのだろうか。

本稿では以上のような問題関心の下、明治初年の武家地の転用、開拓使用地としての利用と撤退、御料地群の形成について、東京全体の変遷と照らし合わせつつ、「郭外」渋谷における展開を検討する。それは、「郭外」における武家地の変容という、江戸・東京研究の一事例と成り得ると同時に、「文教住宅都市」渋谷の由来を語ることにもなるだろう。

第一節 「郭外」における小規模武家地の転用

1　明治初年の状況

現在の渋谷区にあたる地域は、江戸時代には町奉行の支配範囲を示す墨引の外側に位置する一方、江戸市域を示す朱引の境界線上に位置する地域であった。したがって、渋谷川の東側にあたる現在の山手線の内側は、「郭外」（江戸城の外濠～朱引まで）とはいえ朱引内（府内）に位置する一方、大部分は「江戸府外」の郷村地であった。明暦の大火以降、武家屋敷の江戸周辺地域への拡張が進み、大名は「郭内」に上屋敷を構えつつ、山の手の武蔵野台地など、高台から富士や海を臨むことが出来る美しい郊外地区に、避難所兼別邸の意味合いを有する下屋敷を求めていく(6)。そのため、江戸後期の渋谷区域には、「府内」にあたる青山から千駄ヶ谷に旗本・御家人などの小規模な幕臣屋敷が、渋谷・豊沢・原宿の各村には大規模な大名の下・抱屋敷が進出し、その周辺に広尾町・神原町・宮益町などの町場や、渋谷川の西側から代々木・幡ヶ谷方面にかけては農村地が広がるという、大都市の郊外地としての営みが展開していた(7)（図8－1）。

このような景観は、文久の参勤交代緩和令、京都の政治拠点化等によってすでに幕末期に失われつつあったが、維新後、引払い令によって江戸在府藩士や諸大名の家族らが国元へ移住し、その後の上地令によって幕臣・諸大名の土地・屋敷が次々と没収されると、住人を失った武家地の荒廃、および消費生活の主体を失った周辺の町場の打撃は決定的なものとなった(8)。次の史料は、この時期の千駄ヶ谷の様相をよく伝えるものであろう(9)。

此程右御武家地御上地の上御引払いに相成候に付、枯野原に相成千草生い茂り候のみにて、是迄御武家方へ諸商ない仕取り続け罷在候得ども、当今は妻子の扶助も出来難く離散仕候者も有之、見るに忍び難く……

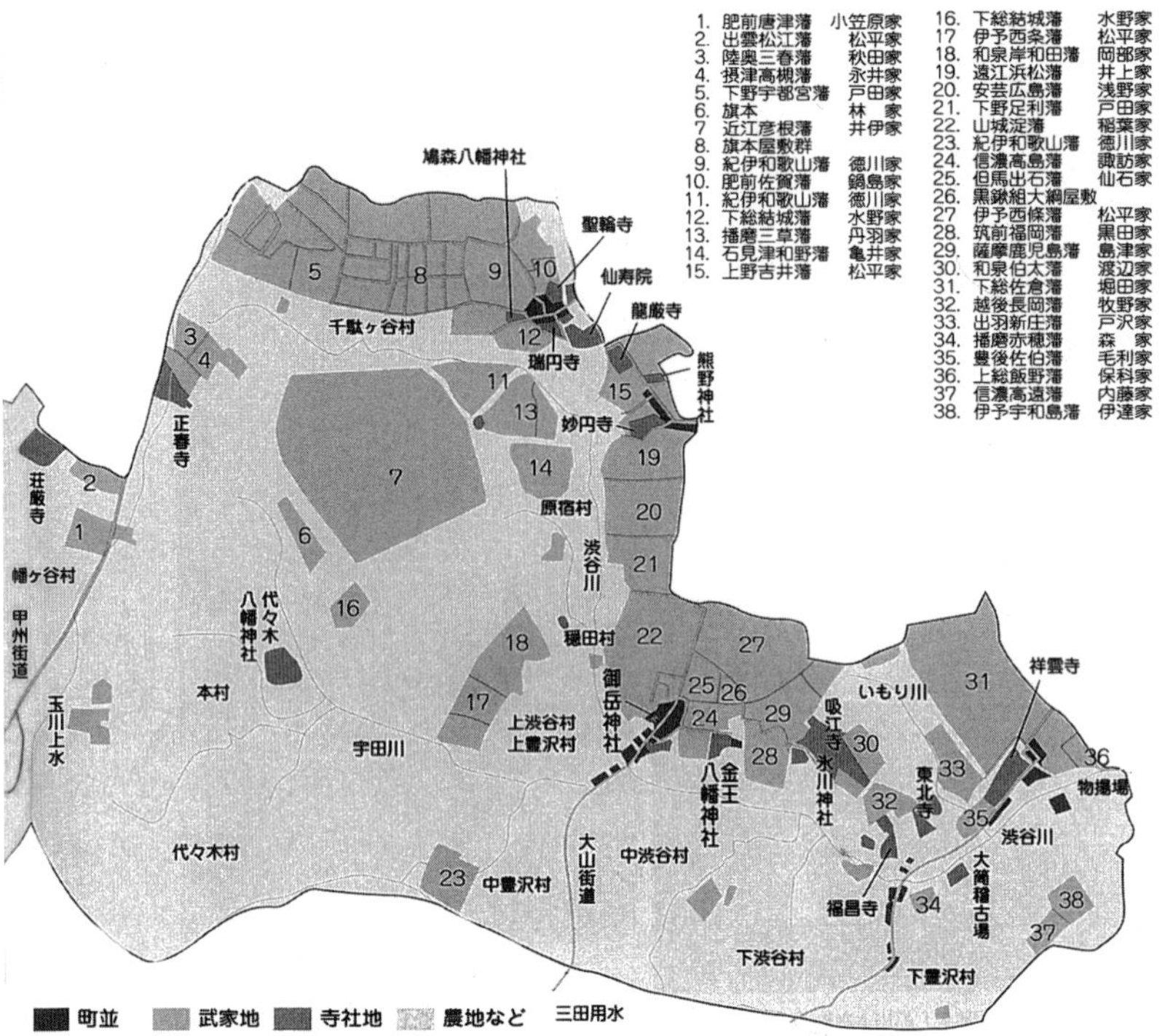

図8－1　江戸末期の武家屋敷図

維新後、敗戦側の諸藩は削封・移住を余儀なくされ、徳川家は駿府へと追いやられていく。そのため、主家とともに移住する道を選んだ旗本・御家人等の幕臣屋敷は早々に荒廃が進み、「郭内」の場合は間もなく新政府官吏の邸宅として転用されていったが、渋谷のような「郭外」までは中々埋まらなかった。当時の混乱を伝える史料は枚挙に暇がないが、旗本邸の密集する千駄ヶ谷一帯の状況は、「武家方」を相手に商売を営んでいた者が妻子を養えず「離散」するなど、とりわけ深刻であった様子が窺える。

もちろん、広大な武家地をそのまま官用地として利用可能という前島密の江戸遷都論が、大坂遷都論者であった大久保利通を動かしたように、新政府はいたずらに武家地の接収を行ったわけではない。それでも、江戸の町の六割を占めていた武家地はあまりにも広大であり、明治初年時点の脆弱な政府基盤では、「郭内」を中心に諸官庁施設の設置、官吏の邸宅として利用するに留まり、むしろ貸付邸宅の補習費用の増大に悩まされ、空き屋敷に浮浪者が住み着くことによる治安悪化は、「博徒とゴロツキ」をかき集めて作られた常備兵自身が「強盗を働く、食ひ逃げをする」という有様で、「府治之体裁」に関わる、より深刻な問題となっていたのである。[10]

2 「郭内」「郭外」域の設定と桑茶令

こうした状況を打開するため、東京府は様々な策を講じた。その一つが「郭内」「郭外」域の設定であり、明治元（一八六八）年七月、「郭内」の武家地の場合は土地・屋敷両方の保存を、「郭外」の場合は土地のみの保存を命じているように、この境界はより制度的な意味合いを帯びたものとして設定された。[11]

同年七月、江戸から東京へと改称された直後に、東京府はまず従来の「郭内」域を大幅に拡張する。しかしそれから一年も経たない明治二年五月、「郭内」域を大幅に縮小した。

当初は「東の京」として政治の中心地となることを前提に、武家地の荒廃阻止および新政府利用地の確保を企図して「郭内」域を広げてみたものの、前述の困難に接し、さらに二年三月の明治天皇の再東幸によって治安改善の必要性が上昇したことで、まずは「郭内」という重点地区の土地・建物の管理・保存を確実に進めるため、「郭内」域の縮小を「迫られた」、のである。[13]

明治二年八月の桑茶令も、こうした対応策の一つとして考えることができる。発案者の東京府知事・大木喬任が「第一にその処置に困つたのは、旧大名及幕府旗下の士の邸宅である。塀は頽れ、家は壊れて寂寞たる有様。これが東京府の大部分を占めて居つた」という状況を改善するために「この荒屋敷へ桑茶を植付」けさせた、と回想しているように、[13]治安悪化の温床となっていた空き屋敷の有効活用を意図して発案された。広大すぎる武家地を持てあましたがゆえの苦肉の策ながら、混乱期の応急対策としては一定の効果を挙げ、「御用地並諸官員拝借其外下り賜候邸宅」としての使用が進みつつあった「郭内」ではなく、「郭外」を中心に武家地の開墾が進められた[14]。

先に引用した千駄ヶ谷の旧名主平右衛門の場合、荒廃する「上地の場所」の開発を願い出、桑茶令に先立つ明治二年二月に東京府から許可を得ている。このような当事者の声が、桑茶令という形で府による手厚い開墾奨励・援助策を促したのであろう。その後、平右衛門らは町民とともに上地跡の開墾を精力的に進め、三年を経ないうちに広大な土地の開墾に成功したという。明治六年の調査によれば、渋谷区域の幕臣屋敷を中心とする旧武家地は、麻布約一二万二〇〇〇坪、青山約一五万九〇〇〇坪、下渋谷村約五〇〇〇坪、下豊沢村約一五〇〇坪、千駄ヶ谷約一〇万八〇〇〇坪が開墾地に変貌していた[15]。

しかしながら、発案者の大木自身、「都会変じて桑田と為る」ものであったと振り返っているように[16]、桑茶令は首都を農産物の生産地に転換しようという発想であり、明治四年末には早くも政策転換が図られ、開墾地に地券が発行され、六年から七年にかけて貸付先への払下げが行われた。これにより、東京における桑茶栽培は衰退へと向かったが、これといった産業に乏しい渋谷区域では、桑茶令以前から茶業が存在していた経緯もあってその後も盛んに行われ、東海道線の全通により宇治茶が大量に入ってくる明治二二（一八八九）年頃まで、その流行は続くことになる[17]。

このように、「郭内」域の縮小も桑茶令も、ともに新政府が広すぎる江戸の町を持てあまし、有効に使い切るだけの実力を有していないがゆえに発想され、導入された。桑茶令自体はほんの一瞬の政策ながら、開墾には「身分に拘ず」応募が可能であったことから、これをきっかけにして資力を蓄えた町人の武家地への参入が「郭外」を中心に進み、従来の土地のあり方に大きな変容をもたらしていく[18]。その意味では、官庁の「郭内」、民間の「郭外」という二元構造は、乏しい実力の中で対応策を迫られた新政府（東京府）と、より良い生活を求める人々の行動によって[19]、ごく自然に形成されたものと言えるだろう。

明治五年に東京府が調査・編纂した「東京府志料」には、当時の渋谷の様子が次のように記録されている。[20]

渋谷神原町・渋谷広尾町・渋谷上下広尾町・下渋谷村・下豊沢村を含む第七大区一小区
　従全の市街は白金台町同猿町のみ。其他は大概もと藩邸士地にして、今町名を加へたれと、市纏を開きし所は甚だ少く、開墾地となりし所多く、一新前に比すれは人烟寥落せり。

青山・渋谷宮益町・千駄ヶ谷各町・千駄ヶ谷村・原宿村・中渋谷村を含む第八大区一小区
　区内一新前旧幕府庶氏邸宅櫛比せり、一新後過半毀撤し上地となり桑田茶圃多く景況寥落たり、近時頗る繁盛に趣き已に南町北町四丁目五丁目の如き新に市店を開き市街となれり、唯原宿、渋谷、千駄ヶ谷の三村のみ真の村落に係り……

青山南町・北町付近は大山街道沿いに商家が発達し、すでに市街地を形成し始めていたが、「村落」の様子は以前と変わることなく、桑茶令によって比較的小規模な武家地（旗本・御家人邸）の多くが開墾地に変貌したことで、むしろ維新前よりも田園的な景観が広がっていたのである。

第二節　大規模武家地の転用

ここまで見てきた渋谷の様子は、「郭内」「郭外」という二元構造のイメージから逸脱するものではない。しかし、桑茶令によって民間の参入が進んだのは、主として幕臣屋敷等の小規模武家地であり、大名の下屋敷等の大規模武家地ではなかった。そして、渋谷区域では、千駄ヶ谷一帯の旗本屋敷以上に、近江彦根藩井伊家の下屋敷や下総佐倉藩堀田家の下・抱屋敷に代表される、四万坪以上の広大な大名屋敷が大きな面積を占めていた。[21]

以下、渋谷における大規模武家地の転用とその変遷を追う中で、「郭内」「郭外」という二元構造とは異なる視点から、武家地の転用を考察していきたい。

1 華族・皇族による利用―「高燥の地」を求めて―

先述のように、維新政府にとって広大すぎる武家地は負担であった一方で、乏しい資金力からすれば、大名屋敷という大規模武家地を官用地として使用可能な点は、確かに江戸という都市の有する利点であった。明治元（一八六八）年八月、京都から東京へと「人気」を引きつけるため、早速旧幕臣屋敷を無料で新政府官吏に貸与することとしたが、二年からは「地代」を納入させ、新政府の基盤が次第に整い廃藩置県を断行する四年になると、貸与を止めて低価で払い下げていった。六年頃には官吏の増加によって「郭内」の居住地はほぼ埋まり、官吏住宅も租税徴収対象となっていく(22)。

一方、京都に居を構えていた公家らは、二年三月の明治天皇の再東幸を受けて追々東京へ移住し、京都の土地の坪数割合をもって「郭内」に邸宅が下賜された(23)。大名家に対しては、明治元年に江戸引払い令が言い渡されていたが、三年一一月には知事として国元にある以外に東京居住命令が言い渡された。廃藩置県を控えて政府の基盤を強化するために必要不可欠なことではあったが、各大名家に対して私邸一ヶ所は確保

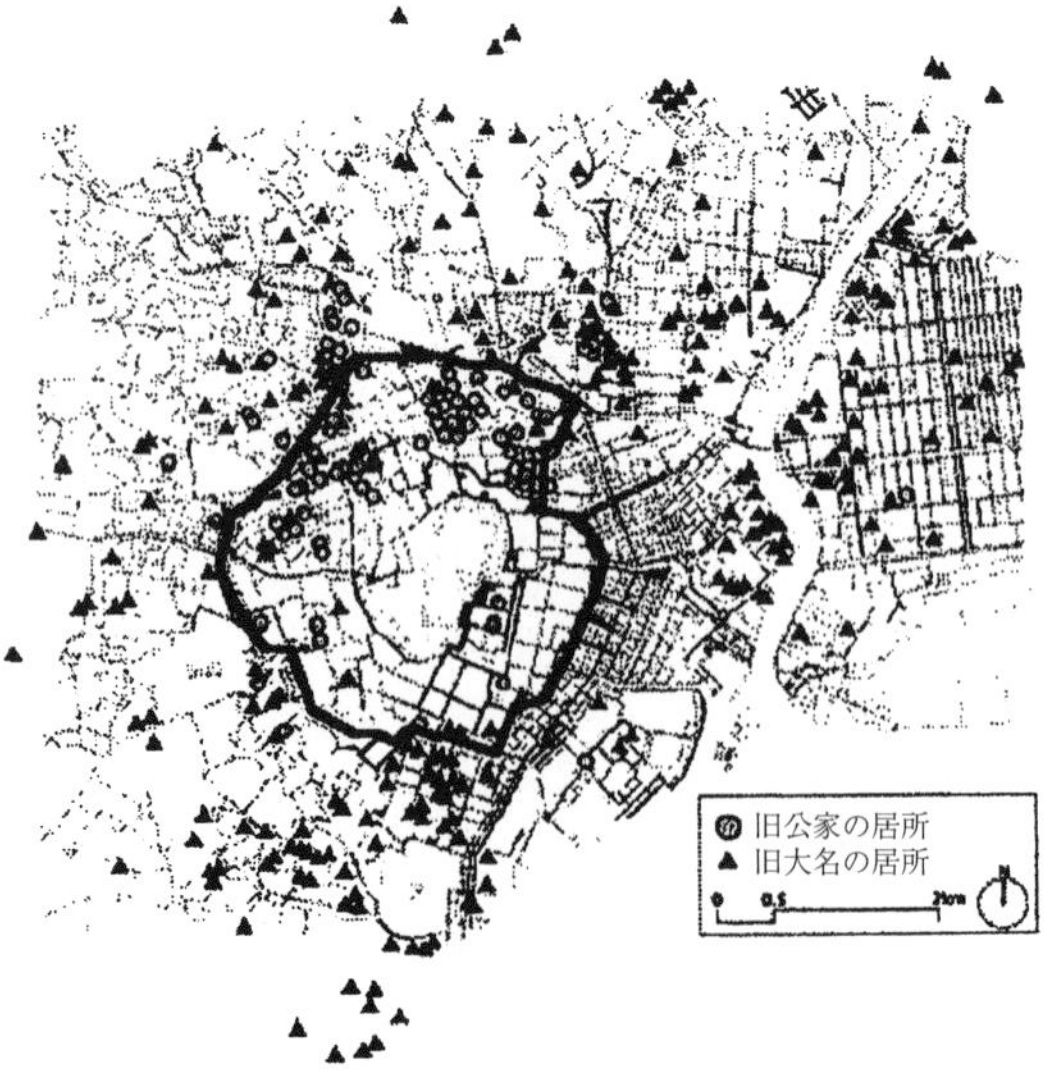

図8－2　明治10年時点、公家華族・大名華族の居所

することが新政府の「義務」となったことで、大名家はそれまでの従順な姿勢を一変させていく。以降、各大名家はより条件の良い私邸の確保を目指し、すでに上地した旧邸の復活運動や代地獲得交渉を盛んに展開し、[24]拝領地の拡大・旧上地の回復・代地の支給を実現させた大名家の多くは、「郭内」の旧藩邸を上納し、「郭外」の旧中・下屋敷を私邸にしていった[25]（図8－2）。皇城から多少遠かろうと、敷地面積が広く、居住条件の良い「郭外」の下屋敷の方が、私邸には相応しかったのであろう。

明治五年、佐賀藩鍋島家は、旧紀伊和歌山藩徳川家下屋敷約三万坪（現在の松濤一帯）の払下げを受けた。言うまでもなく、佐賀藩は維新の勝者であり、鍋島家は明治三年に「郭内」の旧越後村上藩内藤家中屋敷（現在の首相官邸）の払下げを受け、本邸として使用しながら、さらに「郭外」にあった敗者・徳川家の下屋敷を別邸として手に入れたのである。[26]明治九年、鍋島家は旧藩士の授産のために茶園・松濤園を開き、東海道線全通により需要が低下すると、果樹園・牧畜などの鍋島農場へと転換させた。[27]その後、関東大震災による本邸の倒壊をきっかけに松濤の高台に本邸を移転させ、周辺の土地を約二〇〇坪単位で宅地に分譲したことで、高級住宅地・松濤が形成されていく。

鍋島家以外にも、渋谷区域では安芸広島藩浅野家が約五万坪の同家下・抱屋敷（神宮前）の払下げを受け、その他にも、明治から大正にかけて西郷従道（南平台）・島津忠承（広尾）・徳大寺実則（千駄ヶ谷）・徳川家達（千駄ヶ谷）などの勲功華族、公家・大名華族が土地を所有していった。その流れは華族に留まることなく、皇族の居住地もまた、同様の傾向を見せている。

明治六年の皇居炎上に伴い、皇族たちはそれまでの皇居内・周辺を飛び出し、外部に邸宅を構えるようになった（「皇族邸地」）。華頂宮家を例にとると、当初浜町の旧高島藩邸を下賜されるも、下町で湿気が多いことを理由に「高燥の地」への移転を希望し、七年一〇月に三田台町の旧イギリス公使館他の土地を入手している。その他の皇族の邸宅獲得交渉にもしばしば見られる「高燥の地」とは、鈴木博之氏によれば、西欧的な健康意識の影響を受けて、明治以後に居住の理想として登場する言葉であり、華族・皇族という新しい特権階級は、「高燥の地」を求めて西南の台地上を占拠していった[28]。渋谷区域でも久邇宮・梨本宮・東伏見宮の三宮家が居を構えていく。

2　官庁による利用―広大な土地を求めて―

兵部省・陸軍省による利用

一方、新政府の諸官庁は、江戸城が皇居となったのに象徴されるように、「郭内」の旧大名屋敷を用いてそれぞれ本省を構えた。外務省・大蔵省・文部省など、取り立てて本省以外の用地を必要としない官庁の場合、当然ながら皇城の近くに用地を求め、「郭内」「郭外」の二元構造にすっぽりと収まるわけである。しかし、例えば陸軍省の場合、火薬庫は人家の少ない場所が適しており、演習場はそれに加えて大規模な空き地である必要性が生じる。陸軍省は兵部省時代から軍用地の確保に奔走し、やがて官用地の半分以上の面積を占めていく[29]。

前記のような軍用地に相応しいのは「郭外」の大規模武家地であることも多く、明治三年に兵部省が火薬庫設置を検討した際、「地所相応」として最初に候補に挙がったのは、現在明治神宮となっている彦根藩井伊家の下屋敷、約一八万二〇〇〇坪であった。同年一〇月、東京府から井伊家への打診が開始されたが、井伊家側は様々な事情を挙げ、遠まわしに拒絶している。前述のように、新政府にも各大名家の私邸確保を保障する義務が生じていたため、この頃から大名家は交渉における粘り強さを増していたのである。明治四年七月、井伊家が希望する替地と引き換えになら移っても良い、との交換条件を切り出すと、兵部省はやむなくターゲットを内藤新宿の高遠藩内藤家下屋敷（約一〇万余坪、現新宿御苑）へと切り替えた。しかしこちらも、「上地等之心得は毛頭無御座」として無条件での上地（没収）に強く抵抗したため、兵部省も諦めざるを得ず、結局、千駄ヶ谷の先手組屋敷跡など計約二万四〇〇〇坪が火薬庫として使用されるに至っている[30]。

明治初年時点での渋谷地域における軍用地は、「郭内」にも未だ余裕があったために、それ以降の膨張に比べればごく限定的なものだった。次第に都市が充実し、軍用地が郊外への移転を迫られる明治二〇年前後になると、渋谷周辺の需要が増し、赤坂御所・青山練兵場を中心に、赤坂・青山から世田谷・目黒にかけての大山街道沿いに、次々と兵営が新設されることになる。[31]

大蔵省・内務省による利用

明治四年八月、上地命令が廃止された。諸官庁の希望通りに上地命令を出していては一般人心の不安を招くとして、各省が勝手に上地命令を出すことを禁じ、太政官に申し出た上で、相対をもって借用なり買上げなりの交渉をすべしとの通達であり、以後の「上地」は没収という意味ではなく、相談の上で土地を明け渡す代わり、買い取りか移転料を受け取った上で代替地を貰う、という意味で使用される。[32] これによって、維新以来の占領政策的段階が終了したと言えるだろう。同年九月、所有者が確定した武家地には、一般市街地同様に町名が付与されて課税対象となる旨が予告され、五年以降地券の交付が開始され、旧武家地は六・七年頃までに、郷村地は一二、三年頃に完了した。[33]

明治五年九月、近代農業振興を目的とする「牧畜種芸の試験場」設置のため、大蔵省勧業寮が内藤家下屋敷、約九万六〇〇〇坪を「購収」した。火薬庫設置交渉の際は抵抗した内藤家も、没収ではなく「購収」であったために契約に応じたものと言われる。[34] 同年一〇月、大蔵省は洋種動植物試験場（内藤新宿試験場）を設置したが、試験場としては「狭隘」であったため、翌六年一一月にさらに「接続の地」約七万三〇〇〇坪を村方から「買収」した。現在の新宿御苑は、内藤家下屋敷と隣接地を合わせた土地の上に誕生したものである。

明治七年、同試験場は大蔵省から内務省に移管され、試験場内には教育施設としての農事修学所が設置された。同年六月に設置された勧業寮新宿支庁は、「広く内外の植物を集めてその効用、栽培の良否適否、害虫駆除の方法等を研究し、良種子を輸入し、一冬府県に分つて試験させ、民間にも希望があれば分ける」という目的の下、明治八年には二〇〇〇種、一〇年には三〇〇〇種以上の植物を栽培し、縦覧規則を定めて見学希望者への公開を積極的に行った(35)。しかし、明治一〇年以降の内務省の農業振興政策の縮小に伴い、内藤新宿試験場はその役目を終え、明治一二年には内務省から宮内省に移管され、御料地に編入されていく。この点については第五節で再び触れることとする。

第三節　開拓使の時代

大名華族や陸軍省・内務省による大規模武家地の利用があったとはいえ、明治初年時点での華族や政府高官の土地所有は限定的であり、軍用地としての利用も未だ小規模なものであった。また、内務省の勧業寮試験場は内藤「新宿」の名の通り、その大部分は現在の新宿区に位置していた。

このような中で明治四（一八七一）年末に開拓使が青山から麻布にかけて設置した官園は、文明開化の流れとは無縁のように変遷していた明治前半の渋谷において、特別な存在感を放つと同時に、その後の発展にも大きな影響を残すことになる。

1　開拓使の参入と拡大

開拓使は明治二年七月、北海道の開拓のために設置された官庁である。その本庁以下の施設は当然ながら北海道に設けられたが、黒田清隆が次官に就任した明治三年五月以降、東京の開拓使用地は拡大を続け、同年一〇月には早速芝増上寺に東京出張所が設置された。

続いて、開拓使は「西洋農業の北海道農業への適不適」をみるため、中継地としての広大な農業実験場を求め、「地味相応」の場所を「所々見分」した結果、「地勢幷土質とも至極可然」場所として、渋谷区域の四万から五万坪という比較的規模の大きい武家地が選定されていった。明治四年九月までに東京府を通して各大名家への交渉が行われ、一一月には太政官の許可を受けて開拓使への引渡しが行われた[36]。その結果、青山南町七丁目の伊予西条藩松平家上・抱屋敷、

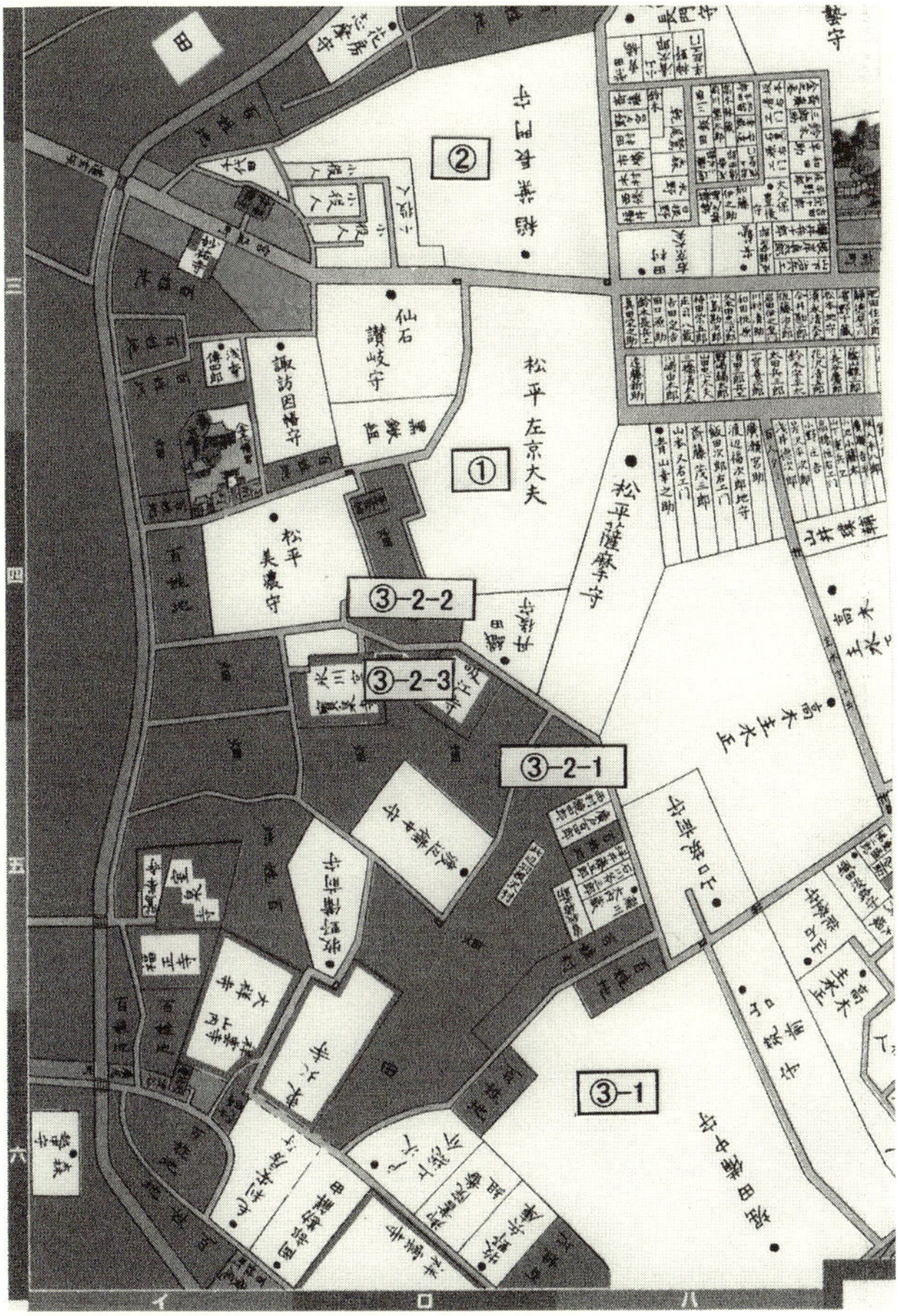

①	第１官園（現青山学院）
②	第２官園（現東京都児童会館・国連大学など）
③−１	第３官園（元武家地／現日本赤十字・聖心女子）
③−２	第３官園（元民有地）
２−１	羽根沢（現東京女学館など）
２−２	常盤松（現常陸宮邸・常磐松小学校など）
２−３	氷川裏（現國學院など）

＊各地の変遷の詳細については、表８−２を参照のこと

図８−３　開拓使官園の位置関係

約三万八〇〇〇坪を第一官園（一番地）、同北町七丁目の山城淀藩稲葉家下屋敷、約五万坪を第二官園（二番地）、やや離れた麻布笄町の下総佐倉藩堀田家下・抱屋敷、約四万七〇〇〇坪を第三官園（三番地）と称し、東京出張所農業課の管轄とした。その際、第二官園のみ、稲葉正邦の希望により、「当家始祖縁由」がある「社殿」と「神木など唱来候老樹」のある部分、約九〇〇〇坪の拝借が認められ、「四十有余戸之旧藩士族」の居住が続いている。[37]

同年一一月、開拓使はこれら武家地とは別に、下渋谷村の民有地約三万坪を購入し、第三官園の所属とした。さらに八年七月、「官園囲込用」として購入した渋谷村外五村二町の民有地約五〇〇〇坪を第三官園に併せ、[38]九年五月にも「農業試験の為め地所不足」として購入した渋谷村等の民有地約四万二〇〇〇坪を「官園に囲込」んでいる。[39]やや距離のあった第一官園と第三官園の間を埋めるように、民有地購入による「囲込」を通して用地を拡大させた結果、明治一〇年には開拓使官園の敷地は、約二二万八〇〇〇坪に達していた[40]（図8－3）。

2 「名所」としての開拓使官園

明治六年三月の皇太后宮行啓を皮切りに、同年七月の明治天皇の行幸、明治一二年八月のグラント元アメリカ大統領など、官園にはしばしば天皇や政府高官、外国の要人が訪れた。東京への官園設置の背景に、輸入種の試験栽培地という実務的な意図だけでなく、開拓使のショールーム的役割という、黒田清隆やケプロンによる政治的意図があったためである。開拓使は穀物の自動収穫機や高性能脱穀機など、最先端の西洋農具を次々と輸入し、官園での天覧農作業では天皇や政府高官が見守る中、黒田が何頭もの馬を駆って大がかりな農業機械を操作してみせたこともあったという[41]（写真8－1）。

このような行幸・外国人の視線、あるいは物資の搬入のため、官園周辺の道路は急速に整備され、[42]渋谷に欧米風の吹く「馬車道」が登場する。当時の官園の様子について、開拓使の小役人を父に持ち、父に随って官舎に育ったという人

写真８－１　開拓使東京麻布三号用地にて洋式農耕実習

物が、次のような回想を残している。[43]

ちょうど今の青山学院の辺を、「一番地」といい、広尾の赤十字の下の方を「三番地」と唱えていた。この一番地と三番地の隔離れた地点をつなぐに、立派な道路が開かれて、これを「馬車道」と称して、ここに文明開化の欧米風が吹きまくっていたものである。西洋人の男女が馬車を駛らして、あるいは一番地に、草花を買い、果実を求め、享楽気分を漂わしていた。腕を組み合わせ、接吻を行っていた。たしか各国人であったから、世界をここに縮図したともいえる。これは少々大げさだが、独、米人がいた、いわんや世界の文物を取入れて、果実の如きも林檎葡萄を始め諸種の珍しい物を取寄せ、そうしてそれを写生する絵師が数名雇入れてあったという贅沢だ。

内務省の勧業試験場同様、開拓使は明治六年二月から「草木牛羊」[44]、同年五月から「牡牛馬羊豚」[45]の「西洋最良の種」の希望者への提供・販売を開始するなど、最先端技術の提供を進める一方、八年一月からは見学希望者のために縦覧規則を設け、官園内の公開を開始した。明治九年三月三一日付の『読売新聞』には、「西洋の草花は盛りに開いて見事ゆゑ」、来月一日から始まる特別公開の見学を勧める記事が掲載されている。

農作物・果樹を栽培する第一・二官園とは異なり、第三官園では畜産を行なっていた。家畜を放し飼いにしていたため、時折牛や豚が逃げ出し、広尾方面の人家から「まるで象のようなのが、首をさし伸べて今にも飛出しそうだ」、「豚が台所で人参も牛蒡も喰べていった」といった苦情が舞い込むなど、近隣住民にとって、官園の存在は必ずしも良いことばかりではなかったようである。また、いくつかの点では成果を残したものの、「米国式を採用し、とても大仕掛、大げさ」な開拓使の官園運営は、高価なだけで実際には役に立たない農器具に象徴されるように、導入段階で「失敗に帰した」ものも多かった。(46)

それでも、当時の名所絵図において、渋谷では開拓使官園のみが名所コースに紹介されていることからも窺われるように、(47)官園を一歩出ると「道はくの字に曲って更にせまく……都心からはひどく遠い場末の観」を呈していた渋谷において、(48)官園周辺だけは、明治初年から「欧米風」が吹いていた。先に引用した官園で育った人物は、「実に大世帯を張ったもので、黒田清隆みたいな人でなくっては、アノ支配はできなかったろう」と、当時を振り返っている。(49)東京ドーム約一六個分に相当する約二三万坪という広大な敷地面積もさることながら、開拓使官園はその政治的意図ゆえに、明治初年から一〇年代半ばの渋谷において、その敷地面積を遥かに超える存在感を有していた。

第四節　開拓使時代の終了と官園の行方

武家地の転用先を決めた要素について、今まで見てきたことをまとめると、従来指摘されていた皇城からの距離という側面に加え、居住環境面での立地条件、用途面での敷地面積、あるいは地質といった側面も、武家地の運命を大きく左右していたことが指摘出来よう。これらは言ってみれば、その土地に最初から備わっている先行条件である。

以下では、積極財政路線を背景とする開拓使の時代が終わり、第一から第三官園が転用されていく過程について、撤退・転用方法に応じて個別に検討することで、土地の有する先行条件とはまた異なる側面から、武家地の運命を左右した要素について考えてみたい。

1　黒田清隆への払下げ

開拓使による北海道開拓事業は、一〇年という期限付きで進められたものであり、明治一四（一八八一）年はその一〇年目にあたっていた。黒田は未だ開拓は不十分として事業の継続を主張したが、深刻な財政難を背景とする殖産興業政策転換の流れに逆らうことは出来ず、前年の明治一三年、政府は工場経営などの直接的なものから法制整備などの間接的なものへと政策を修正し、同年一一月には官有の産業施設の民間への払下げ方針が決定された[50]。北海道の官有物には心残りがあった黒田も、開拓使そのものの廃止が決定された以上、その宣伝機関でもあった東京官園の継続性にはこだわることなく、明治一三年七月から開拓使用地の東京府への返付を開始し、撤退を進めていく[51]。

当時、黒田清隆は芝区（現港区）三田に本邸を構える一方、麻布仲ノ町（現六本木）、および第三官園にほど近い麻布笄町（現西麻布、旧常陸牛久藩下屋敷）にも別邸を設けており、外国の賓客が官園を訪れた際に、官園の新鮮な肉や野菜をふんだんに使った「洋食の饗応」でもてなすなど、応接に利用していた[52]。

明治一三年末、黒田は東京府に対して、別邸の「隣地」にあたる「開拓使返付」の土地の払下げを希望した[53]。黒田がどのような目的をもってこの土地を入手しようとしたのか、残念ながらそれを示す史料を見つけることが出来なかったため、詳細は不明である。ただ、当時政府高官や華族が別邸周辺の土地を買い求めるのは珍しいことではなく、また、同郷の西郷従道が目黒青葉台に別邸を構え、隣地の南平台一帯を所有していたように、下屋敷のあった渋谷周辺は、薩摩出身者にとって馴染み深い土地でもあった。[54] 明治初年以来手塩にかけてきた開拓使の廃止に際して、その思い入れのある土地を黒田が入手しようとしたのも、別段不思議ではなかったかもしれない。

黒田の希望に対し、東京府知事松田道之は、一二月に「該地は袋地に付入札払にも難取計、到底隣地え附属候半ては難相成地形」のため、黒田側の希望を聞き届け、代価をもって払い下げたい旨を内務卿松方正義に上申している。[55]「入札払にも難取計」とあるように、本来なら不用となった官用地は内務省に引渡しの上、一般入札を経て各府県から払い下げることになっていたが、当該地が他人の土地に囲まれて道路と接していない「袋地」という理由をもって、松田府知事は入札を経ない払下げを容認したのである。

松方内務卿の許可も無事下りた結果、旧第三官園のうち、村方から購入した羽根沢・常盤松・氷川裏の一帯が、入札を経ずして「代価」をもって払い下げられ、黒田清隆の所有地となった（図8－3参照）。

2　入札による払下げ

黒田所有地以外の旧第三官園の渋谷村民有地、および旧第一官園の敷地は、明治八年制定の「官用地処分規則」に基づき、翌一四年六月頃から入札の上、順次払い下げられていった。六月三日付『読売新聞』は、この様子を以下のように伝えている。

青山の開拓使試験場十六町八反歩ハ中渋谷村ほか一ヶ村の持地で有たのを先年同使にてお買上に成ッたところ、今度また此試験場をお払下になるにつき、旧地主なる渋谷村の加藤豊次郎ほか数十名より昨日同使へお払下を願ひ出たといふ。

入札の結果、旧第一官園の敷地は八月に京橋区の市川善兵衛という人物に払い下げられ、翌一五年六月には八王子の呉服商・田中三四郎の手に渡った。[56]

写真８－２　二号地茶室の側より稲葉邸の境界車道の以東を写す

この頃、合併を控えて東京移転を計画し、校地に適当な土地を探していたのが、青山学院の前身にあたる美会神学校・東京英学校（合併後、東京英和学校）である。種々難航の末、校地の選定委員であった生島閑が「青山三万坪余りの土地を発見」したことで、事態は急速に進展し、同年一一月の契約を経て、翌一六年一月、東京英和学校は約三万坪を六千円で購入した。「東京における最上の場所の一つ」とも評された「約束の地」を手にした同校は発展を続け、現在に至るまで、同地は青山学院の校地として使用されている。(57)

3　内務省への移管

明治一三年末から一四年にかけて旧第一・第三官園の転用先が決まっていく一方で、旧第二官園の処分は中々進まなかった。前述のように、元稲葉家下屋敷であった第二官園のうち、稲葉家の始祖縁の「社殿」と「神木」のある三四〇〇坪余の一角には「貸付」という形で旧藩士族らが継続して居住しており（写真８－２）、稲葉家側はねばり強く「貸付」ではなく払下げの希望を伝え続けていた。(58)

開拓使の廃止に伴う官園の撤退は、稲葉家にとっては長年の願いを叶える好機であり、当主の正邦は開拓使や東京府に留まらず岩倉具視にまで願書を送り、尽力を懇願する。[59]

明治一四年一〇月、切実な願書にほだされた開拓長官の黒田は、「北海道外に有之当使官用地払下方」については、「今日に至迄連綿使用」してきたという事情があるため、相当の代価をもって直に正邦へ払下げるようにしたいとの伺を太政官に提出した。しかしながら、これに対する太政官第二局の見解は、官有地払下げについては「一定の処分法、即ち公の入札法」があり、今この法に拠らず「従来貸渡ある等区々の情実」をもって処分すれば、そのために処分法を「紊乱」することになり「不都合」である、という開拓使の意向へのかなり強い否定であり、これを受けた太政官は一一月に稲葉家への払下げに対して「難聞届」との回答を与えた。[60]

翌一五年二月、諦めきれない稲葉家の願書を受けた開拓使残務取扱御用掛兼農商務卿の西郷従道は、[61]「格別の縁由も有之」「其情実難黙止」として、再度一般入札法を経ない払下げの実現を太政官に掛け合った。これに対し、太政官第一局も「格別の由緒」がある点は認めたものの、「廃使後払下等の処分候儀は不都合」との見解を変えることはなかった。[62]同じく入札を経ない払下げの事例でありながら、内務省・東京府間のみでスムーズに決定した明治一三年末の黒田への払下げに比べ、その対応には大きな違いが生じている。言うまでもなく、明治一四年に世間を大いに騒がせ、払下げ中止という異例の結末をもたらした開拓使官有物払下げ事件の影響であろう。

明治一四年七月、黒田は開拓使事業の継続を主眼として信用の出来る人物への払下げを図り、同郷の五代友厚が関係する関西貿易会社への超低価での払下げが決定した。黒田の意図が事業の継続にあったにせよ、不当に安く昵懇の者に譲渡するという誹りは免れず、八月以降新聞の黒田批判は激烈を極める。その薩摩派批判が国会開設論や積極財政批判と連動したことで、政府が払下げ中止という決断に追い込まれたのが一〇月であり、一四年政変という一連の動きの結果、九年後の国会開設が決定するとともに、大隈重信の追放と払下げ中止による薩摩派への打撃により、開拓使の殖産興業政策を支えてきた積極路線から、その否定・修正を意味する緊縮路線への転換が確定した。[63]

稲葉家への払下げ問題で開拓使の意向を斥けた第一局・第二局は、政変直後の伊藤博文を中心とする機構改革に伴い、一〇月二五日に参事院と同じく太政官に設置された機関である。[64] 最初の伺の際は分掌に応じて「内務」を職掌とする第二局が「査理」したが、再度の掛け合いの際は職掌外の第一局も「査理」に加わり、[65] 両局「合議」の上で「一般成規の通」稲葉家への貸与地を内務省に引渡すべしという指令案を作成した。入札を経ない払下げに対して、一貫して慎重な姿勢であったと言えるだろう。

明治一五年五月、両局の指令案に沿って太政官から同掛に内務省へ引渡すべき旨が言い渡され、六月に稲葉家拝借地の同掛から内務省への移管が完了した。[66] 不当な処分が波紋を広げた直後にあって政府が「情実」よりも公明性を重視した結果、稲葉家の悲願であった払下げ願いは却下されることになったのである。[67]

以降、第二官園跡地には明治二三年に東京衛戍監獄が、同三九年には梨本宮邸が入り、前者の一帯は現在渋谷区役所や公会堂へ、後者は東京都児童会館等へと姿を変えた。梨本宮邸は宮下町という旧町名に、現在では宮下公園にその名を留めている。

第五節　御料地の時代

さて、稲葉家への払下げ問題がこのような結末を迎えた以上、旧第三官園の一部である黒田の所有地が微妙な存在になったであろうことは、想像に難くない。一方、この時期に皇室財産の設置・拡充を求める気運が上昇の一途をたどっていた。開拓使の撤退と御料地形成の動きが重なったことで、渋谷区域には複数の御料地が誕生することになるのだが、ここでは御料地形成における必然性と偶然性の双方に注目して、その過程を詳細に検討していこう。

1 「皇宮地」から「御料地」へ

明治六（一八七三）年の皇居炎上以降、炎上によって仮皇居となった赤坂離宮周辺の整備・拡大、および「皇族賜邸地」の形成、「女官下り邸地」の確保が進み、皇居の西方面の旧武家地に宮内省用地が広がっていった[68]。これらの土地は明治六年の「地所名称区別」（太政官布告第一一四号）および翌七年の「改正地所名称区別」（同一二〇号）によって「皇宮地」と呼称されたが、官有地区分のうちの第一種に分類されたように、官有財産とは別個の皇室財産という意味を持つものではなかった。

明治一四年前後の皇室財産の設置・拡充を求める気運は、このような状況を背景に出てきたものであり、明治国家の正統性の源泉である皇室の経済基盤の充実という点に加え、同時期のヨーロッパの立憲君主制国家が「宮中」と「府中」の明確な区別に立って、一般の官有財産と区別された王室の私的財産を設定していたことに鑑み、同趣旨の制度の導入を意図した点で、明治政府における立憲制導入のための重要な準備の一つでもあった[69]。

種々議論がなされた結果、明治一八年に御料局が設置され、従来の「皇宮地」を続々と「御料地」に編入した上で、皇室典範により官有財産とは区別された皇室財産が設定された。これにより、官有財産の一部であった「皇宮地」から皇室財産としての「御料地」への転換が確定する。「御料地」は宮殿地・御苑など皇室が直接使用する第一類と、木材を中心とする収益事業用の第二類から成り、さらにそれぞれ「世伝御料」と「普通御料」とに分かれていた。皇室財産の設置は、理論上は皇室の私的財産としての側面を認めるものであったが、実際には「御料地」の大半は皇位に就く個人が自由に処分することのできない世襲財産である、「世伝御料」として設定された[70]。皇族が使用する第一類御料地は東京中心部に集中しており、それらのほとんどは「分割譲渡」が禁止されている「世伝御料」であった。

2　第三官園中、旧堀田家下屋敷地（南豊島第二御料地）の場合

戦前、渋谷区域に存在した七つの御料地のうち、最初に「皇宮地」となったのは内藤新宿試験場であり、殖産興業政策転換の流れをいち早く受け、明治一二年に約一九万四〇〇〇坪が内務省から移管された。大部分は植物御苑として引続き経営され、一部は御猟場として使用される。明治一八年の御料局設置を受けて一九年に「御料地」に編入、新宿御苑から新宿御料地に改称、翌年には南豊島第一御料地に改称、皇室典範を受けて二三年に「世伝御料」に編入、という変遷を辿っている。(71)

そして、二番目に「皇宮地」となったのが旧第三官園の堀田家下屋敷部分であり、明治一五年四月に約七万五〇〇〇坪が官用地第二種から第一種の「皇宮地」へと「成規之通り地種組替」された。(72)同所の牛馬は宮内省に引き継がれ、明治一九年からは御料乳牛場として使用されたため、開拓使官園のうち、辛うじて第三官園のみは事業の継続性が図られることとなった。先に紹介した、開拓使の話を残してくれた人物の父は、「牛の係り」であったために解職を免れた一人であり、宮内省への移管後は次のような生活を送ったという。(73)

御料牛の乳を絞って、毎日宮内省へ納める。宮内省から「今朝は薄すぎた」とか「今日は濃すぎた」とか、報告が来る。その濃薄を飼糧のためとか、生草のせいとか、御回答をする、手心をする。

同地も新宿御苑と同様に、明治二〇年に南豊島第二御料地と改称され、二三年に「世伝御料」に編入された。一方、二一年に日本赤十字社に対する約一万余坪の無料貸与を開始し、明治後期には久邇宮家が邸地約二万四〇〇〇坪の「拝借」を開始している。(74)どちらも払下げや無償譲渡とは異なる、皇室・華族に関連の深い事業の奨励や皇族への邸地の提供という利用であり、「世伝御料」として有効に使用されている事例と言える。

渋谷において最後に「御料地」に編入された代々木御料地も、同様の事例であろう。前述のように、広大な井伊家の下屋敷は、明治初年に陸軍省に目を付けられるも、「上地」に粘り強く抵抗した結果、井伊家の所有地となっていた。

しかし、明治一七年には宮内省による「買収」に応じ、約二〇万六〇〇〇坪が御料地となり、明治二三年に「世伝御料」に編入された[75]。周知のように、同地では大正四年から明治神宮の造営が開始され、大正九年の鎮座祭を経て、現在に至っている。

皇居焼失によって明治ゼロ年代後半に宮内省用地が西方面に拡大したことは、渋谷側から見れば「皇宮地」の接近を意味する出来事であり、その流れは「高燥の地」として西南の台地上が居住地としての魅力を増していったことを受けて、一〇年以降南方面に皇宮地・御料地が拡大したことでさらに強まった。御料地拡充の議論が活発化していた時期に、役割を終えた内務省用地や開拓使用地が渋谷に誕生し、それらが宮内省に移管されたことは、かなり高い必然性を備えていたと言えるだろう。

3　第三官園中、旧民有地（南豊島第三・四・六御料地）の場合

一方、三番目以降に「皇宮地」となった、黒田清隆が所有していた羽根沢・常盤松・氷川裏の三ヶ所は、当初は宮内省用地に組み込まれる予定ではなかった可能性が高い。

同地の宮内省への移管が検討され始めたのは、稲葉家への払下げが不許可となった直後であり、明治一五年六月、宮内卿徳大寺実則は「今般御入用之筋」があるため、黒田清隆の所有地を示談の上で買上げ、「皇宮地」に編入する予定であるとし、東京府において差支えはないか、松田道之府知事に照会した[76]。府知事が南豊島郡長に調査させた内容に問題がなかったため、続いて宮内省は太政官に「下渋谷村民有地々種組換の議」を上申する。これに対して、一一月に「既に東京府、内務省協議済」であり「支障の廉不相見」として、太政官が官有地第一種への「地種組換」を許可した結果、一二月に至って黒田清隆所有地となっていた羽根沢約六〇〇〇坪、常盤松約三万六〇〇〇坪、氷川裏約五〇〇〇坪の「皇宮地」への編入が完了した[77]。

このように、明治一三年末に黒田清隆の所有地となった第三官園中の旧民有地部分は、わずか二年余りの間に官有地第二種から民有地、民有地から官有地第一種（皇宮地）という、複雑な変遷を辿った。同地の「袋地」という不便さを理由に、入札を経ない払下げが許可された経緯を考えると、宮内省による「今般御入用之筋」があるため、という編入理由をそのまま受け取ることはためらわれよう。

徳大寺宮内卿が黒田所有地購入の意向を示した明治一五年六月、岩倉具視は憲法調査のため三月に旅立った伊藤博文に宛てて、「黒田清隆にも至平穏、終始為政府心配有之候」様子を伝えつつ、「渋谷屋敷は悉皆五万円にて宮内省え御買上け、全く当然の代価」との出来事を知らせている。[78] また、黒田と同郷の松方正義によれば、屋敷地が宮内省の「御買上」となったことについて、黒田は「大に感佩の事」であったという。[79]

以上の史料が伝えていることを総合すると、同地の宮内省用地への移管は旧堀田家下屋敷のような既定路線ではなく、入札を経ずに黒田所有地となった後に、官有物払下げ事件という「不当さ」が糾弾された出来事の勃発を受け、急遽行われたもの、と理解しておくのが妥当であろう。[80]

既述の御料地と同様、明治二〇年に羽根沢・常盤松・氷川裏はそれぞれ南豊島第三・四・六御料地と改称され、[81] 二三年に「世伝御料」に編入された。三つの御料地のうち、常盤松一帯は数年の間旧堀田家下屋敷と同じく御料乳牛場として使用され、次のような牧歌的な風景が広がっていたという。[82]

常盤御料地といって……やはり見渡すかぎり、草ッ原であった。……そこに乳牛の純白や黒斑や、偉大なのが、寝たり起きたりしている景色は、どうしても西洋の油絵で、名画の製作を、枠さえはめたらそのまま見とれたことが、幾度もあった。

しかし、明治二一年に約三万六〇〇〇坪のうち約八〇〇〇坪が杉孫七郎に払い下げられ、明治二三年には常盤松および氷川裏の一部、計一万余坪が近衛兵敷地として陸軍省に下賜された。このうち、氷川裏は大正八年に陸軍省から返還され再度御料地に編入されたものの、大正一〇年には東伏見宮邸地約七千坪（現常陸宮邸）を残して常盤松の大半は「世伝御料」を解除され、分割譲渡が可能な「普通御料」となった。羽根沢も昭和六年に「世伝御料」を解除され、昭和八年には「不要存地」に決定し、払下げ処分の対象となっていく。[83]

終戦時まで敷地をほとんど減らさず「世伝御料」であり続けた南豊島第一・第二御料地と異なり、羽根沢・常盤松・氷川裏の三つの御料地は早くから払下げが行われ、終戦を待たずして「世伝御料」を解除されていった。以上のようなその後の変遷も、「予定外」の皇宮地・御料地化という本稿の推測を裏付けるものであろう。

おわりに

以上見てきたように、明治期の渋谷区域は、幕臣屋敷地において官庁主体の「郭内」、民間主体の「郭外」という二元構造に沿った変遷を見せる一方で、表8－1のように、大名屋敷においては、「郭外」ならではの大規模さ、「高燥の地」という立地条件、地質などの先行条件が武家地の転用先を左右していった。

その結果、渋谷には早くから大蔵省・内務省・陸軍省・開拓使などの官庁、あるいは華族や政府高官が進出し、「高燥の地」を求めた華族や政府高官の邸宅は、明治後期から大正、昭和初年にかけて分譲され、松濤・南平台などの高級住宅地へと姿を変える一方、終戦によって軍用地が撤退した跡には、代々木公園（元代々木練兵場）・神宮外苑（青山練兵場）といった大規模緑地が誕生する。

渋谷に進出した官庁のうち、開拓使は同時代においても、そしてその後の渋谷にも大きな影響を与えた。約二三万坪という規模を誇った開拓使官園は、明治初年の渋谷にあって唯一文明の風を感じられる場所として存在し、開拓使とい

表８−１　渋谷における武家地の転用先を決定する諸要素

年　代	要　素	対　象
幕末〜	「郭内」「郭外」の二元構造	諸官庁・東京府−民間
明治　２年頃〜	人気の少ない広大な空き地 →「郭内」の密集につれ、「郭外」へ拡大	兵部省・陸軍省
明治　４年頃〜	地質の良い広大な土地	内務省・開拓使
明治　６年頃〜	「高燥の地」という居住上の立地	政府高官・華族・皇族
明治 10 年頃〜	「高燥の地」＋風致・美観地区	御料地

う期限付きの官庁が進出し、その撤退と皇室財産設置の気運とが重なったことで、明治一〇年代には府内でも有数の大規模御料地群が形成されていく。

渋谷区域に存在した七つの御料地の総面積は約四〇万坪であり、「郭外」でありながら赤坂離宮・青山御所・芝離宮を含む港区の約三四万七〇〇〇坪を上回り、広大な宮城周辺を含む千代田区の約四三万坪に匹敵する規模を誇っていた[84]。この背景には、高台の立地の良い旧武家地を選定していった結果、湿気の多い下町を避けて、皇居を中心に南西方面に分布したという点に加え、風致・美観地区として都市の景観を保存しようとする意図があった点が指摘されている[85]。

確かに、渋谷区域は皇居の南西に位置し、旧堀田家下屋敷の第二御料地は前者に、新宿御苑の第一御料地や明治神宮となる第七御料地は後者の選定傾向と合致している。しかし、元民有地を多く含む黒田清隆の所有地となっていた第三・四・六御料地は、選定基準の面からみてもやはり浮いており、本稿で検討したように、土地の有する先行条件とは別のところで転用先が決定された、「予定外」の御料地化であったと言えよう。

しかしながら、予定外であったとはいえ、数十年に渉って「御料地」として存在した事実は変わらない。大正一〇年の「普通御料」への編入を経て、翌一一年に常盤松御料地の約三万坪の開放が決定された背景には、市街地が膨張し、渋谷がすでに「郊外住宅地として市民の必要欠くべからざるもの」となっていたという時勢の変化があった[86]。裏返して見れば、分割譲渡の出来ない「世伝御料」に指定されている限り、時勢とは無縁に土地の規模を保存することが可能ということであろう。それが「解凍」される時、

表8－2　開拓使官園敷地の変遷

図8－3の番号	武家地／坪数	転用先①開拓使	転用先②御料地ほか	主な現在地
①	伊予西条藩松平家上屋敷／約38000坪	第1官園（1番地）	入札→16年～東京英和学校（現青山学院）	青山学院
②	山城淀藩稲葉家下屋敷／約50000坪	第2官園（2番地）稲葉家貸付	内務省移管 →23年～東京衛戍監獄 →39年～梨本宮邸	→こどもの城・国連大学 →渋谷公会堂・区役所 →東京都児童会館
③－1	下総佐倉藩堀田家下・抱屋敷／約47000坪	第3官園（3番地）	宮内省移管、南豊島第2御料地 →24年～日本赤十字 →明治後期～久邇宮邸	→日本赤十字 →昭和22年～聖心女子
③－2－1	羽根沢（民有地）	〃	13年末黒田払下（約6000坪） →15年宮内省移管、第3御料地	東京女学館
③－2－2	常盤松（民有地）	〃	黒田払下げ（約36000坪） →15年宮内省移管、第4御料地（東伏見宮邸）	→常陸宮邸（常盤松御用邸） →青山学院初等部・実践女学校・常磐松小学校・宅地化
③－2－3	氷川裏（民有地）	〃	黒田払下げ（約5000坪） →15年宮内省移管、第6御料地	國學院
	＊第3官園の民有地部分（③－2）は、史料から判明する限りでは計約77000坪	＊10年時点での官園敷地、約228000坪（誤差はおそらく民有地買上分）	＊その他の南豊島御料地 第1御料地＝現新宿御苑 第5御料地＝註81参照 第7御料地＝現明治神宮	＊以上を中心に、「渋谷文教地区」が形成

払下げの対象は一般企業ではなく、元御料地というイメージと乖離しない文教施設が優先され、宅地化される際は「御料地」という由来が付加価値をつけることになる。

おそらくは「予定外」故に「不要存地」となった常盤松・羽根沢・氷川裏御料地は、大正一一年以降連年に渉って実践女学校（現実践女子学園）・常磐松小学校・皇典講究所・國學院（現國學院大學）・東京女学館などに分割払下げ処分に付される一方、[87]一部は宅地化されて高級住宅地へと姿を変えていった。これらの敷地と旧開拓使第一官園であった青山学院、および旧第三官園であり第二御料地となった聖心女子大学・日本赤十字一帯を合わせた部分が、現在渋谷区にある二つの文教地区のうちの「渋谷文教地区」を形成している（表8－2）。もう一つの「千駄ヶ谷文教地区」も、明治神宮の建設後の大正一〇年に「学校敷」として千駄ヶ谷町に払下げられた約一二〇〇余坪、[88]および明治神宮・新宿御苑（渋谷区部分）という旧御料地が大きな面積を占めている。

以上のことから、開拓使官園と御料地の存在が、一二三区内で最大規模という渋谷の文教地区に与えた影響が明らかであろう。また、開拓使官園の必然と偶然とが入り混じったその後の変遷は、土地と特定の官庁や人物とが出会った以上、その土地もまたそれを取り巻く政治状況と無関係ではいられなくなる様をよく物語るものである。

「文教住宅都市」渋谷の土壌は、先行条件に由来する必然といくつかの偶然が重なって、その時々の政治状況とも密接に関わりながら、明治前中期にかけて形成された。日露戦後・震災・終戦などの契機を経て、その土壌が「文教住宅都市」として花開いた後、それらの条件を活かしながら、戦後の再開発・東京オリンピックのための東京改造・高度成長を経て、やがて商業・業務拠点、交通拠点という「副都心渋谷」が誕生するのである。

註

（1）上山和雄「渋谷の魅力、その歴史的成り立ち」（『國學院雑誌』一一一（三）、平成二二年）。

（2）昭和二六年に渋谷文教地区が、昭和三二年に千駄ヶ谷文教地区がそれぞれ文教地区に指定されている。

（3）「渋谷区用途地域等指定方針」（渋谷区HP、http: //www. city. shibuya. tokyo. jp）。同方針では、「定住できるまち」と「副都心を有するまち」の「二つのまちの調和」を課題とし、「創意あふれる生活文化都市」を目指すべき将来像として掲げている。

（4）明治政府による「西洋の移植」については、藤森照信『明治の東京計画』（岩波書店、昭和五七年）、「江戸の遺産」の活用に関しては、川崎房五郎『都市紀要一三　明治初年の武家地処理問題』（東京都、昭和四一年）、陣内秀信『東京の空間人類学』（筑摩書房、昭和六〇年）等の研究がある。

（5）松山恵「近代移行期の江戸・東京に関する都市史的研究」（東京大学大学院工学系研究科建築学専攻博士論文、平成一八年）。関係論文として、「「新開町の誕生―近世近代移行期における江戸、東京の都市空間（近世近代移行期における江戸、東京の都市空間（その三）―」（『日本建築学会計画計論文集』五七一号、平成一五年）、「「郭内」・「郭外」の設定経緯とその意義―同上（その五）―」（『日本建築学会計画系論文集』五八〇号、平成一六年）、「明治初年、華族の屋敷受領にみる東京の都市空間構造」（『日本建築学会学術講演梗概集（近畿）』平成一七年）がある。

（6）前掲『東京の空間人類学』三九～四九頁。郊外にある下屋敷は、平均でも「郭内」の上・中屋敷の二倍～三倍の坪数を有していたという（前掲『明治初年の武家地処理問題』一～七頁）。

（7）『新修渋谷区史　中巻』（東京都渋谷区、昭和四一年）一五五二～一五六四頁。

（8）前掲『明治初年の武家地処理問題』二五～三八頁。

（9）明治元年一二月一四日付千駄ヶ谷村名主勘四郎他東京府宛願書（中原慎太郎『千駄ヶ谷町誌』千駄ヶ谷町誌刊行会、昭和五年）。なお、本稿では史料の引用に際して漢字・平仮名を原則とし、旧漢字を常用漢字に直し、筆者の注記には〔　〕を使用した。

（10）大木喬任「奠都当時の東京」（同好史談会編『漫談明治初年』春陽堂、昭和二年）四五〇・四五一頁。

（11）前掲「「郭内」・「郭外」の設定経緯とその意義―（その五）」、および前掲『明治初年の武家地処理問題』五二～六九頁参照。

（12）松山恵氏は、これによって都市空間の二元構造が発生したとして、「郭内」域の特権化という、一定の都市像を有した都市改造計画的側面を強調している。筆者も結果として二元化が進展したという点に異存はないが、この「郭内」域の縮小を、東京府が二元化を望んで積極的に「道筋」をつけたものと捉えるよりは、明治一三年の東京府知事の松田道之による「東京中央市区画定之問題」に見られる、「頗る広闊」で「街衢の錯雑」を来たしている状況を改善するため、東京の中央部分を縮小、限定して、重点的に経営しようという発想に近いものとして理解したほうが良いように思われる（市区改正および松田の「東京中央市区画定之問題」については、鈴木博之『日本の近代一〇　都市へ』（中央公論社、平成一一年）一五六～一六八頁を参照）。

（13）前掲「奠都当時の東京」四四四頁。

（14）前掲『明治初年の武家地処理問題』第五章。

（15）前掲『渋谷区史』一五九五・九六頁。

（16）前掲「奠都当時の東京」四四四頁。

（17）前掲『渋谷区史』一六一八～一六二三頁。

（18）前掲『明治初年の武家地処理問題』八三～九四頁、前掲『日本の近代一〇　都市へ』一一一～一一三頁参照。

（19）従来、武家地の転用については、官庁施設や官吏邸宅としての利用や桑茶令による民間の参入が指摘されるに留まっていたが、松山恵氏は明治三年六月の東京府による「新開町取建」の伺に基づく、山の手衰微の武家地への「衰弊の貧町」の移転による「新開町」建設を詳細に検討し、桑茶令とは異なる視点から武家地への民間の参入実態を明らかにしている（前掲「「新開町」の誕生―（その三）―」）。
(20)『東京府志料』四（東京都、昭和三六年（覆刻版））四七・七三頁。
(21)『図説渋谷区史』（渋谷区、平成一五年）八五頁。
(22)前掲『明治初年の武家地処理問題』一九三〜二一四頁。
(23)同右、一二五〜一三二頁、および前掲「明治初年、華族の屋敷受領にみる東京の都市空間構造」参照。
(24)同右、二二八〜二三八頁。
(25)前掲「明治初年、華族の屋敷受領にみる東京の都市空間構造」。このような現象は、松山氏が指摘するような「旧上屋敷は「上納」を命ぜられ、かわりに都市周辺部に位置するかつての中屋敷や下屋敷を「私邸」とするよう強いられた、近代移行期における大名華族（旧公権力側）の境遇」を浮き彫りにしたもの、という「郭内」「郭外」の二元構造からではなく、公家と大名の東京移住の時間差も考慮した上で、後述の「高燥の地」の理想を受けつつ、各大名家による「より良き住まい」獲得交渉の結果として、理解すべきであろう。
(26)前掲『明治初年の武家地処理問題』二三四頁。
(27)前掲『渋谷区史』一六二二・一二三頁。
(28)「高燥」とは感語を出典とする古い言葉であり、明治になって初めて日本人が高台に魅力を感じ出したわけではないが、ベルツが健康上の理由から湿気の少ない「高燥の知」を勧めるなどして西欧的な健康意識が浸透するにつれ、「台地主義」ともいうべき風潮が強まりを見せた（前掲『都市へ』一一四〜一一八頁）。
(29)前掲『明治初年の武家地処理問題』一六二〜一八四頁。
(30)同右、一五五〜一六一頁。
(31)前掲「渋谷の魅力、その歴史的成り立ち」八頁。
(32)前掲『明治初年の武家地処理問題』一八八頁。
(33)同右、二四〇〜三一二頁。
(34)同右、二二三頁。

(35)『東京大学百年史　部局史二　抜刷　農学部』（東京大学出版会、昭和六二年）六四七〜六四九頁。

(36)明治四年一一月一四日「草木牛羊等培養ノ為東京府下渋谷松平英頼邸外二ヶ所交付」（「太政類典」国立公文書館所蔵、請求番号本館・二A・〇〇九・〇〇・太〇〇三四三一〇〇、件名番号〇五九）。

(37)明治一一年一二月「青山北町七丁目稲葉正邦拝借地同人払下願」（「東京府文書」東京都公文書館所蔵、簿冊名「稟議録・払下地ノ部・改入」、請求番号六〇九・A三・〇九）。

(38)明治八年七月九日「豊島郡渋谷村外五ヶ村二ヶ町於て開拓使官園囲込用として反別十一町五反七畝二十六歩六厘云々買上代価取調可申出此旨相違候内務省より」（「東京府文書」東京都公文書館所蔵、簿冊名「既決簿・郡村地理・三号」、請求番号六〇七・B二・〇三）。

(39)明治九年五月「所轄官園東京府下新笄町及び青山北町地所不足に付、民有地買上の分官用地に付度上請（開拓使伺）」（「公文録」国立公文書館所蔵、請求番号本館・二A・〇一〇・〇〇・公〇一九二五一〇〇、件名番号〇〇五）。

(40)明治一〇年「東京府統計書」掲載の開拓使用地のうち、官園部分を合計（前掲『明治初年の武家地処理問題』一四六頁）。

(41)西村英樹『夢のサムライ』（文化ジャーナル鹿児島社、平成一〇年）。

(42)明治五年四月二二日「開拓使下渋谷一・二番御用地前往来道普請中車留の件開拓使より東京府へ掛合に付回答　壬申四月二二日」（「東京府文書」東京都公文書館所蔵、簿冊名「院省往復・第2部」、請求番号六〇五・D五・〇二）。

(43)「開拓使の官舎住居」（篠田鉱造編『明治百話　角川選書二四』角川書店、昭和四四年）七五頁。同回想によれば、回想者の父は「開拓使の書記官村橋久成という人の媒口で任官し、牧畜事業の係を拝命し、牛馬の飼養」に尽力したという（七六頁）。

(44)明治六年二月二八日「草木牛羊培養草木ヲ望ノ者へ売下」（「太政類典」、国立公文書館所蔵、請求番号本館・二A・〇〇九・〇〇・太〇〇三四三一〇〇、件名番号〇六〇）。

(45)明治六年五月二五日「馬牛良種ヲ得ント欲スル者開拓使官園へ出願セシム」（「太政類典」、国立公文書館所蔵、請求番号本館・二A・〇〇九・〇〇・太〇〇三八〇一〇〇・件名番号〇〇五）。

(46)前掲「開拓使の官舎住居」七六頁。

(47)「名所絵入東京御絵図」（児玉弥七、明治一二年）、国会図書館地図室所蔵。

(48)松岡久子「一筋の道」（明治三〇年頃の青山周辺の様子を回想した手記、『青山学院九十年史』青山学院、昭和四〇年）一二一・一二二頁。

(49) 前掲「開拓使の官舎住居」七六頁。
(50) 坂本多加雄『日本の近代二　明治国家の建設　一八七一～一八九〇』(中央公論社、平成一一年)二五七～二六四頁。
(51) 明治一三年七月「赤坂区農業試験場用地の内返地の件」(「公文録」、国立公文書館所蔵、請求番号本館‐二A‐〇一〇‐〇〇・公〇二七二四一〇〇、件名番号〇二八)。
(52) 「グランド君には令息と共に一昨日開拓使の試験場へ参られ、凌雲閣にて松本義明氏が薄茶を献じ、夫より渋谷村の黒田開拓長官の別荘にて洋食の饗応が有つて、午後二時ごろ帰館されました。」(明治一二年八月十日付『読売新聞』)。
(53) 明治一三年一二月三日「黒田清隆より青山南町下渋谷村夫々開拓使より返付地払下願の件」(「東京府文書」、東京都公文書館所蔵、簿冊名「指令録」、請求番号六一〇‐A三‐〇六)。
(54) 渋谷の薩摩藩下屋敷は、黒船来航による砲撃の危険を避けるため、島津斉彬が新たに内陸部に求めたものであり、薩摩藩邸の中で最も広く、芝区三田にあった上屋敷の倍ほどの四万坪を超える敷地を有していた。また、渋谷と鹿児島には、鎌倉幕府開府後、渋谷一帯を所領していた豪族渋谷氏が薩摩に所領を得て移住した、という古くからの結びつきがあり、東郷神社に祀られている東郷平八郎は渋谷氏の子孫にあたる。
(55) 註五三と同じ。
(56) 前掲『青山学院九十年史』一一一頁。
(57) 同右、一〇三～一〇九頁。
(58) 稲葉家側の「社殿」と「神木」へのこだわりは他家と比べて際立っており、平田鉄胤に入門して神道に傾倒、三島神社宮司や大教正などを歴任し、明治初期の神道の発展、整備に寄与した、当主稲葉正邦の意向を強く反映したものと思われる(『江戸文人辞典』東京堂出版、平成八年を参照)。
(59) 「開拓使　東京府下青山北町官用地華族稲葉正邦へ払下の儀」(「記録材料」、国立公文書館所蔵、請求番号本館‐二A‐〇三五‐〇二・記〇〇六九〇一〇〇、件名番号一〇四)。
(60) 同右。
(61) 黒田は同年一月に開拓長官から内閣顧問に就任した。
(62) 「府下青山北町官用地処分ノ件其二」(「公文録」、国立公文書館所蔵、請求番号本館‐二A‐〇一〇‐〇〇・公〇三三九九一〇〇、件名番号〇一一)。
(63) 前掲『明治国家の建設』二七六〜二七九頁。
(64) 中野目徹「参事院関係文書の検討―参事院の組織と機能・序―」(『北の丸』一九号、昭和六二年)参照。
(65) 第一局は「外務、財務、農商、工務に関する公文を査理す」、第二局は「内務、教育、軍事、司法に関する公文を査理す」と規定されている。両局は各分掌に従い内閣書記官局より諸公文を受け、参事院・元老院に回付が必要な諸公文は、大臣または参議の旨を奉じて内閣書記官局に回付の上施行する。
(66) 註六二と同じ。
(67) その後の「社殿」や「神木」の行方を示す史料は見つからなかったが、稲葉正邦ら稲葉家の人々は現在の千代田区神田小川町にあった稲葉家の上屋敷を本邸として使用していたため、おそらくその本邸へ移築・移植したものと思われる。
(68) 三浦涼・佐藤洋一「東京中心部における皇室御料地の形成過程」(『日本建築学会計画系論文集』五四〇号、平成一三年)。以下、東京における第一類御料地の形成・分布に関する記述は、戦前の東京で広大な空間を占めながらも未だ手つかずだった中で、「基礎的な情報の収集・整理」を行なった同研究を参考にしている。
(69) 黒田久太『天皇家の財産』(三一書房、昭和四一年)、および川田敬一『近代日本の国家形成と皇室財産』(原書房、平成一三年)、前掲「東京中心部における皇室御料地の形成過程」を参照。
(70) 前掲『近代日本の国家形成と皇室財産』参照。
(71) 『帝室林野局五十年史』(帝室林野局、昭和一四年)二五二・二五三頁。
(72) 明治一五年「南豊島郡下渋谷村旧開拓使農業試験場及芝公園内同所出張所敷地宮内省へ引渡并に公園内に組込の件」(「東京府文書」、東京都公文書館所蔵、簿冊名「稟議録・第五号・明治一七年中」、請求番号六一三-D四-〇三)。
(73) 前掲「開拓使の官舎住居」七六・七七頁。
(74) 前掲『帝室林野局五十年史』二五五頁。
(75) 同右、二五七頁。
(76) 明治一五年「南豊島郡渋谷村黒田清隆所有地宮内省へ買上の件」(「東京府文書」、東京都公文書館所蔵、簿冊名「稟議録・第五号・明治一七年中」、請求番号六一三-D四-〇三)。

(77)明治一五年七月「宮内省　府下南豊島郡下渋谷村民有地買上ノ儀」（『記録材料』、国立公文書館所蔵、請求番号本館‐二A‐〇三五‐〇二・記〇〇六九五一〇〇、件名番号一一四）。
(78)伊藤博文関係文書研究会編『伊藤博文関係文書』三（塙書房、昭和五〇年）一〇五・一〇六頁。
(79)明治一五年六月一七日付伊藤宛松方書簡（前掲『伊藤博文関係文書』七、昭和五四年、一〇六頁）。
(80)ちなみに、『帝室林野局五十年史』には「黒田清隆所有地を購入」とのみあり、開拓使用地というその前身は記されていない（二五六頁）。また、宮内省による買上げの背景には、政治的な救済措置の可能性に加え、閑職に退いた黒田への経済的な救済措置であった可能性も考えられる。
(81)南豊島第五御料地は松平容大の所有地となっていた旧筑前福岡藩松平家下屋敷であり、常盤松・氷川裏の隣接地として明治一六年に買収され、「皇宮地」に編入されたが、明治二二年には全面積約一万五〇〇〇坪が華族清棲家教に払い下げられ、御料地を解除されている（前掲『帝室林野局五十年史』二五六・二五七頁。
(82)前掲「開拓使の官舎住居」七七頁。
(83)前掲『帝室林野局五十年史』二五五～二五七頁。
(84)前掲「東京中心部における皇室御料地の形成過程」掲載の「東京中心部の主な第一類御料地」一覧より算出した。
(85)前掲「東京中心部における皇室御料地の形成過程」二三三・二三四頁。
(86)前掲「渋谷の魅力、その歴史的成り立ち」一四頁。
(87)前掲『帝室林野局五十年史』二五五～二五七頁。
(88)同右、二五七頁。

図出典一覧

【図８－１】「江戸末期の武家屋敷図」、『図説渋谷区史』（渋谷区、平成一五年）八四頁。

【図８－２】「明治一〇年時点、公家華族・大名華族の居所」、松山恵「明治初年、華族の屋敷受領にみる東京の都市空間構造」（『日本建築学会学術講演梗概集（近畿）、平成一七年九月』）所収の図３。

【図8－3】「開拓使官園の位置関係」、『新・江戸切絵図―嘉永・慶応』（人文社、平成二二年）の「23東都青山絵図」（九〇頁）を使用。

写真出典一覧

【写真8－1】「開拓使東京麻布三号用地にて洋式農耕実習」、「北海道大学北方資料データベース」（請求記号P（a）121）。

【写真8－2】「二号地茶室の側より稲葉邸の境界車道の以東を写す一」、同右（請求記号P（a）68）。

第九章　渋谷周辺の軍事的空間の形成

吉田　律人

はじめに

首都・東京は昭和二〇（一九四五）年の敗戦まで日本最大の衛戍地《えいじゅち》であった。「衛戍《えいじゅ》」とは、陸軍部隊が一つの地域に常駐し、且つその地域を警備するという概念で、[1]「衛戍地」には、①陸軍部隊の常駐する土地、すなわち「兵営」や「駐屯地」を指す意味と、②駐屯部隊の守備範囲、すなわち「警備担当区域」を指す意味の二つがあった。[2] 東京衛戍地には、陸軍の中枢機関である陸軍省や参謀本部をはじめ、近衛・第一師団の部隊が所在した他、教育総監部隷下の各種学校や大規模な練兵場、軍事物資を生産する軍需工場、さらに全国の憲兵を統率する憲兵司令部なども置かれていた。それらの施設を中心に、陸軍には東京衛戍地を防衛する任務があり、その存在は東京の近代化や地域住民の生活に様々な影響を与えていた。[3]

明治末期の東京衛戍地の状況を示した表9－1から地域別に軍事施設の配置状況を概観してみよう。軍事活動の拠点となる兵営は、現在の皇居北側（現・千代田区北の丸公園）や皇居南西部（現・港区六本木周辺）、大山街道沿線（矢倉沢往還または厚木街道、現・国道二四六号＝青山通り・玉川通り）、北豊島郡岩淵町（現・北区赤羽台）などに集中し、教育機関は皇居北西部の富士見町、市谷本村町、若松町、下戸塚町等に散在した。他方、軍需工場は小石川の砲兵工廠を筆頭に、北豊島郡板橋町（現・板橋区加賀）に火薬製造施設が集中した他、隅田川東岸の横網町や越中島、武蔵野台地東端の目黒や大崎にも点在し、東京府の北部地域を中心に府内各地に点在した。そうした状況を整理すると、東京の軍事施設は相対的に東京市の西郊部に集中する傾向にあり、ちょうど大山街道の谷間に位置する渋谷は多くの軍事施設に取り囲まれる形にあった。

その点を踏まえ、現在の地形図（図9－1）と共に改めて表9－1を確認する。渋谷センター街など繁華街の北部には、代々木公園や明治神宮など広大な緑地帯が存在しているが、かつてそこには陸軍の代々木練兵場が存在し、日常的な軍事訓練の空間であった。また、渋谷区役所の所在する宇田川町には東京衛戍監獄があり、隣接する駒場や駒澤にも騎兵や砲兵の兵営が集中的に配置されていた。徴兵制度に基づき集められた兵士たちはそこで制約の厳しい軍隊生活を送っていたのだろう。他方、渋谷南部に眼を転じると、隣接する目黒や白金、大崎にも軍需工場や軍用倉庫が存在し、軍隊を支える軍事物資の供給源として日々生産活動を展開していた。明治四四年に刊行された『東京近郊名所図会』が渋谷道玄坂の状況について、「本街道（大山街道―引用者注）の左右すなわち目黒、世田谷に幾多の兵営成り、軍人日夜此処を交通し、随って休憩飲宴し送迎往来する者多きに在り」と記すように、近代の渋谷は地域の中に軍隊が常駐する典型的な地域であった(4)。

では、渋谷周辺の軍事的空間はどのように形成され、地域社会に如何なる影響を与えたのか、また、逆に軍隊にとって渋谷はどのような空間だったのか、戦前の日本において軍隊の存在は大きく、徴兵制度や軍事演習を通じて民衆や地域と深く関わっていたが、既存の研究はこうした疑問に応えていない(5)。おそらく自治体史に代表される地域史研究は、「敗戦」という悲劇的な結末を招いた軍隊を忌避する傾向にあり、地域の中に「軍隊」が存在することを積極的

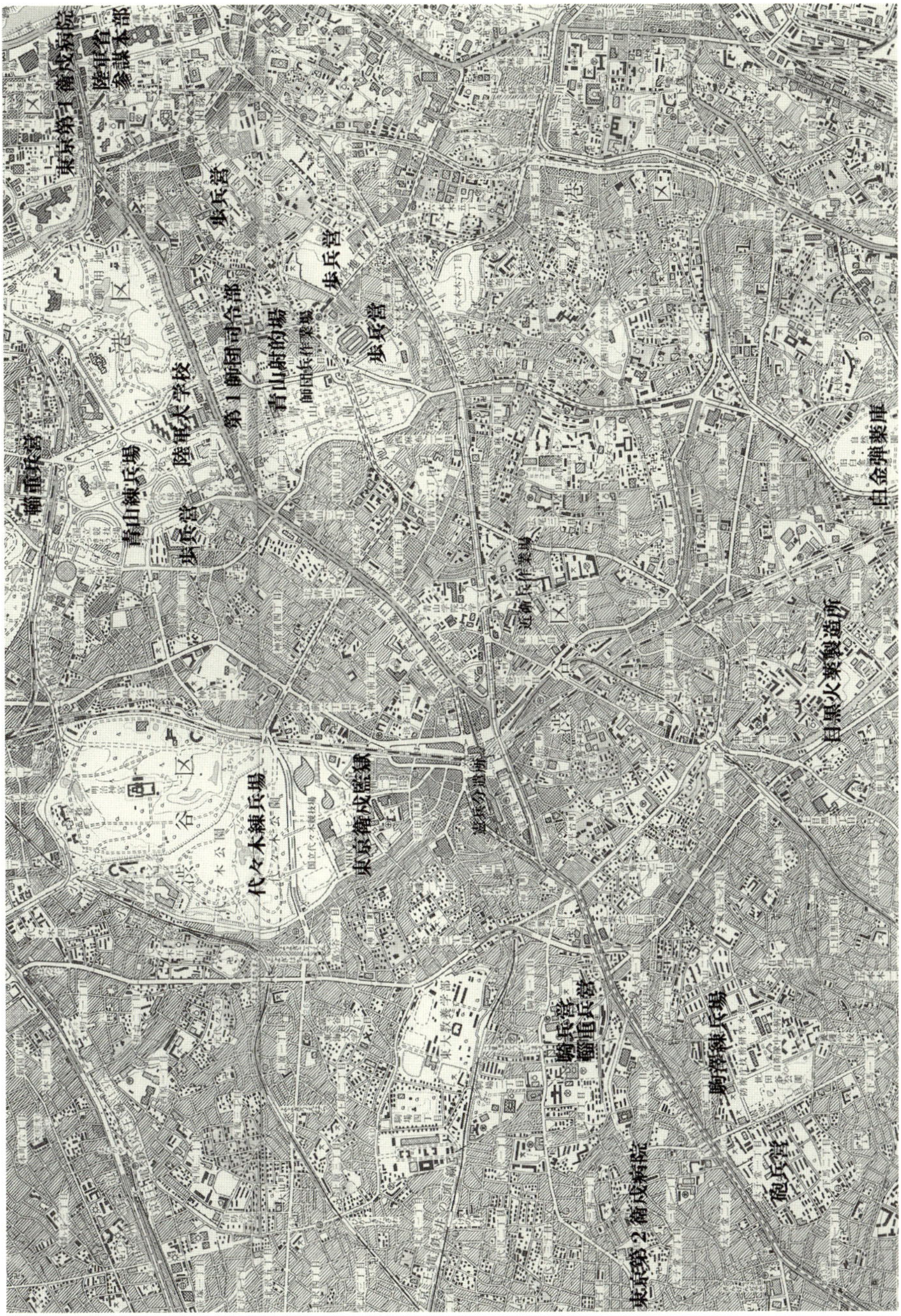

図9－1　現在の渋谷と旧陸軍施設の位置

出典：国土地理院発行「1：25000　東京西南部」及び「1：25000　東京西部」より作成。

に評価してこなかったのだろう。(6) だが、近年の歴史学、特に近現代史研究では、軍隊と社会の関係を多角的に検討する「軍事社会史」が大きく進展しており、近代都市論はもちろん、軍事演習や防空演習、さらに兵事関係史料の実証的な分析から「軍隊と地域」の実態が解明されつつある。(7) そうした点を踏まえながら、軍隊の常駐した典型的な地域である「渋谷」についても新たな分析視角を加える必要があろう。(8)

そこで本章では、軍事的空間の核となる軍事施設の存在に注目し、東京衛戍地が形成される明治期を主な分析対象に、東京南西部の軍事施設の変化、換言すれば、渋谷周辺の軍事的空間の形成過程を検証することで、今まで語られることの少なかった渋谷近代史の一側面を浮き彫りにする。それと同時に渋谷の軍事的な特徴についても軍民双方の視点から考察を試みたい。なお、本章が想定する「渋谷」は、現在のＪＲ渋谷駅周辺を中心に、原宿・千駄ヶ谷・青山・広尾・恵比寿・目黒・駒場などを視野に入れた範囲とする。

第一節　軍事訓練と東京南西部

1　駒場野原の明治維新

そもそも軍隊の存在意義は何処にあるのか。軍事力を行使する軍隊の本務は、戦争や内乱など国家の「有事」に対処することにある。それ故、平時における軍隊の主任務は、「有事」に備えて兵士個人や部隊単位の技能を向上させることにあり、日常的な軍事教育と各種教育段階に応じた軍事訓練を行う必要があった。(9) そのため軍隊所在地には、軍事訓練を実施する空間が不可欠で、そうした施設は兵営の周辺部に求められた。この軍事組織の根幹に関わる問題から近代の渋谷と軍隊の関係は始まる。

慶応二（一八六六）年八月、第二次長州征討に失敗した江戸幕府は軍制改革を進め、横浜の太田陣屋においてフランス軍事顧問団の指導を受けた。(10) 翌年三月、顧問団長のシャノワンヌは駐日公使ロッシュを通じて幕府に建白書を提出、江戸への伝習場移転と越中島調練場及び駒場野調練場の拡充を求めた。大規模な散兵訓練や射撃訓練には広大な土地が必要である。現在の渋谷中心部と隣接する地域には、代々木野や駒場野のような野原が存在し、荏原郡上目黒村に属した駒場野は将軍家の鷹場であった。そのため駒場野は旗本や御家人の武術演習場としての性格を有していた。また、軍備整備を進める幕府は安政四（一八五七）年に千駄ヶ谷に所在した火薬庫を荏原郡三田村（現・防衛研究所所在地）へ移転させ、目黒火薬製造所として機能させていた。広大な土地を有し、且つ軍事物資の供給源と近い駒場野はフランス士官の想定する近代的な軍事教育に適した土地であった。

シャノワンヌの要請を受けた幕府は慶応三年八月に駒場野の検分を行った後、調練場の造営に着手する。しかし、それに対して周辺の村々は反発、農民たちは駒場野の番人宅を襲撃するなど抵抗を見せた。幕府は直ちに鎮圧にむかうものの、農民の反発は収まらなかった。妥協策として打ち出された造営地点の変更等にも拘らず、農民の抵抗は渋谷方面へ拡大していった。今日、「駒場野一揆」と呼ばれるこの一揆は、九月中旬頃まで続き、幕府の軍制改革を停滞させた。(11) 結局、一〇月の大政奉還によって調練場は実現しなかったが、駒場野原が軍事演習上の適地であることに変わりなく、明治維新以後も注目されていく。

江戸城開城直後の明治元（一八六八）年四月、明治政府の軍事を管掌する軍防事務局は陸軍編制を制定し、各藩に石高に応じた兵員供出を命じる。(12) 当時、明治政府に直轄の軍隊はなく、政権基盤も不安定だったため、軍事力の整備が急務であった。だが、兵権を放棄しない各藩の抵抗もあって兵権の中央集権化は遅々として進まず、各藩は独自の軍事力を有し続けた。そうしたなか、明治二年三月に明治天皇が東京へ拠点を移すと、同年七月に設置された兵部省は東京近郊において天覧演習を計画する。この演習は仏式、英式、蘭式と兵制の異なる各藩兵から臨時に「連隊」を編成し、明治天皇の目前で部隊行動を展開するというものであった[13]。それには広大な演習地が必要で、当初、明治政府は豊島郡長崎村（現・豊島区長崎）の鼠山を演習地に予定していたが、すでに開墾地となっていたため、調練場が実現しなかった駒場野に目を付けた。

明治三年三月、明治政府は品川県駒場野を練兵場に指定し[15]、四月上旬には「天覧之節諸兵隊自藩之旗章一切里留候事」などの具体的な演習方法を定めた[16]。それに合わせて諸藩兵は予行演習を実施、仏式及び英式は越中島で、蘭式は駒場野でそれぞれ準備を行った。天覧演習は四月一七日に実施され、幕僚や藩兵を従えた明治天皇は宮城から大山街道を南下、宮益坂の御嶽神社等で休息しつつ駒場野に到着した[17]。演習は午前九時から午後三時まで展開され、歩兵連隊九個と砲隊五個を中心に、騎兵隊や小荷駄隊を加えた約一万八〇〇〇人（参加藩数三七）が実弾を使用した訓練を繰り広げた。この演習は東京における最初の親閲式で、東京の人々が天皇に接した初めての機会でもあった。『明治天皇紀』は「是の日、士民、輦路の左右に於て行軍の盛儀を拝観し、外国人亦指定の場所に拝観す、内外の士民親しく龍姿を拝したてまつるは、此れを以て始と為す」と記している[18]。渋谷周辺の人々は明治天皇とそれに付随する軍隊を目の当たりにしたことで、時代の変化を感じたのだろう。

さて、天覧演習に対してかつて一揆を起こした人々がどのような反応を示したのかは定かではないが、駒場野練兵場は明治四年三月に廃止され、その土地は兵部省から民部省へ移管された[19]。その後、明治一一年一月には駒場農学校が開校し、駒場野は日本における農学発展の拠点となった。一方、天覧演習や軍旗拝受式、講武始（後の陸軍始観兵式）などの軍事行事は新設の日比谷練兵場で行われるようになり、駒場野で軍事行事が行われる可能性は低下した。そうした状況を鑑みると、駒場野は「軍事」から遠のいたように見えるが、やはり演習上の適地に変わりなく、周辺の村々では野外演習が度々実施された。それに伴い、民有地への無断侵入や農作物の踏み荒らし等が発生し、明治一五年九月には、渋谷村戸長本間資孝が陸軍省に野外演習の改善を請願している[20]。それに対して軍事上の要求を優先する陸軍は徴発令を盾に地域側の請願を拒否した[21]。結局、この問題は東京府の仲介によって徴発書の提示なしに民有地へ侵入しないことに決したが、その後も演習地化の問題は燻り続けた[22]。明治二六年六月には、東京府が軍隊への反発や租税滞納を憂慮したことで、陸軍省は農作物の賠償に応じる方針に転じたが、不定期ながらも野外演習は継続的に実施された[23]。

以上のように、近代の渋谷と軍隊の関係は幕末維新期の演習地問題まで遡る。幕府の武術演習場という近世期以来の土地の性格が明治維新以後も続き、明確な練兵場の指定はなかったものの、駒場野一帯は野外演習に使用された。加えて、明治二〇年四月に実施された天覧演習では、上目黒村の氷川神社を中心に渋谷道玄坂から世田谷村三軒茶屋、太子堂を経て、多摩川に至る大山街道一帯が演習の舞台となっている[24]。軍隊の要求を満たす地域の性格は渋谷周辺の特色として以後の軍事的な展開の基盤となるのである。

2　青山射的場の設置

政府直轄の軍事力の整備を急ぐ明治政府は、明治四（一八七一）年二月に薩摩、長州、土佐の藩兵から構成される御親兵を創設する。これが近代日本陸軍の実質的な母体であり、御親兵の整備と並行して東山道（石巻）と西海道（小倉）の二つの鎮台も設置された。こうした軍事力を背景に、明治政府は同年七月に廃藩置県を断行する。それと同時に先の二鎮台を廃止し、八月に改めて東京、大阪、鎮西（熊本）、東北（仙台）の四鎮台を設置、さらに全国の要所に営所を配置した。続いて明治政府は明治五年二月に兵部省を陸軍省と海軍省に分離させ、明治六年一月には徴兵令を施行して兵力補充の基礎を築く。このように明治政府は軍事制度の整備と軍事力の中央集権化を順次進めていった。

明治五年三月、御親兵は近衛兵と改称し、東京の鎮台兵や下士官を養成する教導団と共に宮城周辺に配置された。近世期に大名屋敷の並んでいた現在の皇居外苑や丸ノ内一帯は、各種軍事施設に変化し、中央機関の他、近衛兵や鎮台兵、教導団の兵営が次々と築かれた。そうした背景には、①宮城や太政官など政府中枢機関の防衛任務や、②軍用地として転用可能な武家地の存在があった。明治一〇年三月に制定された兵営番号表に依れば、第一軍管に属す東京府内には、外桜田町一番地の第一営（教導団砲兵）、東代官町一番地の第二営（近衛砲兵）、祝田町一番地の第四営（近衛騎兵）、赤坂檜町二番地の第五営（鎮台歩兵）、外桜田町一番地の第八営（教導団歩兵）、東代官町二番地の第九営（近衛歩兵）、大手町一丁目一番地の第一三営（近衛・鎮台工兵）、八重洲町一丁目一番地の第一四営（鎮台騎兵）及び第一五営（鎮台輜重兵）、市ヶ谷本村町七七番地の第一六営（鎮台砲兵）と一〇箇所の兵営が存在した。(25) それら兵営が抱える兵員を育成することが陸軍にとって大きな課題であり、散兵訓練や射撃訓練を行う空間が周辺部に求められた。

明治初期の東京の訓練施設には、旧幕府以来の越中島練兵場（面積一四万一五〇四坪）や明治五年一月から使用の始まった日比谷練兵場（面積九万九九〇八坪）が存在した。(26) 前者は東京唯一の本格的な実弾射撃場で、小銃だけでなく大砲射撃にも使用された。(27) 明治六年から始まった千葉県習志野及び下志津演習場の整備によって大砲射撃は次第に千葉方面へ移ったが、小銃訓練は継続的に行われ、近衛兵や鎮台兵、教導団、さらに海軍も射撃訓練に使用した。(28) 一方、後者は一六の大名屋敷跡に造営された練兵場で、かつて長州藩邸が所在した関係から「長州原」と呼ばれた。(29) 同練兵場は在京部隊が日常訓練に使用した他、各種軍事行事の会場となり、西南戦争の凱旋整列式が行われるなど国家的なイベント空間としての性格も兼ねていた。しかしながら、そうした施設のみで在京部隊の演習を消化することは不可能で、陸軍は新たな訓練施設を東京西郊部、特に武蔵野台地東端の青山や戸山に求めるようになる。

明治一一年三月、東京鎮台司令長官野津鎮雄は陸軍卿山縣有朋に対し、檜町の鎮台歩兵営（歩兵第一連隊）に近い青山墓地に小銃射撃場の開設を請願する。(30) その理由は、①越中島練兵場が近衛兵及び教導団との共同使用のため、射撃訓練は一ヶ月間に三日程度しかできず、②特に檜町の鎮台歩兵は往復に四時間を要するので訓練時間が足りないというものであった。その上で具体的に青山墓地の名を挙げ、同地の演習地化を要求した。また、認可された場合は経費節減と工兵演習を兼ね、東京鎮台工兵隊及び同歩兵隊鍬兵によって工事を行う旨も申請する。それに対して山縣は造営場所について保留を付けたものの、野津の要請を受け入れて開設を許可した。その後、陸軍省は青山墓地に隣接する赤坂区青山南町一丁目三番地から同北町三六七番地、麻布区龍土町四番地を開設位置に設定した。明治一二年一一月、予定地の用地買収が始まり、工兵や鍬兵の工事によって明治一四年一二月に青山小銃射的場が完成する。[31]さらに翌年の九月には隣接する麻布区龍土町にも鎮台兵の作業場が完成し、青山方面の訓練施設が整えられた。

そうした状況に加え、同時期に進められた戸山学校射的場（後に大久保射的場へ拡充）の整備によって射撃訓練の問題は緩和にむかうが、周辺住民は射的場からの流弾問題に悩まされた。明治二〇年一二月、麻布区笄町の慈眼院住職大谷慈雲は麻布警察署に銃弾を提出、流弾による被害を訴えている。[32]慈眼院の被害は前住職の頃から起こっていたらしく、寺院の壁や屋根瓦には着弾によって穴が空いていた。嘆願書を受け取った署長の和田勇は人命の危険を感じ、警視総監三島通庸に事態を報告、三島は陸軍省総務局長桂太郎に演習の改善を求めた。それに対して実際に射撃演習を行った東京鎮台から反論が出たものの、陸軍省は流弾のないよう厳格に注意する旨を警視庁に回答する。しかし、流弾問題はその後も続き、豊多摩郡下渋谷村の日本赤十字病院（明治二五年六月開院、以下、「日赤病院」）にも度々着弾、その数は明治二六年から明治三〇年の間に七回に上った。[33]また、同様の問題は戸山学校射的場の周辺でも発生しており、中野村や大久保村、落合村の住民は生活を脅かされた。[34]警視庁や日本赤十字社は陸軍省に抗議し、陸軍側も施設改善によって被害の軽減を図ったが、射的場が存在する以上、根本的な問題の解決には至らなかった。

青山射的場の設置は東京衛戍地における軍事的要求を解消する一方、施設周辺の住民に負担を強いた。特に青山射的場の南東部に位置する村々は射撃訓練の射線上にあったため、不意に射垜を越えた弾丸が住民の生活空間へ飛び込んできた。つまり、「渋谷」の住民は危険と隣り合わせの生活を送らなければならなかったのである。他方、青山射的場や戸山学校射的場、習志野及び下志津演習場、さらに後述する青山練兵場の整備によって越中島練兵場の軍事的位置は低下し、明治二四年に廃止される。そしてその跡地は陸軍糧秣廠や東京商船学校に姿を変えていった。このように東京西郊部の演習地化と越中島練兵場の廃止によって東京衛戍地における軍事訓練は次第に下町から山手へ移っていった。

第二節　大山街道の軍事化

1　兵営の移転

明治一〇（一八七七）年の西南戦争以後、政権基盤の整備と同時に、国内の治安が安定してくると、軍隊は外的脅威への備えに重きを置くようになる。明治二一年五月、「師団司令部条例」の制定によって鎮台制は廃止され、有事への即応を目的とした師団制が平時から採用される[35]。それに伴い、全国の鎮台は機動性を有する師団に改編され、東京鎮台は第一師団と改称、二つの歩兵旅団（一個旅団＝二個歩兵連隊）を基幹に騎兵、砲兵、工兵、輜重兵の連隊及び大隊によって編成された。一方、近衛兵も明治二三年三月の「近衛司令部条例」や「近衛師団監督部条例」の制定によって近衛師団に改編され、他の師団と同様に有事の際は出征することになった[36]。そうした一連の軍制改革と前後して東京における軍事的空間の再編も進められ、都心部に集中した兵営群は次々と宮城南西部に移転する。

ここで改めて図9－1を参照して頂きたい。大山街道の起点である赤坂御門（三宅坂）の宮城側には、陸軍の中枢機関である陸軍省や参謀本部が存在し、そこから青山、渋谷、世田谷を経て二子玉川に至る区間には、青山練兵場や駒澤練兵場、騎兵や砲兵の兵営が街道に沿って配置されていた。それらの施設と都心部を結ぶ大山街道の軍事的意義は大きく、また、練兵場の存在から日常的な部隊の往来も激しかった。まさに近代の大山街道は「軍道」としての性格を有していた。そうした大山街道の軍事化は明治二〇年前後に始まる軍事施設の移転とともに段階的に進んでいく。

明治一八年一〇月、内務省は市区改正を、外務省は官庁街の形成をそれぞれ計画しており、軍事施設の集中する宮城周辺の改造を構想していた[37]。そうした流れのなか、霞ヶ関の官庁街化が内定すると、陸軍省は軍事施設の移転を迫られる。当時、教導団は千葉県東葛飾郡国府台村へ移転を進めつつあり、一八八六年には軍楽隊を除くすべての部隊が国府台へ移転した。残った課題は鎮台兵や近衛兵、日比谷練兵場をどのように処理するかで、陸軍省はそれらの代替地を赤坂や青山に求める。その背景には、①乾燥した高地を求める当時の軍事衛生上の観念や、②野外演習に好都合な広い農地の存在、③買収価格の安価な旧武家屋敷の存在等があったと推察できる。また、④都心部と繋がる大山街道の利便性や、⑤すでにいくつかの軍事施設が存在した点も大きかっただろう。逆に東京市の東郊部、特に下町方面はすでに近世期に市街地化が進み、兵士の風紀を乱す繁華街も形成されていたため、兵営の候補地から避けられたと考えられる。広大な土地を有し、且つ経済的にも負担の少ない東京南西部であれば、たとえ軍備拡張によって兵営の数が増加しても敷地等に問題はなかった。

最初に陸軍省は日比谷練兵場の移転作業に着手する。明治一九年二月、陸軍大臣大山巌は日比谷練兵場の移転計画を総理大臣伊藤博文に提出、その後、閣議決定を受けて青山近傍の用地買収を進めた[38]。当時、陸軍は予算不足のため、造営費用には不用となった土地や建物、廃物兵器を売却した対価が充てられた。同様の方法は後の鎮台兵や近衛兵の移転作業にも積極的に用いられ、丸ノ内の大部分は三菱・岩崎家に払い下げられていった。明治二〇年五月、青山練兵場の完成した部分から訓練に供され、年内にはすべての工事が完了する[39]。それによって在京部隊の軍事訓練は日比谷から青山へ移動し、既述の射的場と合わせて青山の演習地としての性格は強まった。それ加えて、一〇月の近衛兵除隊式を契機に、陸軍始観兵式（毎年一月上旬）や天長節観兵式（毎年一一月三日）などの軍事行事も青山練兵場で行われるようになった。一方、日比谷練兵場の軍事行事は五月の近衛歩兵第四連隊の軍旗授与式を最後に行われなくなり、その後、敷地は官庁街の整備を担当する臨時建築局へ移管されていった[40]。

日比谷練兵場に続き、陸軍省は霞ヶ関や丸ノ内の兵営群の移転作業に着手、すでに軍事施設の存在した赤坂や青山に各施設を移転させる。赤坂では檜町の歩兵第一連隊の対面、道を挟んだ麻布龍土町に新たな兵営を造営し、明治二二年一月に麹町区永楽町二丁目にあった歩兵第三連隊を移転させた。また、同じ赤坂の一ツ木町には、明治七年に東京衛戍監獄が設置されていたが、陸軍省は渋谷村字宇田川の用地買収を進め、明治二三年にそこへ東京衛戍監獄を移転させる。[41]替わって監獄跡地に新たな兵営を造営し、明治二六年五月に近衛歩兵第二旅団司令部や近衛歩兵第三連隊を玉突きで移転させた。また、明治二四年一月には、青山射的場の入口である青山南町に赤坂離宮内に仮設されていた第一師団司令部を移転させるなど、青山射的場を囲むように周辺の軍用地化が進んだ。同様の現象は青山練兵場の周辺部でも見られ、同年一月に練兵場北側の信濃町に輜重兵第一大隊、四月に練兵場南側の青山北町に陸軍大学校、五月に練兵場西側の霞岳町に近衛歩兵第四連隊と次々と軍事施設が移転してくる。

そうした赤坂・青山方面への軍事施設の移転は地域に様々な変化を及ぼした。青山練兵場で実施される観兵式や各兵営での入営・退営、軍旗祭などの各種軍事行事は地域の年中行事として定着し、多くの人々を引き寄せた。例えば、明治二三年一一月の天長節観兵式について『東京朝日新聞』は、「観兵の御式を拝せんとて朝来青山の練兵場に向ふ者引きも切らずされバ、……午前八時半頃にハさしも広き練兵場の周囲も殆んど立錐の地なきに至り、斯くて鹵薄着御の際ハ歓声四方に起り、順序予定の式を了り、正午頃にハ附近の飲食店いづれも売切れの札を掲げたるが、当日は飯田町信濃町間の汽車の混雑は殆んど前例なきほど」と、当日の混雑状況を報じ、「以て其雑踏を推測するに足らんされバ同日に於ける市中各所の賑ひは実に凄まじいばかり」と観兵式の集客効果を評している。[42]さらに、その影響は「目黒渋谷辺に笻を曳きしも多く、各劇場も大概大入りなりき」と、大山街道を下った渋谷や目黒にも波及した。

以上のように、東京都心部の改造と軍制改革を契機に、赤坂・青山方面の軍事化は急速に進展し、兵営は既存の軍事施設周辺や跡地に移転する。それと同時に軍隊に付随する各種軍事行事も赤坂や青山で行われるようになり、その集客力は地域の活性化に繋がった。軍隊と地域の関係は次第に強まり、軍事施設の周辺部は軍事色を帯びるようになる。そうした現象は渋谷の東方に位置する青山・赤坂だけでなく、西方に位置する駒場野でも起っていた。

2　対外戦争と渋谷周辺の変化

東京衛戍監獄の移転と同時期に渋谷周辺の軍用地化も進展する。渋谷村字氷川裏の御料地は陸軍省に下賜され、近衛兵の作業場となった他、駒場野を有する荏原郡目黒村には明治二二（一八八九）年に近衛騎兵大隊、明治二四年に騎兵第一大隊、明治二五年に近衛輜重兵大隊と次々に部隊が移転してくる。(43)そして現在の淡島通りに沿う形で兵営を造営し、その周辺において日常的な軍事訓練を展開した。後に近衛騎兵大隊は都心部の麹町区元衛町に復帰し、明治末に牛込区下戸塚町に移転するが、目黒の兵営跡地はそのまま陸軍乗馬学校（明治三一年、騎兵実施学校に改称）が使用し、目黒は騎兵教育の中心地となった。また、それまでの野外演習と違い、隣接する地域に常設の軍事施設が設置されたことで、渋谷と軍隊の関係は強まる。特に青山練兵場や青山射的場、駒場兵営群の存在によって現在の宮益坂からＪＲ渋谷駅、宇田川町に至る一帯は軍事施設に囲まれる形となった。

渋谷周辺の軍事化は朝鮮半島へ勢力を伸ばす日本政府の方針によってさらに加速する。明治二七年七月の豊島沖海戦を契機に、日本は清国に宣戦を布告、朝鮮半島から大陸にむけて兵力を押し進めた。近代日本にとって初の対外戦争となる日清戦争の勃発である。開戦と同時に東京衛戍地には多くの兵士が招集され、兵営周辺の住民にも戦争への協力が求められた。また、青山練兵場には千駄ヶ谷停車場から臨時に軍用鉄道が敷設され、人員や物資輸送の拠点となった。(44)そうしたなか、第一師団は大山巖を司令官とする第二軍に編入され、一〇月に遼東半島に上陸、金州や旅順の攻略戦に参加した。一方、近衛師団は戦時動員後も待機が続き、講和条約締結後の台湾平定作戦に投入される。戦況は日本側に優位に進み、明治二八年四月には、朝鮮半島の独立や遼東半島・台湾の割譲を定めた下関条約が締結された。

しかし、ロシアを中心とする列強の干渉によって日本は遼東半島を返上、逆にロシアは明治三一年に遼東半島南端の大連・旅順を租借し、海軍の拠点を置いた。日清戦後、日本は南下するロシアを強く意識するようになり、陸軍は対露戦を想定した軍備拡張に着手する。明治二九年三月、「陸軍管区表」の改正によって六個師団の増設が決定すると、陸軍省は新たな軍備拡張を進め、騎兵や砲兵の充実を図った[45]。東京衛戍地では、同年五月に近衛騎兵大隊と騎兵第一大隊が連隊に昇格した他、明治三〇年には大山街道から下馬・三宿・池尻・上目黒を結ぶ広大な土地に騎兵や砲兵の使用する駒澤練兵場が造営される。そして明治三一年に麹町区代官町の近衛野戦砲兵連隊と牛込区市ヶ谷本村町の野戦砲兵第一連隊が駒澤村の新設兵営に移転、さらに明治三二年には野戦砲兵第一旅団司令部を設置して隷下に新設の野戦砲兵第一三連隊と同一四連隊を置いた[46]。そうした駒澤兵営群の造営に先立ち、陸軍省は明治三〇年に世田谷村太子堂に東京第二衛戍病院を開設、東京西郊部の陸軍部隊及び関連機関の医療体制を整備した[47]。青山・駒場への軍事施設進出から約一〇年、明治三〇年前後に東京の軍事的空間は世田谷方面へ拡大する。それによって同地域は軍隊が常駐すると同時に、多くの将兵が日常を過ごす空間へと変化していった。

兵営設置は軍事訓練などの負担を地域に強いる一方、軍隊の需要に応える雇用を創出し、地域発展の起爆剤となった。兵営の門前である大山街道には、沿道に沿って軍隊御用の商店が並び、休日の兵士や面会に訪れた親族・知人を主な客層とした。また、多くの兵員を抱える兵営群は各種物資の一大消費地となり、周辺の村落から様々な農作物が兵営に流れた。特に駒場・駒澤の兵営群は駐屯する部隊の性格上、多数の軍馬を抱えており、それを養う飼料は周辺の村落に求められた[48]。さらに世田谷方面の軍事化は大山街道を北上した渋谷にも影響を与え、明治一八年三月に日本鉄道品川線の停車場が開業した渋谷は駒場・駒澤兵営群の交通・慰安の拠点となった。渋谷停車場は休日の兵士が慰安に訪れるだけでなく、兵士の入営・退営時には多くの人で賑わいを見せた。例えば、明治三六年一一月の『都新聞』は、「新橋上野本所甲武線山の手の各停車場ハ出迎人の昇降にて頗る雑踏を極め各地方の除隊兵親戚等出京したる為に打連れ立ちて諸方を見物し歩く為め市中の盛り場ハ近来珍しき賑ひなりし」と、退営日の様子を報じている[49]。駒場に加え、駒澤兵営群の登場は大山街道から道玄坂を経て渋谷停車場に至る地域の発展を促した。

日清戦後の新設部隊は軍事訓練等を通じて地域に根付き、順調に兵士を育成していった。一方、東アジア情勢に眼を転じると、日本は朝鮮半島の権益を巡りロシアとの対立を深めていた。明治三七年二月、日本はロシアに対して宣戦を布告、それに伴い、再び多くの兵士が東京衛戍地に集められた。また、日本赤十字社社長松方正義は「府下豊多摩郡渋谷村所在本社病院ハ戦時ニ在リテハ陸軍病院ニ供用スヘキ目的ヲ以テ設立致シ候モノニ付此際御必要ニヨリ何時ニテモ御使用相成度」と、日赤病院の活用を陸軍大臣寺内正毅に申請する。それによって同病院は東京予備病院渋谷分院と改称、戦傷病者の医療にあたった他、渋谷村字氷川裏の近衛兵作業場にも東京予備病院氷川分院が設置された。渋谷周辺は兵士たちの出征拠点になると同時に、戦時医療の拠点にもなった。

さて、二つの在京師団は開戦とともに大陸へ進出し、近衛師団は黒木為楨率いる第一軍に属して朝鮮半島の鎮南浦から北上、遼陽会戦や沙河会戦、奉天会戦など主に満州方面の作戦に従事した。一方、第一師団は奥保鞏の第二軍に属し、金州・南山の戦いに参加した後、乃木希典の第三軍に属して旅順攻略戦に参加、二〇三高地では多大な犠牲を払った。戦況は奉天会戦や日本海海戦の勝利、また、ロシア国内の混乱などもあって日本側に優位に推移し、明治三八年九月にはアメリカのポーツマスで朝鮮半島や遼東半島の権益を日本に譲る講和条約が結ばれた。それに対して日本国内では反発が起こり、日比谷焼き打ち事件などの騒擾に発展するが、政府は戒厳令や軍隊を用いて鎮圧にあたった。

東京衛戍地は一時的に混乱したものの、明治三九年四月に兵士たちの帰還が完了すると、戦勝ムードに包まれる。政府は戦勝を祝した凱旋大観兵式を企画し、その会場を青山練兵場に定めた。それに際して渋谷周辺の軍用地は全国から集まった将兵の宿舎に転用され、軍人の数は著しく増加する。四月三〇日、大観兵式が実施され、近衛師団や第一師団を中心に約三万二〇〇〇名の将兵が明治天皇の前で行進した。青山練兵場の周囲では、沿道を含め多くの見物人で混雑し、入場券を巡った詐欺事件なども発生する。また、凱旋大観兵式と同時に宮城前では戦利品の展示会が催され、靖国神社においても戦没者の慰霊祭が執り行われた。東京全体で国家を挙げた戦争の勝利を祝うなか、多くの軍事施設を有する大山街道沿線はその中心の一つとなった。

日清戦争と日露戦争、二つの対外戦争の前後に渋谷周辺の軍事化は急速に進んだ。駒場・駒澤兵営群、駒澤練兵場の造営によって世田谷方面は一大軍事拠点となり、東京衛戍地の範囲は大山街道に沿って拡がり続けた。国家の力を具現する軍隊の存在は、戦争という国家の政策と直結し、その光と影が眼に見える形で地域に表れた。明治三九年四月以降、青山練兵場では戦没者の慰霊祭が頻に執り行われた他[50]、同年九月には、傷痍軍人を顕彰・保護する東京廃兵院が東京予備病院渋谷分院内に開設される[51]。出征と帰還、慰霊と顕彰、祝勝ムードに包まれた渋谷周辺では、戦争に関わる様々な場面が交差したのである。

第三節　渋谷の発展と軍隊の対応

1　軍紀の維持

日露戦争時、戦時医療の拠点となった渋谷には、軍人だけでなく、入院中の戦傷病者を見舞う親族・知人が多く訪れ、地域に金を落としていった。『都新聞』は「渋谷だより」として、「兵隊さんのガチャガチャ然たる四角張った種にハ是なくズッと色がかった新開地の花柳界、近頃メキメキと繁昌する土地だけに旅館、料理店、芸者屋など雨降跡の筍も宜しく続出し、道玄坂といへバ一種の魔窟を意味する様になれり」と、軍事色の強まる一方で、新開地として発展する渋谷の状況を報じている。そして「道玄坂附近の悪風を知らない人が渋谷氷川両分院に収容なる軍人に面会に来て此処に宿泊し是ハ是ハと驚いて逃げ出すも愛嬌なり」と、歓楽街となった道玄坂の様子を伝えた[52]。このように大山街道から道玄坂を経て渋谷停車場へ至る一帯は誘惑の多い街へと変化しつつあった[53]。

そうした状況に加え、明治四〇（一九〇七）年には玉川電気鉄道の渋谷―三軒茶屋間が開通し、駒澤兵営群から渋谷への交通の便は著しく向上する。また、多くの軍人が渋谷周辺に居を構えるなど、渋谷は軍事訓練だけでなく、軍人が日常生活を送る空間にもなった。その一方で、軍人に関する事件や一般人との衝突も度々発生するようになる。そうしたトラブルは軍隊組織を維持する風紀や規律を乱すだけでなく、世論の軍隊批判にも繋がった。それに対して陸軍省は渋谷に憲兵を配置することで軍紀の維持を図っていく。

憲兵とは、軍隊の秩序維持を主任務とする将兵で、軍人の犯罪捜査や思想統制に当たる「警察官」であった。その部隊は全国の憲兵を指揮する憲兵司令部以下、憲兵隊―憲兵分隊―憲兵屯所（分遣所）―憲兵分屯所の規模で編制され、基本的に憲兵隊は師団単位、憲兵分隊は一～二の連隊区単位で設置されていたが、軍人の多い東京衛戍地には複数の憲兵分隊が存在した。憲兵は明治一四年三月制定の「憲兵条例」によってその制度が整えられ、同年一〇月から東京において本格的な勤務を開始する。(54) 創設当初、渋谷を含めた南豊島郡一帯は北豊島郡滝野川村（現・北区滝野川）に本部を置く東京憲兵第六管区に属していたが、その後、数度の管轄区域の改編を経て、明治三一年四月に豊多摩郡渋谷村に第一憲兵隊東京憲兵分隊の渋谷分屯所が開設された。(55)

明治三一年一二月制定の「憲兵分隊配置及憲兵警察区域」に依れば、東京・山梨・栃木・埼玉と神奈川・茨城・千葉の一部を管轄する第一憲兵隊（東京市麹町区大手町）には、東京・佐倉・高崎・横須賀の四つの憲兵分隊があり、東京憲兵分隊の下には、大手町・麹町・桜田本郷町・表町・車阪町・品川町・内藤新宿町・板橋町・市川町・横浜市の一〇箇所の憲兵屯所が置かれていた。(56) 新設の渋谷村分屯所は富士見町分屯所や猿若町分屯所と共に大手町憲兵屯所に属していた。その開設にあたっては、明治三〇年五月頃より渋谷村大字中渋谷二七二番地の用地買収が進められ、(57) 庁舎には廃止となった芝車町憲兵屯所の建物が移築された。(58) ちょうど駒澤に兵営群が造営された時期であり、渋谷分屯所開設の背景には、増加する軍人を統制する意味があったのだろう。

明治三四年四月、憲兵隊の編制表改定で全ての分屯所は廃止され、渋谷村分屯所は屯所に昇格、人員の増加が図られた。しかし明治三六年三月二七日の陸軍省令第六号によって府内に一一箇所あった憲兵屯所は表町、猿若町、内藤新宿町の三つの分遣所に集約され、渋谷村憲兵屯所は廃止された。以後、渋谷は表町（後の赤坂）分遣所の管轄となり、憲兵の巡察によって軍紀の維持が図られた。だが、渋谷における軍人の往来は憲兵の巡察で対応できるものでなく、軍人に関する衝突事件が度々発生する。明治三九年一一月、憲兵司令官林忠夫は陸軍大臣寺内正毅に対し、「府下豊玉郡中渋谷村ハ近衛砲兵旅団及騎兵実施学校並ニ騎兵第一連隊、近衛輜重兵大隊等其附近ニアリ常ニ軍人ノ徘徊来往頻繁ニシテ随テ逐日事故増加ノ景況ニアリ」と現状を述べ、「軍事警察上視察ノ周到厳密ヲ要シ候」と分遣所の設置を求める。その上で、廃止となった施設の移築や電話線の架設など旧渋谷村憲兵屯所の具体的な活用案を提示した。[59]その結果、陸軍省は明治四〇年一〇月に「憲兵分隊配置及憲兵警察区域」を改正し、東京西部を管轄する東京憲兵隊第二分隊（本部：赤坂区表町）の管轄下に渋谷分遣所を設置、内藤新宿分遣所とともに東京西郊部の軍紀維持を担わせた。[60]

当時の渋谷の状況を「軍事警察報告」から見ると、明治四〇年上半期報告は、「東京衛戍地内ニ於ケル曖昧的料理店ハ益々増加シ中野村、渋谷村附近最モ甚シク而シテ其下等料理店、飲食店ニハ孰レモ醜業婦ヲ置キ盛ニ軍人ヲ招カントス。之カ為メ花柳病ニ罹ル者モ亦少カラス」と、私娼の温床となりつつある料理店の存在を指摘し、性病拡大に懸念を示している。[61]梅毒に代表される性病は徴兵検査の不合格要因になるなど軍隊にとって大きな問題であった。[62]すでに一年前の「軍事警察報告」でも、「近来東京市内ニ於テハ曖昧ナル小料理店増加ノ傾キアリテ孰レモ妙齢ノ婦女ヲ雇入レ軍人ヲ勧誘シツ、アリテ各兵モ亦遊郭ニ遊ブヨリモ利便トシ出入スルニ至レリ是等ハ花柳病伝播ノ虞少ナカラサルヲ以テ注意中」と危機感を募らせていた。[63]軍人の遊興地となった渋谷は陸軍においても注意すべき地域となっており、憲兵による監視と管理が不可欠となっていた。

そうしたなか、仮に軍人が罪を犯した場合は、憲兵によって逮捕された後、各師団司令部内（第一師団は青山南町）に設置された軍法会議にかけられた。そして有罪が確定した場合は各師団の司令部所在地にある衛戍監獄に収監され、行動制限や労働を課せられた。在京師団の場合は渋谷宇田川町の東京衛戍監獄がその受け皿であった。明治四〇年版の『陸軍省統計年報』に依れば、東京衛戍監獄には監獄長以下六二名の職員が勤務しており、一二月三一日の時点で一六七名（未決三名、重禁錮一五八名、軽禁錮三名、換刑禁錮二名、懲罰一名）を収監していた。また、一年間の出入獄は未決者が前年度の繰越六名を含めて入監四一三名、出獄四一六名、既決者が同じく前年度の繰越一六五名を含めて入監・出獄ともに五七四名であった。この数は他の衛戍監獄と比べても圧倒的に多く、東京衛戍監獄は人員・施設ともに日本最大の衛戍監獄であった(64)。

大正二（一九一三）年一二月の「憲兵隊配置及憲兵分隊管区別表」改正によって渋谷分遣所は赤坂憲兵分隊から独立し、渋谷憲兵分隊に昇格する(65)。その理由ついて『続日本之憲兵』は、「渋谷町分遣所ヲ分隊（渋谷憲兵分隊―引用者）トシタルハ渋谷町附近ハ軍隊ノ数多キ為従ツテ警察事故多キニ依リ分遣所ヲ廃シ分隊ヲ設置スルニ至レリ」と記しており、憲兵の増員が図られた(66)。渋谷憲兵分隊には分遣所はなかったものの、荏原郡及び豊多摩郡渋谷町・代々幡村の治安維持を担当した他、改正によって廃止された横浜憲兵分隊の管轄区域（横浜市・橘樹郡・都筑郡）も所管した。憲兵行政において渋谷は東京南西部から川崎・横浜に至る地域の中心地となったのである。

渋谷の発展は抑圧された生活を送る軍人に慰安を提供する一方、軍紀廃頽の温床にもなった。それに対して憲兵隊や軍法会議、衛戍監獄は軍隊の組織を維持するシステムとして機能した。渋谷の憲兵部隊は軍人の行動と地域社会に眼を光らせ、東京衛戍監獄は不良軍人の更生を図った。第一師団の管轄する第一師管（東京府、神奈川県、山梨県、千葉県、埼玉県の一部）において渋谷は師管内の軍記維持を担う重要な地域であった(67)。

2　代々木練兵場の造営

軍隊は所在地の安定を図るため、軍人の犯罪に対処するだけでなく、その周辺で発生する災害にも対処した。衛戍地における軍人の勤務を定めた衛戍服務規則（明治二四年一一月三〇日、陸軍省達第一六七号）には、第一九条に「守地近傍ノ火災ニ当リテハ衛兵司令ハ部下ヲシテ兵器ヲ執ラシメ直ニ衛戍副官、憲兵、警察官、消防隊及ビ近隣ノ兵営ニ通報スヘシ」と災害時の自衛方針が規定された他、明治四一年一二月一日改正の軍隊内務書（軍令陸第一七号）には、「官衙、公署、将校同相当官、下士ノ家宅及兵営附近ニ火災アルトキハ連隊長ハ救援ノ為必要ノ人員ヲ派遣スルコトヲ得」と、軍隊の出動が定められた。そうした方針に基づき、兵営附近で火災があった場合は各隊から将兵が消防の応援に駆けつけていた。例えば、近衛歩兵第四連隊は明治四〇（一九〇七）年一〇月の千駄ヶ谷の火災に二個小隊、明治四四年五月の原宿の火災に二個中隊を派遣している。[68]このような軍隊の災害対処は自らの施設や構成員の保護が主な目的であったが、地域との良好な関係を維持する上でも効果があり、軍隊は有力な災害対処機関となっていた。

軍事行事や災害対処など軍隊は様々な面を通じて地域社会と接近し、大山街道の行軍や渋谷周辺での軍事訓練は日常的な光景として定着した。特に日露戦後はその傾向が強まり、明治四一年頃から静岡県富士裾野演習場の本格的な使用が始まると、赤坂から神奈川県の矢倉沢まで繋がる大山街道は重要な行軍ルートとなった。富士裾野で実弾射撃訓練を実施する在京部隊は、沿道の村々で野外演習を行いながら東京と御殿場を往復、青山―渋谷―世田谷を頻繁に通過した。さらに日本大博覧会を契機とする代々木練兵場の造営は、渋谷の軍事的な位置を決定付け、渋谷は東京衛戍地における軍事訓練の中心地となる。

明治四〇年三月、日本大博覧会を四年後の明治四五年に東京府内で開催する旨が公示される。[69]この博覧会は日露戦争の勝利を祝したもので、各国に参加を呼び掛けるとともに、日本の産業発展を宣伝する意図があった。一〇月、西園寺公望内閣は青山練兵場を博覧会の会場とすることを決定する。[70]それに先立ち、博覧会を所管する農商務省は陸軍省と協議を実施、九月に代替地造営の費用を博覧会予算から捻出することで青山練兵場の使用が内定した。当時、陸軍省は観兵式や軍事訓練の経験から青山練兵場の狭隘を感じており、従来の二倍の敷地が必要であると考えていた。そうしたなか、日本大博覧会の開催は練兵場移転の好機となり、陸軍省は豊多摩郡に新たな練兵場を求める。一一月一一日、官報に新練兵場の敷地とともに、土地収用法によって敷地の収容を行う旨が発表され、直ちに用地の買収が始まった。指定された敷地は豊多摩郡渋谷村大字上渋谷、代々幡村大字代々木、千駄ヶ谷町大字穏田を結ぶ面積約三万坪の地域で、用地買収の済んだ地区から造営作業が進められた(71)。

二〇年前の青山練兵場の造営時と同様に、新練兵場も完成した部分から演習に使用されたようである。歩兵第一連隊長を務めていた宇都宮太郎の日記から明治四一年の演習風景を追ってみよう(72)。日常的な演習は青山練兵場や兵営内の営庭で行われていたが、八月五日に初めて「代々木新練兵場」の文言が確認できる。また、八月一九日には、「午前五時より代々木村にて砲兵第十五連隊の一個大隊と連合演習を行ひ」、午前三時に起床した宇都宮は午前四時二〇分に自宅を出発、「青山練兵場に至り、諸隊の集合終るや其指揮を執る」と記している。新練兵場と青山練兵場の並存が窺える。一一月四日には、「柳生少佐の指揮にて戦時員大隊の戦闘演習を代々木新練兵場にて施行。終て連隊にて行軍。初甲州街道を進み、泉新田西方約一里に於て左折、世田ヶ谷に至り大山街道を帰り、目黒なる西郷侯爵の別荘に立寄り休憩」と、新練兵場での戦闘演習から行軍演習に至る様子が記録されている。新練兵場だけでなく、渋谷から大山街道に至る地域でも演習は行われていた。さらに翌五日には、新練兵場と青山練兵場の両方で検閲射撃を行うなど、渋谷とその周辺は陸軍の演習地と化していた。歩兵第一連隊だけでなく、他の在京部隊の存在を考えれば、渋谷周辺における軍隊の往来はかなり激しかったと推察できる。

新練兵場の工事は順調に進められた。明治四二年六月上旬、第一師団経理部長青柳忠次は陸軍大臣寺内正毅に対して新練兵場の完成を報告、以後、名称を「渋谷練兵場」として使用したい旨を伝える(73)。それを受けて陸軍省も「渋谷練兵場」の名称で準備を進めるが、六月下旬に第一師団の提案は破棄され、七月上旬に「代々木練兵場」という名称で使用することが近衛師団や第一師団、教育総監部に伝えられた(74)。名称変更の理由は定かではないが、既述の宇都宮の日記から窺えるように、すでに現場では「代々木練兵場」の名称が定着していたようである。そうしたこともあって新練兵場の名称を「代々木練兵場」に定めたと考えられる。同時に陸軍省は練兵場の使用に際しての注意を各部隊に通達し、練兵に支障がない限り一般人や荷馬車の通行も許可した。

　一方、代々木練兵場の完成に伴い、青山練兵場は陸軍省から農商務省へ移管されたが、練兵場としての機能はそのまま維持され、在京部隊の演習に使用された。また、陸軍始や天長節の観兵式もそのまま青山練兵場で行われた。その年の天長節観兵式が青山練兵場だったため、東京府は翌年の陸軍始観兵式の会場を陸軍省に問い合わせている(75)。このように代替の代々木練兵場が完成したにも関わらず、青山練兵場は代々木練兵場とともに並存し続けた。そうした背景には、日本大博覧会の延期があった。明治四一年九月、勅令第二〇七号によって日本大博覧会の開催を「明治五〇年」する旨が公示された後、明治四五年三月には、博覧会の開催を定めた明治四〇年の勅令第一〇二号が廃止となる。財政上の理由から博覧会の計画自体が無期限延期となった。それによって青山練兵場の管理は内務省や東京府に移ったものの、広大な土地は陸軍によって使用され続けた。結局、日本大博覧会の計画は軍用地を拡大させたのみで終ったのである。

　代々木練兵場の造営によって渋谷は常設の練兵場を抱えただけでなく、周囲の青山練兵場や駒澤練兵場の存在と合わせて東京衛戍地における軍事訓練の中心地となった。以上のように、幕末維新期以来、演習地として注目されてきた渋谷周辺部の性格は約四五年かけて徐々に固定化されていった。以後、渋谷周辺部における大規模な軍事施設の造営はなく、渋谷と軍隊の関係は明治末期にその大枠が固まったと言える。そして次なる変化は敗戦後の占領軍進駐まで待たねばならなかった。渋谷を囲む赤坂、青山、駒場、駒澤の軍事施設と、軍人を管理する憲兵や衛戍監獄の存在、さらに多くの部隊を集める代々木練兵場の完成によって渋谷は常に軍隊が存在する地域となったのである。

おわりに

明治四五年八月三〇日、持病の糖尿病が悪化した明治天皇は六一歳で没し、九月一三日に青山練兵場において大喪の儀が執り行われた。明治天皇が初めて東京の人々の前に姿を見せた大山街道は、青山練兵場へ進む葬列の通過点となり、その沿道は在京部隊によって埋め尽くされた[76]。また、明治天皇と共に殉死した乃木希典夫妻の葬儀も九月一八日に青山斎場で催され、青山一帯は参列者で溢れかえった[77]。帝国陸軍の最高指揮官（大元帥）である明治天皇と、それに殉じた陸軍大将の葬儀、渋谷東方に位置する青山は明治時代の「終焉」を演出する空間となった。

これまで東京南西部の軍事施設の変化を概観してきたが、それを整理すると、軍事施設に取り囲まれていく渋谷の様子を見ることができる。最後はその点について整理してみよう。

後背地に広大な駒場野原を有する渋谷は幕末維新期から演習地として注目され、一八七年四月の天覧演習以降、不定期ながらも頻繁に野外演習が行われた。また、陸軍省は在京部隊の訓練施設を兵営と近い青山に求めるようになり、明治一〇年代に常設の射的場を設置する。渋谷周辺は兵員の育成という軍事的な要求を満たす一方で、野外演習や射撃訓練は地域住民の生活を脅かし続けた。その後、日比谷練兵場の代替施設として青山練兵場が完成すると、青山の演習地としての性格は固定され、訓練施設を囲むように新たな兵営が造営される。近世以来の演習地としての性格に基盤を置きつつ、渋谷周辺の軍用地は既存の施設を起点に順次拡大していった。

さらに東京南西部における軍事施設の拡大は大山街道に沿って続き、明治二〇年代の駒場・青山の軍事施設完成によって武蔵野台地の谷間に位置する渋谷中心部は軍事施設に取り囲まれる形となった。日清戦後の軍拡を契機に在京部隊の数は増加し、明治三〇年代には駒澤練兵場や駒澤兵営群が造営され、渋谷を取り囲む軍事施設の層は厚みを増した。兵営を抱える青山や駒場、駒澤は兵士が日常生活を過ごす空間となり、その兵営に勤務する将校たちは渋谷や代々木に居を構えた。加えて、交通の拠点となった渋谷には、休日の兵士たちが慰安を求め、街道沿いの飲食店や花街を訪れた。渋谷発展の一因に軍隊の存在があることは間違いないだろう。その一方で、誘惑の増加は軍紀を維持する上で問題があり、陸軍省は渋谷に憲兵を設置することで、軍人や地域への監視を強化していった。様々な面を通じて軍隊と地域は交わり、軍隊の存在は地域の日常的な光景として定着していく。

そうしたなか、二つの対外戦争は地域の軍事色を一気に強め、軍隊の存在は戦場と渋谷を結び付けた。特に日露戦争において渋谷周辺部は軍人出征の拠点となった他、戦時医療の拠点にもなり、戦場から次々と傷病兵が運ばれてきた。その一方で、戦後は祝勝行事の舞台になるなど戦争の光と影が表面化する。二つの対外戦争は渋谷の軍事化を促すとともに、その存在によって渋谷は戦争の影響を色濃く受けたのである。

以上の過程を軍民双方の視点から見ると、陸軍にとって渋谷は東京衛戍地内の演習地という性格に基盤を置きつつ、次第に生活する空間へと変化し、戦時は出征や帰還、医療の拠点となった。また、東京衛戍監獄や渋谷憲兵隊など抱えている軍事施設の性格から軍事行政上の拠点にもなった。このように渋谷は軍事的に見て二重三重の構造を有していたのである。他方、地域側の視点に立って見た場合、軍事施設は軍隊に付随する各種弊害を地域に及ぼす一方、膨大な人員・軍馬を抱える兵営の存在は消費の拡大に繋がり、地域経済の活性化に繋がった。こうした軍事施設に伴う功罪は「渋谷と軍隊」の基本的な関係として敗戦後の帝国陸軍解体まで続くと推察できる。

大正期以降、渋谷周辺部において大規模な軍事施設の造営はなかったものの、明治神宮や軍人を祀る乃木神社・東郷神社の造営によって次第に宗教色を帯びるようになる。特に明治神宮の造営は青山練兵場や代々木練兵場にも影響を与え、前者は神宮外苑となった他、後者の一部は神宮内苑に充てられた。また、それによって観兵式は代々木練兵場に移り、軍事行事でも渋谷がその中心地となった。他方、代々木練兵場の砂塵問題や目黒火薬製造所の煤煙問題は地域住民の生活を苦しめた。加えて、関東大震災後に都市化が進展すると、兵営移転の問題も浮上する。大山街道の延長線上に位置する神奈川県橘樹郡高津町は渋谷の有力者である朝倉虎治郎と協力、駒澤砲兵営の移転を図った(78)。このように渋谷と軍隊を巡る様々な問題は日本の敗戦まで続いていくのである。それらについては東京衛戍地の変化を見据えながら改めて別稿で論じたい。

表９－１　明治末期の東京市周辺の主な陸軍施設

	施設名	所在地	現住所	現況
中央機関	陸軍省	麹町区永田町１丁目	千代田区永田町１丁目	国会議事堂、憲政記念会、国会図書館
	参謀本部	麹町区永田町１丁目	千代田区永田町１丁目	国会議事堂、国会前洋式庭園
	教育総監部	麹町区代官町	千代田区北の丸	北の丸公園（科学技術館周辺）
	東京衛戍総督部	麹町区隼町	千代田区隼町	最高裁判所、国立劇場
	施設名	所在地	現住所	現況
近衛師団	近衛師団司令部	麹町区代官町	千代田区北の丸	北の丸公園（庁舎は現在の東京国立近代美術館工芸館）
	近衛歩兵第１旅団司令部	麹町区代官町	千代田区北の丸	北の丸公園（庁舎は現在の東京国立近代美術館工芸館）
	近衛歩兵第１連隊	麹町区代官町	千代田区北の丸	北の丸公園
	近衛歩兵第２連隊	麹町区代官町	千代田区北の丸	北の丸公園
	近衛歩兵第２旅団司令部	赤坂区一ツ木町	港区赤坂５丁目	東京放送（TBS）
	近衛歩兵第３連隊	赤坂区一ツ木町	港区赤坂５丁目	東京放送（TBS）
	近衛歩兵第４連隊	豊多摩郡千駄ヶ谷町字霞丘町	渋谷区神宮前２丁目	國學院高等学校、都立青山高等学校
	騎兵第１旅団司令部	千葉県千葉郡津田沼町	千葉県習志野市大久保４丁目	八幡公園
	近衛騎兵連隊	麹町区元衛町	千代田区大手町１丁目	気象庁、東京消防庁、大手町合同庁舎１～３号館
	騎兵第13連隊	千葉県千葉郡津田沼町	千葉県船橋市三山２丁目	東邦大学習志野キャンパス（理学部・薬学部）
	騎兵第14連隊	千葉県千葉郡津田沼町	千葉県習志野市泉町１丁目	日本大学津田沼キャンパス（生産工学部）
	野砲兵第１旅団司令部	荏原郡駒澤村	世田谷区太子堂１丁目	区立三宿中学校
	近衛野砲兵連隊	荏原郡駒澤村	世田谷区太子堂１丁目	昭和女子大学
	野砲兵第13連隊	荏原郡駒澤村	世田谷区下馬２丁目	都営下馬アパート
	野砲兵第14連隊	荏原郡駒澤村	世田谷区下馬２丁目	都営下馬アパート
	交通兵旅団司令部	千葉県千葉郡都賀村	千葉市中央区椿森１丁目	椿森公園、千葉公園
	鉄道連隊（本部）	千葉県千葉郡都賀村	千葉市中央区椿森１丁目	椿森公園、千葉公園
	鉄道連隊第１大隊	千葉県千葉郡都賀村	千葉市中央区椿森１丁目	椿森公園、千葉公園
	鉄道連隊第２大隊	千葉県千葉郡都賀村	千葉市中央区椿森１丁目	椿森公園、千葉公園
	鉄道連隊第３大隊	千葉県千葉郡津田沼町	千葉県習志野市津田沼２丁目	千葉工業大学津田沼キャンパス
	気球隊	豊多摩郡中野町	中野区中野４丁目	中野区役所、中野サンプラザ
	電信大隊	豊多摩郡中野町	中野区中野４丁目	中野区役所、中野サンプラザ
	近衛工兵大隊	北豊島郡岩淵町大字袋	北区赤羽台４丁目	東京北社会保険病院
	近衛輜重兵大隊	荏原郡目黒町	目黒区大橋２丁目	こまばエミナース、警視庁第三方面本部
	近衛師団軍楽隊	麹町区代官町	千代田区北の丸	北の丸公園
	千葉衛戍病院	千葉県千葉郡千葉町	千葉市中央区椿森４丁目	独立行政法人国立病院機構千葉医療センター

	施設名	所在地	現住所	現況
第一師団	第１師団司令部	赤坂区青山南町１丁目	港区南青山１丁目	都営南青山アパート、青葉公園
	麻布連隊区司令部	赤坂区青山南町１丁目	港区南青山１丁目	都営南青山アパート、青葉公園
	甲府連隊区司令部	山梨県西山梨郡相川村	山梨県甲府市北新町	山梨大学附属中学校・山梨県福祉プラザ
	本郷連隊区司令部	本郷区真砂町	文京区本郷４丁目	関東財務局住宅、清和公園
	佐倉連隊区司令部	千葉県千葉郡佐倉町	千葉県佐倉市城内町	市立佐倉中学校
	歩兵第１旅団司令部	麻布区三河台町	港区六本木４丁目	俳優座劇場
	歩兵第１連隊	赤坂区檜町	港区赤坂９丁目	東京ミッドタウン（旧防衛庁跡地）
	歩兵第 49 連隊	山梨県西山梨郡相川村	山梨県甲府市北新町	山梨大学付属中学校・山梨県福祉プラザ
	歩兵第２旅団司令部	赤坂区青山南町１丁目	港区南青山１丁目	都営南青山アパート、青葉公園
	歩兵第３連隊	麻布区龍土町	港区六本木７丁目	国立新美術館（旧東京大学生産研究所跡地）
	歩兵第 57 連隊	千葉県印旛郡佐倉町	千葉県佐倉市城内町	国立歴史民俗博物館、佐倉城址公園
	騎兵第２旅団司令部	千葉県千葉郡津田沼町	千葉県習志野市大久保４丁目	八幡公園
	騎兵第１連隊	荏原郡世田谷村	世田谷区池尻４丁目	筑波大学付属駒場高等学校、駒場東邦中学校・高等学校
	騎兵第 15 連隊	千葉県千葉郡津田沼町	千葉県習志野市泉町２丁目	東邦大学付属中学校・高等学校、市営泉団地
	騎兵第 16 連隊	千葉県千葉郡津田沼町	千葉県習志野市泉町３丁目	財務省関東財務局合同宿舎、公務員住宅
	野砲兵第２旅団司令部	千葉県東葛飾郡市川町国府台	千葉県市川市国府台２丁目	和洋女子大学
	野砲兵第１連隊	荏原郡駒澤村	世田谷区下馬２丁目	都営下馬アパート
	野砲兵第 15 連隊	千葉県東葛飾郡市川町国府台	千葉県市川市国府台	和洋女子大学、県立国府台高等学校
	野砲兵第 16 連隊	千葉県東葛飾郡市川町国府台	千葉県市川市国府台	和洋女子大学、県立国府台高等学校
	野砲兵第３旅団司令部	千葉県印旛郡旭村	千葉県四街道市	和洋女子大学、県立国府台高等学校
	野砲兵第 17 連隊	千葉県東葛飾郡市川町国府台	千葉県市川市国府台	和洋女子大学、県立国府台高等学校
	野砲兵第 18 連隊	千葉県印旛郡旭村	千葉県四街道市	和洋女子大学、県立国府台高等学校
	東京湾要塞司令部	神奈川県三浦郡豊島村	神奈川県横須賀市上町	市立豊島小学校
	重砲兵第１旅団司令部	神奈川県三浦郡豊島村	神奈川県横須賀市不入斗町	市立坂本中学校、不入斗中学校
	重砲兵第１連隊	神奈川県三浦郡豊島村	神奈川県横須賀市不入斗町	市立坂本中学校、不入斗中学校
	重砲兵第２連隊	神奈川県三浦郡豊島村	神奈川県横須賀市不入斗町	市立坂本中学校、不入斗中学校
	工兵第１大隊	北豊島郡岩淵町大字袋	北区赤羽台４丁目	星美学園（小学校・中学学校・高等学校・短期大学）
	輜重兵第１大隊	四谷区東信濃町	新宿区信濃町	慶応大学病院
	東京第１衛戍病院	麹町区隼町	千代田区隼町	最高裁判所、国立劇場
	東京第２衛戍病院	荏原郡世田谷村	世田谷区大子堂	区立太子堂中学校（旧国立小児病院跡地）
	習志野衛戍病院	千葉県千葉郡津田沼町	千葉県習志野市泉町	千葉県済生会習志野病院
	国府台衛戍病院	千葉県東葛飾郡市川町国府台	千葉県市川市国府台３丁目	里見公園

区分	施設名	所在地	現住所	現在の状況
第一師団	下志津衛戍病院	千葉県印旛郡千代田村	千葉県四街道市鹿渡	国立病院機構下志津病院
	佐倉衛戍病院	千葉県印旛郡佐倉町	千葉県佐倉市城内町	国立歴史民俗博物館、佐倉城址公園
	横須賀衛戍病院	神奈川県三浦郡豊島村	神奈川県横須賀市上町	横須賀市立うわまち病院
	甲府衛戍病院	山梨県西山梨郡相川村	山梨県甲府市天神町	独立行政法人国立病院機構甲府病院
	東京廃兵院	北豊島郡巣鴨町	豊島区北大塚	巣鴨公園
	東京衛戍監獄	豊多摩郡渋谷町	渋谷区宇田川町	渋谷区役所、渋谷公会堂
	施設名	所在地	現住所	現在の状況
憲兵	憲兵司令部	麹町区大手町	千代田区大手町１丁目	パレスホテル
	憲兵練習所	麹町区大手町	千代田区大手町１丁目	パレスホテル
	東京憲兵隊	麹町区大手町	千代田区大手町１丁目	パレスホテル
	東京第１憲兵分隊	麹町区大手町	千代田区大手町１丁目	—
	猿若町分遣所	浅草区猿若町	台東区浅草６丁目	—
	板橋町分遣所	豊島郡板橋町	板橋区板橋	—
	東京第２憲兵分隊	赤坂区表町	港区赤坂８丁目	—
	内藤新宿町分遣所	豊多摩郡内藤新宿町	新宿区内藤町	—
	渋谷町分遣所	豊多摩郡渋谷町	渋谷区道玄坂	—
	市川憲兵分隊	千葉県東葛飾郡市川町	千葉県市川市	—
	二宮村分遣所	千葉県千葉郡二宮村	千葉県船橋市	—
	千葉憲兵分隊	千葉県千葉郡千葉町	千葉市院内	—
	千代田村分遣所	千葉県印旛郡千代田村	千葉県四街道市	—
	佐倉町分遣所	千葉県印旛郡佐倉町	千葉県佐倉市	—
	横浜憲兵分隊	神奈川県横浜市富士見町	横浜市中区富士見町	—
	横須賀憲兵分隊	神奈川県横須賀市若松町	神奈川県横須賀市	—
	浦郷村分遣所	神奈川県三浦郡浦郷村	神奈川県横須賀市浦郷町	—
	浦賀町派出所	神奈川県三浦郡浦賀町	神奈川県横須賀市浦郷町	—
	富津町派出所	千葉県君津郡富津町	千葉県豊津市	—
	甲府憲兵分隊	山梨県甲府市百石町	山梨県甲府市	—
	施設名	所在地	現住所	現在の状況
教育機関　陸軍省	陸軍経理学校	牛込区若松町	新宿区若松町	東京女子医科大学
	生徒隊	牛込区若松町	新宿区若松町	東京女子医科大学
	陸軍軍医学校	麹町区富士見町	千代田区富士見町２丁目	東京逓信病院、嘉悦女子高校
	陸軍獣医学校	荏原郡世田谷村	世田谷区代沢１丁目	駒場学園高校、区立富士中学校
	陸軍砲兵工科学校	小石川区小石川町	文京区後楽	中央大学理工学部、礫川公園
	生徒隊	小石川区小石川町	文京区後楽	中央大学理工学部、礫川公園

教育機関	参謀本部	陸軍大学校	赤坂区青山北町１丁目	港区北青山１丁目	区立青山中学校、都営北青山アパート
	教育総監部	陸軍砲工学校	牛込区若松町	新宿区若松町	警視庁第八機動隊
		陸軍戸山学校	牛込区下戸塚町	新宿区戸山２～３丁目	戸山公園、都営戸山ハイツ
		教導大隊	牛込区下戸塚町	新宿区戸山２～３丁目	戸山公園、都営戸山ハイツ
		軍楽生徒隊	牛込区下戸塚町	新宿区戸山２～３丁目	戸山公園、都営戸山ハイツ
		陸軍騎兵実施学校	荏原郡目黒村大字上目黒	目黒区大橋２丁目	区立目黒第一中学校
		教導中隊	荏原郡目黒村大字上目黒	目黒区大橋２丁目	区立目黒第一中学校
		陸軍野戦砲兵射撃学校	千葉県印旛郡千代田村	千葉県四街道市鹿渡	イトーヨーカドー四街道店、県立四街道高等学校
		教導大隊	千葉県印旛郡千代田村	千葉県四街道市鹿渡	イトーヨーカドー四街道店、県立四街道高等学校
		陸軍重砲兵射撃学校	神奈川県三浦郡浦賀町	神奈川県横須賀市馬堀町	馬堀自然教育園
		教導大隊	神奈川県三浦郡浦賀町	神奈川県横須賀市馬堀町	馬堀自然教育園
		陸軍士官学校	牛込区市谷本村町	新宿区市谷本村町	防衛省
		生徒隊	牛込区市谷本村町	新宿区市谷本村町	防衛省
		陸軍中央幼年学校	牛込区市谷本村町	新宿区市谷本村町	防衛省、警視庁第四方面本部
		生徒隊	牛込区市谷本村町	新宿区市谷本村町	防衛省、警視庁第四方面本部
		施設名	所在地	現住所	現在の状況
工廠／研究所／技術機関	陸軍省	陸軍砲工兵廠	小石川区小石川町	文京区後楽	東京ドーム、東京ドームシティ
		小銃製造所	小石川区小石川町	文京区後楽	東京ドーム、東京ドームシティ
		火具製造所	小石川区小石川町	文京区後楽	東京ドーム、東京ドームシティ
		砲具製造所	小石川区小石川町	文京区後楽	東京ドーム、東京ドームシティ
		精器製造所	小石川区小石川町	文京区後楽	東京ドーム、東京ドームシティ
		銃砲製造所	北豊島郡板橋町	北区十条台１丁目	陸上自衛隊十条駐屯地、北区中央公園、東京成短期大学
		板橋火薬製造所	北豊島郡板橋町	板橋区加賀１～２丁目	帝京大学医学部、東京家政大学、東板橋図書館
		目黒火薬製造所	荏原郡上目黒村	目黒区中目黒２丁目	防衛省防衛研究所（防衛省防衛研究所・幹部学校）
		陸軍火薬研究所	北豊島郡板橋町	板橋区加賀１～２丁目	帝京大学医学部、東京家政大学、東板橋図書館
		陸軍兵器本廠	麹町区隼町	千代田区隼町	最高裁判所、国立劇場
		東京陸軍兵器支廠	小石川区大塚町	文京区大塚２丁目	お茶の水女子大学
		和泉新田火薬庫	豊多摩郡和田堀内村大字和泉	杉並区永楽１丁目	明治大学和泉キャンパス、築地本願寺和田堀廟所
		赤羽火薬庫	北豊島郡岩淵町赤羽	北区桐ヶ丘１丁目	都営桐ヶ丘団地、桐ヶ丘中央公園
		板橋兵器庫	北豊島郡岩淵町稲付	北区西ヶ丘３丁目	都立赤羽商業高等学校、国立科学スポーツセンター
		白金弾薬庫	芝区白金台町	港区白金台５丁目	国立科学博物館付属自然教育園
		大塚弾薬庫	小石川区大塚町	文京区大塚２丁目	お茶の水女子大学
		青山倉庫	豊多摩郡千駄ヶ谷町字霞岳町	新宿区霞岳町	都営霞ヶ丘アパート

			施設名	所在地	現住所	現在の状況
工廠／研究所／技術機関	陸軍省	医務局	陸軍衛生材料廠	荏原郡大崎町大字上大崎	品川区上大崎２丁目	シティコート目黒（集合住宅）
			千住製絨所	北豊島郡南千住	荒川区南千住６丁目	南千住浄水場、荒川工業高校
			陸軍糧秣本廠	深川区越中島	江東区越中島１丁目	越中島公園、深川スポーツセンター
			陸軍被服本廠	本所区横網町１丁目	墨田区横網町１丁目	横網町公園、江戸東京博物館、両国国技館
			鉄道連隊材料廠	千葉県千葉郡津田沼町	千葉県習志野市津田沼１丁目	イオン津田沼、イトーヨーカドー津田沼店
			電信大隊材料廠	豊多摩郡中野町	中野区中野４丁目	中野区役所、中野サンプラザ
			病馬廠	荏原郡目黒村大字上目黒	目黒区大橋２丁目	区立目黒第一中学校
	参謀本部		陸地測量部	麹町区永田町１丁目	千代田区永田町１丁目	国会議事堂
演習場	〔東京〕		青山練兵場	豊多摩郡千駄ヶ谷町字霞岳町	新宿区霞岳町	神宮外苑
			代々木練兵場	豊多摩郡代々幡町	渋谷区代々木神園町	代々木公園、ＮＨＫ
			駒澤練兵場	荏原郡世田谷村池尻１丁目	世田谷区池尻	世田谷公園、陸上自衛隊三宿駐屯地
			青山射的場	赤坂区南青山１丁目	港区南青山１丁目	警視庁第三青山壮
			大久保・戸山射的場	豊多摩郡大久保町３丁目	新宿区大久保	早稲田大学理工学部、戸山公園
	〔千葉〕		習志野演習場	千葉県千葉郡津田沼町	千葉県船橋市・習志野市	陸上自衛隊習志野駐屯地他
			下志津演習場	千葉県印旛郡千代田村	千葉県四街道市	陸上自衛隊下志津駐屯地他
	〔静岡〕		富士裾野演習場	静岡県駿東郡	静岡県御殿場市	陸上自衛隊東富士演習場

出典：「陸軍常備団隊配備表」（1907年９月18日、軍令陸第４号）及び「憲兵隊配置及憲兵分隊管区表」（1911年８月15日、陸軍省令第７号）、『明治四十一年八月調陸軍軍隊官衙学校所在地一覧』（川流堂本店、1908年）、『職員録』明治45年度版（印刷局）を基礎情報として各自治体史・部隊史を参考に作成した。

注１、「現在の状況」で明確な位置が特定できないものは、目標物として最も近い施設を記した。また、憲兵分隊以下は正確な位置が特定できない施設もあるので、すべて「—」とした。

注２、「演習場」は近衛師団及び第１師団の在京部隊が使用する主要な演習場に限定した。

註

（1）「衛戍条例」（明治四三年三月一八日改正、勅令第二六号）第一条参照。以下、本稿の法令条文の引用は当該年度の『法令全書』（原書房復刻版）に依拠し、法令の制定年月日と種類・番号を付した。

（2）「衛戍」概念については拙稿「軍隊の『災害出動』制度の確立―大規模災害への対応と衛戍の変化から―」（『史学雑誌』第一一七編第一〇号、平成二〇年一〇月）を参照。

（3）東京市の「軍都」化の経緯については東京百年史編集委員会編『東京百年史』第三巻（東京都、昭和四七年）を参照。

（4）山下重民編『東京近郊名所図会』第一三巻（東陽堂、明治四四年）一六頁。

（5）渋谷史の通史には、敗戦の七年後に刊行された渋谷区編『渋谷区史』（渋谷区、昭和二七年）や樋口清之編『新修渋谷区史』（東京都渋谷区、昭和四一年）などがあるが、渋谷と軍隊の関係について十分な分析はなされていない。

（6）上山和雄編『帝都と軍隊―地域と民衆の視点から―』（日本経済評論社、平成一四年）i～v頁。軍事史の研究史は吉田裕「戦争と軍隊―日本近代軍事史研究の現在―」（『歴史評論』第六三〇号、平成一四年一〇月）を参照。また、軍事史の通史は藤原彰『日本軍事史』上巻（日本評論社、昭和六二年）及び戸部良一『日本の近代九　逆説の軍隊』（中央公論社、平成一〇年）を参照した。

（7）近年、「軍隊と地域」とテーマとした研究書の刊行が相続き、また、個別研究でも細分化が進んでいる。「軍隊と地域」研究の動向については中野良「『軍隊と地域』研究の成果と展望」（『季刊　戦争責任研究』第四五号、平成一六年）を参照。

（8）上山和雄「渋谷の魅力、その歴史的成り立ち」（『國學院雑誌』第一一一巻第三号、平成二二年三月）参照。軍隊所在地を分析対象とした代表的な研究には、東海地方を対象とした荒川章二『軍隊と地域』（青木書店、平成一三年）、首都圏を対象とした上山前掲書、金沢を対象とした本康宏史『軍都の慰霊空間』（吉川弘文館、平成一四年）、同「『軍都』金沢と地域社会―軍縮期衛戍地問題を中心に―」（『近代日本の地方都市―金沢／城下町から近代都市へ―』日本経済評論社、平成一八年）、高田を対象とした河西英通「地域の中の軍隊」（『岩波講座　アジア・太平洋戦争六　日常生活の中の総力戦』岩波書店、平成一八年）、同『せめぎあう地域と軍隊―「末端」「周縁」軍都・高田の模索―』（岩波書店、平成二二年）、舞鶴を対象とした坂根嘉弘編『軍港都市史研究Ⅰ　舞鶴編』（清文堂、平成二二年）などがある。

（9）軍事演習と地域との関係については、中野良「陸軍特別大演習と地域社会」（『地方史研究』二九六号、平成一四年四月）、同「大正期日本陸軍の軍事演習」（『史学雑誌』第一一四巻四号、平成一七年四月）、同「一九二〇年代の陸軍と民衆」（『日本史研究』五三五号、平成一九年三月）、同「軍事演習の政治的側面」（『日本歴史』七〇六号、平成一九年三月）などを参照。
(10) フランスの軍事顧問団については篠原宏『陸軍創設史―フランス軍事顧問団の影―』（リブロポート、昭和五八年）を参照。
(11) 東京都立大学学術研究会編『目黒区史』（東京都目黒区、昭和三六年）四五三～四六〇頁、『新修　世田谷区史』上巻（東京都世田谷区、昭和三七年）一一六三～一一六六頁、『新修　渋谷区史』上巻（東京都渋谷区、昭和四四年）一〇五五～一〇五八頁。
(12) 明治元年四月一九日、第三三一号。
(13) 櫻井忠温編『国防大辞典』（国書刊行会、昭和五三年）四三〇～四三二頁。
(14) 宮内庁『明治天皇紀』第二巻（吉川弘文館、昭和四四年）二八二頁。
(15) 明治三年三月一九日、第二二二号、第二二六号。
(16) 明治三年四月五日、第二八〇号、前掲『明治天皇紀』二九〇頁。
(17) 前掲『明治天皇紀』二九三～二九五頁、『明治三年　駒場野聯隊大練記』複製版（西郷従徳、昭和一二年）。
(18) 前掲『明治天皇紀』二九五頁。
(19) 明治四年三月八日、太政官第一一七号、同一一八号。
(20)「九月十二日　東京府知事　耕地に於て練兵之義に付上申」（『明治十五年中　諸府』所収、防衛研究所図書館所蔵、請求番号：各（府）県―雑―M一五～五―一六二）。
(21)「東京へ軍隊演習之節民有地へ踏入云々ノ願書返却」（『明治十五年十月　大日記送達　土　陸軍省総務局』所収、防衛研究所図書館所蔵、請求番号：陸軍省―大日記―M一五～三四）。なお、同時期に西大久保村総代北村音吉も同様の申請を行っており、民有地への侵入が東京西郊部共通の問題となっていた。また、軍事演習と徴発令の関係については中野前掲論文（『日本史研究』、二〇〇七年）を参照。
(22) 東京府と陸軍省の折衝過程は、「十月二十六日　東京府知事　南豊島郡渋谷村戸長等出願の件に対する詮議要請」（前掲『明治十五年中　諸府』所収）、「東京へ渋谷村戸長等ヨリ願出民有地へ侵入ノ義云々ノ申入」（『明治十五年十一月　大日記送達　土　陸軍省総務局』所収、防衛研究所図書館所蔵、請求番号：陸軍省―大日記―M一五～三五）、「十一月二十五日　東京府知事　南豊嶋郡渋谷村等総代出願に対する示諭」（前掲『明治十五年中　諸府』所収）を参照。
(23)「代々幡外二ヶ村作物踏荒之件」（『明治廿六年六月　壹大日記　陸軍省』所収、防衛研究所図書館所蔵、請求番号：陸軍省―壹大日記―M二六～六）。
(24) 宮内庁編『明治天皇紀』第六巻（吉川弘文館、昭和四六年）七二九～七三一頁。
(25) 明治一〇年三月三一日、陸軍省達乙第九四号。
(26) 越中島練兵場や日比谷練兵場以外にも神田に三崎町練兵場（面積約三万坪）が存在した。同練兵場の大部分は明治二二年に三菱・岩崎家に払い下げられ、市街地化が進展する。現在のJR水道橋駅を含めた三崎町一帯に該当する。
(27) 越中島練兵場については江東区深川江戸資料館編『江東幕末発見伝！』（同、平成二三年）がその形成過程を詳細にまとめている。
(28) 例えば、明治二年六月一五日改正の射的演習の日割は、鎮台兵が日曜・月曜・木曜の三日間、近衛兵が火曜・土曜の二日間、教導団が金曜の一日、海軍が水曜の一日となっていた（「越中嶋射的日割之達」、『明治十一年六月　大日記　鎮台之部　木乾　陸軍省第一局』所収、防衛研究所図書館所蔵、請求番号：陸軍省―大日記―M一一―二〇―四四）。
(29) 前掲『国防大辞典』四三六頁。現在の法務省所在地、元治元年の禁門の変以降は米沢上杉藩邸が所在した。
(30) 「青山小銃射的場取設ノ伺」（前掲『明治十一年六月　大日記　鎮台之部　木乾　陸軍省第一局』所収）。なお、檜町の兵営は明治六年に完成（四月二四日、陸軍省一二七号）、二年後の明治八年一〇月二日に歩兵第一連隊の本部が移転してきた（『歩兵第一連隊歴誌　巻一』、防衛研究所図書館所蔵、請求番号：中央―部隊歴史―連隊―四）。
(31) 「東ヨリ小銃射的場之義ニ付伺」（『明治十二年自九月一日至十月卅一日　大日記　第五局第八課』所収、防衛研究所図書館所蔵、請求番号：陸軍省―大日記―M一二―六〇―一一六）及び前掲『歩兵第一連隊歴誌　巻一』。
(32) 「青山射的場ヨリ麻布笄町慈眼院へ迸丸ノ件」（『明治二十一年二月　壹大日記　陸軍省』所収、防衛研究所図書館所蔵、請求番号：陸軍省―壱大日記―M二一～二）。
(33) 「流丸射入ノ件」（『明治三十年八月　壹大日記　陸軍省』所収、防衛研究所図書館所蔵、請求番号：陸軍省―壹大日記―M三〇～八―一二）。
(34) 「流弾防止ノ件」（『明治三十年分　編纂補遺　壹貳参肆伍』所収、防衛研究所図書館所蔵、請求番号：陸軍省―壱大日記―M三〇～一三―一七）。
(35) 明治二一年五月一二日、勅令第二七号。
(36) 明治二三年三月二五日、勅令第四六号、同二七日、勅令第五六号。

(37) 兵営移転の経緯は鈴木博之『日本の近代一〇　都市へ』(中央公論新社、平成一一年)一五六〜一六八頁。
(38) 「内閣へ青山近傍ニ於テ練兵場撰定ノ件閣議」(『明治十九年二月　大日記　土　陸軍省総務局』所収、防衛研究所図書館所蔵、請求番号：陸軍省―大日記―M一九〜一一―一九)。
(39) 前掲『歩兵第一連隊歴誌　巻一』。
(40) 前掲『明治天皇紀』第六巻、同第七巻(昭和四七年)。
(41) 「一督ヨリ監獄敷地買収ノ件」(『明治二十三年　伍大日記　五月』所収、防衛研究書図書館所蔵、請求番号：陸軍省―伍大日記―M二三〜五―六九)。
(42) 「天長節と日曜日の賑ひ」(『東京朝日新聞』明治二三年一一月五日)。
(43) 「近衛各隊作業場設置之件」(『明治二十三年七月　伍大日記』所収、防衛研究所図書館所蔵、請求番号：陸軍省―伍大日記―M二三〜七―七一)。
(44) 『明治神宮外苑志』(明治神宮奉賛会、昭和一二年)一〇七〜一〇九頁、『赤坂区史』(東京市赤坂区役所、昭和一六年)六二五〜六二六頁。
(45) 明治二九年三月一六日、勅令第二四号。
(46) 『世田谷近・現代史』(東京都世田谷区、昭和五一年)五四四〜五五二頁。
(47) 「東京第一、東京第二衛戍病院へ収容スベキ患者部隊ノ件、衛生材料ノ件」(『明治三十六年十二月　貳大日記』所収、防衛研究所図書館所蔵、請求番号：陸軍省―貳大日記―M三六〜一二―三二)。
(48) 周辺村落と兵営の繋がりは糞尿を巡っても見られた。目黒村農会は騎兵実施学校、騎兵第一連隊、近衛輜重兵大隊の下肥及び馬糞の払下を受け、それを会員に廉価で販売することで利益を上げている(山田三郎編『荏原郡農会史』荏原郡農会、大正二年、八四頁)。
(49) 「兵士の除隊と市中の賑ひ」(『都新聞』明治三六年一一月二五日)。
(50) 「近衛師団の招魂祭」(『都新聞』明治三九年四月一五日)、「青山の大供養会」(同五月六日)。
(51) 「廃兵院設立ニ関スル件」(『明治三十九年三月　満大日記』所収、防衛研究書図書館所蔵、請求番号：陸軍省―陸満普大日記―M三九―四―一六)、「東京廃兵院ノ位置ニ関スル件」(『明治三十九年九月　満大日記』所収、同上、請求番号：陸軍省―陸満普大日記―M三九―一五―一二七)。東京廃兵院設立の経緯は石井裕「東京癈兵院の創設とその特質―日露戦期の傷痍軍人対策―」(『日本歴史』

六九三号、平成一八年二月）を参照。

(52)「渋谷だより」（『都新聞』明治三八年四月二五日）。

(53)兒玉花外『東京印象記』（金尾文淵堂、明治四四年）も「道玄坂の陽窟」（五一～五二頁）として道玄坂の繁栄を記すとともに、渋谷の都市化を予見している。

(54)明治一四年三月一一日、太政官達第一一号。

(55)田崎治久編『日本之憲兵』（三一書房、昭和四六年）一八一頁。

(56)明治三一年一二月一日、陸軍省令第一六号。

(57)「臨時建築部ヨリ渋谷村憲兵屯所敷地買収ノ件」（『明治三十年六月　参大日記』所収、防衛研究所図書館所蔵、請求番号：陸軍省―参大日記―M三〇～六―四七）。

(58)「臨建ヨリ芝東町憲兵屯所建設物管理転換ノ件」（『明治三十年十一月　参大日記』所収、防衛研究所図書館所蔵、請求番号：陸軍省―参大日記―M三〇～一一―五二）。

(59)「分遣所設置ノ件」（『明治四十一年十二月　貳大日記』所収、防衛研究所図書館所蔵、請求番号：陸軍省―貳大日記―M四一～一二四―五一）。

(60)昭和四〇年一〇月一〇日、陸軍省令第一七号。

(61)「四十年上半期軍事警察状況報告ノ件」（『明治四十年　密大日記』所収、防衛研究所図書館蔵、請求番号：陸軍省―密大日記―M四〇～五―一二）。

(62)兵士の日常生活については大濱徹也編『近代民衆の記録八　兵士』（新人物往来社、昭和五三年）を参照。

(63)「軍事警察ノ状況報告」（『自八月至十二月　密大日記』所収、防衛研究所図書館所蔵、請求番号：陸軍省―密大日記―M三九～二―六）。

(64)陸軍省編『陸軍省第十九回統計年報』（陸軍省、明治四二年）。

(65)「憲兵隊配置及憲兵分隊管区表改正ノ件」（『大正二年甲輯一・二類　永存書類　陸軍省』所収、防衛研究所図書館所蔵、請求番号：陸軍省―大日記甲輯―T二～一―七）。

(66)前掲『日本之憲兵（正・続）』六〇三頁。

(67)師管については明治四〇年九月一八日改正「陸軍管区表」(軍令陸第三号) 参照。
(68)「千駄ヶ谷の火事(全焼十二戸)」(『都新聞』明治四一年一〇月九日)、「原宿の火事」(同、明治四五年五月三〇日)。
(69)明治四〇年三月三一日、勅令第一〇二号及び同一〇三号。
(70)「青山練兵場ノ内一万有余坪ヲ引去リタル地積ヲ以テ日本大博覧会場ニ充用ノ件」(『公文別録　未決並廃案書類』第二巻所収、国立公文書館所蔵、アジ歴レファレンスコード：A〇三〇二三〇三〇五〇〇)。
(71)「新練兵場決定」(『都新聞』明治四一年一一月一二日)。
(72)宇都宮太郎関係資料研究会編『日本陸軍とアジア政策　陸軍大将宇都宮太郎日記一』(岩波書店、平成一九年)。
(73)「渋谷練兵場使用ノ件」(『明治四十二年八月　肆大日記』所収、防衛研究所図書館所蔵、請求番号：陸軍省―肆大日記―M四二―八―六七)。
(74)「代々木練兵場使用ノ件」(同右)。
(75)「明治四十三年一月陸軍観兵式ノ件」(『明治四十二年十二月　壹大日記』所収、防衛研究所図書館所蔵、請求番号：陸軍省―壹大日記―M四二―一四―一二三)。
(76)明治天皇の大喪に関する陸軍関係書類は『明治天皇崩御ニ関スル陸特綴』其一～其五(防衛研究所図書館所蔵)を参照。
(77)「正午迄に十万人」、「十重廿重の人垣」(『東京朝日新聞』大正二年九月一九日)。
(78)「世田ケ谷砲兵隊招致運動台頭」(『横浜貿易新報』昭和八年一〇月二一日)、「野砲連隊の招致　高津町で猛運動」(同、昭和九年一月一一日)。

第十章　渋谷区の誕生

手塚　雄太

はじめに

昭和七（一九三二）年一〇月一日、東京市は隣接五郡（荏原郡・豊多摩郡・北豊島郡・南足立郡・南葛飾郡）八二町村を、二〇の区として編入する市域の拡張を行った。これによって旧市域一五区と新市域二〇区をあわせて、面積約五五〇平方キロメートル、人口約五〇〇万人を有すいわゆる「大東京」が成立した（現在の東京二三区域とほぼ同一区域、図10－1参照）[1]。現在の渋谷区を構成する区域も、豊多摩郡渋谷町・代々幡町・千駄ヶ谷町の三町が渋谷区として編成されたことにより、この時に定められたものである。

東京市の市域拡張は面積約八〇平方キロメートル、人口約二〇〇万人の東京市が、面積約四七〇平方キロメートル、人口約三〇〇万人の隣接五郡全町村を併合する大規模なものであり、東京市内では隣接五郡の併合に反対する意見もあった。また、隣接五郡の各町村の間では東京市への併合を望む点では一致していたものの、併合に際して八二町村が二〇の区として再編される段階になると、新区の名称、区役所設置箇所、区の領域などをめぐる軋轢が生じることとなった。

図10－1　東京市地域拡張区域分区図

出典：『東京百年史』第5巻第3図をもとに作成。
新20区は渋谷区のように囲んで示した。

渋谷区編纂の『渋谷区史』（昭和二七年）、『新修渋谷区史』（昭和四一年）、『渋谷区議会史』（昭和五一年）ではほとんど言及されていないが、渋谷町・代々幡町・千駄ヶ谷町の三町も明治二二（一八八九）年に各町が村として成立して以来、長年にわたる独自の自治が行われてきたのであり、他の隣接五郡町村同様の軋轢は免れなかった。本論で述べていくように渋谷区の誕生する過程では、代々幡・千駄ヶ谷両町が「渋谷区」の名称変更や、新区役所の所在地の変更を求めていたし、千駄ヶ谷町では「渋谷区」への編入を拒否する運動すら起きていた。同時代の人々にとって、現在の渋谷区の姿は決して自明のことではなかったのである（以下行論の都合上、昭和七年に成立し現在に至る渋谷区と、成立以前におけるイメージとしての渋谷区、もしくは案としての渋谷区の混同を避けるため、後者については「渋谷区」と表記する）。

そこで本論は、渋谷区がいかなる過程で誕生したのか、その過程でいかなる特徴が現れたかを、その他新設区との比較を交え検討する。その際、代々幡町、千駄ヶ谷町がいかなる理由で「渋谷区」を拒否しようとしていたのか、渋谷町では両町の運動に対していかに対応していたのか、という点に注目したい。

本論は行政区画としての渋谷区が誕生するなかで現れた特徴を明らかにするものであって、〈渋谷〉の特徴を明らかにするものではない。しかし渋谷区が誕生する過程で現れる特徴は、〈渋谷〉の特徴を考えるための示唆を与えてくれるものと考える。

第一節　市域拡張に向けて

本節では本論の前提として、東京市の市域拡張が行われる背景と、市域拡張への期待が高まり、具体化していく過程を概観する。(2)

表10－1　隣接五郡と市部の人口増加趨勢

	1920（大正9）		1925（大正14）		1930（昭和5）	
郡部合計	1,177,018	（100）	2,103,851	（178）	2,899,926	（246）
市部合計	2,173,201	（100）	1,995,567	（91）	2,070,913	（95）
合　計	3,350,219	（100）	4,099,418	（122）	4,970,839	（150）

出典：『東京百年史』第5巻、558頁（数値は国勢調査）。括弧内は大正9年を100とした場合の指数。

東京市の人口は明治二二（一八八九）年の市制施行当時から増加の一途をたどっていたが、大正九（一九二〇）年頃になるとその人口は既に飽和状態に達していた。市の人口が飽和状態となるなか、その受け皿となったのは市に隣接する各町村である。鉄道網の発展・宅地開発などを背景に隣接町村の人口は増加の一途をたどり、大正一二年の関東大震災はそれを一層促進させたのである（表10－1に大正九年から昭和五年までの市郡の人口を示した）。交通機関の発達、宅地開発の進展、震災の影響によって市域を越えて市街地が拡大するなかで、東京市と隣接町村の関係も密接なものとなっていくのである。[3]

一方人口が流入した各町村は、人口増に対応するため小学校や、上下水道、病院などの社会資本を整備する必要にみまわれるものの、財政の規模などから計画の規模は小さく、事業経営は困難であった。そこで、東京市が隣接町村を併合することによって一体的な都市経営を行うべきであるという声が高まり、昭和六年に入るとその動きは本格化することとなるのである。

隣接町村を併合する側となる東京市では、昭和六年六月三〇日の東京市会において、市と緊密な関係にある隣接町村を併合し、相互の福利増進を図ることは刻下の急務であるとして、「隣接町村合併に関する建議案」、「隣接町村合併促進に関する建議案」が満場一致で可決された。前者は市会におかれていた都制に関する実行委員会の委員に機宜の処置の一任を求めるもの[4]、後者は東京市の理事者側に市域拡張を達成するための機関を設置することを求めるものであった。東京市は八月二四日、建議に基づいて臨時市域拡張部を新設し、以後齋藤守圀東京市助役を部長とする同部が市域拡張に伴う調査立案にあたることとなった。[5]また、都制に関する実行委員会では同部の調査資料をもとに市域拡張が審議された。同年一二月一八日、同委員会の報告に基づき東京市会が市域拡張を是とする意見書を可決したことによって、市の市域拡張への意思は明確なものとなった。市会の一部会派や、東京市一五区のなかでは、面積・人口は多いものの、税収では市内に劣る郡部を併合することは、現市域の負担増を招くのではないかという憂慮から、併合する町村を限定し小併合にとどめようとする主張や、併合そのものに反対する主張もあった。しかし、隣接五郡全町村併合を最善策とした臨時市域拡張部の説得、すぐ後に述べる隣接五郡の活動などにより、大規模併合が大勢となっていく。(6)

隣接五郡町村で東京市への編入を目指す動きが本格化した契機は、都制に関する実行委員が、六月から七月に隣接五郡を来訪し、町村側の代表者と市域拡張に関して意見交換を行ったことにある。(7) 町村側は同委員会の活動に触発されて、郡ごとに市郡併合交渉委員会・市町村合併連合協議会を組織し、併合問題への対応を協議するようになった。

渋谷町・代々幡町・千駄ヶ谷町の属する豊多摩郡では九月七日に豊多摩郡市郡併合交渉委員会が設置された。(8) 第一回交渉委員会では東京府議兼渋谷町議の朝倉虎治郎を会長に推した後、市郡併合即時断行を期すこと、各町会ごとに即時断行の意思決定を行うことなどを決議した。一〇月一六日に至り全町会の決議が揃い、翌一七日に第二回交渉委員会が開かれた。

交渉委員会では朝倉から各種の報告がなされたのち、決議提出にむけた実行計画が提案された。朝倉は、「東京は明治大帝のお奠《さだ》めになった帝都」であり、今回の市郡併合の事業も「大帝都建設の事業」であるが、この問題について豊多摩郡は先頭に立って運動し、もはや人事は尽くしたと述べている。そしてこの際は「明治大帝のご神助」を仰ぐほかないとして、明治神宮を参拝した上で市長・府知事に面会し、決議書を出したいという提案を行い承認された。一九日、朝倉はじめ交渉委員会の代表者は明治神宮に参拝したのち、永田秀次郎東京市長、牛塚虎太郎東京府知事にそれぞれ面会し、交渉委員会の決議と各町会の決議を提出して即時市郡併合実現の希望を、他郡に先駆けて伝えたのである。

このの ち他郡の交渉委員会・交渉連絡協議会も昭和六年末までに併合賛成の意見を府・市に伝達するなど、隣接五郡町村では併合への気運が一挙に高まった。昭和七年一月には、各郡町村長会長、町村議兼府議を発起人とする東京市郡併合期成同盟会が結成されるに至る（会長は朝倉、副会長は各郡の町村長会長）。同会は隣接五郡八二町村の即時東京市併合を求める宣言書を議決し、府知事、市長に会見、内務大臣へ陳情を行った。一行の来訪を受けた市では永田東京市長、大神田軍治市会議長らが参列しこれを迎えた。朝倉は、市も町村も併合賛成の意思で合致した以上速やかなその実現を図るべく、市長の尽力を乞う旨を述べ、永田市長もそれに応じた。また市町村の監督官庁である東京府、内務省に対して協力して働きかける旨の申し合わせもなされることとなる。(9)

さて、市域の境界変更及び町村廃止をおこなうためには、市制第四条・町村制第三条の規定により関係市町村への諮問、府県参事会の議決、内務大臣の許可が必要であった。(10)東京府では昭和七年一月府知事に就任した藤沼庄平が、東京市・隣接町村双方の運動の高まりから市域拡張は自らの使命であるとして、隣接五郡を範囲とする市域拡張について内務省・東京市と調整を行い、内務省・府・市の意見は一致を見た。なお、市域を変更する際には、内務大臣の正式な許可を得る前に内申を行い、内諾を得る必要があった。藤沼は五月五日鈴木喜三郎内務大臣へ、一〇月一日を以て隣接五郡を東京市に編入する旨の書状と必要書類を整え内申を行った。一〇日に内務大臣の内諾を得られたことから、翌一一日に各市町村会に市域拡張に関する諮問を行うこととなる。ここにおいて東京市の市域拡張は、隣接五郡町村の併合という具体的な姿となったのである。

第二節　合併前の渋谷町・千駄ヶ谷町・代々幡町

本節では市域拡張直前における渋谷町・代々幡町・千駄ヶ谷町の状況を確認する。

表10－2　合併前の財政規模

	昭和6年歳入	町債未償還額	町有財産
渋谷町	1,274,335	6,946,475	7,306,197
千駄ヶ谷町	331,189	681,300	1,117,289
代々幡町	626,750	1,415,400	1,108,227
三町合計	2,232,274	9,043,175	9,531,713

出典：『渋谷区議会史』23頁、神山恒雄「東京市の市域拡張直前における隣接五郡の町村債」、表4。
※未償還町債額は昭和6年年度末の額、町有財産は同年4月1日現在の数値。

まず三町の人口である。本書の第七章第四節で論じられているように、渋谷町、千駄ヶ谷町は日露戦後に人口が急増し、震災以前にほぼ飽和状態となっているのに対して、代々幡町は大正初期から人口が増え始め、震災後も人口は増加の一途をたどっている。三町はいずれも東京市の隣接町として発展したが、そのなかでも地域差があったことがわかる[11]。

表10－2には合併直前の三町の財政規模を示した。歳入、町債未償還額、町有財産のいずれをみても渋谷町の財政規模が大きいことがわかる。隣接五郡町村の財政は、先述した人口増加へ対応するため小学校の建設や社会資本整備を行うなかで膨張し、未償還の町村債も累積していたが、隣接五郡町村のなかでも渋谷町の未償還町債額は群を抜くものがあった（渋谷町に続く南足立郡千住町が二一五万円、代々幡町ほか一一町が一〇〇～一五〇万円である[12]）。

つづいて、昭和六年に臨時市域拡張部が作成した町村現状調査報告の「町政現況」欄の記述から、当時の三町の様子をみる。

まずは渋谷町である[13]。渋谷町「町政現況」の先頭に記されているのは、「渋谷町ハ面積百八十余万坪、人口十万余ヲ有スル一大町ニシテ本町ノミヲ以テ宛然一大都市タルノ観ヲ呈ス」という、町の規模の大きさである。渋谷町は大正九・一四年の国勢調査では全国町村中最大の人口を擁していた。昭和五年の国勢調査で荏原町にその座を譲るものの、「都市的施設ノ整備、町経済ノ厖大ナル点」などからして「依然トシテ全国第一ノ町タル貫禄ヲ失フモノ」ではなく、「上水道事業、教育事業、衛生施設、社会事業施設等」は、「隣接町村中最モ優レタルハ勿論全国稀ニ見ル完備ヲ示ス」とまで評されている。

最後の渋谷町長藤田信次郎は渋谷区成立後の昭和一〇年に旧渋谷町を振り返って、「戸数の多き点に於ても、諸般施設事業の成績の優良なる点に於ても、郊外町村中、第一位に在ると、世人から賞揚せられて。久しく町民を感奮せしめ来つた、光輝ある歴史をも一切精算されることとなつた[14]」と回想している。藤田が町政の当事者であったことを割り引いても、当時の渋谷町が「全国第一ノ町」であることを誇りとしていた様子がうかがえる。

このほか「町政現況」には、町内には東伏見宮邸、久邇宮邸、梨本宮邸など大邸宅、トルコ大使館ほか各国大公使館、市電出張所など官公衙も多数あり、教育機関も青山学院、東京農業大学、國學院大學はじめ甚だ多い、そして渋谷駅を擁する交通上枢要の地域である、と記されている。

つづいて代々幡町をみる[15]。代々幡町「町政現況」がはじめに言及しているのは明治神宮の存在である（「本町ノ南端ニ明治神宮ノ鎮座アリ。明治大帝ノ聖徳鴻業ヲ永遠ニ追仰スヘキ聖境ヲ本町内ニ有スルコトハ本町ノ全大ナル名誉ニシテ絶大ナル誇リト謂ウヘキナリ」）。また、「本町ハ土地概シテ高燥ニシテ樹木ニ恵マレ交通機関モ亦便ニシテ城西ニ於ケル好個ノ住宅地域」であり、近年の町の発展膨張は甚だしく今後も人口は年々増加を示すことが予想されること、町営上水道工事も進捗しており、将来も好適の住宅地として期待されることなどが記されている。

最後に千駄ヶ谷町である[16]。千駄ヶ谷町「町政現況」の先頭に掲げられているのは「本町は大東京の略中央に位し市と近郊地との連絡点として交通上重要なる地域を占」めているといった、交通網に関する記述である。具体的には同町を通る山手線・中央線、代々木、千駄ヶ谷、原宿の各駅などが挙げられている。また北に新宿御苑、東に神宮外苑、西に神宮内苑を控え、北部に神宮裏参道、南部に神宮表参道、原宿駅北部には皇室用特別乗車場があるなど皇室との関係も深いとされている。

さらに土地は高燥にして住宅地として発展しており、徳川邸、徳大寺邸、池田邸、団邸などの大邸宅も多く町財政は豊かであり、町費支弁に町債を募集する必要はないとある。こうした千駄ヶ谷町の様子を上田房吉町長は、「この狭い町に華族は多いし、神宮はあるし、まあ京都の縮図みたいですね、町の財産も裕で借金なんかありません[17]」と述べている。

以上見てきたように三町は、ともに東京に近接する交通至便の住宅地として発展していたという共通点をもっていることがわかる。一方で代々幡・千駄ヶ谷両町の「町政現況」で明治神宮、あるいは皇室との関係が強調されていることに留意したい。渋谷町の「町政現況」では神宮への言及はないものの、町北端の字名「神園」は神宮に連なることから、神園の南側「神南」は神宮の南方に位置することに由来していた（域内の大部分は代々木練兵場である）。また「神宮通」の名も明治神宮表参道に通じることから名付けられたものであった。これらの字名はいずれも渋谷町が昭和三年に字名地番整理を行った際に、新たに名付けられたものであり、渋谷町においても神宮の存在が意識されていたことは間違いないだろう[18]。そして三町の中央に位置することとなる神宮の存在は、渋谷区が誕生する過程に影響を与えることとなるのである。

さて、渋谷町「町政現況」は財政規模の巨大さ、社会資本整備の進展を指摘している。その背景について東京市役所編纂の『東京市域拡張史』は、渋谷町は早くより多くの資産階級の有識者が移住した地域であり、これら居住民の間には町を住宅地として最も住みやすくしようという気分が横溢していたことによって、郡部の他町村に率先して道路の改善、上水道の敷設、河川の改修などが行われたとしている。さらに同書は、渋谷町の発展した理由を「施設をなして人を待つの状態」にあったことにあると評している[19]。ここで「施設をなして人を待つ」という渋谷町の施政に影響を与えていた団体、公友会について言及しておきたい。

町制が布かれる以前の渋谷村では旧幕以来の対立、移住者の急増による新旧住民の対立が存在していた。その対立は日露戦後、村の人口が急増するなかで苛烈化し、村制の末期には村長選挙が行えず、郡書記が村長事務を管掌する事態となっていた。これを憂慮した旧来の住民と移住の有識者が新たに「公民団体[20]」をつくって村民の指導に当たることを志し、町制施行直後の明治四二（一九〇九）年二月一一日の紀元節の日に公友会を組織したのである（表10－3に設立当時の主な公友会員を示した。華族、官公吏、軍人の名が目立つ）。大正三年に刊行された『渋谷町誌』の記述によれば、同会は会員の親睦と公共の利益を図ることを目的と定めていた。会員は渋谷町に居住しかつ公民権を有するものとし、大正三年時点で会員七百名を数えていたという(21)。同会の中心的な人物は渋谷村元村長中西清八の長男、中西清一(22)と、先述した朝倉虎治郎(23)である。

明治四三年になると小学校の新設・増築の財源をめぐって公友会と、初代渋谷町長松沢匡の間で対立が起きた(24)。松沢

表10－3　公友会設立当初の主な会員

肩書き	氏名	設立当初の役職	後の役職
伯爵	東久世通禧	会長	
伯爵	中川久任	副会長	会長
海軍中将・男爵	内田正敏	副会長	
男爵	角田武雄		
子爵	稲葉正縄		
子爵	山口弘達		
男爵	高崎正風		
男爵	名和長憲	評議会議長	副会長
男爵	伊丹春雄		
男爵	岩村透		
子爵	立花種忠		
煙草商	岩谷松平		
海軍機関少将	重久篤行	総代会会長	
元印刷局長	得能通昌		
元検事正	長森藤吉郎	評議会副議長	
海軍大佐	星野楢吉		
法制局参事官	中西清一	理事	副会長・総務
退職判事	大前退蔵	理事	
海軍少将	沢良渙		
元地方官	岡谷精一	理事・町助役	（のち渋谷町長）
米商	朝倉虎治郎	理事	総務
医師	瀬戸喜重郎	理事	
陸軍歩兵中佐	牛尾敬二	理事	
陸軍主計監	遠藤慎司	理事	副会長
元判事	玉川次到	理事	
陸軍軍医監	落合泰藏	評議員	
陸軍大佐	渡辺鉄太郎	評議員	
海軍主計大佐	土谷鉄次郎	評議員	
貴族院議員	何礼之	評議員	
実業家	高橋捨六	評議員	
実業家	津田興二	評議員	
薬学・理学博士	長井長義	評議員	
実業家	福沢桃助	評議員	会長
衆議院議員	杉田定一	評議員	
陸軍少将	牛島本蕃	評議員	
海軍少将	松村直臣	評議員	
旧家	岩崎半蔵	総代会副議長	
海軍少将	秀島成忠		
外国語学校教頭	鈴木於菟平	総代	
上野彰義隊頭取	本田晋	総代	
実業家	渡辺寅次郎		
衆議院議員	古島一雄		
海軍主計監	藤田経孝		
工学博士	曽根達蔵		
農学博士	田中宕		
陸軍大将	大久保春野		
陸軍少将	相浦多三郎		
中外商業新報社長	野崎広太		
陸軍大将	宇都宮太郎		
男爵	島津健之助		
文学博士	服部宇之吉		
画家	岡田三郎助		
衆議院議員	林毅陸		
画家	北蓮蔵		

出典：『渋谷区史』1911～1912頁より作成。なお肩書きが設立当初のものではないことが明らかな人物もいるが、そのまま記した。

町長が財源を借入金と町民の寄付で折半し、二万三〇〇〇円の経費を投じるとしたことに対して、公友会では、町長案の倍額四万五〇〇〇円を投じ、財源は町に移住してくる新町民に負担を分担してもらう意味でも全額起債によるべきであるという独自案を取りまとめ、町長に提出したのである。結果、町債発行を嫌った松沢町長は就任一年にして辞職を余儀なくされ、代わって助役で公友会員の岡谷精一が町長に就任する。以降二代目町長岡谷は四年、三代目町長佐々木基が一〇年、四代目町長藤田信次郎が町解散まで八年町長を務めるが、その背景には常に公友会の支持があった[25]。公友会は徐々に時の二大政党のひとつ立憲政友会色を強め、大正一一年ごろには反公友会派として同交会（こちらはもうひとつの二大政党憲政会→立憲民政党色を強める）が組織される[26]。昭和六年になると両団体の名称は町会の会派として認識されるに至っている。とはいえ町議の三分の二弱は公友会が占めていた[27]。昭和七年から三期にわたり渋谷区議を務めた加藤一郎は、佐々木、藤田両町長当時の渋谷町会を「朝倉の主権下で運営され、朝倉町会と評された程[28]」であったと回想している。朝倉の影響力は、東京市郡併合期成同盟会の会長に推されるなど東京府全体に及んでいた[29]。そのことからすれば当然ともいえるが、公友会、渋谷町のなかでも、朝倉の影響力は大きかったのである。

公友会の方針は起債を厭わず各種設備を整えることにあり、渋谷町は「借金主義[30]」の財政方針のもと、「住み良き渋谷の建設[31]」を標語に掲げて小学校や道路、上水道事業、塵芥処理事業などの社会資本整備を積極的に進めることとなる。渋谷町の財政規模が、隣接町村のなかでもとりわけ巨大なものとなった要因の一つに、公友会の存在があったのである。そして公友会の存在は、明治神宮の存在同様渋谷区の誕生に影響を与えることとなる。

第三節　区名称をめぐる争い

さて、区の編成の決定は府知事の権限に属する事項であったが、藤沼庄平府知事は当事者である市側の意向を尊重し市の意見を聴取した。東京市臨時市域拡張部では府当局と協議のうえで一〇項目の新区設定基準を定め、同基準に基づいて新区編成の原案を作成した[32]。新区設定基準の内容は、拡張区域は隣接五郡とすること、旧市域と新市域の間の境界変更を行わないこと、区の人口規模は一四万人乃至二〇万人とすること、面積が広い新区に対しては適当の箇所に出張所を設置すること、交通機関の利用関係、沿革、風俗、習慣、政治関係などを考慮することなどからなっていた。

四月二六日には永田東京市長から藤沼東京府知事へ新区の区域・名称などが提示された。区名称については区役所設置予定地の町名を採用することを原則とし、「特殊の事情ある場合は特別なる名称を選定する」こととなった[33]。以下に引用するのは同部作成による「渋谷区」の新区編成理由書である[34]。

渋谷町、千駄ヶ谷町及代々幡町の三ケ町を以て渋谷区を編成す。

明治神宮は代々幡町及び渋谷町の二町に跨り外苑は千駄ヶ谷町の中央を占め是等の三ケ町は実に明治神宮を中心とする一地区を形成す。

地形一帯に高燥にして山の手中央線の電化に伴い早くより高等住宅地として郊外発展の先駆をなす従つて市街共に整備し人情風俗亦相通ずるものあり。

又都市計画道路は元より山の手線、中央線、京王電車、小田原急行電鉄、玉川線の利便性殊に多し、省線電車は渋谷及千駄ヶ谷両町を横断し渋谷は豊多摩郡及荏原郡内各地に通ずる交通の焦点たり、玉川電車は南下して中目黒及天現寺に至り又西行して遠く多摩川に至る。東京横浜電気鉄道はまた渋谷を起点とし荏原郡を経て横浜に通じ、又乗合自動車は東京市内、代々幡町、上原、町屋、三角橋及多摩川に至る。

新宿を起点とする小田原急行電鉄は代々幡町の中央を西走して遠く横浜に至る尚未成線中には東京横浜電鉄は碑文谷より分岐して代々木練兵場を迂回して代々木に至るもの、渋谷を起点とし上目黒を過ぎて鎌倉に至る鎌倉急行電気鉄道又同町に発し下北沢を過ぎ吉祥寺に至る東京郊外鉄道あり。此の地方は実に渋谷及新宿を交通上二大中心とする同一関係地域にして相合して以て一区となるを最も妥当なりとす。

理由書は、第一に明治神宮を中心にする地域、第二に地域一帯は高燥かつ交通網の発達によって早くから発展した「高等住宅地」、という共通点をあげている。理由書の第一に明治神宮の存在がかかげられていることに留意しておきたい。

第一節で述べたように、府は五月一一日に各市町村会に諮問を行っていたが、市会に対しては隣接町村を廃して二〇の区として編成することに対する諮問を、各町村会に対してはその町村を廃して東京市へ編入することに対する諮問をそれぞれ行っていた。各町村会は府の諮問に対して市への併合には賛成する旨を答申しているものの、様々な要望を訴える意見書を提出し、監督官庁である府、新区編成案に対する答申を行う必要があった市にそれぞれ殺到して陳情を行うこととなる。以下、「渋谷区」へ反発する代々幡町と千駄ヶ谷町の動きをみていこう。

五月一三日、正木虎蔵代々幡町長と上田房吉千駄ヶ谷町長は連名で永田市長に対して「行政分区名ニ関スル件」と題する書面を提出した(35)。その内容は「代々幡、千駄ヶ谷各町ヲ包括スル新市域ハ明治大帝ヲ齋キ祀レル代々木ノ地ヲ中心トシ代々木ノ名ハ神宮ノ御名ト共ニ宇内ニ高キヲ以テ採テ以テ新区名タラシムルニ相応ス」として渋谷よりも代々木が区名としてふさわしく、さらに「神宮ノ御名ニ因ミ本件行政区画ヲ『神宮区』ト命名」することは次の二つの理由から極めて有意義であるとして、その採択を求めるものであった。

「神宮区」を有意義とする理由の第一は、「国民ノ景仰尊崇」を集める明治天皇を祭る神宮を中心とする行政区の名称を「神宮ノ名称ニ因ム『神宮区』」とすることは、「名称自体ニ安民ノ深義」があるというものである。理由の第二は、行政の円滑化のために区の名称は周知性の有無を考慮し、無理がないようにすることが重要である、「向島区」・「荒川区」・「江戸川区」といった他区の名称（三区は新区編成の際区役所設置町村とは異なる名称が付された区）は当を得たものであり、これらの区名同様に「神宮区」の名は適切なものである、というものである。

代々幡町では五月一八日に、町議ら三百人が集合し、「渋谷区」の名称に反対する決議を行った。決議では「代々木区」あるいは「神宮区」への名称変更、不可能の場合は渋谷と切り離して別に「代々木区」を設ける、といった要求を掲げ、それを市当局に提出することとした。千駄ヶ谷町も同一歩調をとることとなる。(36) なお、幡ヶ谷在住の堀切森之助が古老からの聞き取りなどをもとに編纂した『幡ケ谷郷土誌』(37) は、「渋谷の『澁』の字画の悪いのが反対の理由」であって、代々幡、千駄ヶ谷両町としては明治神宮に由縁の明治区、神宮区、若しくは代々木区といった名称、さらには「渋谷、千駄ヶ谷、幡ヶ谷の三つのヤを採り、宮（三谷）区とすべし」という妥協案が作成されたとしている。

一連の区名称をめぐる過程からは、両町が〈渋谷〉の地域名称で東京市に編入されることへ拒否感を持っていたこと、そして新区の中心にある明治神宮が「渋谷区」に反対するための装置となっていたことがわかる。

さて、両町だけでなく各町村も陳情のため東京市に殺到していたが、市は区の編成の最終的な権限は府にあるとして、静観を守った。(38) そして五月一八日の東京市会において、府の諮問に異存はないことを表明する答申案が議決されたことによって、併合に関わる全市町村会の答申が揃った。(39) これをうけて二三日に最終的な議決を行うため開かれた東京府参事会では、各町村の要望の一部が反映され原案が若干修正されたものの、「渋谷区」の名称変更という要望はとられることはなかった。(40) 参事会の議決をうけて府は、内務省から市域拡張の正式な許可を得、翌日には隣接五郡を廃し、新二〇区を設置することを公示した。「渋谷区」設置に反対する両町の運動は失敗に終わったのである。

第四節　区役所位置・派出所設置問題

「渋谷区」設置に際して問題となったのは区名称だけではない。区名称につづいて問題化するのは、区役所の位置、そして区役所出張所の設置についてである。

先に見た東京府からの諮問に対して、各町は答申を行うとともに、様々な希望条件を訴える意見書を添えていた。『渋谷区史』、『新修渋谷区史』、『渋谷区議会史』には三町が答申とともに提出した意見書はほとんど同一であるとして、渋谷町の意見書のみを引用している。しかし渋谷町の意見書には記されない一方、代々幡町、千駄ヶ谷町の意見書に共通して記されている希望条件は、「区役所ハ之ヲ併合三ヶ町ノ中心ニ設置スルコト」、「区役所ヲ設置セサル町ニ対シテハ出張所ヲ設置ノコト」の二つであった。(41) 東京市では、新区編成にあわせて置かれる区役所は暫定的に旧町役場を利用すること、区役所との交通が著しく不便となる地に区役所派出所を設けること、区役所が設置される町村に接続する町村には派出所を設置しないことを決定していた。しかしながら各町村は、市の決定を無視する形で熾烈な区役所・派出所争奪戦を繰り広げた。(42)「渋谷区」においては、渋谷町役場を新区役所とし、派出所は設置しないとされていたが、この案に代々幡町、千駄ヶ谷町は不満を抱いていたのである。

ここで昭和六年当時における各町役場の所在地を確認すると、新区役所予定地であった渋谷町役場は、同町氷川三七番地に（現渋谷区氷川出張所、当時の最寄駅は玉川電車役場前駅）、代々幡町役場は同町代々木新町四九七番地に（現渋谷区立幡代小学校付近、最寄駅は京王線代々幡駅（昭和二〇年に廃止、現在の初台駅と幡ヶ谷駅の間））、千駄ヶ谷町役場は同町八幡前五六三番地に（鳩森八幡神社付近、最寄駅は千駄ヶ谷駅）、それぞれ所在していた。(43) 代々幡、千駄ヶ谷両町民の多数にとって、渋谷町役場が区役所となれば、旧町時代より役所が遠くなることは確かであろう。しかし先述の市の方針からすれば、両町に派出所を置くことはありえなかった。にもかかわらず両町は派出所の設置、そして新区役所は新区全体からすれば南側に偏在しているとして新区役所を区の中央部に置くことを要求した。代々幡町では六月一六日に正木町長が町議、町区長一同を代表し陳情書を提出している[44]。千駄ヶ谷町でも町会決議がなされ、一六日に市へ要望を伝えている[45]。六月六日に千駄ヶ谷町を視察していた加納薫臨時市域拡張部嘱託は、同町が区役所を三町の中央部とすることを「極メテ強硬ニ希望」しており、軽々に区役所の位置を決定すれば重大なる問題を惹起する恐れがあると報告書に記している[46]。

七月一三日の東京市会において、区役所設置位置案・派出所設置案が提出された。市会の場で若干修正がなされたものの、「渋谷区」については修正はなされないまま議案は可決された[47]。両町の運動はまたも奏功しなかったのであるが、その一方で注目すべきは渋谷町の動向である。次に掲げるのは朝倉虎治郎の事績を伝える目的で記された有田肇『朝倉虎治郎翁事績概要』の一節である[48]。

朝倉は三ケ町の寄合世帯が割拠対立の弊風を生ぜんことを憂へ、差当り三ケ町の衝突を起し易き問題は区役所の位置にあり、此の危険物を予め一掃し置く事の必要なるを考へ、三ケ町の納得する尤も適当なる位置を定め、之を併合の際東京市に引継ぐことが最も妙を得たりとなし、之を渋谷町の理事者及同志町会議員にはかり、次で千駄ヶ谷、代々幡両町の首脳部にもはかりたる上、神宮通一丁目十七番地渋谷町会議員後藤仙太郎の邸地を最良の候補地と認め後藤を説きて邸地売却を承諾せしめ、次で三町首脳者に位置の適当なるを認めしめ、渋谷町費を以て七百坪を七万円にて買収を決行したのであつた。

同書には三町の融和を図るために、朝倉が新区の中央部に区役所予定地を選定し、三町の「首脳者」にそれを認めさせ、渋谷町費で「神宮通一丁目十七番」に用地を買収したことが記されている（同地は現在の東京電力（株）電力館周辺、地理的には渋谷町の北部、渋谷区の中央部）。以下同書の記述を確認していきたい。

七月に渋谷町を視察していた加納嘱託の報告を見る限り、七月の段階で渋谷町が区役所問題について何らかの動きを行っている様子は窺えない。しかし八月末に生田繁臨時市域拡張部主事が渋谷町の視察に赴いた際には、高旨菊蔵渋谷町助役が「合併後ノ区役所ヲ是非渋谷区ノ中央ニ建設セラル可キ計画ヲ以テ目下代々木練兵場通附近ニ於テ土地買収ノ目的ヲ以テ土地選定中」であると述べている。[49]時期ははっきりと特定できないが、渋谷町が代々幡・千駄ヶ谷両町の運動に反応して新区役所の用地を選定しはじめ、九月には用地の目途がついていたことが窺える。

「昭和七年度渋谷町歳入出決算書」をみると、歳出の臨時部追加・補正予算に「神宮通二丁目十七番地ノ一号宅地七百坪買受代七万円」が土地買収費として計上され、九月一七日の町会で議決されている。[50]町会の多数を占めていた公友会、そして公友会の中心的人物であった朝倉の同意なしに、町会の議決がなされたとは考えられない。一連の渋谷町の動きは、朝倉と公友会、町理事者が、代々幡・千駄ヶ谷両町の反発を察知し、それに対応したことによるものとして間違いはないだろう。同地には昭和一一年区役所・区公会堂が設置されることとなるが、[51]各自治体史の記述を見る限り、昭和七年に編成された新区のなかで、旧町村が新区役所用地を購入している例はない。新二〇区のなかでも、中野区・王子区では区役所設置位置をめぐって旧町間の対立が起き、用地の選定が遅れていた。[52]対して渋谷区は、渋谷町が事前に区役所用地を購入していたことによって、区成立後における争いの芽を摘むことができたといえよう。

第五節　千駄ヶ谷町の分離運動

先述の通り、渋谷町は新区役所用地を事前に買収することで、新区編成後における各町の融和を図ろうとしていた。しかし、それでも「渋谷区」へ編入されることを拒む動きをみせたのは千駄ヶ谷町である。

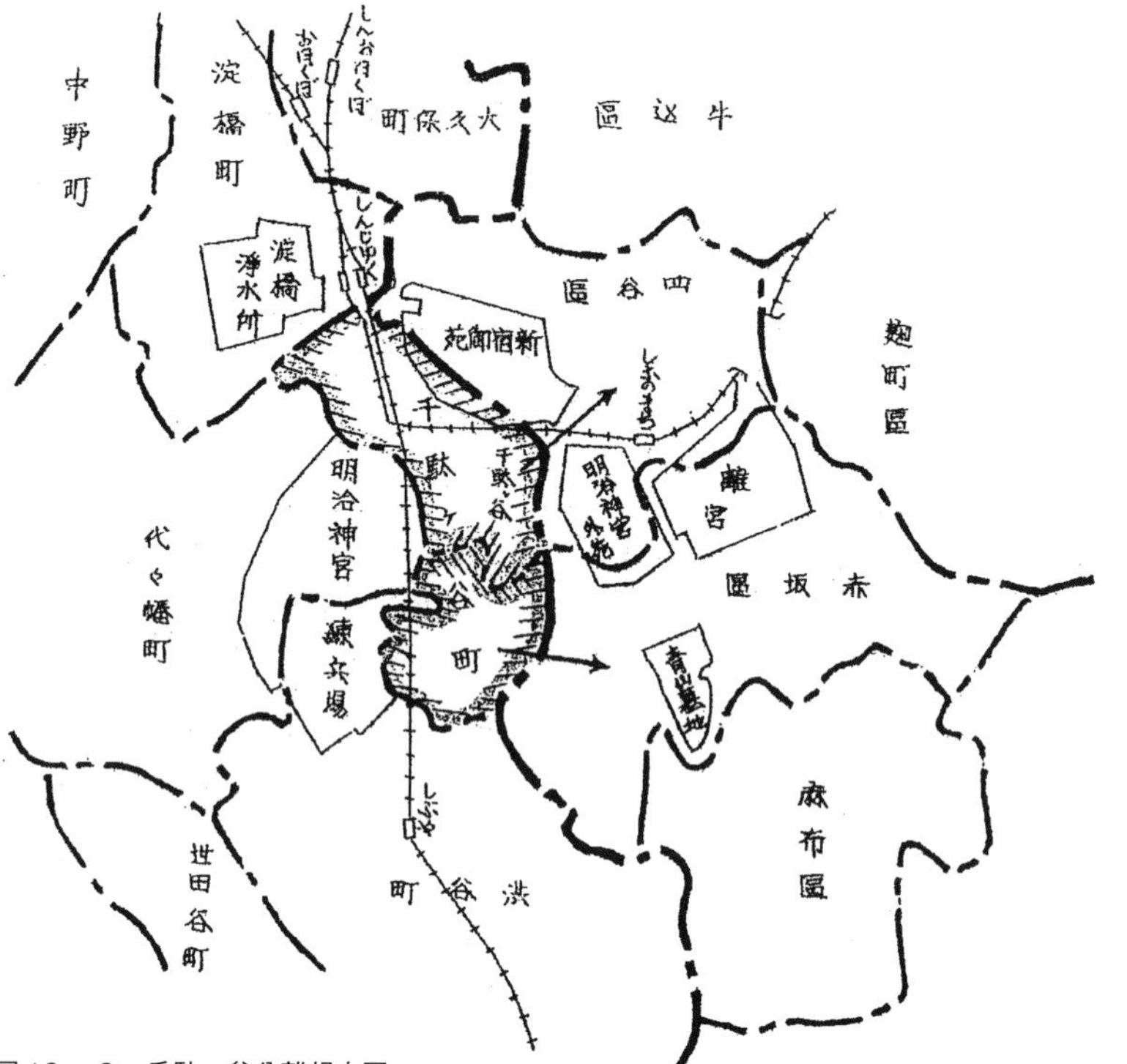

図10－2　千駄ヶ谷分離想定図
出典：「市域拡張に関する書類　冊の20」。

東京府では六月二二日、市郡併合にあわせて錯綜している市町村界の整理を行うとして、東京市各区、併合対象町村へ変更する境界の希望、変更方法などを聴取する通牒を発し、七月五日を期限とした。この通牒に対する返答のなかで、四谷区は千駄ヶ谷町大字千駄ヶ谷の併合を、赤坂区は千駄ヶ谷町大字原宿・穏田の併合を要望した（図10－2は「東京市文書」にある千駄ヶ谷分離併合想定図）。

四谷区は、①千駄ヶ谷町千駄ヶ谷は新宿御苑を抱えて四谷区と隣接しており、府道・神宮裏参道などを以て地理上・交通上密接な関係がある、②千駄ヶ谷町の商取引は四谷区に仰ぐ所が多い、③千駄ヶ谷町にある鳩森八幡神社の氏子は四谷区大番町・信濃町にも及んでいる、といった各種の縁故関係を強調している。赤坂区も、①原宿・穏田は青山の一部ともみなされるほか、氏神を一にするなど交際も深い、②千駄ヶ谷町からの越境入学希望

者が多い、などといった理由をあげている。(53)

両町の打診を受けた千駄ヶ谷町では、七月一六日に開かれた同町会において、三〇名の町議中二六名を提出者とする分離併合に賛成する建議案が提出され、議決されている。(54)意見書の内容は、①大字千駄ヶ谷と四谷区の大半の住民は鳩森八幡神社を氏神とし、また大字原宿・穏田と赤坂区の青山南北町は熊野神社を氏神としていることをはじめ、千駄ヶ谷町の人情・風俗は四谷・赤坂両区と「密接不離恰モ兄弟姉妹ノ関係ニ在」る、②渋谷町に編入されれば遠距離の区役所に赴かねばならず不便である、③既に四谷・赤坂両区も千駄ヶ谷町分離併合の意思を示している、といった理由から、「渋谷区」に編入されることは「百害アッテ一利」なしであり分離併合を望むというものであった。以後千駄ヶ谷町は、四谷・赤坂両区に呼応する形で「渋谷区」へ編入されることに反対を表明し、分離併合を求める運動を開始するのである。(55)そもそも千駄ヶ谷町は、大正一二年八月の時点で東京市に対して編入を求める陳情書を提出しており、昭和五年には四谷区に千駄ヶ谷町区編入委員会が設けられてもいた。(56)千駄ヶ谷町は東京市への編入は望んでも、「渋谷区」となることは想定していなかったことが、同町の反発に影響していた可能性がある（なお、同様の運動は日暮里町、下谷区でも起きている）。

さて、千駄ヶ谷町会が分離併合を求める議決を行う一方で、分離併合に反対する千駄ヶ谷町二分赤坂四谷分離併合絶対反対期成同盟会なる団体が結成された。同会は七月二十三日に町民大会を開催し、分離併合は千駄ヶ谷町五〇年の歴史を滅却するものであるとして、絶対反対の決議を行い、陳情に及んだ。(57)また八月八日には嘆願書、二二日には陳情書を東京府・東京市に提出している。(58)陳情書の内容は、①区役所は区の中心部に設置することとなったので町会決議の理由は滅却した、②町議のなかで四谷赤坂両区に併合されると税金が安くなると論じる者がいるが欺瞞的言辞である、③新区編成基準に旧市域と新市域の境界を変更しないとあるにもかかわらず、それを求める運動を起こすことは「大東京建設の妨害」である、④明治神宮を中心とする地域は日本屈指の神聖な名勝地であり、同一自治体で管理すべきである、⑤両区に併合されれば町内及び隣接町を得意とする大多数の小売業者などの生活は悪化し、また古い歴史を有する青年団、在郷軍人会分会消防組、商工組合その他各種団体は分割されてしまう、というものであった。陳情書は、中村朝太郎会長、川田友之東京府議兼千駄ヶ谷町議、坂本秀泰ほか五名の千駄ヶ谷町議の連名、そして二五〇〇名の調印書を付して、東京府・東京市に提出されることとなる。

対して千駄ヶ谷町会は八月二九日に、町議二二名が分離併合を求める意見書を提出するための建議案を再度提出した。意見書は、八〇〇〇有余の世帯主中五〇〇〇有余が分離合併を求める請願書を提出するなど町民の多くは分離併合を望んでいるので町会でも改めてそれを要望するとする一方、反対派の陳情団員の大部分は金銭で雇い入れた者であり、調印書も「欺瞞的口実」で集めた「虚偽のもの」が多いとして反対派を論難している。建議案は満場一致で可決され、上田房吉町長から永田市長宛に提出された。

こうした動きに対して藤田渋谷町長は三〇日、分離併合に反対する意見書を永田市長に提出している。反対の理由は、①千駄ヶ谷町の運動は旧市域と新市域の間の境界変更を行わないとした新区編成基準に反しており、また既に新区政に向けて準備中であるのにいまさら分離がなされれば今後の区政に甚大な影響を与える、②今後都制が布かれた場合、区は現在の区よりも大きな自治権を有することが予想され、区域の縮小は新渋谷区にとって禍根を遺す、③東京市の区の変更については市制第六条第二項[59]に鑑み、関係する区の意見を徴することが必要と考えるが、新区成立前において区の分離を論じるのであれば、新渋谷区側の意見を聞くような手続きも踏めず暴挙としかいいようがない、というものであった。なお代々幡町でも、時期・規模は明確でないが町民大会が開催され、区役所の位置を三町の中央部とすることと、千駄ヶ谷町の分離併合に絶対反対する決議がなされている[60]。

両者の応酬が続くなか、上田千駄ヶ谷町長は八月末に視察に来た生田臨時市域拡張部主事に対して、「千駄ケ谷町ヲ渋谷ニ編入スルカ赤坂区及四谷区ニ分割編入ス可キカ、問題ナルモ東京府知事トシテモ目下考慮中ニ付今更煮湯ヲノマスカ如キ事ナキ事ト思惟セラル[61]」と述べ、強硬姿勢を崩さなかった。

九月一三日になると、香坂昌康東京府知事は千駄ヶ谷の上田町長、森四谷区会議長、中西赤坂区会議長と、下谷区長、日暮里町を地盤とする府議など、府・市に陳情を行っていた自治体の関係者を招き、「地元のいふことは一一御もつとも」であるが、「それ等を聞いてゐては同様の運動に対してしめくゝりがつかぬので既定方針で進む」として、町村界の変更は行わないことを声明した[62]。千駄ヶ谷町の運動も状況を変えるには至らなかったのである。とはいえ千駄ヶ谷町（と同様の運動を起こしていた日暮里町）の運動の余波を受けて、府は部分的な境界整理すら断念せざるを得なくなった。

要望が叶わず憤懣やるかたない千駄ヶ谷町の運動者たちは、「既に区、町会の決議も行つてゐることでありもと、、府知事の境界線変更希望申出を求むる通牒に応じて起した運動」であり、知事命令には承服できないとしてなお運動を続けたが[63]、奏功しないまま一〇月一日を迎えることとなる。

第六節　渋谷区の誕生とその後の渋谷区政

「大東京」が成立した一〇月一日、東京市全域は花電車・花自動車、提灯行列が出るなどお祭りムードに包まれた。渋谷区でも臨時の祭礼として御輿がだされたほか、道玄坂では商店街の売り出しや、三業組合のサービス合戦が繰り広げられていた[64]。東京市全域が「大東京」の成立を祝う一方、国旗も揚げず、祝祭ムードを拒否する町があった。千駄ヶ谷町である。同町一帯は一〇月一日を「暗黒デー」と称し、「『十月一日を忘るるなかれ』と町の角々に大きなビラを張り」（その様子を図10－3に示した）、反対派の事務所には前町議連が集合して「渋谷区の支配は断じて受けない、今後も合法的に一年でも二年でも反対運動を続ける[65]」と気勢をあげていた。同町には依然として渋谷区になることを拒む動

図10－3　千駄ヶ谷町の10月1日
出典：『報知新聞』昭和7年10月2日夕刊2面。

きがあったのである。こうした状況のなかで、初代渋谷区長に就任した岸本千秋は、当時を振り返って次のように回想している[66]。

区長就任の日永田市長のところへ挨拶に行きいろいろお話を聴いたが、その中で千駄谷が四谷区と一緒になりたいといつて渋谷区に編入されることを反対し、十月一日大東京誕生のお祝日に国旗もたてないというて騒いでいるので、あれをうまく治めて貰いたいといわれ大分心配したが、その後大したこともなく他の旧二町同様区政に快く協力せられることになつた。

回想からは、赴任前の岸本が同町の状況を憂慮していたものの、それが杞憂に終わったことがわかる。しかしながら憂慮が杞憂となった要因、千駄ヶ谷町の運動が沈静化した要因を明確に示す史料を見出すことはできなかった。そこで以下、渋谷区誕生後の渋谷区政を、区会を中心に検討することでその要因を検討したい。千駄ヶ谷町が旧町時代に町会決議を行ったように、「合法的に一年でも二年でも反対運動を続ける」ための舞台は、区の自治権が町に比べれば非常に限定されたものであったにせよ[67]、区会にほかならないからである。

第一回渋谷区会議員選挙は他の新二十区と同時に一一月二七日に実施された。渋谷区会の定数四四名に対して七七名が立候補している。結果は表10－4の通りであるが、旧渋谷町域からは三三名が立候補し、二三名が当選（当選率

表10－4　区議党派別・地区別一覧

	渋谷	代々幡	千駄ヶ谷	党派別合計
政友会系	17	6	4	27
（政友系中立）	0	2	0	2
民政党系	4	3	0	7
（民政系中立）	1	1	0	2
中立	1	4	0	5
社会大衆党	0	1	0	1
地区別合計	23	17	4	44

出典：『渋谷区議会史』35～36頁（『東京朝報』昭和7年12月1日）。

六九％、以下同じ）、旧代々幡町域からは二三名が立候補し、一七名が当選（七四％）、旧千駄ヶ谷町域からは二一名が立候補、四名がそれぞれ当選している（一九％）。党派別では政友会が二九名（同系中立二名を含む）、民政系が九名（同系中立二名を含む）、中立が五名、社会大衆党が一名で、政友系が多数を占めた。特に旧渋谷町域の政友系区議は一七名にのぼっている（うち旧町議は一〇名）。なお、昭和七年の区議選に立候補し当選した加藤一郎（政友系、渋谷〔以下区議には適宜党派と地区を記す〕）は、公友会の公認で立候補している。また、昭和四年の渋谷町会議員選挙、昭和一一年の第二回渋谷区会議員選挙でも公友会は候補者を公認・推薦している[68]。第一回区会議員選挙においても旧渋谷町域政友系区議のほとんどが公友会の推薦を受けていたと推測される。

なお旧千駄ヶ谷町域の区議が人口に比して非常に少ない。千駄ヶ谷町の分離運動が何らかの影響を与えた可能性もあるが、最大の要因は旧三町のなかでは最も人口数が少ないにもかかわらず、同町域から多くの立候補者があったこと、すなわち候補者の乱立によるものであろう（区会議員選挙は区を一つの選挙区とする大選挙区制である）。

一二月二六日、第一回目の渋谷区会が開催された。まず議長・副議長を選出するための選挙が実施され、朝倉虎治郎（政友系、渋谷〔元町議〕）が三四票を獲得し議長に、中村徳次郎（中立、代々幡〔元町議〕）が同じく三四票を得て副議長に就いた[69]。

議長・副議長がきまると、鈴木嘉吉（民政系、代々幡）が「お祝い」と称して演説を行った。[70] 鈴木は区会開会前に三町の区議からなる「二八会」、旧代々幡町域の区議からなる「五日会」、そして「一々会」といった党派ができているとして「名議長」朝倉を皮肉り、公平、円満を常に口にする朝倉が「二八会」を作ったことは面白くないと述べている。また「五日会」は「代々幡町の仕事をするには朝倉さんの御力がなければ」と希望している、と「お祝い」に乗じて演説している。「二八会」、「一々会」の党派については、鈴木につづいて「お祝い」を述べた箕浦徳雄（民政系、代々幡）の演説に「我々少数派一々会」とあること、昭和八年の区会で箕浦が「渋谷区民政党ヲ代表スル我々一々会」と述べていることから、「二八会」が朝倉を中心とする政友系、「一々会」が民政系であることは明らかである。[71] と考えれば、「五日会」は旧代々幡町域の中立区議によって組織されていたと考えるのが妥当であろう。新区となっても二大政党の対立が区政に影響していることがわかる。一方で、「五日会」を組織した旧代々幡町域の区議が、「朝倉さんの御力」に期待するなど、朝倉の影響力が新区となっても大きいことがうかがえる。そして岸本区長も、朝倉との連携により区政を運営していたのである。

岸本は先の回想につづいて、赴任早々朝倉や渋谷在住の内務官僚河原田稼吉、元警視総監宮田光雄らが開いた歓迎会に招かれ歓談したことを振り返っている。[72] 河原田は犬養毅政友会内閣の内務次官を務めていたが、渋谷では区学務委員や公友会総務を務めていた。宮田は政友会所属の貴族院議員であり、大正一四～昭和三年には渋谷町議も務め、河原田と同様公友会の総務でもあった。[73] さらに岸本は朝倉のことを振り返りながら、「朝倉氏はその後市会議員、区会議長にもなつたがなかなか立派な人で、区の予算などいつも無修正で通過させると共に、新廿区の区会議長会長にもなり参考のため渋谷区の予算を新区全体にも知らせるため私に議長会にも出て話して下さいというのでいつも出席する事にしていた」と、朝倉との関係の密接さを語っている。また「新しい区会の分野は政友系が絶対多数で議案の審議も順調に進み、民政系の少数派など歯が立たない」とも述べている。朝倉を中心とする政友会系区議と区長の協調によって区政が行われていたことを示唆していよう。朝倉は千駄ヶ谷町の分離併合には反対であり、[74] 旧千駄ヶ谷町の分離併合賛成派が渋谷区会を舞台に分離併合を求める運動を行おうとしても、千駄ヶ谷町域の区議が少ないことと相まって奏功しなかったであろうことが推測できる。

以上のような区会の状況のなかで、区会には再び区の名称を「神宮区」とすることを求める建議が出された。また東京市会に千駄ヶ谷分離併合を求める建議案が提出されたことで、区会はその対応にも迫られることとなる。最後に両問題がいかに決着していくかを検討する。

第二回区会において箕浦徳雄の提案、北田一郎（社大、代々幡）、鈴木嘉吉の賛成によって、区名称を「神宮区」に変更する建議案が提出された。(75) 箕浦は、第三節での「神宮区」を求める代々幡・千駄ヶ谷両町の意見書と同様の主張を繰り返し、旧代々幡町域の区議もみな区名変更を唯一の公約としている、自らの主張は旧代々幡・千駄ヶ谷両町民の希望でもあるとして区名の変更を主張した。これに対して山田常順（中立、代々幡）は、区名問題だけを唯一の公約とした覚えはない、区名問題とともにより重要な仕事が沢山あり、一致協力して新たな区政を築かなければならないのに、わざわざ一致協力の間に懸隔を与えるような問題を提出することは新区政に支障がある、東京に都制が布かれた際にまた考慮すればよいとして、建議案の撤回を要求した。また小栗誉次（中立、代々幡）は箕浦の主張自体には好意を有するが、既に渋谷区となった以上、区役所の移転や、道路整備といった区の発展に力を注ぐべきであるとして建議案へ反対した。元渋谷町議で古くからの公友会員でもあった瀬戸喜重郎（政友、渋谷）は、(76) 撤回ではなく反対の採決を要求し、「神宮区」建議案は反対多数で否決された。先の朝倉に対する「お祝い」とあわせて考えると、旧代々幡町域の区議の多くはいまさら区名称を変更することよりも、「朝倉さんの御力」による地域の発展を選び取ったともいえよう。

つづいて千駄ヶ谷町分離併合問題をみていこう。同問題を再び取りあげたのは先にも触れたように東京市会である。昭和八年二月一七日の市会において、「渋谷、四谷、赤坂三区ノ境界変更ニ関スル意見書提出ノ建議」案が提出された。(77) 建議案の内容は、旧千駄ヶ谷町域を四谷・赤坂両区に分割合併させるという市域拡張前に議論されていたものと同一である。提案者は元千駄ヶ谷町議で、渋谷区選出の秋山文次と四谷区選出市議二名、赤坂区選出市議一名の計四名、賛成者は六五名であった（市会の定員は一四四名）。提案者の約七割は旧市域選出市議である。賛成者は民政系が多いものの、政友系議員も少なからず見受けられる。特定政党を背景にしたものというより、旧市域・新市域の地域間対立が影響しているように推測される。市会では同建議案を特別委員へ付議するか否かの採決が行われ、有効投票九一票中賛成が五〇票、反対が四一票となり、特別委員へ附議されることとなった。

これに対して二月二一日の渋谷区会では、東京市会建議案に反対意見を表明する意見書案が栗山力（政友系中立、代々幡）外三一名から提出された。[78] 意見書は「渋谷区ハ旧渋谷代々幡千駄ヶ谷ノ三町ヲ以テソノ行政区域トシ明治神宮ヲ中心トセル最モ光輝アル新区トシテ協同輯睦相率テ克ク区政ノ刷新改善ヲ図リ成立以来未ダ半歳ニ達セサルニ拘ラス各方面ニ亘リ著々トシテ其ノ実績ヲ挙ケ区ヲ単位トシタル各種団体亦続々成立シ区政ノ進展ト相俟チ新興ノ意気ヲ以テ活動シツヽア」り、今更区域の変更は考えられない、「些々タル区域ノ如何等ニ拘ラス専ラ内容ノ充実ヲ企図シ以テ帝都百年ノ基礎ヲ固メサル可カラサルノ時」であるというものであった。意見書は満場一致で可決され、あわせて渋谷赤坂四谷区境界変更反対実行委員会の設置もきまった。「神宮区」の際には「渋谷区」を拒否する装置として機能していた明治神宮が、ここでは一転して地域統合の装置となっていたといえる。なお、二月二七日には朝倉と実行委員が市長、府知事、内務大臣に意見書を提出し、区会で全会一致の反対議決がなされた以上、問題にはならないだろうという言辞を得ている。区会の構成からいって、旧千駄ヶ谷町域を渋谷区から分離するような議決は採決されるはずもなかった。[79]

さらに意見書にもあるように、在郷軍人会渋谷区連合分会・渋谷区医師会・渋谷区青年団など、既に多くの団体が渋谷区を単位として再編されていた。区議である彼らも旧町域を横断して会派を組織していたのであった。

結局東京市会での建議案は自然消滅し、以後区会の場において、千駄ヶ谷町域分離併合が議案として取りあげられることはなくなるのである。[80]

おわりに

以上見てきたように、渋谷区が誕生する過程では、様々な問題をめぐって運動がなされていた。「渋谷区」の区名称を拒否しようとした代々幡・千駄ヶ谷両町の運動や、千駄ヶ谷町分離併合問題における同町の「渋谷区」への反発からは、渋谷区の誕生が同時代において自明ではなかったこと、そして昭和七年まで代々幡町・千駄ヶ谷町は、〈渋谷〉ではなかったということがあらためて感ぜられる。このような事象は、行政区画とは異なる〈渋谷〉の特徴を考える際に[81]、周辺地域から〈渋谷〉を逆照射することの有効性を示唆していよう[82]。とはいえ両町の運動はいずれも奏功せず、新区編成理由書に基づいた渋谷区が成立した。明治神宮を中心とし、各種交通機関が行き交う「高等住宅地」としての共通性が最終的には優先したといえる。

それでは渋谷区が生まれるまでの過程で表れた特徴はいかなるものであったか、最後に二点指摘しておきたい。

第一に指摘できるのは、明治神宮の存在であろう。「神宮区」を巡る問題のなかでみてきたように、当初明治神宮は代々幡町・千駄ヶ谷町がそうしたように、「渋谷区」に対抗するための装置となっていた。しかし、千駄ヶ谷分離併合問題のなかで明治神宮は、千駄ヶ谷町の分離併合反対派が、分離併合に反対するための装置に、あるいは区成立後には区会が東京市会の議決へ反対するための装置となっていた。換言すれば地域統合の装置となっていたのである。

しかしながら本論が示したのは、渋谷区成立前後のほんの短い期間における〈渋谷〉と明治神宮の関係に過ぎない。〈渋谷〉と明治神宮の関係がいかなるものであったのか、期間を広げて考察する必要があろう。

第二に指摘できるのは、朝倉を中心とする公友会の存在である。公友会のような団体が渋谷町・渋谷区にしかみられない独特のものなのか、あるいは他の隣接五郡の町村でもみられるのかを結論づけるためには、渋谷町時代の公友会の活動を検討するとともに、他町村の事例を検討した上での比較・考察が必要である。

とはいえ、明治四二年の創設以来、人口・社会資本整備の面で「全国第一ノ町」とも称された渋谷町の発展の背景に、起債を厭わず社会資本整備を進めることを目標に掲げた公友会の存在があったことはほぼ間違いないだろう。また、渋谷町の発展を担ってきた彼らは、新区編成時においては区役所の用地を事前に買収することによって、渋谷区成立前から他町との融和を図ろうとしていた。さらに渋谷区誕生後にも、区政の担い手としてその影響力を色濃く残していたのである。昭和一五年に発行された『渋谷区自治要覧』「人名及事業篇」に掲載されている人名欄のなかで、公友会は「渋谷町発展の母体として区内に其の勢力を認められて居る渋谷公友会」、「渋谷最大の社交団体公友会」と紹介されており、朝倉はじめ少なくとも二〇名が元・現職の公友会幹部であること、昭和一五年時点でも区内にある程度の影響力を残していたことがわかる。[83] その後公友会は政党解消の余波を受けて解散を余儀なくされたようだが、[84] 同会は設立から三〇年以上にわたって、渋谷町・渋谷区に存在していたこととなる。

設立以来三〇年以上渋谷に存在した公友会が、渋谷町・渋谷区の発展に果たした役割をより詳細に明らかにするとともに、それが現在の〈渋谷〉の成り立ちに、いかなる影響を与えたのかを明らかにすることが今後の課題である。[85]

註

（1）昭和一一年に北多摩郡千歳町・砧村が東京市に編入され、現在の東京二三区と同一の領域を以て東京市が構成されることとなる。

（2）以下、市域拡張の背景については、特記のない限り源川真希『東京市政』（日本経済評論社、平成一九年）九八〜一〇四頁、東京都『東京百年史』第五巻（東京都、昭和四七年）第二章、五五三〜五六四頁を参照した。

（3）さらに「東京」は東京市・東京府を越えて隣接県にも空間的な広がりをみせることとなる（大西比呂志・梅田定宏編『「大東京」空間の政治史』日本経済評論社、平成一四年）。また、明治初期から東京都成立までの「首都東京の拡大」の経緯については梅田定宏「首都東京の拡大」（中野隆夫『都市空間の社会史』山川出版社、平成一六年）を参照されたい。

(4) 都制問題と市域拡張の関係については前掲『東京百年史』五六六～五六七頁。大岡聡「日中戦争期の自治擁護運動について」(『歴史学研究』六六六、平成六年)も参照のこと。
(5) 東京市役所『東京市域拡張史』(東京市、昭和九年)二一四～二一四頁。
(6) 同右、二七四～三一二頁。
(7) 同右、四〇九～四四六頁。
(8) 同会の活動については有田肇『豊多摩郡市郡併合交渉委員会報告』(非売品、昭和六年)。
(9) 前掲『東京市域拡張史』四四八～四五四頁。
(10) 以下の記述は前掲『東京市域拡張史』、四八四～五一〇頁による。
(11) 『新修渋谷区史』下巻(東京都渋谷区、昭和四一年)、二一八〇～二一八五頁。
(12) 神山恒雄「東京市の市域拡張直前における隣接五郡の町村債」(『明治学院大学経済研究』一四三、平成二一年)。
(13) 東京市臨時市域拡張部『豊多摩郡渋谷町現状調査』(同部、昭和六年)六～七頁。
(14) 有田肇『渋谷風土記』東京朝報社、一九三五年、三頁。
(15) 東京市臨時市域拡張部『豊多摩郡代々幡町現状調査』(同部、昭和六年)六～七頁。
(16) 東京市臨時市域拡張部『豊多摩郡千駄ヶ谷町現状調査』(同部、昭和六年)六～七頁。
(17) 「新東京色七　渋谷区」(『都新聞』昭和七年五月一三日、一三面)。
(18) 渋谷町の字名地番整理については渋谷町役場『渋谷町字名地番改正誌』(非売品、昭和三年)。
(19) 前掲『東京市域拡張史』三二一～三二三頁。
(20) 「公民団体」の語は有田肇『朝倉虎治郎翁事績概要』(東京朝報社、昭和一〇年)一五頁による。公友会が公民権を有するものを参加資格としたこと、あるは教育講話会、衛生講話会の実施、発電所の煙害防止、代々木練兵場移転演説会など多彩な活動を行っていたことなどからは(同上書、一四五～一五〇頁)、市制施行後に東京市各区で発足した公民団体に近い機能を果たしていたことがわかる。なお、東京市の公民団体については櫻井良樹『帝都東京の近代政治史』(日本経済評論社、平成一五年)参照。
(21) 有田肇『渋谷町誌』(渋谷町誌発行所、大正三年)八一～八四頁。
(22) 明治七年生まれ。東京帝大卒業後法制局参事官、鉄道院理事、原敬内閣逓信次官、南満洲鉄道株式会社副社長を歴任、昭和二年没。

渋谷では長年町議を務めた。
(23) 明治四年生まれ。明治三〇年に渋谷で米穀商を営んでいた朝倉家の養子となる。渋谷村議・渋谷町議・渋谷区議、渋谷区区会議長、東京府議、東京府会議長を歴任、昭和一八年没。朝倉については前掲『朝倉虎治郎翁事績概要』。
(24) 前掲『朝倉虎治郎翁事績概要』二七〜三一頁。同書の序説によれば著者の有田肇も公友会の一員であった(同書、一〜四頁)。
(25) 前掲『新修渋谷区史』中巻、一九一〇〜一九一二頁。
(26) 『東京朝日新聞』大正一二年三月一九日夕刊、二面。
(27) 昭和二年七月の内務省警保局の調査では、公友会の勢力は同交会に比して「遙カニ之ヲ凌ゲリ」とされている(内務省警保局「府県会議員総選挙資料」〔「山岡萬之助関係文書」A-一一-一-二〇、国立国会図書館憲政資料室蔵マイクロフィルムR二二、学習院大学法学部・経済学部図書センター原蔵〕)。また昭和六年時点の渋谷町会は定数三〇名のうち一八名が公友会、九名が同交会、二名が無産派、一名が中立である(前掲『豊多摩郡渋谷町現状調査』三三三〜三三五頁)。
(28) 加藤一郎「下渋谷風土記」三三二(『寝具タイムズ』連載、昭和三六年、渋谷区立中央図書館製本)。
(29) 東京府における朝倉の影響力については、朝倉の紹介で政友会に入党し、その側近となった広川弘禅の追悼録のなかにある東京府・東京市関係者の回顧談からも窺える(「追想の広川弘禅」刊行委員会編纂『追想の広川弘禅』同会、昭和四三年)。
(30) 前掲『朝倉虎治郎翁事績概要』二二二頁。
(31) 同右、一六頁。
(32) 前掲『東京市域拡張史』五五六〜五五九頁。
(33) 同右、五六二頁。
(34) 同右、五六八〜五六九頁。
(35) 臨時市域拡張部「市域拡張諮問ニ対スル意見書及希望条件集」(東京都公文書館蔵「東京市刊行物」、請求番号市刊K七二、昭和七年)。
(36) 『東京朝日新聞』昭和七年五月二〇日夕刊、二面。
(37) 堀切森之助『幡ケ谷郷土誌』(東京都渋谷区立渋谷図書館〔非売品〕、昭和五三年)二九〜三〇頁。なお後述する昭和七年の渋谷区会選挙に同姓同名で旧代々幡町の人物が出馬しているが、同一人物かは明らかではない。

(38) 前掲『東京市域拡張史』五八七頁。
(39) 同右、五一八〜五三二頁。
(40) 「府産第五九議案　市ノ区設置ノ件」（東京都公文書館蔵「東京府文書」、請求番号三一五．E七．一一「参事会議事録　冊の四」）。
(41) 「東京市編入ニ関スル意見書」（前掲「市域拡張諮問ニ対スル意見書及希望条件集」）。
(42) 前掲『東京市域拡張史』五九四〜六〇〇頁。
(43) 「区内交通状況調」（東京都公文書館蔵「東京市文書」請求番号三一五．F二．一、「市域拡張ニ関スル書類　冊の八」、以下「冊の八」と略記）。
(44) 区役所予定地を選定した市の調査資料は、渋谷町役場について「庁舎ノ位置ハ区全体ヨリ見テ稍偏在スル嫌アレ共規模大ナリ」と評している（「区役所位置決定参考資料　其ノ一　各種事項比較対照」、「冊の八」）。
(45) 「区及区役所ニ関スル陳情書類其ノ二」（「冊の八」）。
(46) 昭和七年六月十日「町村視察状況報告」（東京都公文書館蔵「東京市文書」、「市域拡張ニ関スル書類　冊の三〇」請求番号三一五．F二．二三、以下「冊の三〇」と略記）。
(47) 前掲『東京市域拡張史』六〇〇〜六〇八頁。
(48) 前掲『朝倉虎治郎翁事績概要』一一九〜一二〇頁。
(49) 「復命書」（前掲「冊の三〇」）。
(50) 東京都編『都史資料集成　第九巻　大東京市三十五区の成立』（東京都公文書館、平成二二年）四五八頁。
(51) 用地購入から区役所建設までに時間を要した理由は、公会堂建築費をまかなうため、昭和九年から三ヶ年計画で寄付を募ったことによる（前掲『渋谷区議会史』、五二一頁）。
(52) 『北区史』通史編近現代（東京都北区、平成八年）、三九二〜三九三頁。『中野区史』昭和編一（東京都中野区、昭和四六年）、一〇六〜一〇七頁。
(53) 以上の記述は昭和七年七月二日「区界変更ニ関スル件」（「東京市文書」、「市域拡張ニ関スル書類　冊の二〇」請求番号三一五．F二．一三、以下「冊の二〇」と略記）。
(54) 昭和七年七月二十日「千駄ヶ谷町会建議に関する件報告」（「冊の三〇」）。

(55) 前掲『東京市域拡張史』七九七~七九九頁。
(56) 大正一二年八月一四日「千駄ヶ谷町ノ東京市編入ニ関スル陳情書」(「東京府文書」、「市区町村区域　冊の一三」請求番号三〇五・A三・一八)、『東京朝日新聞』昭和五年二月七日夕刊、二面。
(57) 昭和七年七月三十日「千駄ヶ谷町ヲ四谷赤坂両区ニ編入方反対に関する陳情書ノ件供覧」(「冊の二〇」)。
(58) 以下の賛否の応酬は「意見書並陳情書」(「冊の二〇」)。同盟会には町会における分離併合を要望する建議に参加した町議も参加している。
(59) 市制第六条第二項は区の配置統合境界変更の際は市の境界変更時と同様の手続きに準拠することを定めていた。
(60) 決議は六月十六日に提出された正木代々幡町長の陳情書の後に綴られていることから(註45)、その前後に町民大会が行われたことが推測される。
(61) 前掲「復命書」。
(62) 『東京朝日新聞』昭和七年九月一四日、七面。
(63) 『読売新聞』昭和七年九月二〇日夕刊、二面。
(64) 『都新聞』昭和七年一〇月一日、九面。
(65) 『東京朝日新聞』昭和七年一〇月二日夕刊、二面。
(66) 岸本千秋伝記刊行会『岸本千秋』(同会、昭和三九年)、四八四頁。
(67) 『渋谷区議会史』(東京都渋谷区議会、昭和五一年)五八~六四頁。区に条例制定権はなく、起債権・徴税権も制限されていた。
(68) 昭和七年一一月「加藤一郎区議立候補挨拶並に投票依頼状」、『東京朝報』昭和四年六月五日、昭和一一年一月「渋谷区公友会の区会議員候補者推薦状」(いずれも白根記念渋谷区郷土博物館・文学館蔵、複製史料)。なお、昭和一一年の選挙では一八人中一三人が当選している。
(69) 政友系区議と中立区議をあわせると三四名となり、議長・副議長選出時の得票数と一致するが、両者の協調を明確に裏付ける史料はない。
(70) 「昭和七年渋谷区会議事速記録　第一号」九~一〇頁(以下渋谷区会議事速記録は全て首都大学東京図書情報センター蔵)。
(71) 同右、一二頁、「昭和八年渋谷区会議事速記録　第二号」一七頁。

(72) 以下、岸本の回想については前掲『岸本千秋伝』四九二〜四九三頁を参照した。
(73) 「渋谷公友会推薦の家屋税調査委員当選に付き礼状」（白根記念渋谷区郷土博物館・文学館蔵、複製史料）には公友会の総務として河原田、宮田、朝倉の名がある。
(74) 前掲『朝倉虎治郎翁事績概要』一二二頁。
(75) 「昭和七年渋谷区会議事速記録　第二号」九〜一〇頁。
(76) 前掲『渋谷町誌』、「町民」欄、四一〜四二頁。
(77) 「昭和八年　東京市会議事速記録　第五号」五二七頁（「東京市文書」、「議事・市会　冊の八」請求番号三一六．C五．一八）。
(78) 「昭和八年渋谷区会議事速記録　第一号」三八〜四一頁。
(79) 「昭和八年渋谷区会議事速記録　第二号」三〜四頁。なお旧千駄ヶ谷町域の区議四名中三名は二二日の区会を欠席している（参加した区議は分割併合絶対反対期成同盟会にも参加していた元千駄ヶ谷町議高橋謙一郎）。欠席した三名も元町議のため分離併合問題の経緯から採決に参加しなかった可能性がある。しかし、区会の場において反対を主張することはなかった。
(80) 『渋谷区議会史』資料編（東京都渋谷区議会、昭和五一年）「Ⅰ　議決事項一覧」参照。
(81) 倉石忠彦編『渋谷をくらす』（雄山閣、平成二二年）、第一章「渋谷はどこだ」参照。
(82) この点については、平成二二年度第二回渋谷学研究会での口頭報告「渋谷区の誕生」に対するコメントから示唆を得た。
(83) 村上三郎『渋谷区自治要覧』（渋谷区自治研究会、昭和一五年）、二五三、三四七頁。
(84) 前掲『郷土渋谷の百年百話』二九八頁。
(85) 東京市旧市域の公民団体は、当初地域政治を担う存在であったものの、徐々に政党系列化が進み、最終的には個人後援会となり、政治的比重を減少させていくことが指摘されている（前掲『帝都東京の近代政治史』、第二章、第六章）。公友会の変遷を具体的に明らかにし、それを都市政治史研究、あるいは地方自治史研究のなかに位置づけていくことも、当然今後の課題である。

〔付記〕本章の執筆にあたっては、渋谷区教育委員会、ならびに白根記念渋谷区郷土博物館・文学館のご協力をいただきました。記して感謝申し上げます。

第十一章　戦後復興とオリンピック

上山　和雄

はじめに

昭和一九（一九四四）年末から敗戦にかけての空襲によって壊滅に帰した日本、東京の復興は、朝鮮戦争の特需からはじまり、相対的に低い固定為替相場などに支えられて進んだ。昭和三〇年代の驚異的な高度成長を経て、三九年の東京オリンピックを境に、東京という都市のかたち、またその中の人々の暮らしぶりが、大きく変わったことに異議を挟む人はいないだろう。

都市計画の立案者、あるいは地方行政担当者たちの幾人かは、戦争中から、灰燼に帰した街をみながら、復興の青写真を描いていたといわれる。渋谷は二〇年五月の山の手空襲によりほぼ灰燼に帰した。敗戦後、「戦災地復興計画」「帝都復興計画」が作成されるが、その基本は、昭和初年に震災の打撃を直接受けなかった地域にも作成されていた街路計画と、交通集中が著しくなり、機能マヒを呈し始めていた山の手線主要駅周辺の駅前広場再開発計画であった。それらをもとに、焼け野原となった地域の再開発計画が立てられたのであった。

この戦災復興計画により、震災後の都市計画の対象外だった地域の一定の再開発が進展する。しかし高度成長期における東京への首都機能の集中、モータリゼーションの急激な進行は、都市機能のマヒ、生活環境の悪化をもたらした。東京の本格的な再開発が不可避となっていたころ、東京オリンピック誘致が現実的な問題になった。幻となった昭和一五年の東京オリンピックの際も、誘致確定後、その主舞台となる渋谷では道路や下水の改良が強く求められていた。戦後再開されるオリンピック誘致運動の初期には、都市改造の起爆剤としての役割は明示されていないが、開催が決定されると、オリンピックの成功という錦の御旗のもと、東京改造が強力に進展する。

開催決定後、都の都市計画関係者や、競技施設・選手村などの配置・設計を担当することになった技術者は、オリンピックをてこに東京改造をすすめることが捷径であると認識する。都の道路建設本部長自ら、「大会を絶好の好機として、行き詰まった過大都市の隘路を打開し、秩序と調和のある近代都市として再建するよう『よみがえり』を策しているともいえる」と述べているのである。[1] 座談会で東畑精一や大仏次郎が「かりに東京でオリンピックがなかったら、町も道路も良くならなかったでしょうね」と述べているように、[2] オリンピックをてこにした東京改造を多くの人々が認識していた。いたるところの道路が掘り返されて地下鉄や上・下水、立体交差の工事が進み、都心部でも高架を走る高速道路の橋脚建設が行われた。東京オリンピックのための土木工事は、震災復興、戦災復興に匹敵する第三の東京改造となった。

オリンピックは道路や施設などハードの改造だけではなかった。北京やソウルは記憶に新しいが、東京の場合も「日本社会が、国際的祭典の主人役としての力量と品格を問われる舞台」として位置づけられるのである。[3]

渋谷はそのオリンピックの中心的舞台となった。渋谷という都市のかたち、その中の人々の暮らしは、オリンピックを前後に大きく変わった。その変わりぶりは、平成二〇年の北京オリンピック、昭和六三年のソウルオリンピックも同様であった。それぞれのオリンピックは、日本・韓国・中国の一つの時代の終わりと、新たな時代の始まりを実感させた。「終わった時代」とは、第二次世界大戦とその結果が作り上げた「戦後」であり、「始まった時代」は、日本と韓国においては既に結果が示されており、中国の新しい時代も、紆余曲折はあるだろうが、ある程度の推測が可能であろう。東京オリンピックの主会場が明治神宮外苑を中心とする明治公園に設定され、選手村も結果的に旧代々木練兵場跡、米軍将校用宿舎となっていたワシントンハイツに設けられ、さらにサブ会場の位置づけになる駒沢公園が渋谷駅から約六キロ、東急電鉄玉川線、放射四号線（国道二四六号線、厚木街道）の沿線であったことにより、渋谷はオリンピックの中心となり、大きな変容を遂げることとなった。

本章では、戦後復興からオリンピックまでの間に、渋谷がどのような変貌を遂げたかを明らかにすることを課題とする。

第一節　戦災からの復興

1　戦後の混乱

昭和二〇（一九四五）年三月以降の無差別爆撃により、東京市住宅戸数は戦前の一三八万戸のうち七七万戸（五六％）を喪失し、罹災面積は二五％に及んだ。人口も一五年の六七七万人から、二〇年一一月には二七七万人となっていた。罹災地が二五％というのは少なく感じるが、西郊の世田谷・杉並・目黒、荒川以東の葛飾・江戸川・足立、さらには板橋・王子などの被害が少なく、それ以外の各区は、三割から九割の罹災を被っているのである。(4) 渋谷は三月一〇日以降の山の手空襲、特に五月二四日と二五日の空襲により、区内の七六％を焼失し、死者九四六人、重軽傷者四五〇人、罹災者一四万八千人という大被害を受けた。特に表参道入口の石灯籠付近には、焼死者が山のように折り重なっていたという。

焼失を免れた地域の人々や、廃墟となった東京に残らざるを得なかった人々は配給だけでは生きることができず、空地を耕して乏しい食料を補い、近郊への買い出しや市内各地に族生した闇市、露店で生活を維持することとなった。

大きな闇市場は、神田や八重洲口・有楽町など都心部に加え、新宿・池袋・赤羽・上野・蒲田・渋谷など壊滅した市域と郊外を結ぶターミナルや、国電の主要駅のすべてと言ってよいほどに成立した。占領軍の横流し物資が豊富にみられた都心部や上野の闇市、米や豊富な生鮮食料品のみられる赤羽や新橋、戦災を受けなかった沿線からの物資が流入する新宿や池袋・渋谷などなど、それぞれ特色を持った闇市が成立し、その中には空腹を満たす簡易食堂やあらゆる雑貨を販売する露店を数多く含んでいた。(5)

露店・闇市場で業者を取り仕切る日本の暴力団・テキヤ組織と、戦勝・解放国民といわれて制限が緩かった朝鮮・台湾人露店商との間に紛争が絶えなかった。特に道玄坂下ロータリーから消防署に通じる地域には台湾人が集住して露天・闇市場を経営し、日本人テキヤや暴力団との小競り合い、取り締まろうとする警察との間でも小競り合いを幾度も引き起こすようになった。その最大の事件が渋谷事件といわれるものである。昭和二一年七月、以前から対立していた新橋の松田組と台湾人武装集団との抗争が高まり、渋谷を拠点とする台湾人集団が武装して行動しているという情報を得ていた渋谷警察署が、準備をして検問したところ、警察と台湾人集団との争いとなり、武装してトラックに分乗した台湾人と、それを日本の暴力団と共に迎え撃った警官隊との間で乱射事件となり、警官一人と台湾人五人が死亡するという事件を生じた。この前後からＧＨＱの許可と支持を得た警察の取り締まりが強化され、銃撃事件などは減少していった。(6)

都はＧＨＱの指示を受け、二四年八月から露店整理に乗り出し、翌二五年三月以降、公道上にある露店を撤去する方針を示した。露店業者たちの反対運動もあったが、代替地や厚生資金の斡旋によってマーケット化などを図り、二六年一二月末までに常設露店は東京区部から消えていった。

渋谷区では道玄坂・恵比寿などで許可を得て露店を営んでいたものは三八三軒あり、うち四二名は整理対象外の靴磨きなどであった。これらの露店は「親分」ごとに組織された六つの組合に分かれ、各組合から代表者を選び、区や都との交渉に当たった。長野県出身で満鉄に勤めていた引揚者である並木貞人もその世話人になり、「親分」や行政との交渉に当たったという。飲食業者が約一二〇、物品販売業者が二三〇名おり、そのうち五二名の飲食業者は駅近くの都有地の払い下げを受け、街灯や排水の設備を整えて屋台の飲食店街を建設し、二五年八月に開業した。

さらに同年、区土木課が東横デパート地下売り場から駅前広場を横断する地域に延長一五〇メートルの地下道を建設し、地下道の両側を一三〇人の雑貨商の代替地に充てるという案を提案した。この提案に乗った並木たちは渋谷常設街商協同組合を設立し、地下商店街の建設に進んでいった。国鉄や東急・都など、権利の錯綜する地帯に本格的な地下商店街を建設するのは初めてで難航したが、三二年に「しぶちか」といわれる商店街が完成する。現在では少々くすんだ地下街となっているが、当時は初めての本格的な地下商店街として多くの人々を引き付けた。(7)

2　復興計画

都市計画家たちは、大正七（一九一八）年の都市計画法制定以来、都市計画区域の設定や震災復興、隣接五郡の合併、東京緑地計画区域の設定などを通じて、東京市内の再開発、大東京圏の国土計画に関して蓄積を有しており、敗戦直後には東京都計画局は「帝都再建方策」を作成発表する。国も昭和二〇年一二月には「戦災地復興計画基本方針」を決定し、都道府県に通達した。都は、関東地方の中での帝都の位置づけを前提にしつつ、二一年三月、半径四〇キロ以内の帝都圏ともいうべき地域の、人口・土地利用・交通機関・緑地・上・下水など諸施設の配置・在り方について、包括的な「帝都復興計画概要」を発表する。(8)

こうした計画は、大正後期から国際的に注目されるようになった田園都市構想に基づくものであった。既成市街地の外周を緑地帯で囲み、外郭の衛星都市に諸機能を分散して中心部への人口流入を抑制しようというものであった。

理想的な計画が発表される一方、都内には何万もの人々がバラック生活を強いられ、また疎開からの復帰を望んでいた。都は戦災地の大規模な区画整理に備え、昭和二〇年九月、戦災地に建設する建築物は移築可能な仮設建築に限るという訓令を出し、二一年四月、街路計画・土地区画整理、九月に用途地域、二三年七月に緑地地域を計画決定した（東京戦災復興都市計画）。街路計画は昭和二年の計画を基本的に受け継ぎ、自動車の普及に備えて二〇〜三〇メートルだった幹線の幅員を六〇〜一〇〇メートルに大幅に拡張しようというものだった。区画整理は戦災を受けなかった地域も含み、二万ヘクタールを決定した。

戦災後の区画整理と街路建設は、名古屋・広島・岐阜などが成功例として知られているが、東京の場合、計画は壮大にたてられたが、施行地区として事業化が決定されたのは直営・組合を含めて四八地区三三〇〇ヘクタールにとどまり、さらに二五年の復興事業見直しにより、未着手や国庫補助の対象とならなかった地域を中止し、結果的に戦災復興区画整理事業が実施されたのは一三八〇ヘクタールにとどまった(9)。

区画整理に着手できたのは初期の計画の数パーセントにすぎなかった。しかし事業化されたのは東京の最も重要な地域であった。昭和初年には郊外電鉄や市営バスとの乗換え駅になっていた山手線の各駅の混雑は著しくなり、その改善のために、七年に新宿・渋谷・池袋・大塚で駅前広場と付属街路計画、駒込以下の駅付近の街路計画も策定され、新宿だけが事業に着手されていた。こうした戦前からの計画があったため、区画整理に着手できたのは、関東大震災で被害を受けず区画整理の行われなかった新宿・渋谷・池袋・田端など国電主要駅の駅前が多く、この事業により、東京の最低限のお化粧がなされたといわれる。

街路計画は、幹線環状道路と幹線放射道路、それらをつなぐ補助道路によって構成されていたが、区画整理が限定的なものにとどまったため、街路の新設と拡幅は駅周辺を除きほとんど進まなかった。厳しいデフレ政策のなかで、膨大な費用を要する復興計画は縮小せざるを得なかったのである。二〇年に二七七万人にまで減少した人口は、二二年には三八一万、二五年には五一六万人へと毎年数十万人規模の人口流入を見、彼らの住と食をまず満たすことが求められた。国の資金を東京の再建に注入するために首都建設法を制定し（二五年六月）、二七年から総事業費一一六五億円の「首都建設緊急五カ年計画」に着手するが、資金不足のために期待した効果を得ることができなかった。

生活基盤を整備する復興計画が進展しない中、朝鮮戦争による景気回復と東京への人口集中と郊外化、スプロール化が加速していった。東京の都市問題を、拡大した首都圏のなかで解決する方向が出され、三一年四月、首都建設法に変えて一都三県を対象とする首都圏整備法が成立する。首都圏整備法は戦前の地方計画・緑地計画などを引き継ぎ、三三年に第一次首都圏整備計画（一〇カ年）が策定された。東京駅を中心に半径五〇キロを首都圏とし、都心から一五キロを既成市街地（東京区部、横浜市、川崎市など）、その外周一〜一〇キロを近郊地帯＝グリーンベルト、その外部を市街地開発区域として衛星都市を配置するという構想であり、既成市街地に対しては「首都圏の既成市街地における工業等制限法」を作成・適用し、工場のみでなく大学などの増設も制限した。整備法は成立当初からグリーンベルトの農民などの強い反対を受け、四〇年には近郊地帯は条文から消滅するなどの曲折はあるが、改訂を重ねて現在の首都圏形成の基本法となった。[10]

三二年から実施される都の首都圏整備事業は、一般会計では道路街路整備・公共住宅整備・低地対策、特別会計では港湾事業、公営企業会計では上・下水道・交通事業などからなり、三二年の一般会計支出一四五億円から三七年の八六七億円まで急増した。三二年から三九年までの八年間に国費を合わせ八八三六億円が投じられ、道路・下水・公共住宅・地下鉄・首都高速などにそれぞれ八〇〇〜一四七〇億円が投じられた。[11]

3　区画整理とワシントンハイツ

渋谷駅周辺は強制疎開や、昭和二〇（一九四五）年五月以降の空襲によって大部分が焼失していた。その焼跡にバラックの建築がはじまる中で、東京都は二一年九月、渋谷駅周辺を一一か所の区画整理第一次事業の第八地区に指定した。対象地は、宮益坂・道玄坂周辺の上通り二、三丁目から円山町・大和田町・栄通・神宮通・美竹町・金王町を含む半径およそ五五〇メートルの約三〇万坪、予算は約六億円である。商店街が密集していない山手線の東側から区画整理に着手し、ようやく二八年に移転が完了して区画整理区域内に限り、幅員五〇メートルの放射二二号線（六本木通り）、幅員四〇メートルの放射四号線（青山通）、青山通と六本木通りを結ぶ補助二三号線の建設に着手される。

しかし多くの商店や住宅が密集する地域の立ち退きはなかなか困難であり、「渋谷駅前広場やその周辺の繁華街は、懸案の区画整理が進まぬまま人や車の交通量は増える一方で、ここ数年来その混雑ぶりが悩みの種となっていた」[12]と記されているように、駅周辺でのタクシーの流しの禁止など交通制限を導入して一時をしのいでいた。山手線の西側はなお終わってはいなかったが、駅前と区役所を結ぶ補助二四号線（区役所通り）、道玄坂から分かれる補助五三号線などの都市計画街路、宮下公園や松濤公園・美竹公園なども形をあらわしてくる。

駅前広場の拡張と、青山方面から宮益坂を下り、渋谷駅を通って道玄坂上に至る道路の拡幅がネックになっていたが、三一年三月末までに、残っていたビルを取り壊して広場を広げ、四〇戸を移転して拡幅できる見通しが立った。また計画区域の東と西から建設されていた放射二二号線を、山手線・東急線・渋谷川を横断して連絡する計画も三三年には具体化し、これが実現すれば、渋谷駅周辺の道路交通はかなり緩和されると期待されていた。

公共用地は整理前の約四万坪から一一万坪に増加する一方、民間宅地は二一万坪から一六万坪に減少する。三〇年三月の段階で進捗率は四七％である。[13]

昭和一五年に二五万人に達した渋谷区の人口は、二〇年一一月に八万三千人に減少していたが、戦後急速に回復し、三〇年には二四万人と戦前水準にほぼ達した。戦前の区内住宅数四万のうち三万戸が焼失したとされ、流入する人々はまさに応急住宅・簡易住宅に住み、同居世帯も多かった。二六年に公営住宅法が施行され、同年から二階建て、四階建ての都営住宅の建設が進むが、何十倍、何百倍という抽選倍率は当たり前であり、宝くじのようなものであった。

食や住のめどがつき始めると、道路など生活環境への関心が強まってくる。三〇年ころから、道路や下水（開渠式の側溝が大部分）の修築が重要な課題になってくる。

梅雨は外に出るものにとって水びたしの道路、でこぼこの道路ほどいやなものはありません。区に届けられる区民各位からの苦情も激増しこのうち投書は今年に入ってから五月末日までに二三件、電話その他によるもの月約一二〇件にのぼっています。(14)

区に寄せられる住民の不満・要求は、下水・側溝の改良・補修・掃除が六〇％、残りが道路の改修であった。三〇年において区内道路のうち舗装済みは国道一〇〇％、都道八七％、区道は四一％にすぎなかったが、全体としては七三％が舗装されていた。三五年に至ると舗装率は九七％に達し、三四年に区は「私道の整備に関する条例」を制定し、幅員二・七メートル以上の公道に準じる私道は舗装などの改修を助成することとし、道路の改良が著しく進んだ。(15)

おそらく戦後最初の本格的な東京案内である『東京案内記』は、新宿・渋谷・池袋の復興ぶりを次のように比較している。「新宿も渋谷も、駅前にほんの申しわけに広場をちょっぴりこしらえただけ、あとはせいぜい旧態に復することを以って、唯一の目標としている」のに対し、池袋は「昭和二十二年ごろのおもかげとは、すでに一変している……あのブラックマーケットは取り払われ、後には幅広い道が、思いのままに通され、駅前の広場も、十分のゆとりを持たされている」と記し、「地元の人たちが、『もう渋谷には負けない、そのうち新宿も追い越す』と気負って、毎日調査班をくりだしてほかの盛り場を偵察している」(16)

浅草や上野、あるいは銀座や新橋とは異なり、都心と郊外との結節点として、明治末期、昭和初期以来顕著な発展を示して来た新宿・渋谷・池袋は、戦後の混乱から再建の中で、飛躍的に膨張を遂げることになる。池袋は空襲の被害が大きかったが故に、早期に駅を中心とする広範囲の区画整理が可能になった。新宿は駅周辺の区画整理は大きくなかったが、歌舞伎町が組合方式によって独自の区画整理に成功し、さらに二九年には淀橋浄水場跡地再開発を中心とする再開発計画に着手し、名実ともに副都心として管理機能の分散を担うセンターに成長していく。

三〇万坪を予定していた渋谷駅周辺の区画整理は、その後井の頭線北側から円山町一帯が「収束計画により計画及事業決定廃止区域」とされ、より縮小した。「面」とも言えないような面ではあったが、その狭い面の中で区画整理を行い、戦前の都市計画街路を部分的に実現したことは、「駅前のお化粧直し」という意味だけでなく、この後のオリンピック準備の都市改造に大きな役割を果たすことになる。

戦前の渋谷は、世田谷・目黒など東京西郊、さらに東急東横線によって横浜へのターミナルとして、加えて赤坂・青山には皇居・帝都防衛の役割を持つ近衛・第一師団の兵営と、その訓練施設である代々木練兵場、世田谷には野砲兵連隊など、軍事施設の集積も渋谷の特質の形成に重要な役割を果たしていた。さらに戦争末期、本土決戦が叫ばれるようになると、軍事施設として接収されたところもあった。

横浜にGHQ司令部を置いた連合国軍は、九月八日に東京進駐を開始し、米国大使館に星条旗を掲げるとともに、代々木練兵場など、市内の軍事基地に進駐して武装解除し、占拠していった。代々木には約三千人のアメリカ兵が進駐し、彼らのためのキャンプが設営された。敗戦一年後の二一年九月には、広大な代々木練兵場跡地（二七万七千坪）が米軍の家族居住地区に指定され、八二七戸の住宅と道路・変電所・上・下水道などの施設に加え、学校や病院・協会・劇場など米軍兵士家族が快適に暮らせる施設が建設され、ワシントンハイツと名付けられた。恵比寿にあった海軍技術研究所は、オーストラリア軍を主力とする英連邦軍の居住地となり、エビスキャンプと称された。

原宿と渋谷駅の間に横たわる広大なワシントンハイツは、渋谷の都市計画の大きな障害になるだけでなく、環境悪化の一因ともなっていた。代々木署や原宿署管内の住宅地区には七五軒の連れ込み旅館があり、ＰＴＡの母親たちが環境浄化の運動に立ち上がって、ホテルなどの建築を制限する建築基準法による住居専用地区への指定を求める運動を開始し、二八年に渋谷区の一五か所を含む、都内一四区二〇五か所が住居専用地区に指定された。(17)

4　自治権拡大と区政の混乱

渋谷は昭和七（一九三二）年に東京市の一区となったが、従来有していた首長の選任・条例制定権・起債権など、基礎的自治体としての基本的な自治権のほぼすべてを喪失した。区会は存在したが、小学校の運営など、ごく限られた権限を持つだけになった。東京市は以前から市長公選や自治権の拡大を目指して都制を実現しようとする運動を展開していたが、それに加え、新たに東京に編入された区を中心に、区の自治権拡大を求める運動も始まった。

渋谷区会は、区の法人化と自治権の拡張、区長公選、課税権・起債権などを求める意見書を内務大臣や府知事・市長に提出する。府会議員兼渋谷区議会議長朝倉虎治郎が「新二十区都制促進連合委員会」の会長になり、さらに旧区も含んだ都制促進、自治権拡充運動に拡大してゆく。内務省も東京市を廃止して府の範囲を都とし、区に一定の自治権を与える方針は示したが、都長官の選任方法を巡っては、市が公選を主張するのに対して内務省と区は官選を主張するなど、地方行政・自治の在り方を巡る対立が続いた。昭和一三年六月、市会が提出した「東京都制ニ関スル意見書」に対して、内務省は「東京都制要綱案」を公表し、都長官の官選制や区長の任免制、区の課税権・起債権を認めないなどの案を示した。東京市では「自治権擁護連盟」を組織して反対し、また、区においても市とは独自に要綱案に反対する運動がおこった。

しかし戦時体制が強化され、町内会や隣組が行政の末端として重視されてくると、区会を中心とする自治機能は一層低下していった。そして一八年七月東京都制が施行される。ほぼ同時に府県制なども改定され、都制も含め、戦争遂行のために、地方行政・地方自治は、より官治的なものとなっていった。

日本を占領したGHQは、地方制度改革を日本の民主化の重要な一つとして位置付け、進駐後、調査を開始していた。内務省も占領軍の動きに対応し、二〇年末には知事の間接選挙による公選制や公民権の拡大などを内容とする制度改革構想を立てていた。また、戦前から自治権拡大を求めていた東京各区をはじめとする地方自治体では、その動きを再開する。二〇年一一月以降、三五区の区長会や正副議長会において、食糧確保など都民の生活安定と共に、自治権拡張問題が取り上げられた。渋谷区会も一二月二〇日、都長官・区長の直接公選制、区への独立課税権・起債権の許可、警察権の都あるいは区への移管などの内容からなる、「現行都制ノ即時改正ヲ要請シ区ノ自治権確立」求める意見書を内務大臣・都長官に提出した(18)。

こうした動きの中で、二〇年九月に、第一次地方制度の改革がなされ、区長の公選や課税権など、基礎的自治体としての権限が区に認められた。同時に東京都区域整理委員会が組織されて区の分合に着手し、二二年三月に二二区(八月に練馬区が板橋区から独立して二三区)となった。同年四月に初めての区長選挙と戦後第一回の区議会議員選挙がおこなわれる。渋谷区長選挙は保守と革新の一騎打ちとなるが、戦前からの区会議員で戦後議長を務めていた、神泉の著名な料亭神泉館を経営していた佐藤健造が当選する。区長には戦前からの保守政治家が当選したが、議員四〇名のうち新人が三〇名を占め、その点では大幅な入れ替えとなった。

佐藤区長は昭和二六年に再選されるが、前年二月、国のモデルスクールに指定され、二六〇〇万円という金額を投じて建設に着手された松濤中学校を巡って大きな問題が生じた。落札した中堅建設業者への不安が当初から指摘されていたが、予定通りに工事が進捗しないにもかかわらず、区は予算執行を行っていることが問題となり、区議会に特別委員会が設置されて調査したところ、銀行から区長名儀で借りて前払いをしていることが明らかになった。この問題に関連して、収賄・業務上横領の疑いで係長や前助役が逮捕され、区長も逮捕・起訴されるという事態になった(区長は無罪となる)。区議会は区長不信任案を提出するが、区長は「事務に暗かったため」と言い、責任を認めつつも収賄・横領は認めなかった。この問題と同時に、区長交際費などが問題とされ、区長反対派は議会に不信任案を五回にわたって提出するが、賛成するのは半数前後で、必要な四分の三に届かなかった。このような区議会の状況に対し、渋谷親和会という団体が組織され、二七年一〇月から区長の解職署名運動を進め、翌二八年四月二〇日に投票が行われ、解職が成立する。

渋谷区政が混乱を重ねていた二七年八月、地方自治法の改正により、東京都特別区の区長公選制が廃止され、区議会が選任する候補者を都知事が同意するという形で区長が選任されることになっていた。リコールされた区長の後任は、この規定による初の選任となり、多くの注目を集めた。区議会は一〇名の候補者の中から元区議会議長・渋谷信用金庫理事長の角谷輔清を区長に選び、二八年八月に就任する。角谷議長の任期は三二年に終わり、区議会において後任区長の選考が行われ、七人の候補の中から三回の投票を経て角谷が再選された。ところが選挙終了後、区長候補者のうち落選した三名が区長選挙に際して区議会議員の買収を行ったとして逮捕され、収賄容疑により議長・副議長を含む一〇名が逮捕されるという事態を生じた。区内の商店会や町会などによって区政刷新期成同盟が組織され、区議の総辞職を求めるが、区議会は区議会自粛決議をおこなってお茶を濁すにとどまった。[19]

渋谷には中産階級や多くの有識者が住むようになったが、地域政治を担っていたのはなお古くからの商店主などの旦那衆であった。

第二節　オリンピックと東京改造

1　誘致と都市基盤の整備

オリンピックとインフラ

東京が戦後、オリンピック誘致に乗り出したのは、昭和三〇（一九五五）年に行われた三五年の開催都市を決めるためのＩＯＣ総会だったが、四票しかとれなかった。その後周到な準備を行い、三四年五月、ミュンヘンにおいて一回目の投票で三九年の開催都市に決定した。

しかし時期尚早、反対という声も根強かった。評論家の小汀利得は、ひどい東京の街を外国人に見せるのは「日本のために悪いＰＲ」になると言い、朝日新聞は社説において「直接の施設ばかりでなく、交通や道路、ホテルのことなどを考え合わせると、その整備充実は大変な仕事で、とくに膨大な予算を必要とする。……この予算をどうするかが大きな問題である。」（昭和三四年五月二七日）と記し、オリンピック投資の巨大さを危惧している。

戦後のオリンピック誘致と東京改造を結びつける発想が、いつごろから表面化したのかははっきりしない。第七章に述べたように、一五年に予定された第一二回東京オリンピックに際して、主会場に予定された神宮外苑と駒沢競技場の間に位置する渋谷区は、東京市長に対し、道路の拡張・下水の改修を「帝都ノ体面上」緊急の課題であると建議し、また京都・日光・鎌倉などの観光地へのアクセス改善やホテルの増強など、社会資本整備も話題になっていた。[20] 安井都知事が最初に声を挙げた二七年は、首都建設緊急五カ年計画が始まった年であり、オリンピックと社会資本整備は無関係ではなかったであろうが、誘致の目的は東京改造というよりも、諸国から観光客を招き、国際社会に復帰した日本を、復興する東京を見せたい、という意図に基づくものだったようである。むしろ都の都市計画技術者は、少ない財源をスポーツ施設整備に取られるのではないかと怖れていた。[21] しかし誘致が現実化した三四年には、事態は大きく変わっていた。

高度成長が始まって首都圏に人口が集中し始め、モータリゼーションも本格化し、東京都の社会基盤全体が大きな問題を抱えていることが明らかになっていたのである。

昭和二七年の都内の自動車登録台数は一二万台であったが、三三年には四〇万台を超え、三五年には六〇万台、三七年には八〇万台と自動車が急増していた。都心に乗り入れる国鉄や私鉄の電車は、殺人的な混雑になりつつあった。

上水道の供給力不足も大きな問題になっていた。玉川上水に起源をもつ、多摩川水系の淀橋浄水場では「大東京」の市民に上水を供給することは不可能であり、戦前に着工されていた小河内ダムと東村山浄水場の建設は戦争で中断し、二三年に再開してダムは三二年に完成し、浄水場への通水は三五年に行われた。戦前から計画されていた東京東部・北部からの取水と給水力の増強も、ようやく三五年に至って江戸川取水の金町浄水場の拡張工事に着手された。三三年の異常渇水を契機に、上水供給力の増強が図られていたが、三八、三九年は再び異常渇水に見舞われて断水・給水制限を繰り返し、制限率五〇％、所によっては一日五時間のみ給水というほどの異常事態に陥った[22]。

雑排水とし尿の処理も大きな問題であった。震災後からし尿と雑排水の合流式による下水処理が始まったが、なお大部分は開渠溝で雑排水を流し、し尿は汲み取りによって農村に還元したり、船によって東京湾に投棄して処理する方法が一般的であった。昭和五年の汚物処理法の改正によってし尿処理は東京市の義務とされたが、事態に大きな変化はなかった。東京府は市域周辺町村の下水計画を立てるが進捗せず、新市域二〇区は八年に「新区衛生施設促進連合会」を組織し、下水道の建設を陳情する。しかし進展せず、一二年においても「下水ハ常ニ臭気ヲ発シ、一朝豪雨ニ遭ヒナバ汚水人家ニ氾濫スル」と言われる状況だった[23]。

二〇年から二六年にかけ、区部の下水道普及率は一〇％台を続け、二六年の水洗便所普及率は一四％となっている。下水道は戦前のままであり、台風の襲来による床下浸水の度に、し尿汲み取り車が臨時出動しなければならない状態であった。都は三一年に「し尿処理基本対策要綱」を制定し、五カ年計画を立てて海洋投棄の廃止、水洗化、下水道設置の推進を図り、三二年には普及率二〇％に達した。しかし普及率の高いのは旧市部であり、新市域の普及率は著しく低かった。渋谷区では三五年においても普及率は六％にすぎなかった。さらに三七年にはオリンピック迄に環状六号線内側の、関係地域の下水道の完成と二三区全域に四八年度までに下水道の敷設を行うという目標を立てた[24]。

昭和四〇年の交通危機

これらの問題の中でも最も重大だったのは、都心の交通問題である。急増する自動車による交通の渋滞と、都心への通勤者の増加に伴う電車や都電の混雑が激しくなるなかで、首都建設委員会は昭和二七（一九五二）年に東京の交通難を解消するため、緊急の課題として地下鉄道網を中心とする高速度鉄道網の整備拡充を、また翌二八年には、自動車専用高速道路の建設を国と都に勧告する。都心におけるスプロール化の進展は、路面電車の乗客数の頭打ちとなり、山手線内では主要ターミナルで郊外と接続する地下鉄網を中心とし、バスを補助交通手段とする方針が決められていった。路面電車の乗客数は三〇年をピークとして下降線をたどり、自動車の増加に伴って厄介視されるようになり、三六年以降、順次廃止され始めた。

地下鉄は戦前に開通していたのは浅草・渋谷間だけであったが、二六年に池袋・新宿間の丸ノ内線の建設が始まり、三四年に開通した。三三年には押上から銀座・新橋を経て泉岳寺に至る都営一号線、続いて三四年には、新宿から中野・荻窪方面への荻窪線、南千住から霞が関・恵比寿を経て中目黒に至る日比谷線の建設に着手された。

二八年の首都建設委員会の「首都高速道路に関する計画」は、都心部の一環状線と五放射線からなる延長四九キロにわたる自動車専用道路の建設を提案した。この計画や都の事業計画案などに基づき、建設省は三二年七月「東京都市計画都市高速道路に関する基本方針」を策定した。それは、①都の周辺部と都心部を結ぶ平面交差のない自動車専用道路、②都心部と環状六号線を結ぶ放射路線とする、③河川などの不利用地、広幅員の道路上などに設置する、④高架または掘割式として設計速度は六〇キロとする、などとした。さらに東京都市計画地方審議会の中に特別委員会を設けて審議し、三三年七月、一本の環状線と八本の放射線からなる七一キロの整備計画が確定する。同年から首都高一号線に当たる路線の建設が始まり、四〇年度末の八路線完成を目指し、首都高速道路公団が建設を進めてゆく。(25)

住宅や上・下水など多くの問題があったが、最も深刻なのは交通問題であり、その元凶は道路が増大する自動車に対応できないところにあったのである。

三三年七月、都は「東京都市計画道路の現況とその将来」という道路白書を発表する。当時、都心部の自動車の制限速度は時速三二キロであったが、実際には一五〜二五キロに低下していた。現況の道路率を前提にして、自動車の増加割合と交差点の交通量を比較していくと、交通処理能力が昭和四〇年以内に環状六号線内の主要交差点すべてにおいて限界に達し、「車より歩くほうが早い」という交通マヒの時代になるという予測を出した。駐車禁止や一方通行、路面電車の撤去などの手段は交通能力を一〇～二〇％増加するのみで、マヒの到来を一年か二年延ばすだけであり、またこの地域で平面的な道路率を増加させることは不可能であった。「昭和四十年には都心の道路交通はマヒする」、という〝昭和四〇年危機説〟が関係者間で声高に叫ばれることになった。そこから都心部の既存道路に関しては、平面交差のない立体交差、高架の都市高速道路の建設が不可欠とされたのである。(26)

オリンピックをテコに

誘致が現実化し、東京の大幅な社会資本整備が不可欠になっていたころ、オリンピックと東京改造が直接的に結び付けられた。東都知事は、昭和三四（一九五九）年五月の就任直後、幹部との会議の席上、「オリンピックの機会に是非とも東京を蘇生させたい」と発言していたとのことであり、この時期には、両者は不可分のものとなっていた。(27)

東京オリンピック施設建設事務総長は、従来オリンピックを開催した欧米の都市と東京との違いについて、畑に種をまくだけでいいのか、耕すところから始めなければならないのかの違いと記し、具体的に都市構造の相違を述べている。(28)東京オリンピック以前の開催地は、メルボルンは異なるが、すべて欧米の都市であり、それらは西洋のライフスタイルに基く上・下水や宿泊設備を持ち、競技場設備や都市の交通インフラも、東京とは比較にならなかった。都政に責任を持つ人々にとって、オリンピックは絶好の機会となった。彼らの認識は「東京の都市機能は年とともにその欠陥をさらけだしてきている」のであり、「一日も早く都市改造の決意をすべき」であり、それがオリンピック招致により可能となったのであった。(29)

東京開催が決定し、準備が本格化した昭和三〇年代後半は高度成長の真っただ中であった。建築家・都市計画家の丹下健三は、「自動車交通のマヒ、通勤の殺人的混雑はすでに限界にきている。しかし都民の一人ひとりは歯を食いしばっても、東京にふみとどまっていなければならない」（三六年二月一六日）として、都市機能を東京湾上へ拡張するというユニークな東京改造論を提出していた。重要な責任を負っているはずの自治省事務次官は、以下の如く東京の行き詰まりを記している。

いまのままの状態でゆけば、東京は遠からず、いろんなゆきづまりにぶつかる。三年後のオリンピック大会をめざして、各種の建設事業が懸命に行われているが、おそらくはその時に行き詰まりの一つの山がくることだろう。交通の混乱と水の不足とに、もっとも端的にゆきづまりがあらわれよう。……単に物理的なものではない。犯罪、窮貧、その他の社会的な悪徳、害悪は別としても、バイ煙、排水、騒音、廃水など、健康的な市民生活を維持するのに、生理的に耐え難いものとなるに違いない。（三六年二月一八日）

責任ある次官の言とも思えない、他人事のような発言であるが、好意的に解釈すれば、オリンピックは東京改造の絶好のテコと認識されていたが故に、〝行き詰まり〟を公言しているのであろう。

2　東京改造へ

競技場の決定

昭和三三（一九五八）年に行われたアジア大会は、世界的には好印象を与えたが、その内実を承知している組織委員会関係者には、計画・運営とも反面教師として学ぶべきものであった。

アジア大会は、参加国二〇カ国、参加選手数一四〇〇名を都内のホテルに宿泊させたが、競技場とホテルとの交通に混乱を生じ、また開会式に車が殺到して路上駐車も多く、混乱状態になった。三日目には大会見学に行く途中の中学生が絵画館わきで自動車事故のため即死するという事件も発生した。

加えて表玄関とも言うべき羽田空港の施設・建物管理の不備に対する批判が強く出された。乗客の通る地下通路の壁が漏水して水たまりができている、フィンガーの窓ガラスなどが壊れたままになっている、「電灯、カサ、セッケン入れなど備品が完備した洗面所はほとんどない。…入国待合室の男子洗面所では過去三週間、便器がつまってあふれていたが、対策としては水を止めただけ。このため入国客は手続きを待ちながら、ものすごい臭気にさらされている」（三三年五月二八日）との非難をあびるほどであった。

オリンピックはアジア大会とは比較にならない規模であった。参加国は七〇、選手・役員は八千から一万人、競技種目二〇、外国からの観覧観光客は一日最大三万人と見込まれていた。選手・役員が宿泊でき、トレーニング施設を持つ選手村を建設し、世界に通じる競技施設を整え、選手村と各競技会場を自動車で短時間のうちに往来できる道路を建設しなければならない。三四年一一月三〇日に東京大会組織委員会において、「施設に関する基本計画」を内定し、それに基づいて施設の整備とアクセスの確保が図られることになる。

アジア大会に際し整備されていた神宮外苑国立競技場を改修し、観客収容力の増加や報道設備の充実を図り、隣接の都立体育館などを拡充・改修してメーン競技場地区とする方針が立てられた。さらに都のスポーツセンターになっていた駒沢総合運動場を球技の競技場とし、多くの観客が見込まれる水泳競技は、既存の都立水泳場と神宮プールは小さかったため、ワシントンハイツの一部返還を求め、オリンピックプールを建設することとした。他に世田谷の馬事公苑、埼玉県戸田のボート、朝霞の射撃、江の島のヨットなどの競技会場の原案が作成された。

朝霞選手村構想

最大の問題は、運動施設その他の付帯設備を整え、一万人近い選手団・役員を収容する選手村をどこにするかであった。自動車で四〇分以内という条件であったが、その条件で大規模な宿舎や設備が建設可能な所は、埋立地か米軍基地しかなかった。埼玉県朝霞の陸軍予備士官学校跡地を中心としたキャンプドレイク、成増飛行場跡地に建設されたグラントハイツ、それに代々木練兵場跡地のワシントンハイツの三か所と晴海の埋立地であった。返還の可能性や距離などを考慮して、早い段階で朝霞と代々木に絞られる。

ワシントンハイツは神宮外苑に隣接し、サブ競技場の駒沢とも近く、道路・電車による交通も便利であった。渋谷区の中心部に位置し、未利用地も多くあったところから、区は昭和二六年から学校用地などとして未利用地の払い下げ、返還運動に着手し、三四年一月には、返還を前提にした区役所建築構想を区議会に報告・公表している（三四年一月二二日）。基地の全面返還を要求する革新系団体による運動や、ＰＴＡなどによる独身者用宿舎建設反対運動などに加え、区は東京都日米連絡協議会の席上においてハイツ敷地の一部返還や部分使用を求め、あるいは区とハイツとの連絡組織である渋谷区日米連絡協議会においても、返還への条件づくりを進めていた。

キャンプドレイクはノースとサウスに分かれ、ノースは師団司令部や通信隊に加え、米軍用の住宅もあった。サウスはかつて予備士官学校があったところであり、兵舎や演習に使われていた。

組織委員会は、朝霞は主会場から二二キロの距離があるが、選手村予定地として交渉すれば返還されるだろうという予測に基づき、三四年一一月、サウスキャンプの全面返還を求めることを内定し、ワシントンハイツについては、三五年八月、プール建設地などとして一部返還を求めることを決定した。朝霞の接収解除の予想は、サウスが三四年から米軍と自衛隊が共用するようになることに基づいていた。

朝霞と神宮外苑との間は、当時自動車で優に一時間以上かかり、当初から交通問題が最大のネックと考えられていた。建設省施設課長も、朝霞について、十分な広さと環境があり「接収解除の見透しも明るい」としつつ、「ただ、会場との距離がかなり遠いのが難点といえばいえるが、これも後述の如き連絡道路の整備ができ、適切な交通整理が行われれば、自動車で四十分ということはそれ程困難ともいえないだろう」と述べているように[30]、問題は朝霞と主競技場を結ぶ道路の建設であった。戦前からの都市計画や戦災復興に際して、都市計画街路として指定されながら、遅々として進行していない環状七号線、放射七号線（目白通り）、放射八号線（川越街道）を建設・改修するとともに、それらを連結する補助一三四号線によって選手村と主競技場を結ぶ予定であった。図11－1に示しているように、東京の南・西・北郊に及ぶ広い地域にわたって道路整備を必要とすることになる。

図 11 ― 1　オリンピック関連街路網図

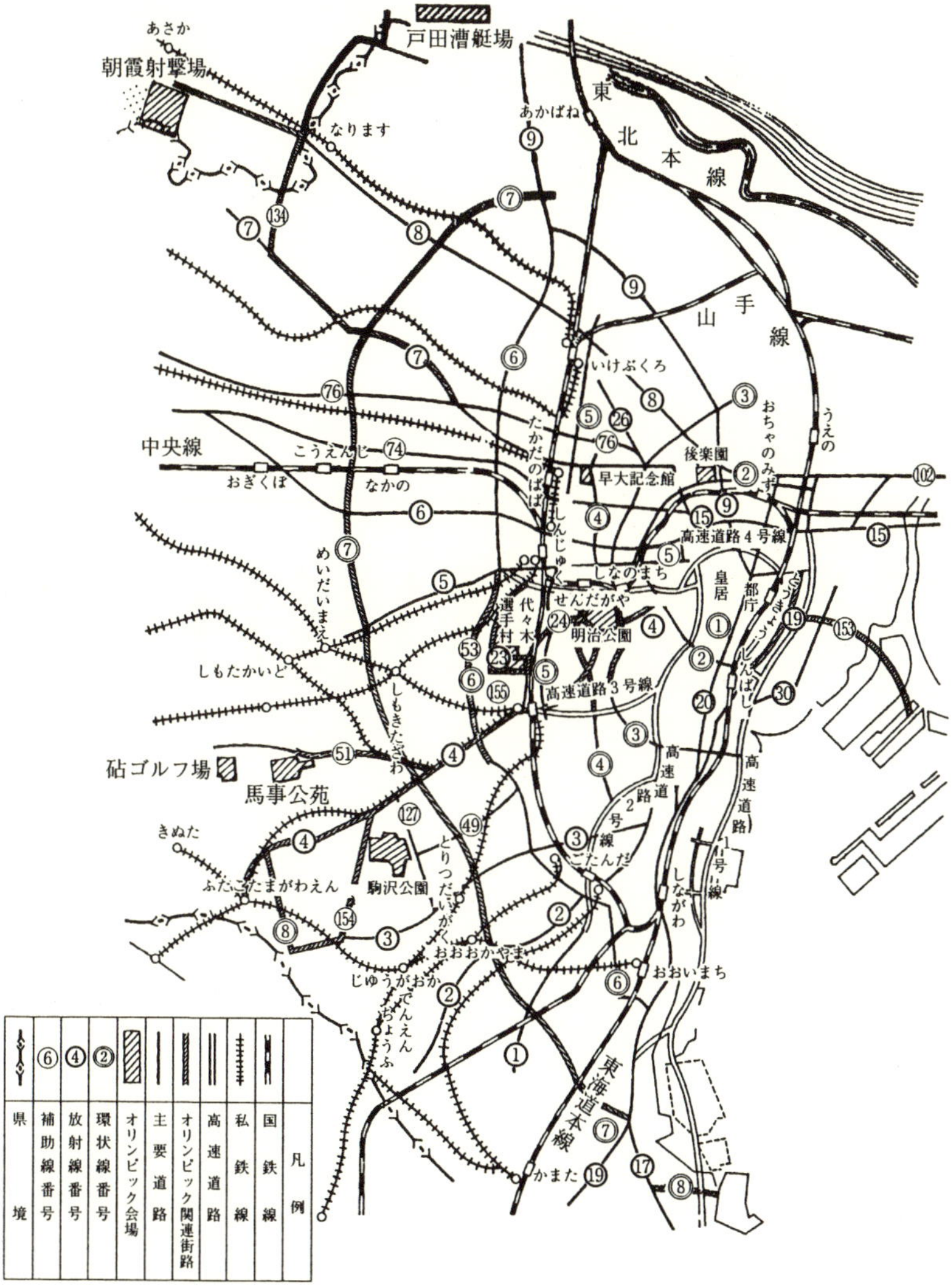

出典：『オリンピック準備局事業概要』1963年版。

政府は昭和二九年から揮発油税を道路特定財源として第一次道路整備五カ年計画、三三年からは第二次五カ年計画を出発させており、それと連動させつつ、選手村と競技場を結ぶオリンピック関連の道路建設と、日光や鎌倉、京都などへの観光ルートも充実させようと、計画を改定し、第二次の途中の三六年には第三次五カ年計画を出発させた。都でも国の計画を組み込み、同年から道路整備一〇カ年計画を策定する。こうした構想を前提に、首都圏整備委員会は三五年一二月、オリンピック関連道路整備計画を策定し、三八年度末までに完成することとした（三五年一二月一六日）。関連道路は、一般道路・高速道路・高速道路関連道路の三種に区分され、合計一三〇キロ、一二二一億円に達した。その後若干の入れ替えがあり、一般道は二二路線五二キロ七五一億円、高速関連街路は一九キロ四三四億円と、距離は減少する一方、建設費は高騰している[31]。

これらの街路のうち、根幹をなすのは大森から板橋まで一五キロに及ぶ環状七号線、永田町から世田谷まで八キロの放射四号線（国道二四六号）であり、さらに環状七号線から放射七号線、同八号線、補助一三四号線によって朝霞に至る街路、また距離は長くないが、主競技場近くの環状三、四、六号線の新設・改修も重要であった。

選手村を代々木へ

こうした動きに対し、渋谷区ではワシントンハイツが選手村となれば全面返還となり、その可能性もあると予測し、昭和三四年九月には選手村招致を決定し、三五年一月以降、区・区議会による組織委員会・都への積極的な運動を開始した。二月一〇日の区議会で正式に決議し、二三日の区商店会連合会の集会以後、区体育会、料飲食組合、観光連盟など区内団体が相次いで集会を開いて選手村誘致に乗り出していった。「同委員［組織委員会］の内部にも渋谷区の意向に同調し、〝オリンピック村〟を埼玉から東京へ置くことをバックアップしている有力者もいると同区ではいっている」（三五年二月一二日）と報じられているように、組織委員会や競技団体関係者からは朝霞の評判はよくなかった。

渋谷区では、三月二一日には区内各団体の代表者を区役所に招いて招致運動世話人会を開催し、五月七日には団体代表や区民らが参加して招致区民連盟を発足させ、区と諸団体が連合し、区民や都民へのＰＲ、競技団体関係者らとの懇談などの運動を行っていった。競技関係者の多くも、代々木選手村を支持したが、東京都の関係者が強硬に朝霞を主張したといわれている。いくつかの雑誌に掲載されている都の関係者の論文も、すべて朝霞選手村を前提にして道路・交通問題を論じている。組織委員会は既定通り選手村を朝霞とする方針を崩さず、三五年一二月にはキャンプドレイクのサウスの全面返還とワシントンハイツの一部返還を米国に求めるよう文部省に要請した。

ところが、三六年五月九日の日米合同委員会施設特別委員会において、日本側が米国側にオリンピックのための施設返還を要求したところ、その回答は、大会期間中のキャンプドレイクの一部使用には応じるが永久返還には応じない、ワシントンハイツは一部返還には応じられず、全面返還し、その代替地を日本政府の責任によって提供すること、という日本の予測を超えたものであった。従来からのワシントンハイツ返還運動、前年の日米安保闘争などを踏まえ、首都の中心に広大な米軍宿舎を維持することは不得策と判断したためといわれている。代替施設の建設に約八〇億円かかるといわれ、また都や国の建設担当者の動揺を抑えるため、「道路建設事業など朝霞を前提として立てたさまざまの計画は一切変更しないという方針を再確認」し、従来通り「突貫工事」を続ける方針をとったが（三六年五月二二日）、渋谷区では米国のこの方針を受けて、五月三一日には区民二千人を動員して表参道から国会まで陳情デモを行うなど誘致運動を一層強化した。都や組織委員会は当初方針を貫こうとしたが、米国の方針は変わらなかったため、組織委員会も方針を転換せざるを得ず、同年一〇月、オリンピック関連道路の建設は計画通り進めるなどの条件を付けて、代々木への選手村の建設を決定した。

選手村の変更は、都や組織委員会が米国の意向を読み誤ったという面もなきにしもあらずだが、それよりも都が朝霞に選手村を予定することにより、大動脈である環状七号線の建設と都心から環状七号線、それ以遠への放射道路の伸展を図り、都の西郊から北郊にかけての道路建設を一気に実現しようという意図が強く表れている。五輪招致活動を始めたころは、「東京改造」とまでは意図していなかったが、招致が実現したことによって、都や建設省の都市計画関係者は、選手村として不評であっても朝霞を前面に出して、オリンピックを「東京改造」の「絶好の機会」と位置づけて構想を推進していたのである。

オリンピック道路の建設

朝霞選手村を前提にした場合の基幹道路は、放射四号線と同七号線、環状七号線、羽田空港から東京に入り、競技場・選手村を結ぶ首都高速道路一号線・四号線、それに主競技場・サブ競技場と基幹道路を連絡する補助道路であった。

昭和初年以来の都市計画街路は、オリンピック以前から、少しづつは改善されていた。渋谷駅周辺再開発地域内の放射二二号線は数百メートルではあるが新設され、駒沢から瀬田の国道二四六号約二・五キロメートルは厚木飛行場への重要な道路であったため、防衛費から支出する「行政協定道路」として幅三〇メートルのバイパスを昭和二六年に設置する。三四年一月には環七の予定地に入っている練馬区南町の住民六〇世帯が、予算不足によって買収が後回しにされていくことに焦慮し、早期の敷地買収を都に請願している。

環七は大田区大森一丁目から江戸川区堀江町に至る五五キロの道路であるが、オリンピック前に完成すべきなのは第一京浜国道から板橋区本町の中山道に至る二一キロ、立ち退きが必要な戸数は二二〇〇戸、うち三六年二月段階で移転を終えたものは五〇戸にすぎなかった。放射四号線は赤坂見附から渋谷を経て世田谷区瀬田町の環状八号線予定地までの一四キロ、立ち退き予定戸数は一三〇〇戸で完了は七〇戸と言う数字であり、両道路とも根強い反対運動があり、密集した商店や住宅を抱え、「現状での見通しは非常におぼつかない」とされている（三五年四月二六日、三六年二月一一日）。

最大の難関は、新設・拡幅・立体交差などのための用地買収、立ち退き交渉であった。都は用地買収に人海戦術をとり、三六年度に入ると「見通しはぐんと明るくなった」と言われ、環七は八〇％、放射四号は七〇％、その他の道路は九〇％が測量段階に入った（三六年五月二二日）。さらに難航視されていた商店と住宅の密集地区には、新しい手法が導入された。青山一丁目から六丁目は、商店と住宅が密集しており、拡幅のためには道路に面した商店を撤去せねばならなかった。「青山通り改造推進協議会」の斡旋により、商店・事務所と住宅の共用施設である住宅公団の市街地住宅の建設という手法により、高層化を図り、三六年に三棟四六一戸の住宅建設に着手した。(32) 同じく店舗二一〇戸の移転が必要だった池尻地区も三六年一月に設立された首都圏不燃建築公社の融資を得て行われた。都は都住宅公社、不燃建築公社、都宅地開発公社、新宿副都心建設公社、新都市建設公社などを設置してオリンピック関係の道路建設、再開発を推進していったのである。(33)

こうした手法によって用地買収・移転が進んだが、その一方移転に反対する人々も根強く存在した。土地収用法を改正して、特定公共事業の認定を受ければ強制収容を容易にできるようにし、三八年六月には一七〇人の未契約者に対して収用手続きをとり、最終的には二三件を強制収用する。

放射四号線のうち、国立競技場に近いメーン道路とも言うべき赤坂見附から渋谷間の拡幅に続き、電線や電話線の埋設、地下鉄出入り口、都電レールの付け替えなども、河野建設大臣の指示によって完成期が早まり、四月中旬には完工した。青山通りからは電線がなくなり、新しいビルとプラタナスの並木、水銀灯に彩られた通りに生れ変った(三九年四月一四日)。

三九年八月二一日には都道路建設本部が、三五年四月から八一三億円をつぎ込んで建設に務めてきたオリンピック道路の完工式が挙行された。総計は、関連街路二二路線、ロードレースコース四路線、高速関連道路八路線合計六三キロに達し、買収敷地六六万平方メートル、移転家屋五六〇〇棟、住民二万人に及んだ(三九年八月一九日)。

高速道路の建設は新設された首都高速道路公団が担当し、広幅員街路上に高架構造として計画された部分の関連街路の工事は、都からの委託により同公団が担当した。高速道路のうち、一、二、三、四号線の一部とそれらと一般道を結ぶ関連街路もオリンピック関連道路に指定された。羽田空港から沿岸部を通り、入谷までの一号線は三七年一二月に一部

図11－2　明治通りを横断する首都高速三号線　　出典：『渋谷の記憶Ⅱ』76頁。

供用開始され、四号線は中央区八重洲の分岐線から千代田区を経て国鉄中央線と並行して渋谷区本町で放射五号線（甲州街道）と接続する。三号線は千代田区を起点に道玄坂一丁目で放射四号線（厚木街道）に接続する延長六・七キロの道路である。放射二二号線（六本木通り）を新設しつつその上を高架で走り、青山学院下をトンネルでぬけ、東横線・山手線を高架でまたいで合流する。二号線は銀座から麻布・芝公園を経て五反田で山手線をまたぎ、放射一号線（第二京浜）、補助一五二号線（中原街道）に接続する道路である。建設に伴って順次供用され、三九年一〇月一日には、一、二、三、四号線の主要部分が供用開始され、何とかオリンピックに間に合ったのである。

復興が始まる中で、都心に向かう国電は通勤時間帯のラッシュが激しくなり、殺人的と称されるようになっていた。国鉄はようやく三二年から首都圏のラッシュ緩和を目的に第一次五カ年計画、三六年から第二次五カ年計画を立てて輸送力の増強を図り、中央線の高架複々線化などを進めていった。しかし当時の国鉄は、東京や大阪の国電区間から利益を吸い上げ、それを全国の幹線網の充実に投資するという方針であり、首都圏の輸送力・安全投資は二の次にされていた。

地下鉄の建設も拍車がかけられた。丸ノ内線・同分岐線の約二七キロは三七年三月に全通し、北千住・中目黒二〇キロも三九年八月に全通、さらに押上・大門間も同一〇月に完成する。

ＮＨＫの渋谷移転

「シブヤ」が全国的に知られるようになった大きな要因の一つは、ＮＨＫテレビを通じて、渋谷の街かどが毎日のように流されるようになった点にある。そのＮＨＫが渋谷に進出したのは、オリンピック中継のためであった。

従来のオリンピック報道は、新聞やラジオが中心だったが、昭和三〇年代後半の技術革新により、テレビに移っていったのである。三五年からカラーテレビの本放送が開始され、三四年からはテレビ放送用ＶＴＲが本格導入され、携帯用テレビカメラも真空管式からトランジスター式に進歩して大幅に小型化され、テレビ中継車も三七年ころには事故現場からの実況中継に活躍するようになった。

オリンピックのラジオ放送権は無料であったが、テレビは有料とされ、放送に必要な施設の整備は開催国の代表的な放送機関に委託し、組織委員会と放送機関との間で放送権に関する契約が必要とされていた。両者の正式な契約は三八年九月に行われるが、ＮＨＫが担当することは当然視されており、千代田区内幸町の放送会館では狭くて主競技場から遠かったため、米軍に接収されていた青山公園の一部解除を三六年に申請した。しかしそれも手狭であったため、ワシントンハイツが全面返還されることが確定していた三七年八月、テレビとラジオの一元化を目指し、ハイツ跡地に一大放送センターの建設を意図し、国と都に対し、三万坪の払い下げを求めた。三八年三月、閣議決定によりＮＨＫへ二万五千坪が払い下げられることになり、放送センターの第一期工事が開始される。[34]

オリンピック中継は、この放送センターと各会場に配置されたテレビ中継車によって行われ、それが衛星放送によって世界に放送される。衛星放送は東京オリンピックを機に実用化されるのである。東京オリンピックの開会式は、米国へは衛星で生中継され、ヨーロッパへは米国で録画されたテープを空輸し、その日のうちに放送し、人々に感銘を与えた。

オリンピックとはテレビで見るものとなり、それを作ったのは東京オリンピックだった。ＮＨＫは放送センターの東館に続き、四〇年には西館の建設、さらに四五年には二三階建ての本館とホールの建設に着手し、四八年の完成後はすべての機能を渋谷に移転する。(35)

第三節　オリンピックの成功に向けて

1　衛生環境の整備

現在の東京は、明け方の繁華街の一部を除けばきわめて清潔であり、散乱するゴミや悪臭をほとんど感じない。しかし高度成長まっただ中の、オリンピック前後の時代はそうでなかった。狭い道路に車があふれて排気ガスが充満しているだけでなく、騒音が街を包み、盛り場や住宅地にもごみが散乱し、悪臭が鼻をつく街であった。自治省事務次官が述べていたように、生理的に耐え難い、健康な市民生活を維持できないような環境になりつつあった。なお高度成長のさなかではあったが、その「後始末」が不可欠とされ始めたのである。

政府は、昭和三八（一九六三）年に「生活環境施設整備緊急措置法」を成立させ、下水と終末処理場、し尿処理場、ごみ処理施設整備のために、同年度から五カ年計画を立て、全国的に生活衛生環境の整備を進める方針を示した。当時、欧米諸国の下水道利用率は七〇〜九〇％といわれていたが、三七年末の日本の市街地における普及率は一六％、利用率は一〇％といわれていた。都では、オリンピック前に環状六号線以内の下水道を完成するという計画を立て、便所を水洗化する工事も急ピッチですすめていた。しかし三八年末においてもなお、し尿の四五％が東京湾に投棄されているという状態だった。渋谷区の下水道普及率はようやく六〇％に達し、区内の主要公衆便所も鉄筋コンクリート作り、水洗式となった[36]。

下水道の敷設や水洗化が進展していた三九年三月一四日の昼頃、代々木駅前通りのいくつかの商店から、悪臭の苦情が原宿署に寄せられた。署員が調べたところ、バキュームカーで代々木ゼミナールの便所の汲み取りをした業者が、それをそのまま同校近くの側溝に流していたことが明らかになった。その業者はバキュームカーを所有し、ビルの汲み取りを請け負い、足立・世田谷の畑で処分していたが、交通渋滞が激しくなったため、ところかまわず捨てる、「現地処分」をしばしば行うようになっていたという（三九年五月一日）。

また三〇年代後半に入り、都市河川の浄化も大きな問題になった。渋谷駅より上流の渋谷川はオリンピックの年に暗渠となり、悪臭のひどい大河川隅田川には、九月一日から利根川の取水の一部をフラッシュ用水として新河岸川から流しこむことが行われた。

高度成長の中で消費生活が豊かになるに伴い、家庭から排出されるゴミの量も急増していた。都は三六年から三カ年計画で道路の固定式家庭用ゴミ箱を撤去し、約一〇戸を単位に一七万カ所のゴミ容器集積所を設け、週二回の定時に収集車が収集に回る態勢を築く方針を立て、紙や金属など再生資源用ゴミの分別収集も始め、夢の島などへの埋立て処分から、焼却工場を建設し、四五年には全量焼却する方針とした[37]。

高度成長や生活スタイルの変化に伴う環境悪化への対応は、社会基盤の整備という形で、全国的に三〇年代後半から本格的に着手され、また都や渋谷区などではオリンピックを控えていたために社会資本整備のための公共投資が集中的に行われた。しかしこうしたハードの整備だけでなく、生活環境改善のためには住民の努力が不可欠であった。

2　恥かしくないように

戦後の混乱が収まるに伴い、昭和三〇（一九五五）年に鳩山内閣の下で「蚊とハエをなくす運動」が始まったように、生活環境や衛生環境の改善はしだいに力がそそがれるようになっていたが、オリンピック開催が決まったことにより、三五年から「一九六四年の東京オリンピックを目標に、町をきれいにするため、今年も『蚊とハエをなくす運動』を強く推し進めることになった」と、[38]「オリンピック開催のために」が錦の御旗となり、環境改善に拍車がかけられてゆく。[39]

渋谷区では区役所・保健所・清掃事務所が一緒になって実践本部を作り、特に四月から九月にかけては、大量の人夫やトラックを動員して区内全域にわたる側溝のドブさらい、定期的な公衆便所の清掃、戸ごとへの便所用薬剤の配布と噴霧器の貸し出しを行い、町会・自治会単位に実験地区を設定し、町会の衛生担当役員・伝染病予防委員などの協力を得て、側溝・下水などの不良個所、公園などの公衆便所、墓地、各戸の便所汲み取り口や台所・ゴミ箱の良否等を調査し、対応策を立てていった。

こうした運動はもちろん渋谷だけでなく、各区が取り組んでおり、三七年からは「蚊とハエをなくす運動」を都の運動として取り組み、さらに都は首都美化推進本部を設けて三七年一二月から毎月一〇日を「首都美化デー」と定め、都民自身の手による街路樹の植樹や花壇の設置、町内の清掃などを訴えた。オリンピックの年の最初の美化デーである一月一〇日は、町会や婦人会に加え、小学生や中学生も参加し、二〇〇万人を動員し、「オリンピックの年を迎えて、首都美化運動もやっと都民全体にしみ通ってきたようだ」と、運動の効果も次第に表れていた（三九年一月一〇日）。

しかしオリンピックの年、「都内の各町会や婦人団体などは、一斉に蚊とハエ退治の活動を始めている」と報じられた四月、下水の建設や恒常的なゴミ箱の追放などにより、数年前から比べると都内のカやハエは減少したと評価されているが、周辺区のふたのない下水や溝、貯水池、公園などへの薬剤散布に効果のある米国製薬剤散布車が予算不足のため購入できず、相変わらず住民の人海戦術に頼った手段が主になり、画期的な対応は不可能とされている（三九年四月一八日）。

渋谷区では三九年四月以降、蚊とハエをなくす運動、町をきれいにする運動をいっそう繰り広げ、増強した道路洗浄車による清掃、公衆ごみ容器の増設などに加え、入村前のオリンピック村周辺の集中的な蚊とハエ退治を行った。

三八年に結成されていたオリンピック協力会が三九年一月から本格的に活動を開始し、「きれいな街でオリンピックを迎えよう。花いっぱいでオリンピックを飾ろう。オリンピックにはじない公衆道徳を養おう。」など、いくつかのスローガンを掲げ、区民への啓発活動を行う。さらに八月末には、オリンピック渋谷音頭やポスター、街路の装飾によるオリンピックムードの盛り上げ、公衆道徳の一層の徹底、外国人への渋谷区案内書の作成など訪日外国人への「おもてなし」、などを定めた「渋谷区オリンピック対策事業基本計画」を発表した(40)。

オリンピックを成功させるために、「オリンピックを迎えるみんなの会」「オリンピック国民運動推進連絡会議」なども組織され、三九年六月には連絡会議結成一周年を記念して各団体代表など七〇〇人が参加して「オリンピックを成功させるためのみんなの集い」を開き、街頭で町ゆく人にエチケットカードを配ったという（三九年六月一〇日）。

オリンピックの期間は一〇月一〇日の開会式から、二四日の閉会式までであり、渋谷区では放射四号線と環状六号線に挟まれた区域のし尿とゴミ収集ついて特別態勢を組んだ。し尿汲み取りは大会前と後の五日間に特別態勢を組み、期間中はできるだけ汲み取りをしないようにし、ゴミ収集は当該区域のみ一日から二五日まで、朝八時から早朝作業を行う特別態勢とし、汲み取りやゴミ収集をオリンピック観光にやってくる内外人に見せないように図ったのである(41)。

「東洋で初めて」という東京大会は順調に行われた。閉会式の夕刊には、いろんな声や思いが記されている。「外国人に見られて恥ずかしくないように…」といった声が大会関係者をせきたて、いらだたせた。新幹線を作り道路を拡幅し、橋の下から浮浪者を追い払い、半ば当然の結果として、外国人の評価は素晴らしかった。「…戦争に負けた日本が、ここまでやれるようになったんじゃ。」声を大きくして父親はいった。

一口には表現できないほど底の深いところで、日本人の気持ちに何か一種の厚みを加えた体験だったといえようか。世界のスポーツの祭典を、史上最大規模で無事開催し、新幹線や高速道路、競技場など発展する日本を世界に発信し、選手と観客をホストとして歓待し、興奮裡に終えることができた。敗者復活戦、欧米諸国と肩を並べる、といった世界の中での日本の存在を確認し、そこまでに復興した日本と日本人に対する誇りを改めて確認したのである。こうした思いは関係者のみでなく、競技場で、あるいはテレビを通じてであっても、オリンピックを同時代的に体験したほぼすべての日本国民に共通するものであった。

おわりに

現在の渋谷の基層というべきものが、明治維新から二〇年前後にかけて形成され、大正期から関東大震災後には渋谷の原型が成立していた。戦前の渋谷を構成していたものの大部分は空襲と敗戦によって壊滅、あるいは大きく姿を変える。戦前を上回る規模とスピードの東京のメガロポリス化は、東京の根本的な改造を求めていた。そのきっかけ、てことなったのがオリンピックであった。オリンピックの成功という錦の御旗の下で、東京のハードもソフトも大きく変容していったのである。メーン競技場、選手村となった渋谷は、その変貌の中心にあった。代々木公園やオリンピック競技場、ＮＨＫ、高速道路、山手通り、青山通り、六本木通り、さらにいくつもの地下鉄が建設され、渋谷も大きく変わった。しかし渋谷がもう一段の変化を迎えるのは、高度成長の果実が人々に行き渡るころまで待たねばならない。

註

（１）竹ケ原輔之夫「東京オリンピック道路―その経過、路線の決定と建設概況―」（土木学会『土木学会誌』第四八巻第一号、昭和三八年一月）七頁。
（２）座談会「オリンピック東京大会を前に」（『朝日新聞』昭和三九年一月一日）。
（３）「日本の力量問う五輪」（同右）。

(4)各区の被害などについては、石塚裕道・成田龍一『東京都の百年』(山川出版社、昭和六一年)参照。
(5)以下、都全体の露店などに関する記述は、猪野健治編『東京闇市興亡史』(草風社、昭和五三年)による。
(6)『渋谷区史』下巻二五三九〜四四頁。前後を含めて極めて詳細であるが、その出典が不明である。
(7)「渋谷区ニュース」第二七号(昭和二四年一二月五日)、同四五号(昭和二五年七月二〇日)、渋谷地下商店街振興組合『しぶちか二十五周年誌』(昭和五九年)などによる。
(8)『東京百年史』第六巻(昭和四七年)第四章第二節参照。以下、都市計画に関しては、石田頼房『日本近代都市計画史研究』(柏書房、昭和六二年)、石田頼房編『未完の東京計画』(筑摩書房、平成四年)、越沢明『東京都市計画物語』(日本経済評論社、平成三年)、梅田定宏「首都東京の拡大」(中野隆生編『都市空間の社会史　日本とフランス』山川出版社、平成一六年)などによる。
(9)石田頼房「焼け跡に描いた理想都市」(前掲『未完の東京計画』所収)。
(10)石田頼房「大ロンドン計画の不肖の弟子—第一次首都圏整備計画—」(同上)。
(11)『東京百年史』第六巻第七章第二節、五四二、五四七頁。
(12)『朝日新聞』昭和三一年一月一三日。以下、『朝日新聞』によるものは本文中に年月日を記す。
(13)渋谷区『渋谷区区勢概要』昭和三〇年版による。
(14)渋谷区『渋谷区ニュース』復刊第三号(昭和三〇年六月)。
(15)『渋谷区勢概要』昭和三五年版。
(16)木村毅編『東京案内記』(草土社、昭和二六年)。編者は都庁勤務、書名入り執筆者は石川栄耀だけであるが、「友人数人の協力の産物」と記されている。
(17)以上の記述は『渋谷区議会史』(昭和五一年)、及び各新聞記事による。また、特に占領期のワシントンハイツについては、秋尾紗戸子『ワシントンハイツ—GHQが東京に刻んだ戦後—』(新潮社、平成二一年)。
(18)『渋谷区議会史』三一二頁。
(19)以上の記述は『渋谷区議会史』『都制五〇年史』及び新聞記事による。
(20)古川隆久『皇紀・万博・オリンピック』(中央公論社、平成一〇年)一〇七〜一一〇頁。
(21)塩田潮『東京は燃えたか』(PHP研究所、昭和六〇年)七一、一七〇頁参照。

(22) 東京都水道局『東京近代水道百年史』(平成一一年)。
(23)『渋谷区議会史』七七~七九頁。
(24)『東京都百年史』二四二~二四四頁。
(25)『首都高速道路公団二十年史』(昭和五四年)。
(26) 同前五~七頁、山田正男・岩出進「東京における地下施設」(『新都市』第一四巻二号、昭和三五年二月)。
(27) 前掲『東京は燃えたか』一六八頁。
(28) 堀内亨一「オリンピック施設の準備状況」(『新都市』第一七巻一号、昭和三八年一月、四頁。
(29) 同右。
(30) 木村英夫「オリンピック東京大会を迎えるために」(『新都市』第一四巻三号、一九六〇年三月)三頁。
(31) 石井興良「オリンピック関連街路の建設とさらに続ける道造り」(『新都市』第一八九号)、竹ケ原輔之夫「東京オリンピック道路―その経過、路線の決定と建設概況―」(『土木学会誌』第四八一号、昭和三八年一月)。
(32) 倉茂周明「住宅公団市街住宅の現状と問題点」(『新都市』一七巻二号、昭和三八年二月)。
(33) 中井新一郎「首都圏不燃建築公社の機構と事業」(『新都市』同上)。
(34) 相川貞晴・布施六郎『代々木公園』(郷学舎、昭和五六年)二七~三〇頁。
(35) 日本放送協会『放送五十年史』(日本放送出版協会、昭和五二年)第五章第八節。
(36) 文野靖意「生活環境施設整備緊急措置法の制定経過とその概要」(『新都市』第一八巻三号、昭和三九年三月)。
(37) 野沢栄寿「東京都におけるごみの処理について」(『新都市』第一八巻六号、昭和三九年六月)。
(38)「渋谷区ニュース」第七五号(昭和三五年五月一〇日)。
(39) 源川真希『東京市政』(日本経済評論社、平成一九年)第一二章も参照。
(40)「渋谷区ニュース」各号、および『渋谷区議会誌』一二二四~一二八頁などによる。
(41) 渋谷区役所・渋谷区オリンピック協力会『オリンピックと渋谷の区民生活』(昭和三九年)。

〔付記〕本章は拙稿「東京オリンピックと渋谷、東京」老川慶喜編著『東京オリンピックの社会経済史』日本経済評論社、平成二一年、を大幅に改稿したものである。

あとがき

上山　和雄

渋谷学発足の経緯やその後の取り組みについては、本書の「はじめに」にも記している。また、本叢書と並行して刊行している「渋谷学ブックレット」の第二巻は、平成二二年二月に開催したシンポジウムの内容を、『地元を科学するということ』というタイトルで本年度に刊行する予定であるが、そこに地域学としての渋谷学が何を意図しているかについても述べている。それらも参照していただきたい。

編者らは平成六年から、東京とその近県が「首都圏」となってゆく歴史的経過を研究対象とする首都圏形成史研究会を組織し、活動している。その首都圏への関心と勤務地である渋谷への関心の双方から、現在の渋谷がどのようにして形成されてきたのかについて興味を有していた。その興味・関心を行動に移すにはきっかけが必要であり、それが平成一四年の本学の一二〇周年記念事業であった。またもう一つのきっかけは、本学日本文学科で民俗学を担当され、大学院生たちと共に、渋谷研究会を組織されていた倉石忠彦教授（現、名誉教授）らの研究であった。

倉石先生に私、それに経済学部の教員らを交えて渋谷学のコンセプトを作り提案すると、理事会は直ちに渋谷学研究プロジェクトを一二〇周年記念事業の一つとして採用された。渋谷区や東急電鉄株式会社にも研究会への参加、講師の派遣などをお願いし、快諾をえた。急遽準備を整え、平成一四年度の土曜日に、区民を対象とする渋谷学を開講した。滑り出しは上々で、当時の大教室が一杯になるほどの受講生を迎え、教室が熱気にあふれていたのを思い返す。大学は有能な職員を一人担当としてつけてくれたが、本務に加わる業務であり、研究会と講座の運営を大学院生とともに行っていくことは少々負担であった。翌年は「渋谷学パート２」と称し、単に講義を聴くだけでなく、自分たちで渋谷のいろんなことを調べる、という集まりを企画した。意欲ある方々が集まり、駅前再開発や渋谷川の問題など、興味ある話題が提供された。ここに参加していただいた方の何人かは、その後もいろんな企画にご出席いただいている。三年目は、純粋のオープンカレッジとして年一〇回の講座を開催し、翌年からいったん休むことにした。

三年ほど休業している間に、大学全体を取り巻く状況も、國學院大學の内部もかなり変わってきた。地域貢献や連携をますます求められるようになり、また研究開発推進機構が新設され、プロジェクトを組んで研究を進める、そういった事業を援助するといった態勢が整えられつつある。こうした中で、平成二〇年度に渋谷学を再開し、今回は、研究会を充実させ、研究を基にした叢書やブックレットなどの刊行を重視しようと考えていた。大学から研究助成をいただき、二一年度から研究と出版を開始した。しかし大学という性格から、学生への還元も求められ、二二年度からは総合講座として渋谷学の授業も行っている。

昨年度は都市民俗の分野で叢書を編み、今年は歴史分野で叢書2を編集した。もちろんこの叢書2が、我々の、渋谷の歴史研究の出発点であることはいうまでもない。渋谷を明らかにするためには、もっと採りあげねばならないテーマがいくつも残されており、対象自体もこの巻の副題のように、江戸・東京に広げていかなければならないと考えている。今後も渋谷を主としつつ、範囲を広げた研究を継続していく予定である。

本書の編集に際しては、國學院大學研究開発推進機構長・研究開発推進センター長の阪本是丸教授をはじめ、同センターの遠藤潤准教授、森悟朗助教、手塚雄太研究補助員（國學院大學大学院博士課程後期在籍）のご助力を得た。なお、本書の刊行に際しては、同センターに寄附された学術研究資金による補助を受けている。また厳しい状況の中、出版をお引き受けいただいた雄山閣及び同社社長宮田哲男氏には感謝申し上げる。

◆執筆者紹介（掲載順、＊は編著者）◆

林　和生（はやし　かずお）
一九五三年生　國學院大學文学部教授
『アジアの地理1　領域と移動』（共著、朝倉書店、二〇〇七年）、『変りゆく四川』（共著、ナカニシヤ出版、二〇一〇年）

粕谷　崇（かすや　たかし）
一九六三年生　渋谷区教育委員会事務局生涯学習課文化財係学芸員
「都市部における地域博物館活動の一視点」（『博物館学雑誌』第三三巻第一号、二〇〇七年）、「学校教育における地域博物館利用の一事例」（『國學院大學博物館學紀要』第三四輯、二〇一〇年）

平野　明夫（ひらの　あきお）
一九六一年生　國學院大學兼任講師
『三河松平一族』（洋泉社、二〇〇二年）、『徳川権力の形成と発展』（岩田書院、二〇〇七年）

根岸　茂夫（ねぎし　しげお）
一九五一年生　國學院大學文学部教授
『近世武家社会の形成と構造』（吉川弘文館、二〇〇〇年）、『大名行列を解剖する—江戸の人材派遣—』（吉川弘文館、二〇〇九年）

吉岡　孝（よしおか　たかし）
一九六二年生　國學院大學文学部准教授

*上山　和雄（うえやま　かずお）
〈巻末参照〉
『八王子千人同心』（同成社、二〇〇二年）、『新編荷田春満全集　第一〇巻』（編著、おうふう、二〇〇九年）

内山　京子（うちやま　きょうこ）
一九八二年生　國學院大學大学院文学研究科博士課程後期
「木戸孝允と明治初期の新聞界」（『日本歴史』第七二七号、二〇〇八年）、『木戸孝允関係文書4』（木戸孝允関係文書研究会編、東京大学出版会、二〇〇九年）

吉田　律人（よしだ　りつと）
一九八〇年生　横浜市史資料室調査研究員
「新潟県における兵営設置と地域振興―新発田・村松を中心として―」（『地方史研究』第三二五号、二〇〇七年）、「軍隊の『災害出動』制度の確立」（『史学雑誌』第一一七巻一〇号、二〇〇八年）

手塚　雄太（てづか　ゆうた）
一九八四年生　國學院大學大学院文学研究科博士課程後期
「『挙国一致』内閣期の政党と利益団体―第六六議会の『爆弾動議』をめぐって―」（『日本歴史』第七三九号、二〇〇九年）

國學院大學『渋谷学叢書』刊行のことば

國學院大學の校歌は、「見はるかすもの　みな清らなる　澁谷の岡に大學たてり」から始まっています。本学は平成14年に創立120周年を迎え、その記念事業の一環として、「渋谷を科学する」というテーマを掲げ、「渋谷学」を創始しました。従来、大学は立地する地域と比較的縁が薄く、地域との連携、あるいは貢献といった言葉は存在しなかったといってもいいでしょう。

しかし大学を、ましてやそこに学ぶ学生たちを育ててきたのは地域といっても過言ではありません。本学の中にもこの渋谷という地に強い関心を有していた人びとはいました。渋谷は、過去から未来にわたって、大学と学生たちを育てる場であるとともに、研究の対象としてきわめて興味深い存在でもあります。東京には全国に知られた地域がいくつもありますが、渋谷はその中でも独特の存在といえます。この渋谷を多面的に明らかにしようというのが、「渋谷を科学する」の中身です。

平成20年から新しい態勢で本研究会は再発足し、國學院大學の助成を受けつつ、さらなる活動を展開しています。そして、本研究の成果、即ち渋谷の興味深さを、学生や区民の方方、さらには広く社会に知っていただくことを目的として、本叢書を刊行することといたしました。皆様方の忌憚のないご批判により、いっそう充実した研究にしてゆきたいと考えております。

平成22年2月

國學院大學渋谷学研究会

編著者略歴

上山　和雄（うえやま・かずお）

１９４６年生　國學院大學文学部教授

主要著作

『陣笠代議士の研究』(日本経済評論社、1989 年)

『対立と妥協―1930 年代の日米通商関係―』(共編著、第一法規、1994 年)

『帝都と軍隊―地域と民衆の視点から―』（編著、日本経済評論社、2002 年）

『北米における総合商社の活動―1896 ～ 1941 年の三井物産―』（日本経済評論社、2005 年）

平成 23 年 3 月 10 日　発行　　《検印省略》

渋谷学叢書　第２巻

歴史《れきし》のなかの渋谷《しぶや》―渋谷《しぶや》から江戸《えど》・東京《とうきょう》へ―

編著者　上山和雄／國學院大學渋谷学研究会

発行者　宮田哲男

発　行　株式会社 雄山閣

東京都千代田区富士見２－６－９

TEL 03 － 3262 － 3231 / FAX 03 － 3262 － 6938

印刷所　日本制作センター

製本所　協栄製本

ISBN978-4-639-02178-0